华东交通大学交通运输与物流学院

工商管理案例系列丛书
Business Administration Case Study Series

物流与供应链管理理论精要与实践案例

张诚　周湘峰　刘美玲 ◎ 主编

Logistics and Supply Chain Management Theory and Practice Cases

经济管理出版社
ECONOMY & MANAGEMENT PUBLISHING HOUSE

图书在版编目（CIP）数据

物流与供应链管理理论精要与实践案例/张诚，周湘峰，刘美玲主编.—北京：经济管理出版社，2018.5
ISBN 978-7-5096-5678-5

Ⅰ.①物… Ⅱ.①张… ②周… ③刘… Ⅲ.①物流管理—高等学校—教材 ②供应链管理—高等学校—教材 Ⅳ.①F252

中国版本图书馆 CIP 数据核字（2018）第 038094 号

组稿编辑：郭丽娟
责任编辑：侯春霞
责任印制：黄章平
责任校对：陈　颖

出版发行：经济管理出版社
（北京市海淀区北蜂窝8号中雅大厦A座11层　100038）
网　　址：www.E-mp.com.cn
电　　话：(010) 51915602
印　　刷：北京晨旭印刷厂
经　　销：新华书店
开　　本：720mm×1000mm/16
印　　张：25.75
字　　数：463千字
版　　次：2018年6月第1版　2018年6月第1次印刷
书　　号：ISBN 978-7-5096-5678-5
定　　价：78.00元

·版权所有　翻印必究·

凡购本社图书，如有印装错误，由本社读者服务部负责调换。
联系地址：北京阜外月坛北小街2号
电话：(010) 68022974　邮编：100836

丛书编委会

编委会主任:张　诚

编委会副主任:

顾丽琴　黎　毅　邓小朱　蒋翠珍　刘燕萍

编委会委员:(按姓氏笔画排序)

邓姝琍　刘志虹　李南鸿　余得生　张志坚　周　静
周才云　周湘峰　高　莺　黄　辉

丛书总序

改革开放30多年来，中国经济持续高速增长，成功步入中等收入国家行列，已成为名副其实的经济大国。但随着人口红利衰减、"中等收入陷阱"风险累积、国际经济格局深刻调整等一系列内因与外因的作用，经济发展正进入"新常态"。中国经济的结构性分化正趋于明显，在正视传统的需求管理还有一定优化提升空间的同时，迫切需要改善供给侧环境、优化供给侧机制，通过改革制度供给，大力激发微观经济主体活力，增强我国经济长期稳定发展的新动力。

为适应经济环境的这些变化，找到有针对性的应对措施，充分发挥微观的企业管理在宏观经济管理中的作用，"工商管理案例系列丛书"编写组组织长期在MBA教学一线的教师编写了该套丛书。"工商管理案例系列丛书"的出版问世，将成为外界全面了解华东交通大学经济管理学院的一个重要窗口。自1983年华东交通大学经济管理系成立，到1999年组建经济管理学院，已有33年。"德学双馨，济世经纬"的经管文化、经管精神一直贯穿于学院工作的方方面面，这套"工商管理案例系列丛书"是学院各方面工作的集中展示。

30多年来，学院已为社会各行各业培养经济管理专业毕业生近万名，众多毕业生已取得突出成就。学院未来将围绕进一步突出交通特色、轨道核心，服务地方经济的工作重点，着力打造工商管理学科群，努力建成一个优势突出、综合实力强的经济管理学院。

一直以来，华东交通大学MBA教育中心都严格按照教指委的培养要求，把案例教学作为主要的教学手段，鼓励教师深入企业实践，熟悉企业管理，撰写教学案例，从根本上提升案例教学的质量和层次。多年来，MBA任课教师积累了大量有价值的案例，绝大多数案例经过深入研究、精心编写，成为MBA教育中宝贵的教学资源，成为理论与实践之间的桥梁。同时，学院每年举办大量讲座，讲座嘉宾都是政界、商界和学界的英才，讲座内容涉及工商管理发展的方方面面。通过这些讲座，学员们可以最直接地得到名家大师的授业解惑，优化和丰富知识结构，讲座内容经过完善也能够成为很好的教学案例。

该丛书共6册，《物流与供应链管理理论精要与实践案例》《人力资源管理理论精要与实践案例》《市场营销理论精要与实践案例》《财务管理理论精要与实践案例》《证券投资分析理论精要与实战案例》《国际贸易理论精要与实践案例》。该系列丛书可以作为MBA、工程硕士、本科学生的案例教材或辅助教材，以及企业管理者的参考资料。案例教学已成为现代教学的发展趋势，"工商管理案例系列丛书"为MBA、工程硕士及本科教学提供了有价值的案例资源，同时也展现了经济管理学院在理论研究、教学实践、学术交流等方面的优秀成果。我们也希望通过"工商管理案例系列丛书"的出版让更多的读者理解经济、管理与社会。

本丛书编写组
2016年12月9日

前　言

当今世界经济结构发生了深刻变革，信息技术飞速发展，智能化、智慧化成为主流趋势，消费者需求日趋个性化，企业所面临的市场环境越来越复杂、市场竞争越来越激烈。快速反应、敏捷制造、非核心业务外包、协同运作、充分利用大数据技术成为企业获取竞争优势的必要手段。而这些活动都需要现代物流、融合供应链思想的支撑。不断优化供应链的资源整合优势，力求将新技术、新思想引入现代物流管理，改变粗放式物流业发展形态，走精细化、集约化物流管理之路，提供高质量、满足日趋个性化的消费者需求的物流服务，成为诸多企业的战略选择。

本书基于供应链管理的思想，系统地介绍和分析了物流管理及供应链的有关理论和方法，全书共十四章，主要内容包括：第一章为物流与供应链管理理论基础；第二章至第四章为物流管理基础理论，包括仓储管理与库存控制、运输管理、配送管理等；第五章至第七章主要介绍了不同的物流类型及其管理特点，包括制造企业物流、电商物流和第三方物流；第八章介绍了智慧物流及其信息技术；第九章至第十一章介绍了供应管理的基础理论，包括供应链管理与客户价值、供给与需求匹配的方法、供应链企业协调管理等；第十二章至第十四章致力于阐述供应链管理最前沿的问题，包括后电商时代的供应链管理、供应链与物流金融、大数据与供应链管理等。本书的主要特点是具有一定的新颖性、前瞻性和实践性，涵盖了目前物流领域的最新发展趋势，如电商物流、智慧物流、物流金融、大数据与供应链管理等内容。另外，本书注重物流与供应链管理的实践和新技术的运用，学生可以根据相关实例掌握实用技术。

本书由张诚、周湘峰、刘美玲担任主编，第一章、第十四章由张诚编写；第九章、第十章、第十一章、第十二章由周湘峰编写；第十三章由刘美玲编写；第三章、第八章由张志坚编写；第二章、第四章、第五章由张年编写；第六章、第七章由郭艳编写。此外，占紫娟、王婷两位研究生参与了本书的校稿和修改工作。

  本书的编写过程得到了众多学者、专家及科研单位的大力支持，在此一并表示感谢。由于作者水平有限，加之物流与供应链管理理论和实践发展迅速，本书难免有不妥之处，恳请批评和指正。

张 诚

2018 年 4 月 13 日

目 录

第一章 物流与供应链管理理论基础 ································ 1
 第一节 物流理论基础内容 ·· 1
 第二节 供应链管理理论基础内容 ································ 17
 第三节 供应链管理下物流的特点 ································ 34

第二章 仓储管理与库存控制 ·· 41
 第一节 仓储管理 ·· 41
 第二节 仓储作业流程管理 ·· 53
 第三节 仓储管理合理化 ··· 57
 第四节 库存控制 ·· 65

第三章 运输管理 ·· 89
 第一节 运输管理概述 ··· 89
 第二节 运输的类型 ·· 92
 第三节 运输方式选择 ··· 116
 第四节 运输配载优化 ··· 121

第四章 配送管理 ·· 123
 第一节 配送概述 ·· 123
 第二节 配送中心 ·· 126
 第三节 配送合理化 ·· 141

第五章 制造企业物流管理 ··· 152
 第一节 制造企业物流的基本概念 ································ 152

第二节　制造企业内部生产物流管理……………………………………… 162
　　第三节　制造企业物流计划方法…………………………………………… 166

第六章　电子商务物流管理………………………………………………………… 192
　　第一节　电子商务物流管理的基本概念…………………………………… 192
　　第二节　快递与电子商务物流……………………………………………… 202
　　第三节　快递物流的发展…………………………………………………… 206

第七章　第三方物流………………………………………………………………… 216
　　第一节　第三方物流的概述………………………………………………… 216
　　第二节　第三方物流企业…………………………………………………… 222
　　第三节　第三方物流的运作………………………………………………… 228
　　第四节　第三方物流的发展趋势…………………………………………… 231

第八章　物流信息及信息技术……………………………………………………… 242
　　第一节　物流信息与物流信息化概述……………………………………… 242
　　第二节　物流信息系统……………………………………………………… 246
　　第三节　物流信息系统应用技术…………………………………………… 249
　　第四节　物流信息技术在物流发展中的应用……………………………… 269

第九章　供应链管理与顾客价值…………………………………………………… 279
　　第一节　顾客价值与供应链管理概述……………………………………… 279
　　第二节　基于顾客价值的供应链管理方法………………………………… 284

第十章　供给与需求的匹配（CPFR 模式）……………………………………… 313
　　第一节　传统库存管理与供应链库存管理………………………………… 313
　　第二节　供应链管理环境下的库存控制策略……………………………… 316
　　第三节　协同式供应链库存管理（CPFR 模式）………………………… 325

第十一章　供应链协调……………………………………………………………… 334
　　第一节　供应链失调………………………………………………………… 334
　　第二节　供应链的激励机制………………………………………………… 339

第十二章　电商与新零售时代的供应链管理 345
第一节　电子商务时代供应链管理的任务 346
第二节　电子商务时代供应链管理的方法与途径 349
第三节　新零售时代的供应链管理 352
第四节　新零售时代下供应链的驱动要素 358

第十三章　物流金融 365
第一节　物流金融概述 366
第二节　物流金融发展过程 369
第三节　物流金融的运作模式 372

第十四章　大数据与供应链管理 380
第一节　大数据与供应链管理概述 380
第二节　大数据变革供应链管理的十个方面 386
第三节　大数据在供应链管理中的应用及价值 395

第一章 物流与供应链管理理论基础

第一节 物流理论基础内容

一、物流概念的产生与发展

人们虽然长期对物流现象习以为常，但是一直到20世纪初以前，还没有物流这个概念。物流的概念最早起源于20世纪初的美国。从20世纪初到现在，物流概念的产生和发展经历了三个阶段：

1. 第一个阶段：物流概念的孕育阶段

从20世纪初到20世纪50年代，是物流概念的孕育和提出阶段。这一阶段的特点是：一是局部范围，主要是在美国；二是少数人，是几个人提出来的；三是意见不统一。主要有两种意见、两个提法：一是美国市场营销学者阿奇·萧（Arch W. Shaw）于1915年提出的叫做 Physical Distribution 的物流概念，他是从市场营销的角度提出的。二是美国少校琼西·贝克（Chauncey B. Baker）于1905年提出的叫做 Logistics 的物流概念，他是从军事后勤的角度提出的。

应该说，这两个概念的实质内容是不一样的。阿奇·萧是从市场营销的角度来定义物流，Physical Distribution，直译应该是"实体分配"，按中国人的语言习惯应该译成"分销物流"。它实际上是指把企业的产品分送到客户手中的活动。而 Logistics 是后勤的意思，主要是指物流的供应保障、运输储存等。

这两种不同的概念之所以都能存续下来，是因为它们都分别在各自的专业领域中得到了一定程度的响应、应用和发展，而且这两个概念都在各自的专业领域中独立运用，两者之间没有发生冲突，对此也没有一个统一的物流学派来进行统一规范，也不需要得到社会广泛的一致认可。因此，这个阶段可以说是物流概念的孕育阶段，是市场营销学和军事后勤孕育了物流学。

2. 第二个阶段：分销物流学阶段

从 20 世纪 50 年代开始到 80 年代中期，可以叫做分销物流学（Physical Distribution）阶段。这一阶段的基本特征是分销物流学的概念发展占据了统治地位，并且从美国走向了全世界，形成了一个比较统一的物流概念，形成和发展了物流管理学，因而也形成了物流学派、物流产业和物流领域。

（1）Physical Distribution 概念继续在美国得到发展和完善，基本形成了比较完整的物流管理学。1961 年斯马凯伊（Edward Smykay）、鲍尔索克斯（Donald J. Bowersox）和莫斯曼（Frank H. Mossman）撰写了《物流管理》，这是世界上第一本物流管理的教科书，建立起了比较完整的物流管理学科。20 世纪 60 年代初期，密歇根州立大学以及俄亥俄州立大学分别在大学部和研究院开设了物流课程。1963 年成立了美国物流管理协会，该协会将各方面的物流专家集中起来，提供教育、培训活动，这一组织成为世界上第一个物流专业人员组织。

（2）Physical Distribution 概念从美国走向世界，成为世界公认的物流概念，在世界范围内形成了物流管理学的理论体系。50 年代中期，美国的 Physical Distribution 概念传到了日本，在日本得到了承认、发扬和光大，以后又逐渐传到了欧洲、北美，70 年代也传到了中国。这样，基本上全世界各个国家都接受了这样的物流概念和物流管理学。

分销物流学主要把物流看成运输、储存、包装、加工（包括生产加工和流通加工）、物流信息等各种物流活动的总和。在分销物流学中，主要研究这些活动在分销领域的优化问题。分销物流学在各个物流专业理论和应用发展上取得了很大的进展，如系统理论、运输理论、配送理论、仓储理论、库存理论、包装理论、网点布局理论、信息化理论以及它们的应用技术等。

（3）在分销领域各专业物流理论竞相发展的同时，企业内部物流理论异军突起。1965 年美国 J. A. 奥列基博士（Dr. Joseph A. Orlicky）提出独立需求和相关需求的概念，并指出订货点法的物资资源配置技术只适用于独立需求物资。而企业内部的生产过程相互之间的需求是一种相关需求，应当用 MRP 技术。在 MRP 发展的基础上，受 MRP 思想的启发，80 年代又产生了应用于分销领域的 DRP（Distribution Requirement Planning）技术和 ERP（Enterprise Resources Planning）技术。

这一时期（五六十年代）日本丰田公司创造的准时化生产技术（Just In

Time，JIT）以及相应的看板技术是生产领域物流技术的另一朵奇葩。它不仅在生产领域创造了一种革命性的哲学和技术，而且为整个物流管理学提供了一种理想的物流思想理论和技术，现在已经应用到物流的各个领域。

企业内部另一个重要的物流领域是设施规划与工厂设计，包括工厂选址、厂区布局、生产线布置、物流搬运系统设计等，也都成为物流学强劲应用和发展的领域，形成了物流管理学一个非常重要的分支学科。

所有这些企业内部物流理论和技术的强劲发展，逐渐引起了人们的关注。分销物流的概念显然不能包含它们，使原来只关注分销物流的人们自然想到，光使用分销物流（Physical Distribution）的概念已经不太合适了。特别是到了 80 年代中期，随着物流活动进一步集成化、一体化、信息化发展，改换物流概念的想法就更加强烈了，于是就进入了物流概念发展的第三个阶段。

3. 第三个阶段：现代物流学阶段

从 80 年代中期开始一直到现在，叫做现代物流学（Logistics）阶段。第二阶段物流业的发展使全世界都意识到，物流已经不是仅限于分销领域，而是已经涉及企业物资供应、企业生产、企业分销以及企业废弃物再生产等全范围和全领域。原来的分销物流（Physical Distribution）的概念已经不适应这种形势，应该扩大概念的内涵，因此，决定放弃使用 Physical Distribution，而采用 Logistics 作为物流的概念。

需要指出的是，这个时候的物流概念 Logistics 虽然与第一阶段军事后勤学上的物流概念 Logistics 字面相同，但是意义已经不完全相同了。第一个阶段军事后勤学上的 Logistics 概念主要是指军队物资供应调度上的物流问题，而新时期的 Logistics 概念则是在各个专业物流全面高速发展的基础上基于企业供、产、销等全范围、全方位的物流问题，无论是广度、深度以及涵盖的领域、档次都有不可比拟的差别，因此这个阶段的 Logistics，不应译为后勤学，更不应译为军事后勤学，而应当译为现代物流学。它是一种适应新时期所有企业（包括军队、学校、事业单位）的集成化、信息化、一体化的物流学概念。

这个阶段的主要事实是：

80 年代中期以来企业内部的集成化物流，例如，MRP Ⅱ 是把生产管理与生产能力管理、仓储管理、车间管理、采购管理、成本管理等集成起来；DRP 是把分销计划、客户管理、运输管理、配送管理、车辆管理、仓储管理、成本管理等集成起来；LRP 是把 MRP 和 DRP 集成起来；ERP 是把 MRP Ⅱ 与人事管理、设备管理、行政办公等系统集成起来等。

物流外包和第三方物流的产生，进一步导致物流专业化、技术化和集成化，实现了生产和物流的分工合作，提高了各自的核心竞争力。

90年代供应链理论诞生，供应链管理系统的形成进一步导致物流管理的联合化、共同化、集约化和协调化。

二、中国物流概念概述

中国自古以来就存在物流活动和物流业，但是中国关于物流的概念产生得比较晚，是20世纪70年代末从国外引入的。"文化大革命"结束以后，国家为恢复国民经济，派了一个考察团到美日等国考察。当时，在美国学到了Physical Distribution，在日本学到了"物流"，在中国则统称为"物流"。我们认为，物流是指导物资的物质实体由供应者到需求者的流动，包括物资空间位置的变动、时间位置的变动和形状性质的变动。当时，物资部就极力推行物流，华中理工大学首先在大学开设物流管理专业，讲授"物流管理学"，培养物流管理高等人才。

其实，相对于美国和日本的物流概念来说，中国的物流概念是最确切、最稳定的。由于汉字表述的优越性，中国的"物流"二字，简练、确切、深刻、易懂。在国外的物流概念换了一个又一个的时候，中国的物流概念始终没有换。因此，我们完全可以自豪地说，比较起国外众多的物流概念来说，中国的物流概念是一个最好的物流概念。这可以从以下几个方面来理解：

（1）中国的物流概念一开始就打破了行业界限，建立起一个各行各业都可以通用的、具有普遍意义的物流概念。因为"物流"两个字中的"物"，泛指各种物品，可以是分销领域的商品，也可以是生产企业内部的工件、原材料，也可以是采购进来的设备、原材料、工具等，还可以是非生产企业的所有物品。而不像美日等国当时专指分销领域的商品。"物流"概念中的"流"，指物资空间位置的变动、时间位置的变动和形状性质的变动，也是可以不限于分销领域的一个广泛的概念。而当时日本把物流理解为"物的流通"、美国把物流理解为分销领域都具有一定的局限性。这里顺便说一句，现在采用的Logistics这个概念也不是非常确切。Logistics的本意是"后勤"的意思，也就是为企业生产服务的所有后勤保障工作，物资供应、生产过程本身就是一个物流过程，但Logistics的概念不能够真正包含它，这就是它的局限性。而中国的"物流"概念就不存在这个问题，因为其中"流"包含了"物资形状性质的变动"的意思。能够改变物资形状的活动，就是生产加工活动，包括生产加工和流通加工活动。

（2）中国的物流概念抓住了问题的实质，比较确切、深刻。物流就是物资物质实体的流动。所以，不管物资处于什么领域，物资表现为什么形态，只要符合这个实质，就可以算作物流状态。这比起国外的领域之争、具体的物流活动项目之争来说，要深刻确切多了。

（3）中国的物流概念通用性强。由于它抓住了实质问题而包容了一切非实质性问题，因而它具有广泛的涵盖性、普遍性和实用性。

（4）中国的物流概念比较简练，只有两个字，好读、好记、好懂。一个中国人，一看这两个字，就大致能够明白它的意思。

（5）中国的物流概念具有专有名词的特征，不会出现乱用、滥用的局面。"物流"这两个字的组合，在物流概念出现以前，是从来没有出现过的。它是从20世纪80年代开始，伴随物流概念的出现而出现的，因此人们很容易把它理解为一个专有名词，知道它具有特定的含义，因此也就不会滥用、乱用。中国人对于物流这两个字，只有两种情况：要么就是不知道它，因而也就不用它；要么就是知道它的专有含义，因而才用它。因此，无论哪种情况，都不会导致这个专有名词的滥用和乱用。

由上面的讨论我们可以看出，相对于国外的几个物流概念来说，中国的物流概念确实是一个最好的物流概念。

我们对待中国的物流概念应当持一种正确的态度。一方面，应当自豪。因为我们这个概念确实是一个最好的概念。不要看不起中国人，要打掉自卑感，特别要打掉那些动辄盲从洋人、跟在洋人后面爬、用洋人所说所作所为来"套"中国人的奴才哲学。另一方面，我们也不要骄傲，中国的物流概念之所以好，是因为一是站在外国的肩膀上，人家探索了几十年，走了不少弯路，而我们则是把他们的成果引进和借鉴过来；二是中国语言的特点比较简练确切。所以我们没有盲目骄傲的理由。

回顾我国现代物流理论研究与运作实践领域的发展，现代物流及其管理概念虽然在80年代初期就从西方经济发达国家传入我国，但是由于缺乏经济发展水平和环境方面的有力支持，真正受到企业和政府管理部门的重视还是近几年的事情。2001年3月，国家经贸委、国家计委、交通部、铁道部、信息产业部和国家民航总局联合发布了《关于加快我国现代物流业发展的若干意见》，对推动我国现代物流的发展起到了积极的推动作用，并得到了国内物流理论界与相关企业较为普遍的认同和响应。

在《关于加快我国现代物流业发展的若干意见》中，对现代物流的概念进行了较为完整的描述，即现代物流泛指原材料、产成品从起点到终点伴随相关信息有效流动的全过程。现代物流将运输、仓储、装卸、加工、整理、配送与信息等方面有机结合，形成完整的供应链，为用户提供多功能、一体化的综合性服务。

应当看到，目前我国是在经济转轨和市场经济发育进程中因初步出现了对物流管理的需求而激发物流发展热情的，而企业发展水平、经营管理水平、流通环境等并不能完全适应物流发展的需要，加之部分企业和地方政府仅看到了物流对改善企业发展关系、提高企业运作效率和降低生产与流通成本的一面，而对现阶段物流发展的环境及条件缺乏了解，从而出现了理论准备不足和认识模糊等问题。

三、现代物流的特点

现代物流的特点表现在以下几个方面：

1. 物流进一步专业化、高科技化

例如，物流配送包含了制订配送计划、仓库管理、分拣、装卸、传输、包装、运输、客户管理等各个环节，每个环节都是专业化的，需要分工、专门化的操作。有的是专人作业，有的还要进一步分工。例如，分拣，又可以分成条码技术、识别技术、分路传送技术等。运输又可以分成车辆驾驶、信息反馈、卫星定位技术等。正是因为这样高度的专业化，才能使每项物流作业提高技术水平。

需要指出的是，现在有一种倾向，就是一谈到现代物流，往往只强调集成化、一体化，而忽视了专业化，甚至认为专业的物流活动不能算作现代物流活动，这是不对的。没有专业化，就没有现代化。低水平的简单集成，那不叫做现代物流，最多也只能叫做分销物流，或者叫做传统物流。只有在专业化的基础上实行集成，才能算是现代物流。

2. 物流的集成化，或者叫做一体化

一体化可以分为横向一体化和纵向一体化。横向一体化就是空间上的集成，实现不同企业物流业务的联合化共同化处理，可以大大提高资源利用率，节省车次，节省物流工作量，降低物流成本，提高经济效益；纵向一体化就是不同物流功能、物流环节的集成化运用，能简化和减少物流环节，减少物流作业量，降低物流成本，提高资源利用率和数据利用率，提高作业处理速度和处理效率。

3. 物流信息化

物流作业处理都及时地通过相应的物流信息反映出来，进行及时的信息处理，根据信息处理的结果进行及时的决策，并利用决策信息及时参与、指导和控制物流作业的运作。这样让信息和计算机系统代替大脑进行复杂的物流优化与策划的繁重计算和处理工作，从而指导和控制物流作业达到最好的效果。

4. 物流网络化

网络化即系统化，包括空间结构的网络化和逻辑结构的网络化。空间结构的网络如物流配送网络、分销网络、计算机系统网络等，逻辑结构的网络如物流信息系统的功能结构、处理逻辑结构等。

四、物流各环节的基本功能

物流包括运输、保管、包装、装卸搬运、流通加工、信息等环节。

1. 运输功能

运输是物流各环节中最主要的部分，是物流的关键，有人把运输作为物流的代名词。运输方式有公路运输、铁路运输、船舶运输、航空运输、管道运输等。没有运输，物品只能有存在价值，没有使用价值。即生产出来的产品，如果不通过运输，送至消费者那里进行消费，该产品没有被利用，因而也就没有产生使用价值。假如长期不被使用，不仅资金不能回笼，而且还造成空间、能源、资源等的浪费。没有运输连接生产和消费，生产就失去了意义。运输业可以划分成两段，一段是生产厂到物流基地之间的运输，批量比较大、品种比较单一、运距比较长。另一段是从物流基地到用户之间的运输，称其为配送。就是根据用户要求，将各种商品按不同类别、不同方向和不同用户进行分类、拣选、组配、装箱送给用户，其实质在于配齐和送达。

2. 保管功能

保管同样是物流各大环节中十分重要的组成部分。产品离开生产线后到最终消费之前，一般都要有一个存放、保养、维护和管理的过程，也是克服季节性、时间性间隔，创造时间效益的活动。虽然人们希望产品生产出来后能马上使用，但是希望物流的时间距离及存放保管的时间尽量缩短，最好接近零，则几乎是不可能的。即便是从生产厂到用户的直达运输，用户也要有一段时间的暂存过程，因此保管功能不仅不可缺少而且很有必要。为了防止自然灾害、战争等人类不可抗拒事件的发生，还需要进行战略性储备。

在商品短缺的时代，保管往往是长期储备、储存和仓储的代名词。人们把仓库看成"旅馆"，开"旅馆"的人希望客人住的时间越长越好，从这个角度上讲保管的功能单单是储备、存放、管理、维护等。随着经济的发展，特别是以计算机为核心的电子信息技术日新月异，为了减少流通环节，节约物流费用，人们越来越认为仓库不应该是"旅馆"，而应被看作是"车站"，管理

"车站"的人希望旅客来去匆匆,尽量缩短在"车站"停留的时间,从这个意义来讲,仓库的作用发生了根本性的变化,由主要发挥保管功能转为主要发挥流通功能。现在经济发达国家的仓库大都转向物流中心、配送中心和流通中心。生产企业从这里了解自己的产品流转速度、周转率,从中得出什么产品畅销,什么产品滞销,由此决定再生产什么、不该生产什么等。并把保管作为信息源,根据保管环节各种数据的汇总、分析进行决策,决定生产、促销的具体策略、方法。也就是说,保管还具有信息反馈功能。

3. 包装功能

包装可大体划分为两类:一类是工业包装,或叫运输包装、大包装;另一类是商业包装,或叫销售包装、小包装。工业包装的对象有水泥、煤炭、钢材、矿石、棉花、粮食等大宗生产资料。用火车运煤和矿石的时候,只要在车体上盖上毡布,用绳索固定即可。从国外进口大麦、小麦时,以散装的形式倒入船舱,不必进行装袋。水泥运输也强调散装化,以便节约费用,便于装卸和运输。但是无包装也好,简单包装也好,有一个原则不能违背,就是要防水、防湿、防潮、防挤压、防止冲撞、防破损、防丢失、防污染,同时还要保证运输中不变质、不变形、不腐蚀、保鲜、保新等。此外,还有几点也是包装应该遵守的原则,就是产品包装后要便于运输、便于装卸、便于保管、保质保量,有利于销售。工业发达的国家在产品设计阶段就考虑包装的合理性、搬运装卸和运输的便利性、效率性以及尊重搬运工人的能力(如每个包装单位不超过24kg,这样的重量妇女也可以承受)等。商业包装的目的主要是促进销售,包装精细、考究,以利于宣传、吸引消费者购买。由此来看,包装的功能和作用也不可低估,注重包装是保证整个物流系统流程顺畅的重要环节之一。

4. 装卸搬运功能

装卸搬运是物流各个作业环节连成一体的接口,是运输、保管、包装等物流作业得以顺利实现的根本保证。装卸经常是与搬运伴随发生的,装卸和搬运质量的好坏、效率的高低是整个物流过程的关键所在。

我们知道,产品和制品、半成品在生产线上的移动,本身就是一个搬运装卸的过程。如果装卸搬运工具、设施、设备不够先进,搬运装卸效率低,商品流转时间就会延长,商品就容易破损,自然就会增加物流成本,影响整个物流过程的质量。

尽管装卸和搬运本身不创造价值,但会影响商品使用价值,而且这个环节不可或缺,这个过程无法省略。由于目前我国装卸搬运作业水平机械化、自动化程度与发达国家相比还有很大的差距，野蛮装卸造成包装破损、丢失的现象时有发生，货物破损率一直很高，这部分费用居高不下。重视装卸搬运环节显得非常必要。同时我们要知道，装卸、搬运等功能是运输、保管和包装各子系统的连接点，该连接点的质量直接关系到整个物流系统的质量和效率，而且是缩短物品移动时间、节约物流费用的重要组成部分。这个环节出了问题，物流其他环节就会停顿。

5. 流通加工功能

谈到流通加工功能，我们不妨先举几个实例。例如，深海捕鱼时轮船一出海至少一个月才能返回，为了防止海产品腐烂，也为了减少占有空间，渔民们在轮船上进行分选、挖膛等加工，这叫鱼的流通加工；又如，水泥搅拌站将沙石、水泥和添加剂加以搅拌后，再运往工地浇筑，也同样是流通加工，叫水泥流通加工；再如，将砍下来的原木运到木材厂加工成板材、板坯或制成复合材料等也是流通加工，叫木材流通加工。

由此看来，所谓流通加工就是产品从生产到消费之间的一种增值活动，属于一种产品的初加工，是社会化分工、专业化生产的一种形式，是使物品发生物理性变化（如大小、形状、数量等变化）的物流方式。通过流通加工，可以节约材料，提高成品率，保证供货质量和更好地为用户服务，所以对流通加工的作用同样不可低估。流通加工是物流过程中"质"的升华，是流通向更深层次的发展，国外从 20 世纪 60 年代开始就予以了高度重视。

6. 信息功能

物流信息是连接运输、保管、装卸、搬运、包装各环节的纽带，没有物流信息的通畅和及时供给，就没有物流活动的时间效率和管理效率，也就失去了物流的整体效率。物品从生产到消费过程中的运输数量和品种、库存数量和品种、装卸质量和速度、包装形态和破损率等都是物流活动质量和效率的信息，准确掌握这些信息，是搞好物流管理的先决条件。企业通过不断地收集、筛选、研究、分析各类信息，并以此为依据，判断生产和销售方向，决定企业经营战略，是企业在竞争中保持不败的重要条件。

当然，在搞好企业经营管理的同时，单单掌握物流信息是不够的，商流信息，如销售状况、合同签订、批发与零售等信息，乃至一个国家的政治、经济、文化信息，如政治事件、经济政策、重大项目计划、证券、金融、保险、国民经济的重要指标等，都是企业经营正确决策所不可缺少的重要依据。

因此，我们不难得出这样的结论，物流信息功能是物流活动顺畅进行的保障，是物流活动取得高效益的前提，是企业管理和经营决策的依据。充分掌握物流信息，能使企业减少浪费、节约费用、降低成本、提高服务质量，确保企业在激烈的市场竞争中立于不败之地。

五、物流的作用（价值）

物流既是市场经济的结果又是市场经济发育的催化剂，是实现由产品向商品转化不可或缺的一个重要环节。物流的价值主要表现在产品价值的形式流动和商品价值的实现与增值。在价值表现上，通过物流的过程，可以实现由产品向商品、最终成为消费品的转变，同时减少实现这一过程的成本，提高企业的效益；可以增加产品的附加值，实现企业竞争力的提高。

（一）物流是社会生产过程的一个组成部分

众所周知，任何社会的经济活动都是依次通过生产、分配、交换、消费四个环节周而复始的社会不断再生产过程，物流贯穿于整个社会再生产过程的各个环节中。在社会生产的长河里，生产是起点，而商品的最终销售继而进入消费才为其终点。从产品转为商品，由商品转为消费是社会再生产不可逾越的必然过程。在商品经济的条件下，唯有在生产过程中已被消耗的东西，在价值形式上和实物上得到足够的补偿，就是说将商品通过交换最终销售出去，取得消费者认可的合格证，社会再生产才有可能继续下去。因为产品生产出来后，从社会再生产的角度来考察它，并没有完成全部生产过程，就是说，生产过程还在继续，物流就是生产过程继续的表现形式。

（二）物流是带动商品使用价值形态运动的一种过程

随着商品生产和商品流通的不断发展，出现了商业，于是社会再生产过程的"分配"和"交换"两个环节以商品流通的形式取而代之。但是商品流通必须通过物流，所谓物流就是商品实体的转移。没有商品实体的转移，商品流通就成了一句空话，商品的价值和使用价值也就无从实现，这就是物流的生产性质的具体表现。商品流通是商品价值转移和商品实体转移的统一过程，商品实体是商品价值的载体，这是商品的两重性（价值和使用价值）在商品流通过程中的反映。商品一方面是用以交换的一种物品，它具有价值。商流就是价值形态的运动，是实现商品价值形态转移的过程；另一方面商品又是能满足人们某种需要的物品，它具有使用价值。物流是商品使用价值形态的运动，是实现商品实体转移的过程。从表1-1可以看出商流和物流在形式、内容和功能上的不同。

表 1-1　商流与物流比较

商流（商业流通的简称）	物流（实物流通的简称）
1. 商品的交换活动	1. 商品实体在空间的位移运动
2. 解决生产者与消费者之间的分离	2. 解决生产与消费之间空间和时间的分离
3. 实现商品所有权的换位	3. 实现商品生产与消费在空间和时间上的差异
4. 实现商品价值	4. 实现商品的使用价值
5. 订货、签订合同、产销衔接	5. 储存、运输、装卸、搬运、包装
6. 计价结算、交付货款、商流信息	6. 流通加工和物流信息
7. 商流解决商品价值与货币的交换	7. 物流是商品的空间价值、时间价值

商流和物流是两个相互对应的概念，在一般情况下，两者是统一的（当房屋、土地、地下资源、水域作为商品时，就只有商流而不发生物流），商品每经过一次交换就发生一次物流过程。随着商品经济的发展，商流和物流开始分离为两个互相关联而又各具特色的独立过程。但是在当今流通领域里商流和物流的起点与终点是一致的，而流通过程却有差异，目的是避免迂回运输、重复运输等不合理现象，缩短流通时间，避免人力和物力浪费的不良后果，达到提高物流效益的目的。

（三）物流也是创造价值的一种劳动过程

任何产品只有在需要的时间和地点才能发挥使用价值的作用，把商品潜在的使用价值变为现实的使用价值，因而在物流活动过程所消耗的活劳动和物化劳动，必然成为生产成本的追加，连同物流活动中发生的社会必要劳动一并追加到商品价值中去，从而引起了该商品价值的增值。所以说，从事物流活动的劳动是创造商品价值的劳动。从流通的功能来看，流通活动不但具有使商品价值和使用价值发生转移的功能，而且还有创造价值的功能。物流活动也像生产过程一样，是由劳动对象、劳动资料和劳动者三要素组合的生产过程，商品中蕴含的社会必要劳动的价值形态是由生产过程和物流过程的投入活动共同构筑而成的。当然社会的生产过程和物流过程既有共同点，又有不同点（见表 1-2）。

表 1-2　社会生产过程与物流过程的比较

社会生产过程	物流过程
1. 具有劳动资料、劳动对象和劳动者三要素	1. 具有劳动资料、劳动对象和劳动者三要素
2. 劳动对象改变了形、质，变成劳动产品	2. 劳动对象在空间发生了位移，产生了时差

续表

社会生产过程	物流过程
3. 对象产生了价值	3. 劳动对象的使用价值发生了空间位移和时差，又增加了新的价值
4. 劳动对象形成了形质效用	4. 劳动对象形成了空间和时差效用
5. 运动的距离短、范围小	5. 运动的距离相对要长、范围相对大
6. 消耗物化劳动和活劳动，创造了价值	6. 消耗物化劳动和活劳动，创造了价值，促进了商品的增值
7. 使用价值得以实现	7. 使用价值得以实现

我们可以从中得出，生产过程和物流过程共同创造了商品价值，商品的使用价值在生产中取得了"形质效能"，与物流中产生的空间效能和时间效能相结合，把商品的使用价值由"存在"转变为人们需要的"现实"。

（四）物流是创造利润的"第三利润源泉"

有人曾经测算过，一般商品生产的停留时间占5%，而在物流过程的停留时间占95%，所以缩短物流时间的潜力很大。商品在物流过程停留的时间是社会再生产总时数的组成部分，缩短物流时间不仅可以加速社会再生产的过程，促进商品经济的高速发展，满足市场的需要，对物流企业来说也可以加速资金流通周转，减少信贷利息支出，提高自身的经济效益。在商品流通费用中，物流费用的直接支出占有相当大的比重，甚至有的价格较低的商品所花费的物流费用高于其生产费用。

当今世界，在机械化、信息化和生产管理水平提高，以及原材料、燃料及劳动力价格不断上涨的情况下，减少原材料、燃料消耗的第一利润源泉和减少劳动力费用支出的第二利润源泉获取利润的空间越来越小，泉水濒于枯竭，企业主的利润视觉逐渐投向了物流领域。此时的物流费用由于远方市场的扩大、竞争的激化、物流途径的不断延伸，在商品成本中所占的比重越来越大。大家都看到，降低物流费用已成为降低商品成本的"宝库"，第三利润源泉的美名由此而生。日本早稻田大学教授西泽修在他的《流通费用》一书中称改进物流系统为亟待挖掘的"第三利润源泉"。这一立论在世界范围内引起了经济界、企业界、商业界甚至政府部门的普遍关注和极大兴趣，人们纷纷寻找打开这个"宝库"的钥匙。物流过程的劳动是创造商品价值的劳动，有价值，就会有剩余价值，就会有利润的存在；否则，这种劳动将难以为继，更谈不上发展。就物流本身来说，有物化劳动和活劳动的消耗，降低这种消耗就是利润。

究竟这种利润有多大，它有没有极限，极限值多大，按日本早稻田大学教授西泽修提出的"物流成本的冰山说"来看，即把可能成为物流成本的部分（已知部分支付的物流费，包括运费、仓储费、装卸费等）作为企业会计的费用项目提出来，这只是物流成本的一小部分，大部分隐藏在其他费用之中，犹如一座冰山，露出海面的只是一小部分，大部分存在于海水下面。因此，不提出或不计算海水中的那部分，就不是真正的物流成本。

（五）物流有利于提高企业生产效益，增强企业竞争力

1. 物流可以调整商品的空间、时间分布，提高商品的附加值

由于一些商品具有季节性，一是销售具有季节性，二是生产具有季节性，特别是生产具有季节性的农副产品，通过时空的调节，不仅能减少生产销售压力和风险，而且能增加产品的附加值，调节市场、丰富市场。通过物流，能实现物品的使用价值，使物品成为商品，如河砂通过运输到建筑工地，成为建筑材料，实现了商品转化，不仅实现了河砂的使用价值，而且实现了附加价值。

2. 物流可以降低企业运营成本

从生产资料到产品直至最终成为商品，其中的任一环节均有物流的身影，物流过程中所消耗的成本，在商品的生产链中所占的比例相当大。据国外权威物流管理机构的调查显示，一个企业的物流运营成本通常占企业销售收入的 7%～16%，占企业净增产值的 10%～35%。由此我们可以认为，物流成本直接关系到企业的运营成本，是降低企业运营成本的关键因素之一。

3. 物流可以减少流动资本占用

过去，很多企业受计划经济观念的影响，一提到企业的生产，往往只列生产了多少产品，产值达到多少，而不管产品是否销售。当前很多企业由于管理水平不高，大量资金沉淀在原材料及成品、半成品上。还有另一种情况，企业销售业绩不错，但应收账款也很多，这也是一种资金沉淀。这样的经营业绩是有很大问题的，因此减少流动资本是企业应该特别关心的问题。

4. 物流可以改进资产回报率（ROA）

在现代企业中，物流管理者关心成本，企业高层经理重视流动资本占用（经营业绩），而企业的所有者（股东）最关注企业的资产回报率（ROA）。计算 ROA 的公式很简单：ROA = 净收益/总资产值，改进 ROA 就是要提高净收益或者降低固定资产的投入。在物流方面的手段可以是：

（1）适度采纳先进的物流技术和设备，提高物流配送效率，达到提高净收益的目的。

（2）采用专业化的物流服务，即第三方物流服务（或称物流外包，3PL）。

由于3PL具备专业化的物流技术和管理水平，企业可以借助3PL提高自身的物流效率，而不需要投入固定资产，因而，可以大大改进ROA。

（3）采用先进的物流管理系统，借助信息系统改进企业的物流管理水平，这对改进企业的资产回报率而言是非常合适的途径。

（4）提高物流设备（固定资产）的利用率，或进行资产重组——把本企业利用率很低的资产卖掉，相关业务采用专业化服务。实际上，这项举措就是在减少企业不必要的物流固定资产投入。

5. 物流可以提升企业竞争力的战略价值

（1）增加销售收入，提高企业产品在市场上的占有率。大家已经知道物流在供应商、分销商、零售商以及消费者这条供应链中起着重要的纽带作用，物流运营的水平直接影响到客户的满意度（包括客户服务）以及新产品从研制到市场的时间和效率。事实上，所有成功的企业，其市场销售和物流运营的整合都是最优秀的。

（2）速度和可靠性。物流速度和可靠性实际上影响整个企业的经营效果，物流服务的高可靠性和高速度，有时决定着企业命运。特别是当今信息社会，时间就是商机，时间就是金钱，时间就是企业的生命。在市场经济中，市场是瞬息万变的，就像风一样，转瞬即逝。安全及时交货有利于提升企业形象，建立长期合作关系，推动企业发展。

六、物流学的学科体系

物流学至少可以分成以下一些类别：

（一）从研究的范围和侧重点看，可以分成物流管理学和物流技术学（见图1-1）

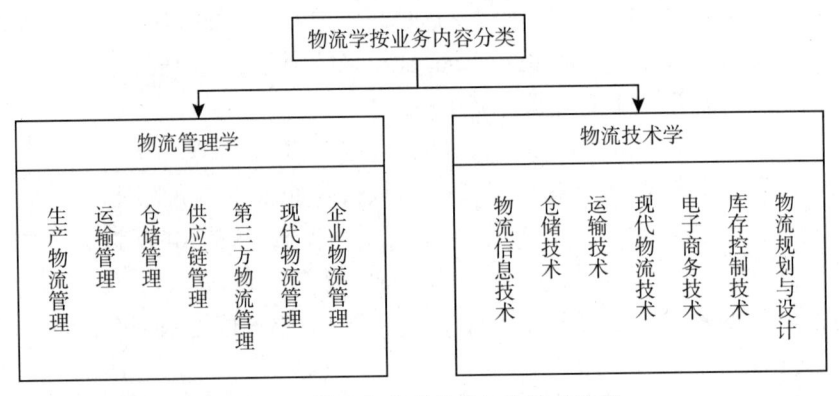

```
                物流学按业务内容分类
                ┌───────────┴───────────┐
            物流管理学                物流技术学
     ┌──┬──┬──┬──┬──┐      ┌──┬──┬──┬──┬──┐
     生 运 仓 供 第 现 企    物 仓 运 现 电 库 物
     产 输 储 应 三 代 业    流 储 输 代 子 存 流
     物 管 管 链 方 物 物    信 技 技 物 商 控 规
     流 理 理 管 物 流 流    息 术 术 流 务 制 划
     管       理 流 管 管    技           技 技 与
     理           管 理 理   术           术 术 设
                 理                              计
```

图1-1 按业务内容分类的物流学体系

物流管理学主要是研究物流管理的科学，它应当提供整个物流的概念、内容范围以及一般物流管理的理论、原理和方法。由于物流管理学是一门关于物流的综合性总论，而且重点探讨管理问题，因此可以说是一门很重要的基础科学。技术物流学则主要研究各种专业物流技术、设备和作业技术方法。前者侧重物流的基本概念、全貌和一般的管理理论方法，后者则侧重专业物流技术、设备和操作方法。前者适用于一般物流管理人员，后者适用于专业物流技术人员。后者又可以按专业不同分成运输物流技术、仓储物流技术、加工物流技术、包装物流技术、装卸物流技术、物流信息技术等。

（二）从研究的理论和应用性质看，可以分成理论物流学和应用物流学（见图1-2）

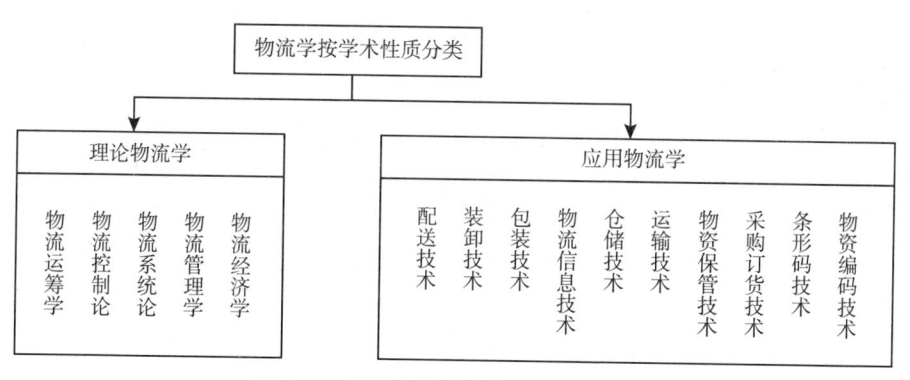

```
                物流学按学术性质分类
                 ┌──────┴──────┐
          理论物流学          应用物流学
     ┌──┬──┬──┐     ┌──┬──┬──┬──┬──┬──┬──┬──┐
     物 物 物 物     配 装 包 物 仓 运 物 采 条 物
     流 流 流 流     送 卸 装 流 储 输 资 购 形 资
     运 控 系 经     技 技 技 信 技 技 保 订 码 编
     筹 制 统 济     术 术 术 息 术 术 管 货 技 码
     学 论 论 学               技       技 技 术 技
                              术       术 术       术
```

图 1-2　按学术性质分类的物流学体系

理论物流学主要从理论上来研究物流形成和运作的原理与规律，它应当围绕物资实体移动的规律、价值和成本的变动规律、空间效用和时间效用的形成与变化规律等进行经济学、管理学、系统学、控制论上的探讨。

应用物流学主要是研究物流应用技术，如物资编码技术、条码技术、订货技术、采购技术、物资保管技术、包装技术、装卸技术、配送技术、运输调度技术、EOS（Electronic Order System）技术、POS（Point of Sells）技术、GPS（Global Position System）技术、VMI（Vendor Management Inventory）技术、CRP（Continues Replenishment Process）技术、EDI（Electronic Data Interchange）技术、MRP（Materials Requirement Planning，Manufacturing Resources Planning）技术、JIT（Just in Time）技术、OP（Order Point）技术、LRP（Logistics Resources Planning）技术等。

(三) 从研究的物流领域看，可以分成分销物流学和现代物流学（见图 1-3）

```
                物流学按业务领域分类
                ┌──────────┴──────────┐
           分销物流学              现代物流学
    ┌─────────────────┐      ┌─────────────────┐
    │ 社会流通理论     │      │ 现代物流技术     │
    │ 包装和装卸       │      │ 供应链管理       │
    │ 流通加工         │      │ 第三方物流学     │
    │ 库存控制技术     │      │ 电子商务物流学   │
    │ 仓储物流学       │      │ 企业物流学       │
    │ 运输物流学       │      │ 物流规划与设计   │
    └─────────────────┘      └─────────────────┘
```

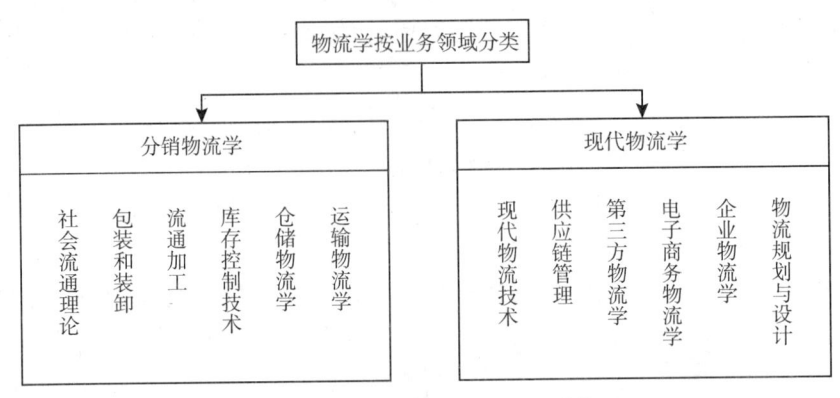

图 1-3 按业务领域分类的物流学体系

分销物流学主要研究分销物流。它是以开拓企业市场、提高客户服务水平、降低物流成本、提高企业经济效益、提高市场占有率为目标来研究企业末端产品分销的物流学理论、技术和方法。由于针对性强，所以物流研究的内容和范围也就更加具体、更结合实际，效果也就更好。分销物流学还可以与企业营销学结合起来进行研究，将取得更好的效果。

现代物流学则是指研究 20 世纪 80 年代中期出现的最新的物流现象、物流最新发展趋势的科学。现代物流学又可以分成企业物流学、第三方物流学、供应物流学、电子商务物流学等。

(四) 从研究的物流范围看，可以分成企业物流学、社会物流学和国际物流学（见图 1-4）

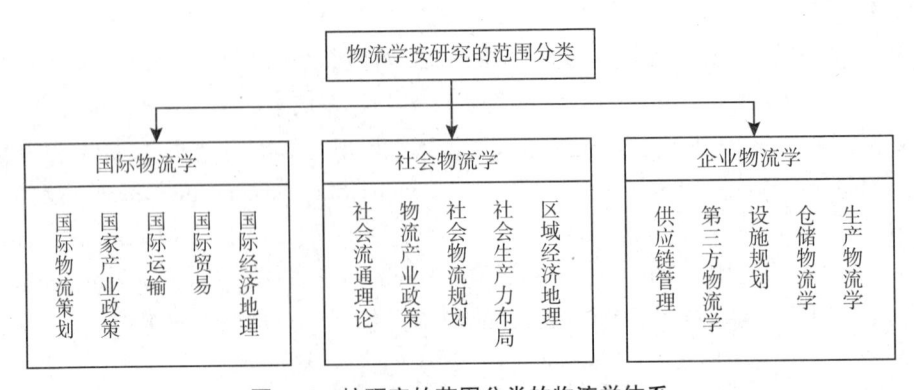

```
                    物流学按研究的范围分类
        ┌──────────────────┬──────────────────┐
   国际物流学          社会物流学          企业物流学
┌────────────┐    ┌────────────┐    ┌────────────┐
│国际物流策划│    │社会流通理论│    │供应链管理  │
│国家产业政策│    │物流产业政策│    │第三方物流学│
│国际贸易    │    │社会物流规划│    │仓储物流学  │
│国际运输    │    │社会生产力布局│  │设施规划    │
│国际经济地理│    │区域经济地理│    │生产物流学  │
└────────────┘    └────────────┘    └────────────┘
```

图 1-4 按研究的范围分类的物流学体系

企业物流学主要研究企业的物流问题,已如前述。

社会物流学主要研究一个国家内整个社会的物流问题,主要是大物流、宏观布局、经济区划、生产力布局、交通运输设施规划、仓储设施规划、宏观物流政策、规章制度、物流产业规划管理等方面的问题。社会物流学对于流通物流政策、商流问题也要给予相当的关注。

国际物流学主要是研究国际物流。国际物流的特点是面对国际物流市场、国际经济区、国际贸易和国际运输。国际贸易和国际运输区别于国内贸易和国内运输,主要就是多了海关这一个环节,在国内要出关、在对方要入关,需要进行报关、检验,并且严格接受国家管制,运输主要靠海运,并且操作复杂、严格,风险大,合同、保险、索赔等事务一应俱全。这些都是国际物流学所要讨论的特色内容。

所有这些学科都有一个建设和完善的问题,随着物流产业的发展、物流教育的深化,我们必将建成一个更为完整的物流学的学科体系。

第二节 供应链管理理论基础内容

美国著名的供应链专家克里斯夫(M. Christopher,1992)曾指出:"21世纪的竞争不再是企业与企业之间的竞争,而是供应链与供应链之间的竞争","市场上只有供应链而没有企业"。20世纪80年代后,人们开始高度关注供应链和供应链管理问题,这里有环境变迁和企业自身两个层面的原因。从环境变迁角度看,主要原因有:经济全球化的大趋势;日趋激烈的市场竞争;信息和网络技术的快速发展。从企业自身角度看,主要原因有:现代企业向建立核心能力方向发展;企业内部管理的变化。在这种新的竞争中,企业要获得竞争优势,就需要引入供应链管理。

一、供应链管理概述

(一)供应链管理产生的背景

全球经济一体化是近年来国际经济发展的一个主要趋势,这给企业带来了难得的机遇和严峻的挑战,企业面临着急剧变化的市场需求及缩短交货期、提高质量、降低成本和改进服务的压力。企业经营环境变化使原来各个分散的企业逐渐意识到,要想在竞争激烈的市场中生存下来,必须与其他企业建立一种战略上的伙伴关系，实行优势互补，发挥各企业的核心能力，并且在一种跨企业的集成管理模式下，使各企业能够统一协调起来，这样才能够适应新的环境变化。供应链管理思想就是在这样的背景下产生的。

1. 全球竞争环境的变化

信息技术飞速发展和信息资源利用要求提高；产品研发提升到事关企业竞争力的重要地位；全球化市场的建立和无国界竞争的加剧；用户个性化、多样化需求的出现；全球性技术支持和售后服务。

2. 企业面临压力和挑战

经济全球化下企业面临的压力：进一步满足顾客需求的压力；平衡售前、售后服务和运作成本的压力；企业内部变革面临更多的压力。全球化压力使企业面对的具体挑战：缩短产品研发周期；降低库存水平；缩短交货期；提供定制化产品和服务。

3. 传统管理模式存在弊端

传统"纵向一体化"管理模式的主要弊端是：增加企业投资负担；承担丧失市场时机的风险；迫使企业从事不擅长的业务活动；在每个业务领域都直接面临众多竞争对手；增大企业的行业风险。企业生产经营系统的设计没有考虑供应链的影响，现行的企业系统设计时只考虑生产过程本身，而没有考虑本企业生产系统以外的因素对企业竞争力的影响。主要表现在：供、产、销系统没有形成链，各自为政，相互脱节；存在部门主义障碍；信息系统落后；库存管理系统满足不了供应链管理的要求；系统协调性差；没有建立起对不确定性变化的跟踪与管理系统；供应商和经销商都缺乏合作的战略伙伴关系，且往往从短期效益出发，供应商之间的价格竞争失去了经销商的信任与合作基础。

鉴于"纵向一体化"管理模式的种种弊端，"横向一体化"（Horizontal Integration）思想兴起。"横向一体化"形成了一条从供应商到制造商再到分销商的贯穿所有企业的"链"——供应链（Supply Chain）。供应链上的节点企业必须达到同步、协调运行，才有可能使链上的所有企业都能受益，因而产生了供应链管理（Supply Chain Management，SCM）。

（二）供应链的概念

对于供应链的定义，学术界目前还没有统一的定义。

Christopher 认为，供应链是一个组织网络，所涉及的组织从上游到下游，在不同的过程和活动中对交付给最终用户的产品或服务产生价值。

Lin F. R. 等认为供应链是包括供应商、制造商、销售商在内，涉及物流、资金流、信息流的企业网络系统。

美国的 Stevens 认为，供应链是通过价值增值过程和分销渠道控制，从供应商的供应商到用户的用户的整个过程，它始于供应的源点，终于消费的终点。

Fred A. Kuglin 把供应链描述为：制造商与它的供应商、分销商及用户——整个"外延企业"中的所有环节——协同合作，为顾客所希望并愿意为之付出的市场提供一个共同的产品和服务。这样一个多企业的组织，作为一个外延企业，最大限度地利用共享资源（人员、流程、技术等）来取得协作运营，其结果是高质量、低成本、迅速投放市场并获得顾客满意的产品和服务。

我国学者对供应链也没有统一认识。国内著名学者马士华认为，供应链是围绕核心企业，通过对信息流、物流、资金流的控制，从采购原材料开始，制成中间商品以及最终产品，最后由销售网络把产品送到消费者手中的供应商、制造商、分销商、零售商，以及最终用户连成一个整体的功能网链结构模式。他还给出了一个供应链的模式图，如图 1-5 所示。

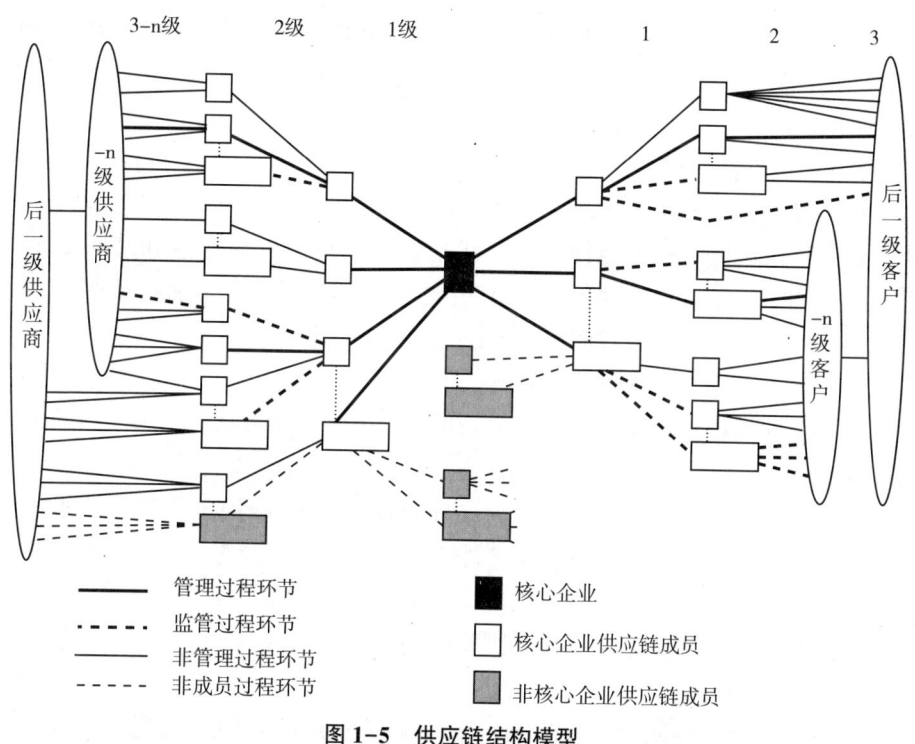

图 1-5　供应链结构模型

(三) 供应链的特征

供应链是一个网链结构，由核心企业的供应商、供应商的供应商和用户、用户的用户组成。每一个企业是一个节点，节点企业和节点企业之间是一种需求与供应关系。一般具有以下特征：

1. 复杂性

因为供应链节点企业组成的跨度（层次）不同，供应链往往由多个、多类型、多地域企业构成，所以供应链结构模式比一般单个企业的结构模式更为复杂。

2. 动态性

供应链管理因企业战略和适应市场需求变化的需要，其中的节点企业需要动态地更新，这就使供应链具有明显的动态性。

3. 交叉性

节点企业可以是这个供应链的成员，同时又是另一个供应链的成员，众多的供应链形成交叉结构，增加了协调管理的难度。

4. 面向用户需求

供应链的形成、存在、重构都是基于一定的市场需求而发生的，并且在供应链的运作过程中，用户的需求拉动是供应链中信息流、产品/服务流、资金流运作的驱动源。

(四) 供应链的类型

1. 稳定的供应链和动态的供应链

根据供应链存在的稳定性可以将供应链分为稳定的供应链和动态的供应链。基于相对稳定、单一的市场需求而组成的供应链稳定性较强，而基于相对频繁变化、复杂的市场需求而组成的供应链动态性较高。

2. 平衡的供应链和倾斜的供应链

根据供应链容量与用户需求的关系可以划分为平衡的供应链和倾斜的供应链。一个供应链具有一定的、相对稳定的设备容量和生产能力（所有节点企业能力的综合，包括供应商、制造商、分销商、零售商等），但用户需求处于不断变化的过程中，当供应链的生产能力和用户需求平衡时，供应链处于平衡状态。而当市场变化加剧，造成供应链成本增加、库存增加、浪费增加等现象时，企业不是在最优状态下运作，则供应链处于倾斜状态。

3. 有效性供应链和反应性供应链

根据供应链的功能模式（物理功能和市场中介功能）可以把供应链划分为有效性供应链（Efficient Supply Chain）和反应性供应链（Responsive Supply

Chain）。有效性供应链主要体现供应链的物理功能，即以最低的成本将原材料转化成零部件、半成品、产品，以及在供应链中的运输等；反应性供应链主要体现供应链的市场中介功能，即把产品分配到满足用户需求的市场，对未预知的需求做出快速反应等。

（五）供应链管理的定义

供应链管理也没有统一定义。美国物流管理协会最新发布的供应链管理的定义为：供应链管理包括了对采购、外包、转化等过程的全部计划管理活动和全部物流管理活动。更重要的是，它也包括了与渠道伙伴之间的协调和协作，涉及供应商、中间商、第三方服务供应商和客户。从本质上说，供应链管理是企业内部和企业之间的供给与需求管理的集成。马士华则认为，供应链管理是通过前馈的信息流（需方向供方流动，如订货合同、加工单、采购单等）和反馈的物料流及信息流（供方向需方的物料流及伴随的供给信息流，如提货单、入库单、完工报告等），将供应商、制造商、分销商、零售商和最终用户连成一个整体的模式。

一般认为，供应链管理指的是对供应链中的物流、信息流、资金流、价值流以及工作流进行计划、组织、协调和控制。它是一种从供应商开始，经由制造商、分销商、零售商直到最终客户的全要素、全过程的集成化管理模式。其目标是从整体的观点出发，寻求建立供、产、销企业以及客户间的战略合作伙伴关系，最大限度地减少内耗与浪费，实现供应链整体效率的最优化。

（六）供应链管理的特点

1. 与传统管理方法相比较的特点

（1）以客户为中心。在供应链管理中，顾客服务目标优先于其他目标，以顾客满意为最高目标。

（2）跨企业的贸易伙伴之间密切合作、共享利益和共担风险。在供应链中，企业不能仅仅依靠自己的资源来参与市场竞争，而要通过与供应链参与各方进行跨部门、跨职能和跨企业的合作，建立共同利益的合作伙伴关系，实现多赢。

（3）集成化管理。供应链管理应用网络技术和信息技术，重新组织和安排业务流程，实现集成化管理。

2. 与物流管理相比较的特点

（1）供应链管理是对物流的一体化管理。供应链管理把从供应商开始到最终消费者的物流活动作为一个整体进行统一管理，始终从整体和全局上把握物流的各项活动，使整个供应链的库存水平最低，实现供应链整体物流最优化。

（2）供应链管理的互动特性。物流是以存货资产作为管理对象的。供应链管理是对存货流动（包括必要的停顿）中的业务过程进行管理，它是对关系的管理，因此具有互动的特征。

（3）供应链管理成为物流的高级形态。物流是通过操作功能的整合形成的，供应链管理则是通过渠道关系的整合形成的。从操作功能的整合到渠道关系的整合，使物流从战术的层次提升到战略高度，所以供应链管理是物流在逻辑上的延伸。

（4）供应链管理决策的发展。供应链管理决策在包含运输决策、选址决策和库存决策在内的物流管理决策的基础上，增加了关系决策和业务流程整合决策，成为更高形态的决策模式。

（5）供应链管理的协商机制。供应链管理通过在节点企业之间建立协商机制，谋求成员之间的联合和协调，减少或消除所有供应链成员企业所持有的缓冲库存。

（6）供应链管理强调组织外部一体化。供应链管理认为，只有组织内部的一体化是远远不够的，必须考虑在组织内部和组织之间不同层次上相互关联的技术经济问题，进行成本效益权衡。

（7）供应链管理对共同价值的依赖性。供应链管理首先解决的是供应链伙伴之间信息的可靠性问题。如何管理和分配信息取决于供应链成员之间对业务过程一体化的共识程度。供应链管理是为了在供应链伙伴间形成一种相互信任、相互依赖、互惠互利和共同发展的价值观和依赖关系，而构筑的信息化网络平台。

（8）供应链管理是"外源"整合组织。供应链管理是在自己的"核心业务"基础上，通过协作的方式来整合外部资源以获得最佳的总体运营效益。除了核心业务以外，几乎每件事都可能是"外源的"，即从公司外部获得的。

（9）供应链管理是一个动态的响应系统。高度动态的市场环境要求企业管理层能够经常对供应链的运营状况实施规范的监控和评价，如果没有实现预期的管理目标，就必须考虑可能的替代供应链并做出适当的应变。

二、供应链系统的构建

为了提高供应链管理的绩效，除了必须有一个高效的运行机制外，建立一个高效精简的供应链也是极为重要的一环。在实际经营中，不可能像搬动办公室的桌子那样随意改变供应链上的节点企业。因此，作为供应链管理的一项重要环节，无论是理论研究人员还是企业实际管理人员，都非常重视供应链的构建问题。本节就是围绕这个主题，从实际供应链管理所需解决的问题开始，在了解供应链体系结构模型的基础上，对供应链系统的设计策略和设计原则加以探讨，从而得出供应链系统构建的方式和步骤。

（一）实施供应链管理所需解决的问题

企业实施供应链管理就必须面对和解决许多有关供应链的问题，主要包括：

（1）供应链企业间的合作与信任程度较低。

（2）缺乏对用户服务的明确定义。

（3）信息系统效率低。

（4）库存控制策略过于简单。

（5）配套企业订单完成缺乏协调。

（6）对运输渠道分析不够。

（7）库存成本控制不正确。

（8）组织间的障碍。

（9）产品/流程设计不完整。

（10）没有度量供应链绩效的标准。

（11）供应链不完整。

要解决这些问题，真正实现供应链管理，企业要进行以下几个方面的转变：

（1）企业要从供应链整体出发，考虑企业内部的结构优化问题。

（2）企业要改变思维模式，从纵向一维空间思维向纵横一体的多维空间思维方式转变。

（3）企业要放弃"小而全，大而全"的封闭经营思想，向与供应链中的相关企业建立战略伙伴关系转变。

（4）企业要建立透明的信息集成系统，保持信息沟通渠道的畅通和透明度。

（5）所有的部门都应对共同任务有共同的认识和了解，消除部门障碍，实行协调工作和并行化经营。

（二）常见的几种供应链体系结构模型

为了有效指导供应链的设计，了解和掌握供应链结构模型是十分必要的，这里着重从企业与企业之间关系的角度提出几种供应链的拓扑结构模型：链状模型、网状模型和石墨模型。

1. 静态链状模型

模型Ⅰ（见图1-6）只是一个简单的静态模型，表明供应链的基本组成和轮廓概貌。产品从自然界到用户经历了供应商、制造商和分销商三级传递，并在传递过程中完成加工、产品装配形成等转移过程，被用户消费掉的最终产品仍旧回到自然界，完成物质循环。例如，在煤矿开采煤炭，作为燃料供应居民，居民消费后废气和炉渣回归自然界。

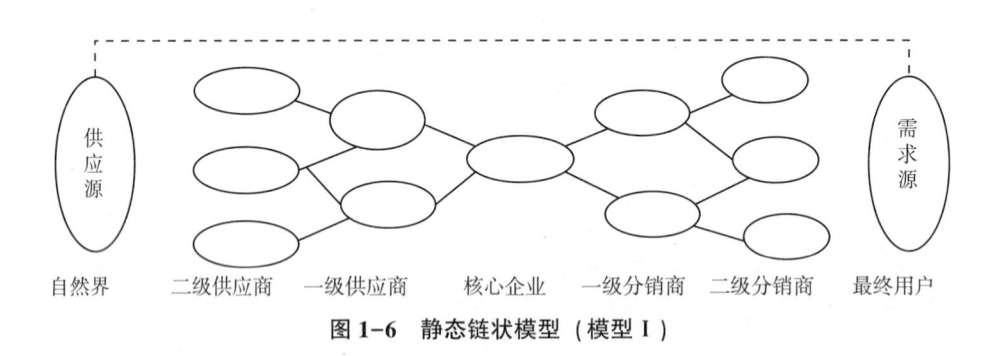

图1-6 静态链状模型（模型Ⅰ）

2. 动态链状模型

模型Ⅱ（见图1-7）是对模型Ⅰ的进一步抽象，它把商家抽象成一个一个的点，成为节点，并用字母和数字表示。节点以一定的方式和顺序连接成一串，构成一条链条。产品的最初来源（自然界）和最终方向（客户）都被隐含抽象掉了，便于对供应链中间过程进行研究。

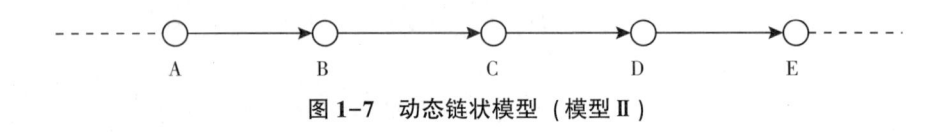

图1-7 动态链状模型（模型Ⅱ）

（1）供应链的方向。供应链中物流的方向定义为供应链的方向，以确定供应商、制造商和分销商之间的顺序关系。在特殊情况下（如产品退货），产品在供应链中的系统方向相反。

（2）供应链的级。在模型Ⅱ中，当定义C为制造商时，可以相应地认为B为一级供应商、A为二级供应商，而且还可递进地定义三级供应商、四级供应商等。同样地，可以认为D为一级分销商、E为二级分销商，并递进地定义三级分销商、四级分销商等。一般地讲，一个企业应尽可能考虑多级供应商和分销商，这样有利于从整体上了解供应链的运行状态。

3. 网状模型

在模型Ⅱ中，C的供应商可能不止一家，而是有多家，同样分销商可能也有多家。这样，就形成了一个网状模型——模型Ⅲ（见图1-8）。网状模型更能说明现实世界中产品的复杂供应关系。在理论上，网状模型可以涵盖世界上所有厂家，把所有厂家都看作其上面的一个节点，并认为这些节点存在联系。当然，这些联系有强有弱，而且在不断地变化着。

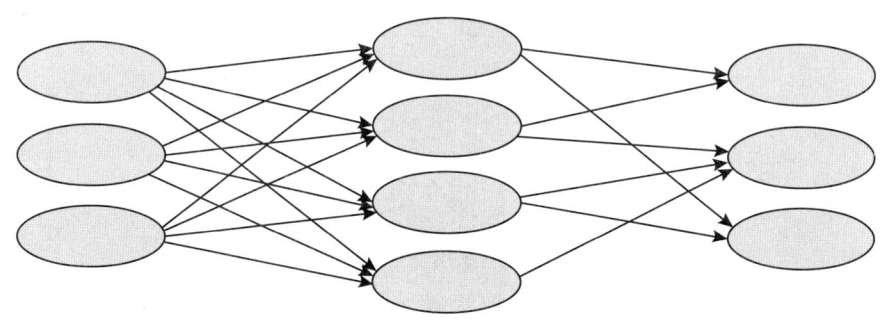

图1-8 网状模型（模型Ⅲ）

通常，一个厂家与有限几个厂家相联系，但这不影响我们对供应链模型的理论设定。网状模型对供应关系的描述性很强，适合于对供应关系的宏观把握。

4. 石墨模型

前面几个模型主要叙述了供应链中的物流，而没有同时讨论信息流及资金流。在一个信息化的社会中不能不讨论信息流，企业的生产离不开供应链上的信息流。信息在供应链上的流动并不严格依承于节点间直接地传递，可以间接地了解，也可以由专门的机构或组织来管理传播，Internet/Intranet以及其他媒体是信息收集和传播的重要途径。同样地，在以金融为中心、金融活动决定产品生产的时代，考虑资金也是必要的。资金除了在供应链上流动外，更多的是依赖于银行、证券公司等途径。综合考虑信息流、资金流和物流，可以得出供应链的模型——石墨模型（见图1-9）。

在模型Ⅳ中，信息流、物流及资金流分属三个层面，在各自的网上流动，网与网之间存在着联系。信息流层的节点是信息企业，物流层的节点是生产企业，资金流层的节点是金融企业。有层次结构的网状模型偏重于描述实物形态的产品运动，而石墨模型将信息服务和金融服务这些非实物形态的产品也包含在其中。这对我们全面地研究供应链提供了非常有益的帮助。有一点需要说明

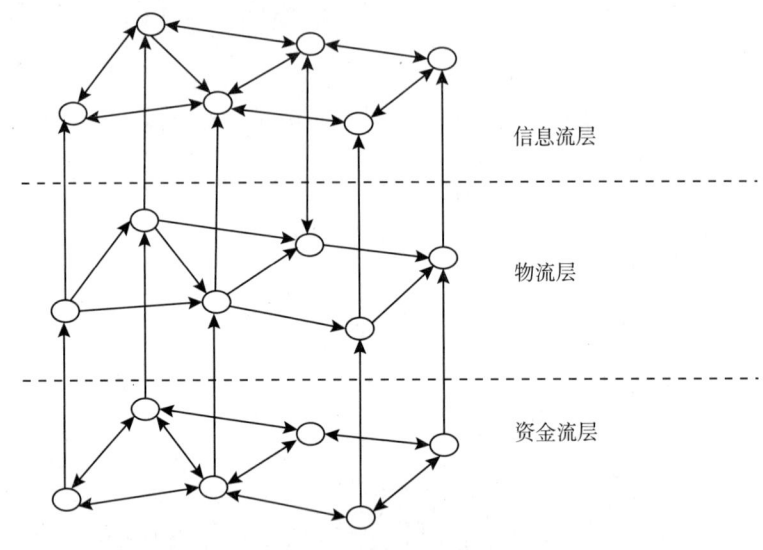

图 1-9 石墨模型（模型Ⅳ）

的是，信息流、资金流与物流不同，信息流和资金流是交互的，因此它们之间的联系是双向的，用双箭头表示。

供应链模型的研究进一步明确了供应链的概念，从图学上描述了供应链的结构，使图论的许多概念（诸如最短生产时间、关键线路、相关因素分析等）可以用来描述、说明和度量供应链。同时，供应链的模型结构还囊括了现实世界中所有的产品流、信息流、资金流，对商品世界是一个很好的表述。另外，供应链结构模型的研究对我国国有企业的改造具有非常深刻的意义。

（三）供应链体系的设计策略

在进行供应链设计时，首先要明白用户对企业产品的需求是什么。产品生命周期、需求预测、产品多样性、提前期和服务的设计标准等，都是影响供应链设计的重要问题。供应链的设计应该以产品为中心，设计出与产品特性相一致的供应链。

1. 产品类型

不同产品类型对供应链设计有不同的要求，一般我们将产品类型分为两类：一类是高边际利润、不稳定需求的革新性产品；另一类是低边际利润、有稳定需求的功能性产品。

（1）功能性产品的特点。一般用于满足用户的基本需求，变化很少，具有稳定的、可以预测的需求，以及较长的生命周期，但它们的边际利润率较低，这类产品主要通过规模化的生产获得收益，降低生产成本成为这类产品生产的一个主要目标。这类产品的供应链设计应该采用有效性供应链设计。

（2）革新性产品的特点。产品生命周期比较短，需求量不好预测，主要通过在使用功能上的产品创新，赢得消费者的购买，从而获得较高的边际利润。采用反应性供应链设计比较适合于这类产品，如手机等。

2. 基于产品的供应链设计策略

欧洲、美国、日本等不少发达地区和国家将基本的功能型产品放在低成本的发展中国家生产，而将一些流行性或短生命周期的产品放在本土生产，虽然有可能增加劳动力成本，但通过对市场的快速反应而获得的利润足以抵消这种不利影响。

（1）供应链设计与产品类型策略矩阵。如图1-10所示。

	功能性产品	革新性产品
有效性供应链	匹配	不匹配
反应性供应链	不匹配	匹配

图 1-10　供应链设计与产品类型策略矩阵

（2）两种类型供应链的比较。如表1-3所示。

表 1-3　两种类型供应链的比较

比较项目	反应性供应链	有效性供应链
基本目标	尽可能快地应对不可预测的需求，使缺货、降价、废弃库存达到最小化	以最低的成本供应可预测的需求
制造核心	配置多余的缓冲库存	保持高的平均利用率
库存政策	部署好零部件和成品的缓冲库存	产业高收入，使整个供应链库存最小化
提前期	大量投资，缩短提前期	在不增加成本的前提下，尽可能缩短提前期
产品设计策略	用模型设计以尽可能减少产品差别	最大化绩效和最小化成本

例如，一些个人计算机厂商在提供新产品时，由于仍采用原来的有效性供应链，过于注重成本，追求库存最小化和较低的采购价格，忽视供货速度和灵活性，担心增加成本而不愿缩短提前期，从而造成交货速度太慢，不能及时响应日益变化的市场需求，缺货损失极为严重。更糟的是，被竞争对手抢先占领了市场，造成不可估量的损失。

(3) 对于用有效性供应链来提供功能性产品可采用如下措施：

①削减企业内部成本。

②不断加强企业与供应商和分销商之间的协作，从而降低整条供应链上的成本。

③降低销售价格，这是建立在有效控制成本的基础上的。但一般不轻易采用，应视市场竞争情况而定。

(4) 用反应性供应链来提供革新性产品的措施：

①通过不同产品拥有尽可能多的通用件来增强某些模块的可预测性，从而减少需求的不确定性。

②通过缩短提前期与增加供应链的柔性，企业就能按照订单生产，及时地响应市场需求，在尽可能短的时间内提供顾客需要的个性化产品。

③规避剩余的不确定性。这样，当市场需求旺盛时，企业就能尽快地提供革新性产品，从而减少缺货损失。

总之，在为企业寻找理想的供应链之前，必须先确定企业产品的类型和企业供应链的类型，并使两者合理匹配，从而实现企业产品和供应链的有效组合。

3. 基于成本核算的供应链设计策略

通过成本核算优化和选择供应链节点，找出最佳的节点企业组合，设计出低成本的供应链，从而形成基于成本核算的供应链设计策略。该策略的核心是，在给定的时间周期内，计算所有节点组合的供应链成本。对有关供应链成本核算做如下假定：

假设1：合作企业以 $i=1, 2, 3, \cdots, n$ 表示（其中，供应链层次以 $a=1, 2, 3, \cdots, A$ 表示，一个层次上合作企业的序号以 $b=1, 2, 3, \cdots, B$ 来表示，所以一个节点 i 可以表示为 $A \times B$）。

假设2：物料单位成本随着累积单位产量的增加和经验曲线的作用而降低。成品、零部件、产品设计、质量工程的改善都可能导致单位物料成本的降低。

假设3：假定从一个节点企业到另一个节点企业的生产转换时间在下一个节点企业的年初。

假设4：当一个节点企业在年初开始生产时，上一节点企业的工时和原材料成本根据一定的技术指数转化为此节点企业的初值。

假设5：在全球供应链控制中，围绕核心企业核算成本，汇率、通货膨胀率等转换为核心企业所在国家的标准。

第一章　物流与供应链管理理论基础

供应链成本主要包括物料成本、劳动成本、运输成本、设备成本和其他变动成本等。其成本函数分别构造如下：

（1）物料成本函数。

$$M_{it} = m_i(im_{it}) \int_0^{n_t} n^{f_i} dn$$

式中：

M_{it}——i 节点企业在第 t 年生产 n_t 产品的总物料成本（时间转化为当地时间）。

m_i——i 节点企业第一个部件的物料成本（时间坐标轴的开始点）。

im_{it}——i 节点企业 t 年的物料成本的通货膨胀率。

n_t——第 t 年内的累计产量。

$f_i = \lg(F_i)/\lg(2)$。

F_i——物料成本经验曲线指数，$0 \leq F_i \leq 1$。

n——累计单位产量，$n = 1, 2, 3, \cdots, n_t$。

（2）劳动力成本函数（Labor Cost Function）。

$$L_{it} = l_i(il_{it}) \int_0^{n_t} n^{g_i} dn$$

式中：

L_{it}——i 节点企业在第 t 年（时间转化为当地时间）生产 n_t 产品的总劳动成本。

l_i——i 节点企业的单位时间劳动成本。

il_{it}——i 节点企业 t 年的单位小时的通货膨胀率。

n_t——第 t 年内的累计产量。

$g_i = \lg(G_i)/\lg(2)$。

G_i——劳动力学习经验曲线指数，$0 \leq G_i \leq 1$。

n——累计单位产量，$n = 1, 2, 3, \cdots, n_t$。

（3）运输成本函数（Transportation Cost Function）。

$$T_{it} = \sum_{m=1}^{M} s_{im} is_{it} d_{mt}$$

式中：

T_{it}——i 节点企业在第 t 年生产 n_t 产品的总运输成本。

s_{im}——i 节点企业到 m 节点企业的单位成本。

is_{it}——i 节点企业 t 年运输的通货膨胀率。

d_{mt}——m 节点企业在第 t 年的累计需求。

· 29 ·

M——节点企业的总数量。

(4) 设备和其他变动成本函数（Utilities and other Variable Cost Function）。
$$U_{it} = [u_i(iu_{it}) + v_i(iv_{it})]n_t$$

式中：

U_{it}——i 节点企业在第 t 年生产单位产品总的设备和变动成本。

u_i——i 节点企业一个单位的设备成本。

v_i——i 节点企业一个单位的其他变动成本。

iu_{it}——i 节点企业一个单位的设备成本的通货膨胀率。

iv_{it}——i 节点企业的一个单位的其他变动成本的通货膨胀率。

(5) 供应链的总成本函数（Total Cost Function）。

以上成本都是针对一定时间轴上可能的 i 节点企业的组合，在时间 T 内相关的节点 i 组成一个节点企业组合序列，用 k 表示，所有可能的节点企业组合序列用 k 表示，对于每一个节点企业组合序列 k，供应链的总成本 $TC(k)$ 表示为：

$$TC(k) = \sum_{t=1}^{T} [l_i \sum_{\varepsilon \subset k} (M_{it} + L_{it} + T_{it} + U_{it})e_{it}(pv_{it})]$$

式中：

M_{it}，L_{it}，T_{it}，U_{it} 意义同上。

e_{it}——汇率（i 节点企业对核心企业的汇率）。

pv_{it}——i 节点企业在 t 年的现值折扣率。

k——一个节点企业组合序列。

而一个节点组合序列的平均单位成本为：

$CAU(k) = TC(k)/NT$，其中，NT 代表节点企业的总数量。

我们可以通过对供应链总成本的优化核算来找出最优的节点企业组合，设计出低成本的供应链。供应链的设计要评估所有可能的组合序列，以达到最优化的设计。

（四）供应链系统的设计原则

在供应链设计指导思想的引导下，我们还应遵循一些基本的原则，以保证供应链的设计和重建能使供应链管理思想得以实施和贯彻。

1. 自顶向下和自底向上相结合的设计原则

在系统设计方法中，有两种设计方法，即自顶向下和自底向上的方法。自顶向下的方法是从全局走向局部的方法，自底向上的方法是从局部走向全局的方法。自上而下是系统分解的过程，而自下而上则是一种集成的过程。在设计一个供应链系统时，往往是先由主管高层做出战略规划与决策，规划与决策的依据来自市场需求和企业发展规划，然后由下层部门实施决策，因此供应链的设计是自顶向下和自底向上的综合。

2. 简洁性原则

简洁性是供应链的一个重要原则，为了能使供应链具有灵活快速响应市场的能力，供应链的每个节点都应是简洁具有活力的、能快速实现业务流程的组合。如供应商的选择应以少而精为原则，通过和少数的供应商建立战略伙伴关系，有利于减少采购的成本，有利于实施JIT采购法和准时生产。生产系统的设计更是应以精细思想为指导，从精细的制造模式到精细的供应链是努力追求的目标。

3. 互补性原则

供应链各个节点的选择应遵循强强联合的原则，达到实现资源外用的目的，每个企业只集中精力致力于各自核心的业务过程，就像一个独立的制造单元（独立制造岛），这些所谓单元化企业具有自我组织、自我优化、面向目标、动态运行和充满活力的特点，能够实现供应链业务的快速重组。

4. 协调性原则

供应链业绩好坏取决于供应链合作伙伴关系是否和谐，因此建立战略伙伴关系是实现供应链最佳效能的保证。席西民教授认为，和谐是描述系统是否能够充分发挥系统成员和子系统的能动性、创造性及系统与环境的总体协调性，只有和谐而协调的系统才能发挥最佳的效能。

5. 动态性原则

不确定性在市场中随处可见，供应链运作效率也会受到不确定性的影响。不确定性的存在导致需求信息的扭曲，因此要预见各种不确定因素对供应链运作的影响，减少信息传递过程中的信息延迟和失真。增加透明性，减少不必要的中间环节，提高预测的精度和时效性，对降低不确定性的影响都是极为重要的。

6. 战略性原则

供应链的建模应有战略性观点，通过战略的观点考虑减少不确定的影响。从供应链战略管理的角度考虑，我们认为供应链设计的战略性原则还体现为供应链发展的长远规划和预见性，供应链的系统结构发展应与企业的战略规划保持一致，并在企业战略指导下进行。

7. 创新性原则

创新设计是系统设计的重要原则，没有创新性思维，就不可能有创新的管理模式，因此在供应链的设计过程中，创新性是很重要的一个原则。要产生一个创新的系统，就要敢于打破各种陈旧的思维框架，用新的角度、新的视野审视原有的管理模式和体系，进行大胆的创新设计。进行创新设计要注意以下几点：一是创新必须在企业总体目标和战略的指导下进行，并与战略目标保持一致；二是从市场需求的角度出发，综合运用企业的能力和优势；三是发挥企业各类人员的创造性，集思广益，并与其他企业共同协作，发挥供应链整体优势；四是建立科学的供应链和项目评价体系与组织管理系统，进行技术经济分析和可行性论证。

（五）供应链系统设计的步骤

供应链设计需运用科学合理的方法和步骤才能完成。在以上原则的指导下，供应链的设计包括以下几个关键性步骤，如图1-11所示。

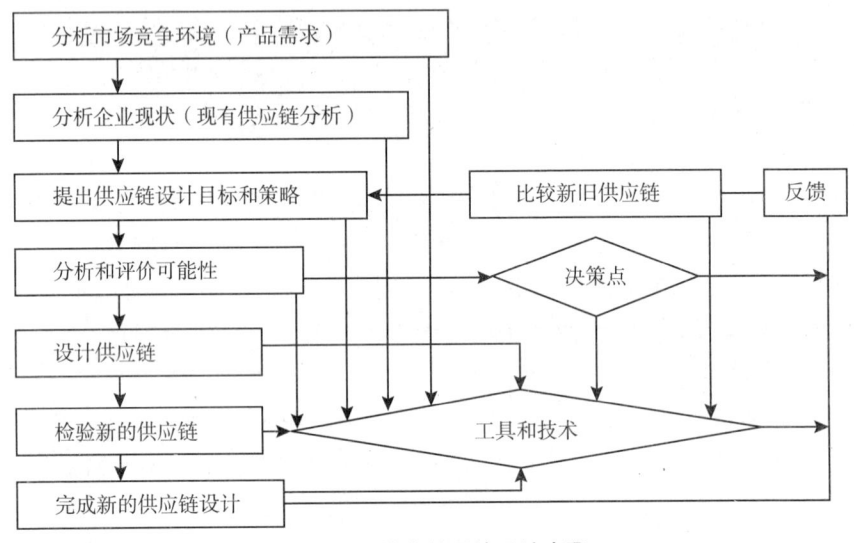

图1-11 供应链系统设计步骤

1. 分析市场竞争环境

针对企业所处的市场竞争环境进行分析，就是分析企业的特定产品和服务、市场各类主体，如用户、零售商、生产商和竞争对手的状况如何。通过专项调查，了解产品和服务的细分市场情况、竞争对手的实力和市场份额、供应原料的市场行情和供应商的各类状况、零售商的市场拓展能力和服务水准、行业发展的前景，以及诸如宏观政策、市场大环境可能产生的作用和影响等，分析和判断有关产品的重要性排列、供应商的优先级排列、生产商的竞争实力排列、用户的发展趋势，以确定哪些产品的供应链需要开发。这个环节是供应链多边设计的第一步，它需要花费相当多的人力、财力和时间。在市场分析中，要善于利用先进的数据处理软件，如经营环境扫描、技术跟踪软件包等，在复杂的市场环境中发现具有前瞻性的规律。分析的输出是按需求量排列的产品类型和每一产品按重要性排列的市场特征，同时对市场不确定性和需求变化趋势做出分析和评价。

2. 分析企业现状

对企业现状的分析就是对企业现有的供应、需求管理现状进行分析和总结。如果企业已经建立了自己的供应链管理体系，则对现有的供应链管理现状进行分析，包括供应链的管理、效率和所带来的利润，及时发现在供应链的运作过程中存在的问题，或者说哪些方面已出现或可能出现不适应市场发展的端倪，分析供应链的发展前景，如供应链能否实现最优化的客户响应、最小化的成本、最佳化的效益和最优化的资产使用结构，从而挖掘现有供应链的优势。此外，还要分析企业在供应链中的地位、企业自身的适应能力和发展能力。分析的目的不在于评价供应链设计策略中哪些更重要和更合适，而是着重于研究供应链设计的方向或者说设计定位，同时将可能影响供应链设计的各种要素分类罗列出来。

3. 提出供应链设计目标和策略

根据对市场环境和企业环境的分析提出供应链设计的设想。供应链一旦构建完成，就在一定时期内具有稳定性。为此，应当预先提出明确的设计目标。供应链的设计目标主要包括：①进入新市场；②开发新产品；③客户关系管理；④市场营销分析；⑤降低成本；⑥供应链的集成管理。供应链设计完成后并不意味着万事大吉。在竞争激烈的市场环境下，为了向客户提供差异性产品以获取利润，供应链的变动和发展在所难免。目标设计好后，要根据目标要求制定相应的策略。

4. 分析和评价可能性

供应链设计框架建立之后，需要对供应链设计的技术可靠性、功能可行性、运营可行性进行分析和评价，在各种可靠性分析的基础上，结合核心企业的实际情况以及对产品和服务的发展战略的要求，为供应链中技术、方法和工具的选择提供支持。同时，这一步还是一个方案决策的过程，如果分析认为方案可行，就可继续进行下面的设计工作；如果分析认为方案不可行，就需要返回到上一个环节重新设计供应链的目标和策略。

5. 设计供应链

在设计供应链的过程中，主要解决如下问题：

（1）供应链的成员结构。包括供应商、制造商、分销商、零售商和用户的选择及其定位，确定选择与评价的标准，确定供应链的模型结构等。

（2）需求和产品销售能力分析。如销售/分销网络、运输价格、销售规则、销售/分销管理服务等问题。

（3）原材料的采购。包括供应商、数量、价格、提前期、运输的确定等。

（4）生产设计。主要是生产工艺流程、生产能力、生产计划、作业计划、库存管理等的确定。

（5）信息系统设计。供应链是通过信息系统而集成的一个整体，信息保障了产品从原料到生产，再到用户的全流程畅通无阻。

（6）在供应链设计中，需要广泛地应用许多工具和技术，如归纳法、流程图、仿真模拟、管理信息系统等。

6. 检验新的供应链

供应链设计完成以后，需要通过模拟一定的供应链运行环境，借助一定的方法和技术对供应链进行测试、检验或试运行。如果模拟测试结果不理想，则返回到第3步重新进行设计，如果没有什么问题则可以用于实践。

以上各步骤（包括新旧供应链的比较和决策点）的实施都会用到相应的信息工具和技术，信息技术的发展为供应链的设计打下了良好的基础。另外，在供应链设计过程中，每一步都要不断地与现有的供应链进行比较，通过这种反馈，保证供应链设计的先进性、前瞻性和经济性。

第三节　供应链管理下物流的特点

在传统的物流管理系统中，市场需求信息和反馈的供应信息都是逐层传递的，各企业只能根据来自其相邻下级企业的需求信息进行生产或供应决策。如果最初的需求信息不准确或不真实，它们将沿着供应链逆流而上，就会产生逐级放大的现象，当这些信息传递给最上游的供应商时，其获得的需求信息和实际需求信息相比已经发生了很大的偏差，需求变异系数比下游批发商和零售商的需求变异系数大得多，从而导致严重的信息扭曲和失真。由于这种需求放大效应的影响，上游供应商往往比下游供应商维持较高的库存水平。同时，由于传统的物流系统没有从整体角度进行物流规划，常常导致一方面库存不断增加，另一方面又无法及时满足客户的需求。这样，企业就会因为物流系统的管理不善使高库存成本和低服务水平并存，丧失市场机会。传统物流管理是纵向一体化的物流系统，各节点企业之间缺乏战略协作，供需关系不稳定，无法实现信息和资源共享，信息扭曲现象严重。供应链管理强调供应链整体的集成与协调，要求各节点企业围绕物流、信息流、资金流等进行信息资源共享和经营战略协同，从而实现各个节点企业的"多赢"。与传统纵向一体化的物流管理相比，供应链管理环境下的物流管理将关注的焦点从单纯的物流职能部门扩展到整条供应链上的所有部门，并注重加强与各部门成员的协同合作，通过对物流进行科学的组织计划，使物流活动在供应链各环节之间迅速形成物流关系和确定物流方向，需求信息和反馈信息不再是逐级传递，而是通过现代信息技术等将物流关系的相关信息同时传递给供应链的各个环节，并在物流活动的过程中，对其进行实时协调与控制，为供应链各环节提供实时信息，通过信息共享和集成运作使供应链各个环节的供需实现无缝连接，提高供应链的敏捷性和适应性。

一、模式

根据协调运作生产、供应活动、销售活动和物流活动的机能的差异性，可以把生产企业供应链物流归纳为三种模式：批量物流、订单物流和准时物流。

批量物流的协调基础是客户需求的预测，生产企业的一切经济活动都是基于对客户需求的预测而产生的。在预测的前提下，生产企业的经济活动都是批量运营的，批量采购、批量生产和批量销售，这也必然伴随着批量物流。

订单物流的协调基础是客户的订单，生产企业的经济活动是基于客户的订单而产生的。在订单的前提下，生产企业的经济活动都是围绕订单展开的，根据订单进行采购、生产和销售，而物流也是根据客户订单产生的经济活动而形成。订单物流主要表现为两种模式：一是以最终消费者的订单为前提的最终消费者的订单驱动模式，如戴尔模式；二是以渠道顾客的订单为前提的渠道顾客的订单驱动模式，如海尔模式。海尔模式物流最大的特点是"一流三网"的物流体系。"一流"就是订单流，海尔通过客户的订单进行采购、制造等活动，海尔的客户主要是海尔专卖店和营销点，所以海尔是渠道顾客订单驱动的供应链物流模式。

准时物流是订单物流的一种特殊形式，是建立在准时制管理理念基础上的现代物流方式。准时物流能够达到在精确测定生产线各工艺环节效率的前提下，按订单准确地计划，消除一切无效作业与浪费，如基于均衡生产和看板管理的丰田模式。

二、特点

1. 战略协同性

物流管理具有战略协同性，这是供应链管理思想在物流管理中的直接体现，供应链管理环境下的物流管理系统通过各节点企业的战略协作，实现了整个物流系统的无缝连接，而无缝连接的供应链物流系统是供应链获得协调一致运作的前提条件。

2. 快捷性

通过快捷的交通运输以及科学的物流事前管理和事中管理来实现快捷的物流。在供应链管理中，快捷的物流是供应链的基本要求，是保证高效的供应链的基础。由于实现了信息共享，供应链上任何节点企业都能及时掌握市场的需求信息和整个供应链的运行情况，每个环节的物流信息都能透明地与其他环节进行交流和共享，从而避免了需求信息的失真现象。

3. 低成本化

由于供应链管理环境下物流网络规划能力的增强，物流系统可以利用第三方物流系统、代理运输等多种形式的运输和交货手段，极大地降低了整个供应链物流系统的库存压力和安全库存水平。

4. 信息共享

供应链一体化的物流信息的流量大大增加。需求信息和反馈信息传递不是逐级传递，而是网络式的，企业通过互联网可以很快掌握供应链上不同环节的供求信息和市场信息，达到信息共享和协调一致。共享信息的增加和先进技术的应用，使供应链上任何节点企业都能及时地掌握市场的需求信息和整个供应链上的运行情况，每个环节的物流信息都能透明地与其他环节进行交流和共享，从而避免了需求信息的失真现象。

5. 敏捷性

物流过程实现了敏捷化作业流程的快速重组能力，极大地提高了物流系统的敏捷性，通过消除非增值的作业过程和时间，使供应链物流系统进一步降低了成本，为实现供应链的敏捷性、精细化运作提供了基础性保证。

6. 人性化

供应链管理环境下灵活多样的物流服务，提高了服务水平和客户的满意度。通过制造商和运输部门的实时信息交换，及时地把客户关于运输、包装和装卸方面的要求传递给相关环节，提高了整个供应链对客户个性化需求的响应能力。

三、优势分析

生产企业供应链模式主要包括四种形式，每一种模式都有各自的特征，体现出不同的竞争优势。

（1）批量物流是基于客户预测驱动的供应链物流模式，因此其采取的是批量采购，进行最大能力的大规模生产，实行库存销售。这种模式在投资成本和批量成本上具有相当大的优势。但是由于大规模生产，这种模式可以在规定的时间内提前完成任务，造成第二类过剩成本处于高的水平；对需求预测的不准会导致渠道中产生过多的库存积压，产生高的第一类过剩成本，所以这种模式的过剩成本很高。在反应能力方面，由于采取了最大能力的批量生产，对最终消费者需求变化的反应能力非常弱，因为最大能力的批量生产很难调整生产的品种数和品种量；而采取存货销售，最终消费者总能即刻获得想要购买的产品，所以对最终消费者的市场供货反应能力非常强。因此，批量物流的需求变化反应能力弱，市场供货反应能力强，过剩成本高，投资成本和批量成本都低。

（2）戴尔式物流是基于最终消费者订单驱动的供应链物流模式，是通过生产而不是库存来满足消费者的需求，所以戴尔式物流能够及时准确地反映消费者的需求变化，但是戴尔的客户必须等待1~2个星期才能得到订购的产品，所以市场供货反应能力非常弱。在物流成本方面，戴尔式物流通过生产消费者订购的产品，使戴尔消灭了过剩生产所导致的积压库存，使第一类过剩成本很低；戴尔采用了大规模生产方式，这造成高的第二类过剩成本。戴尔式物流模式决定了客户的订单规模小，订单数量大，这要求戴尔有非常强大的客户订单信息处理能力，因此信息设备的投资成本大。戴尔式物流采取的是大规模订制，生产批量大，而其客户规模小，客户量大，为了能够缩短产品交货时间，戴尔采用了包裹式运输，这导致配送批量成本较高，所以戴尔式物流的批量成本居于一个适中的水平。因此，戴尔式物流的需求变化反应能力强，市场供货反应能力弱，投资成本高，批量成本适中。

（3）海尔式物流的实质是把对客户需求的预测前移到渠道顾客，根据渠道顾客的订单驱动企业的运作，所以海尔的产品能够满足渠道顾客的需求变化，但是不能随最终消费者需求的变化而变化。由于渠道顾客对最终消费者的预测比海尔自己对需求的预测更为准确，所以海尔式物流对最终消费者的需求反应比批量物流要强，但是比戴尔式物流要弱得多。海尔式物流是由渠道顾客的订单驱动的，所以渠道顾客都保有海尔产品的库存，这使得对顾客的及时供货反应保持高的水平。因为是渠道顾客订单驱动的，海尔式物流在流动批量上虽然没有批量物流那么大，但是渠道顾客的订单规模比最终消费者的订单规模要大得多，所以在批量成本上居于两者之间。由于采用了批量生产，海尔式物流还是会产生高的第二类过剩成本，而其产出的产品都是渠道顾客订购的，所以第一类过剩成本很低。因为是来自渠道顾客的订单，采用批量生产，所以生产设备投资成本较低，在对顾客订单的处理能力方面虽然要比批量物流高，但比戴尔式物流要低，因而海尔式物流的投资成本处于中间水平。因此，海尔式物流的市场需求变化反应能力比较差，市场供货反应能力强，投资成本和批量成本居中。

（4）丰田式物流也是由渠道顾客订单驱动的供应链物流模式。但由于丰田的生产计划来自渠道顾客一个星期的订单，这为丰田式物流对市场需求变化做出及时的反应提供了有效的条件；而且丰田采取了均衡式生产、看板式管理方式，能够及时对市场的需求变化做出反应，调整生产计划，这为丰田式物流方式创造了很强的需求变化反应能力。另外，丰田的渠道顾客总是能够维持一定量的丰田产品的库存，虽然在量上比不上批量物流和海尔式物流模式，但其快速的供应链物流反应能够保证对最终消费者的及时供应。丰田式物流通过渠道顾客订单驱动，采取均衡式生产方式，使两类过剩成本都降到了最低。但是为了实现这种模式，在生产过程中无法充分利用生产能力；而追求准时化生产，使物流都在小批量的状态下运行，批量成本非常高。为了实现生产的柔性，及时掌握市场需求动态，提高对市场需求的反应能力，丰田式物流下，生产和信息设备的投资成本也相当高。所以，丰田式物流的需求反应能力强，市场供货能力强，过剩成本低，投资成本和批量成本高。

四、供应链物流模式的匹配

不同生产企业的供应链模式具有不同的竞争优势特征，而每一种模式的成功，都与企业和产品的特征相匹配，以充分发挥其优势特征，避免其劣势特征。供应链模式应该匹配于以下的企业和产品特征：

批量物流应该发挥其批量成本和投资成本低、供货需求反应能力强的优势，避免需求变化反应能力弱、过剩成本高的劣势。所以批量物流对于市场需求波动小、预测正确度高、市场需求量大、顾客希望能够即刻获得的产品比较合适。生产企业为了提高预测的准确性，可以同零售商合作，从零售商那里获得最终消费者的需求信息，而不是以直接渠道客户的需求信息作为预测的依据。

戴尔式物流应该发挥其需求变化反应能力强的优势，避免市场供货需求反应能力弱的劣势。所以戴尔式物流对于市场需求波动比较大、顾客购买频率低，并且顾客愿意延迟获得的产品比较适合。戴尔式物流需要企业对众多零散的最终顾客的购买信息进行及时准确的处理，所以对企业信息系统的要求很高。

海尔式物流应该发挥供货需求反应能力强的优势，并且依托渠道顾客的订单来实现成本优势。所以海尔式物流对于需求量大、顾客希望能够即刻获得的产品比较适合。海尔式物流模式的匹配范围比较广，如果生产企业能够与渠道顾客进行合作，那么就能够使供应链模式运作达到有效。

丰田式物流应该发挥需求变化反应能力强、供货需求反应能力强及过剩成本低的优势。所以丰田式物流对于需求波动大，顾客希望能够即刻获得的产品比较适合。这种模式适合于短渠道分销，特别是采用一级渠道分销的产品。丰田式物流对企业的运作系统和管理能力提出了很高的要求。

五、供应链管理环境下物流管理的对策

（1）进行流程重组和组织创新。传统企业的组织结构都是基于部门功能的职能型结构，这种组织结构已经不能适应供应链管理的需要，因而必须进行供应链管理环境下基于业务流程重组的组织创新。业务流程重组（BPR）就是对企业的业务流程进行根本性再思考和彻底性再设计，利用先进的制造技术和信息技术，实现技术上的功能集成和管理上的职能集成，从而获得在成本、质量、服务和速度等方面业绩的明性改善。为了使供应链上不同的节点企业能够在不同地域的多个部门之间协同工作，以达到整个系统最优的效果，必须根据供应链的特点优化业务流程，进行企业组织创新，明确供应链管理系统的构成要素和结构形式，最终实现组织结构的扁平化。

（2）建立科学、合理、优化的配送网络。科学、合理、优化的配送网络形成了一个快速了解产品/服务和客户的渠道，这就是供应链体系。物流在配送网络中的流动，包括运输、中转、仓储等活动，都将实现高度的集成化，实现零时空的转换、零时滞的运输和零时差的信息流与物流的集成。可见，产品通过供应链到达目的地的效率，完全取决于物流配送网络的健全程度。

（3）充分利用信息技术。供应链管理环境下的物流，高度依赖于对大量数据和信息的采集、分析、处理和及时更新。信息技术在供应链物流系统中的

应用，如 EDI 技术、条码技术、电子商务等，使一切变得简单、迅速而准确。利用信息技术可以快速获得信息，提供更好的客户服务和加强客户联系，提高供应链对节点企业运行状况的跟踪能力，提高整体竞争优势。从某种意义上说，现代物流的竞争已经成为物流信息的竞争。

(4) 利用第三方物流。第三方物流提供的物流服务与企业自建物流系统相比，具有安全快捷、服务水平更高、成本更低的特点。企业自建物流需要较大的固定资产投资，如果企业不能有效地协调和整合企业拥有的物流资源，就会面临巨大的投资风险和库存风险。通过第三方物流进行专业化配送，可以充分利用第三方物流的规模效益和专业优势，提高配送能力，加快存货流动的速度，减少库存，降低企业的投资风险，实现企业的核心优势与外部市场资源的动态有机结合。

第二章 仓储管理与库存控制

第一节 仓储管理

一、仓库的概念与功能

（一）仓库的概念

根据中华人民共和国国家标准《物流术语》中的定义，仓库是保管、储存物品的建筑物和场所的总称。针对不同的储存物品，储存的建筑物或场所条件会有所不同。商业企业经营的商品种类繁多、性能各异，这些商品有的怕热、有的怕光、有的怕潮、有的怕虫蛀，为了保护这些商品的使用价值，就必须配备不同保管条件的仓库。

（二）仓库的功能

仓库作为储存商品的设施，需要大量的投资，但它通过提供经济和服务功能，证明成本存在的必要性。

1. 经济功能

仓库的经济功能体现在它能使物流的总成本降低。也就是说，如果一个物流系统增加一个仓库将使运输总成本下降的金额大于该仓库的固定成本和变动成本，那么物流总成本也会下降，该仓库的存在在经济上就是合理的。仓库的经济功能主要表现在以下几个方面：

（1）仓库通过共同配送实现物流总成本的降低。一方面，仓库接收来自许多厂商或供应商的商品；另一方面，仓库根据顾客的要求，把经过整合的商品送到顾客手中。这种方式的经济利益体现在从厂商到仓库的大批量运输和从仓库到顾客的共同配送。这类仓库一般被称为整合仓库，如图2-1所示。

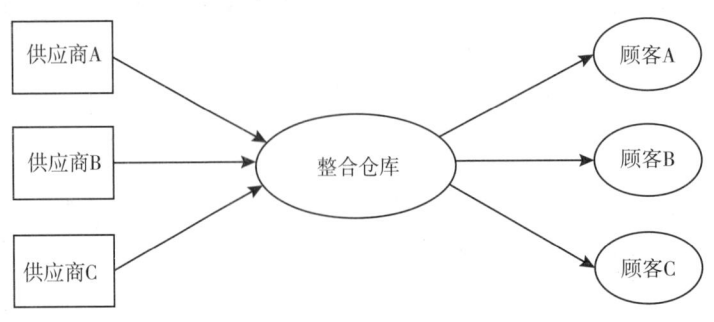

图 2-1　整合仓库

（2）仓库通过发挥中转功能实现了物流总成本的降低。当一个厂商或供应商需要面对许多顾客时，或者许多厂商或供应商要面对许多顾客时，往往可以在顾客的附近建设一个仓库，作为中转地。这种方式的经济利益体现在从厂商或供应商到仓库的大批量运输。而从仓库到顾客的运输尽管是小批量的，但距离很短，所以物流总成本仍然得到了降低。这类仓库一般被称为中转仓库或者转运仓库，如图 2-2（a）和图 2-2（b）所示。

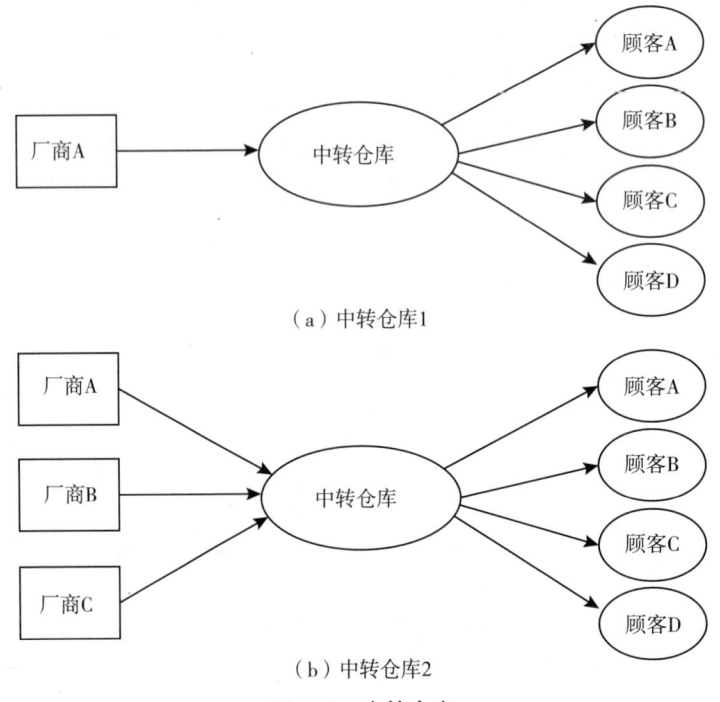

（a）中转仓库1

（b）中转仓库2

图 2-2　中转仓库

(3) 仓库可通过发挥流通加工功能实现物流总成本的降低。例如，一些蔬菜等商品的包装或贴标签作业可以不在厂商处完成，而直接以大包装的形式运输到仓库，等到确定具体的顾客后，再在仓库内完成相应的作业。这样做的好处如下：可降低风险，可降低库存水平，可降低运输成本，从而达到降低物流总成本的目的。这类仓库一般被称为流通加工仓库。

(4) 仓库可通过发挥季节性储存的功能实现物流总成本的降低。对于一些属于季节性生产或季节性消费的商品，为了不使正常生产或消费受到影响，往往可以把商品储存到仓库中，起到缓冲的作用。这样商品的生产就不会受到材料来源和顾客需求的影响，可提高生产效率，降低成本，这类仓库一般被称为储存仓库。

2. 服务功能

仓库的服务功能体现在使企业的营销活动得到了加强。尽管建设仓库会增加企业的投资和成本，但有时企业为了营销活动的需要，也必须增加仓库。这是因为仓库的存在使企业的顾客服务水平得到了提高，增加了商品的市场占有率、销售收入和利润，从而使企业的整体效益得到了提高。仓库的服务功能表现在以下两个方面：

(1) 就近储存。特别适合于季节性的商品，如农用生产资料。当销售旺季来临时，生产商往往会把商品储存在市场的附近，以满足顾客在至关重要的营销期的订货。当销售季节过后，再把商品撤到中央仓库中。这样做尽管会增加物流成本，但它提高了顾客服务水平，增加了销售收入。

(2) 提高企业的市场形象。企业在靠近市场的地点建设仓库，可以对市场做出快速反应，提供的送货服务也更快，这有利于提高企业的市场形象，稳定顾客，从而增加商品市场占有率，增加企业利润。

二、仓储管理的定义

仓储管理就是对仓库及仓库内的物质所进行的管理，是仓储机构为了充分利用所具有的仓储资源提供高效的仓储服务所进行的计划、组织、控制和协调过程。仓储管理包含两个概念：一是储存，指物品在离开生产过程但尚未进入消费过程的间隔时间内在仓库中储存、保养、维护；二是库存控制与管理，以备及时供应。在自动化、信息化条件下，仓储的业务活动过程如图2-3所示。

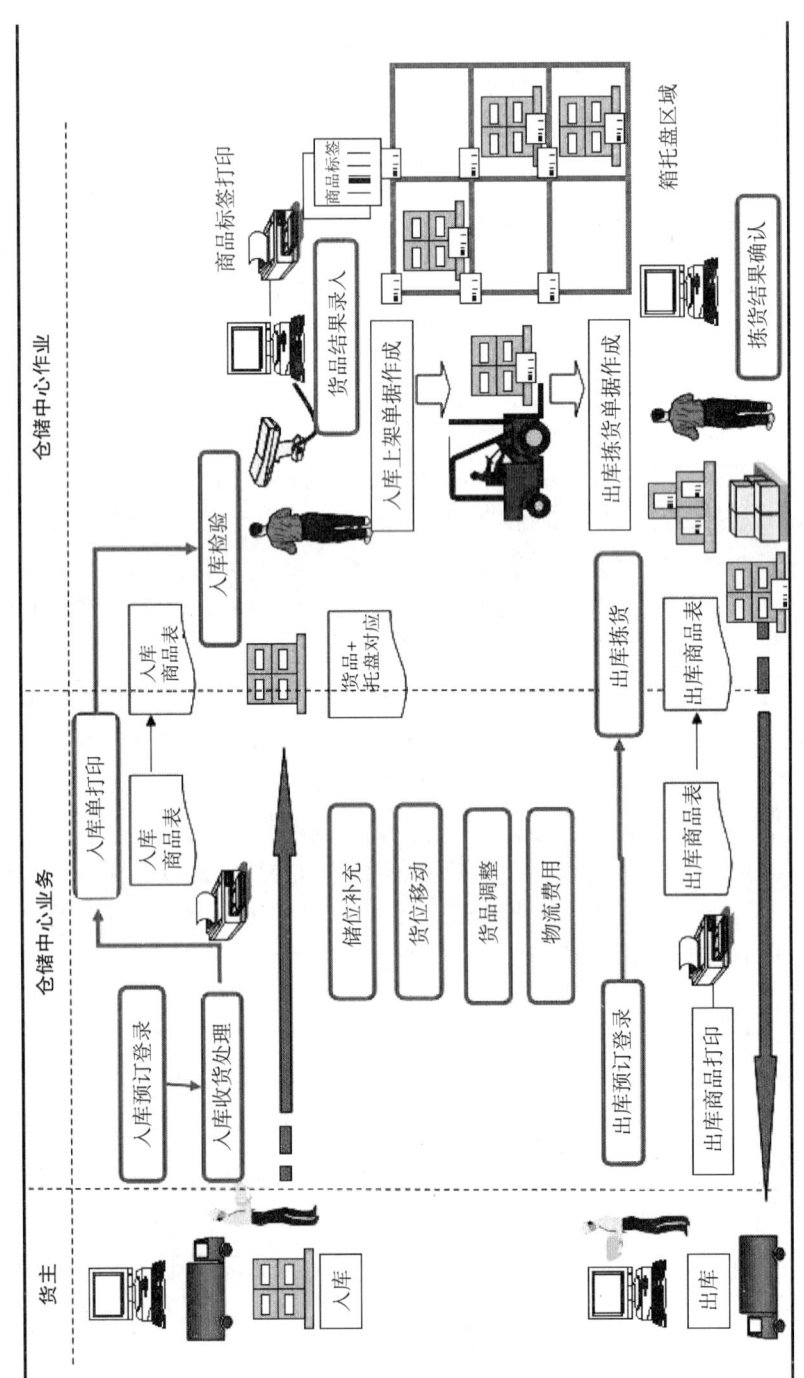

图2-3 仓储管理业务流程

三、仓储管理的意义

1. 仓储管理是顺利实现社会再生产过程的必要条件

仓储能解决商品生产和消费在时空上的矛盾，动态的仓储用以弥补空间距离，静态的仓储用于弥补时间距离。静动态的仓储用于弥补品种、规格、数量之间的距离，任何一种其他的经济活动都不可能取代这种作用。

2. 仓储管理是保持仓储物资使用价值的重要手段

物资的使用价值是物资本身所具有的特殊属性。仓库贮存物资的意义就在于将来实现物资的使用价值，发挥它的效用。如果没有很好的仓储管理作为保证，物资就会遭受损坏，物资的使用价值就会丧失。因此，必须对仓储物资进行科学管理，加强对物资的养护，搞好仓储活动，以保护好处于暂时停滞状态的物资的使用价值。

3. 仓储管理是促进资源优化配置的重要手段

当物资离开生产过程进入消费过程的准备阶段，即处于库存阶段时，对于实际的再生产过程是必需的，但是物资处于闲置状态，不产生利润。所以，当一部分企业储备物资超过了保证再生产所必需的界限时，从整个社会来看，就是对资源的一种浪费。因此，这种仓储应该在保证物资的使用价值的前提下越少越好。这样就迫使物资生产部门和物资供应部门提高物资计划质量，制定合理的库存数量，保障供应而又不造成物资的积压，充分发挥物资的效用。

4. 仓储管理是提高企业经济效益的重要源泉

良好的仓储管理不仅保证企业生产过程获得及时、准确的物资供应，而且有利于企业通过占用较少的流动资金提高企业经济效益和竞争力。一般认为，企业库存资金占资金总额比重的大小在很大程度上取决于仓库管理水平的高低。

四、仓储管理的内容

（一）仓库的选址

进行仓库选址首先要确定仓库的所在区域，其次要确定仓库的具体位置。在选定的区域中，要使建立的仓库在仓储运作、服务、经济、战略远景等多方面具有合理性。例如，在我国的中部地区建立一个仓库，大概位置应在中部六省中考虑。这就意味着可以选在湖南、湖北、江西、安徽、河南和山西的某一地点。在这方面有大量的技巧和数学工具可以帮助人们在仓库选址时做出最佳决策。一旦决定了仓库所在的大致位置，接下来就需要确定仓库的具体位置。在社区中，仓库所在的位置通常是在商业区、城区外部需要由卡车服务提供支持的区域、市中心或闹市区等。

影响仓库选址的因素还有服务是否方便以及成本高低。其中，土地成本是最重要的因素。仓库没有必要一定设置在主要的工业区中。在许多城市，仓库都位于工厂的厂房之间、轻工业或重工业区内。大多数仓库可以在对普通商业财产的限制规定下合法地经营运作。

除了采购成本需要评估外，仓库的建设和运营支出、是否有铁路支线、应用线路连接是否方便、高速公路通道是否方便、保险费率等都需要进行仔细考虑。这些服务的成本在不同地区、不同地点都有较大差别。例如，有一个食品派送公司由于预期保险费率的问题，不得不舍弃一个仓库的可选地点。除了保险费率这一点之外，这个地点的其他条件对于建设仓库来说是十分令人满意的。仓库地点位于一个主水循环系统的一端，在一天中的绝大部分时间都能保证有足够的水压满足操作和紧急情况的需要。然而，在两个较短的时段里，水压会出现问题。这两个时段分别是上午 6:30~8:30，晚上 17:00~19:00。由于供水线路沿线的用水总需求量非常巨大，以至于没有足够的水压来应付紧急情况的出现。这方面的不足造成了极高的保险费率，因此，该企业放弃了在这个地点建设仓库的想法。

在购买一块地皮建设仓库之前，还需要考虑其他几个方面的问题：这个地方必须能够提供充足的扩展空间；该地点的土壤必须足以支撑仓库结构；这个地区必须具备必要而有效的公共设施等。由于有这样或那样的问题，最终仓库的选址必要要在对各个方面的因素进行广泛分析的基础上，才能做出最优的决策。

（二）仓库数量的决策

仓库数量的决定也是仓库规划的工作之一，即决定物流系统应该使用多少个仓库。通常仅有单一市场的中小规模的企业只需一个仓库，而对于产品市场遍布各地的大规模企业来说，往往需要综合考虑各因素后才能正确选择合理的仓库数量。仓库数量对物流系统各项成本都有重要的影响。一般而言，当仓库数量增加时，运输成本和销售机会流失成本会下降，但仓储成本和存货成本会增大。随着仓库数量的增加，仓库离顾客的距离更近，运输距离和运输费用会出现下降。但是伴随着仓库数量的增加、总存储空间的增大，仓储成本会上升。当存储量和存储成本的上升抵消了运输成本与损失销售机会成本的下降时，总的成本会出现上升。

物流成本与仓库数量的关系如图 2-4 所示。

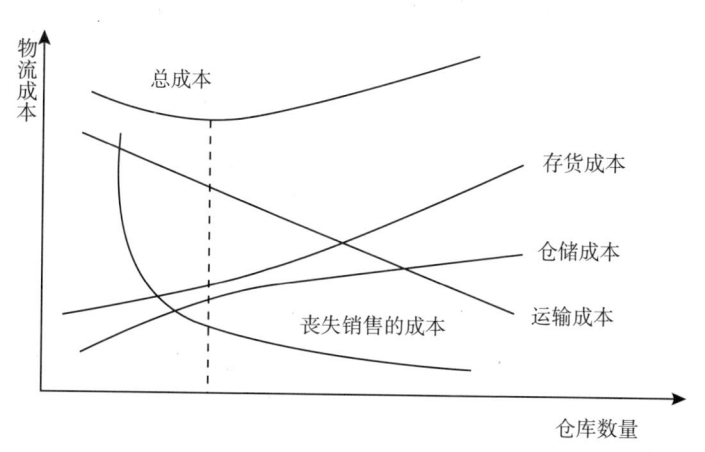

图 2-4　物流成本与仓库数量的关系

由于建设和运作仓库的成本很高，当企业减少其仓库数量时，就能够节约这些非生产性设施投资的成本。如果能够将较少的仓库与可靠的系统整合起来，企业同样能够降低运输成本，并且加强对客户的服务。而且仓库数量减少，迫使企业加快产品流转速度，提高存货周转率，这样可以起到降低存货成本的效果。因此，在必要的情况下，减少仓库数量是较好的选择。

（三）仓库的设计

仓库的结构与设施对于实现仓库的功能起着很重要的作用。仓库的设计必须要考虑到产品的移动。因此，仓库的设计应考虑以下几个方面：

1. 平房建筑和多层建筑仓库的结构

从出入库作业的合理化方面看，应尽可能采用平房建筑，这样就能有效地避免垂直搬运货物。使用垂直搬运设备，如电梯和传送带等，将产品从某一层转移到下一层，需要大量的时间和能源，更主要的是会造成物料处理中的瓶颈效应（也就是物料处理中的限制）。然而使用垂直式的物料处理设备并不总是不可行的，尤其是在土地相对有限、地价昂贵的中心商业区，为了充分利用土地，采用多层建筑成为了最佳选择。在采用多层仓库时，要特别重视对货物上下楼通道的设计。作为一个普遍性的原则，仓库应该设计成一层的建筑，以提高物料处理作业的效率。

2. 仓库出入口和通道

出入库口的位置和数量是由建筑物开间长度、建筑物进深长度、库内货物堆码形式、建筑物主体结构、出入库次数、出入库作业流程以及仓库职能等因素决定的。出入库口尺寸的大小是由卡车是否出入库内，所用叉车的种类、尺寸、台数、出入库次数，保管货物尺寸的大小决定的。库房内的通道是保证库内作业顺畅的基本条件，通道应延伸至每一个货位，使每一个货位都可以直接进行作业，通道需要路面平整和平直，减少转弯和交叉。

3. 仓库长度和宽度

仓库库房的宽度一般用跨度表示，通常可根据储存货物堆码形式、装卸方法、库内道路、理货方法，以及是否需要中间柱等决定库房跨度。仓库库房的长宽比可按照《建筑统一模数制》得到（见表2-1），在此不一一叙述。

表2-1 仓库建筑长宽比

仓库面积（m²）	宽度：长度
<500	1:2~1:3
500~1000	1:3~1:5
1000~2000	1:5~1:6

4. 天花板的高度

由于实现了仓库的机械化、自动化，因此对仓库天花板的高度也提出了很高的要求。例如，使用叉车的时候，标准提升高度是3米，而使用多段式岗门架的时候要达到6米。另外，从托盘装载货物的高度看，包括托盘的厚度在内，密度大且不稳定的货物通常以1.2米为标准；密度小而稳定的货物，通常以1.6米为标准，再乘上层数：1.2米/层×4层＝4.8米，1.6米/层×3层＝4.8米。因此，仓库的天花板高度最低应该是5~6米。

5. 支柱间隔

库房内的立柱是出入库作业的障碍，会导致保管效率低下，因而立柱应尽可能减小、减少。但当平房仓库梁的长度超过25米时，建无柱仓库有困难，则可设中间的梁间柱，使仓库成为有柱结构。不过在开间方向上的壁柱，可以每隔5~10米设一根，由于这个距离仅与门的宽度有关，库内又不显露出柱子，因此与梁间柱相比，在设柱方面比较简单。但是在开间方向上的柱间距必须与隔墙和防火墙的位置、门和库内通道的位置、天花板的宽度或是库内开间的方向设置的卡车停车站台长度等相匹配。

6. 地面构造

地面的耐压强度与地面的构造直接相关，而地面的承强力必须根据承载货物的种类或堆码高度具体研究。通常，一般平房普通仓库1平方米地面的承强力为2.5~3吨，其次是3~3.5吨。多层仓库随层数加高，地面承受负荷的能力减少，一层为2.5~3吨，二层为2~2.5吨，三层为1.5~2吨，四层为1.5~2吨，五层以上为1~1.5吨甚至更小。地面的负荷能力受保管货物的重量、所使用装卸机械的总重量、楼板骨架的跨度等影响。

（四）仓库布局规划

1. 仓库布局的原则

（1）尽可能采用单层设备，这样做造价低，资产的平均利用率也高。

（2）尽量利用仓库的高度，有效地利用仓库的容积。

（3）采用高效的物料搬运设备及操作流程。

（4）在仓库里采用有效的存储计划。

（5）使货物在出入库时单向和直线运动，避免逆向操作和大幅度方向改变导致的低效率运作。

（6）在物料搬运设备大小、类型、转弯半径的限制条件下，尽量减少通道所占用的空间。

2. 仓库布局的模式

（1）辐射型仓库。指仓库位于一个居中位置，产品由此中心向各个方向的用户运送，形如辐射状，如图2-5所示。它适用于用户相对集中的经济区域，而辐射面所达用户只起到吸引作用；或者适用于仓库是主干输送线路中的一个转运站时的情况。

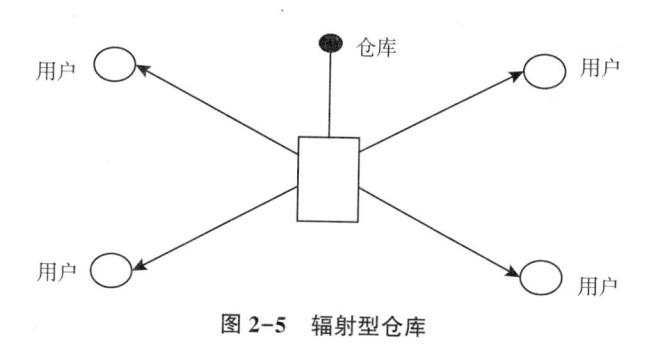

图2-5 辐射型仓库

(2) 吸收型仓库。指仓库位于许多货主的某一居中位置,货物从各个产地向此中心运送,如图2-6所示。这种仓库大多在集货中心所处的位置。

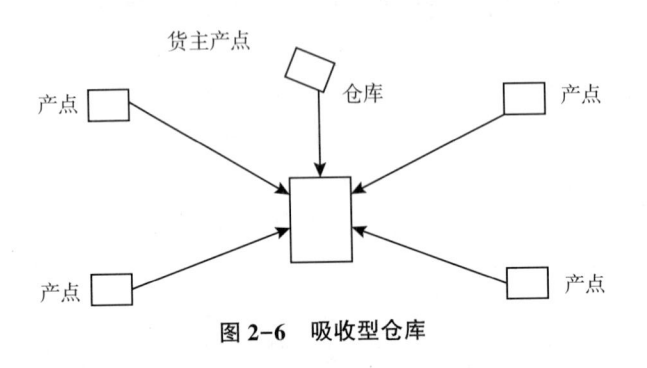

图 2-6 吸收型仓库

(3) 聚集型仓库。类似于吸收型仓库,但处于中心的不是仓库,而是一个生产企业聚集的经济区域,四周分散的是仓库而不是货主和用户。如图2-7所示,这种仓库适用于经济区域中生产企业十分密集,不可能设置若干仓库的情况。

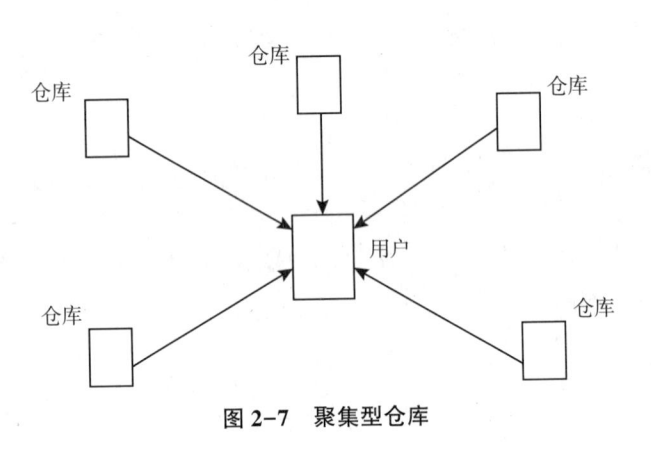

图 2-7 聚集型仓库

(4) 扇形仓库。指产品从仓库向一个方向运送,这种单向辐射的仓库称为扇形仓库。辐射方向与干线上的运动方向一致。如图2-8所示,这种仓库布局适用于在运输干线上仓库距离较近,下一仓库的上风向区域恰好是上一仓库合理运送区域的情况。

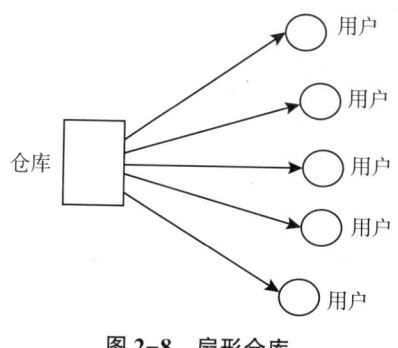

图 2-8　扇形仓库

3. 仓库布局的构成

一个仓库通常由生产作业区、辅助生产区和办公区三大部分组成。如图 2-9 所示。

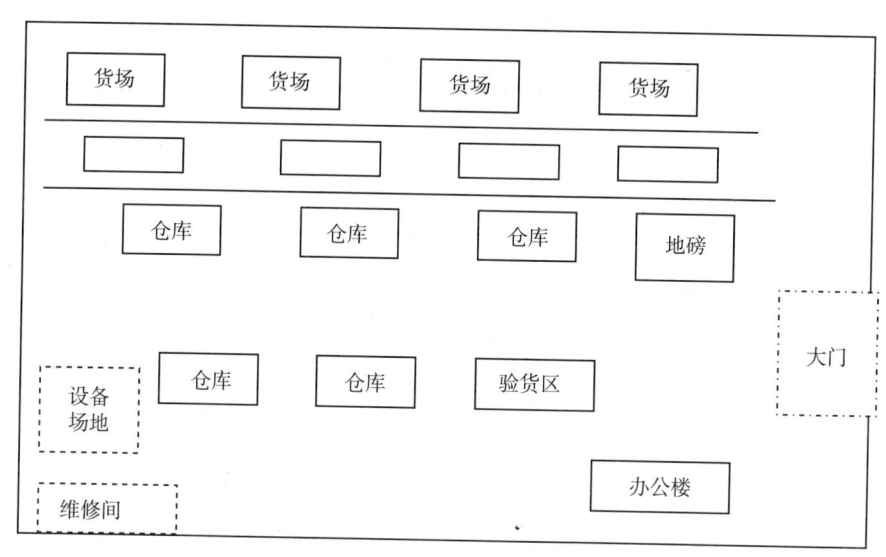

图 2-9　仓库总体布局示意图

（1）生产作业区。生产作业区是仓库的主体部分，是商品储运活动的场所，主要包括储货区、铁路专用线、道路、装卸台等。储货区是储存保管货物的场所，具体分为库房、货棚、货场。货场不仅可存放商品，还起着货位的周转和调剂作业的作用。铁路专用线、道路是库内外的商品运输通道，库内商品的搬运、商品的进出库都通过这些运输线路来完成。专用线应与库内其他道路

· 51 ·

相通，保证畅通。装卸站台是供火车或汽车装卸商品的平台，有单独站台和库边站台两种，其高度和宽度应根据运输工具和作业方式而定。

（2）辅助生产区。辅助生产区是为了商品储运保管工作服务的辅助车间或服务站，包括车库、变电室、油库、维修车间等。

（3）办公区。办公区是仓库行政管理机构，一般设在仓库入库口附近，便于业务接洽和管理。办公区与生产作业区应分开，并保持一定距离，以保证仓库的安全及行政办公的安静。

（五）仓库机械作业的选择与配置

仓库机械作业是根据仓库作业的特点和储存商品的种类及其物理化学特性，选择机械设备、应配置的数量，以及如何对这些机械进行管理等。

仓库处理设备应当能够满足大多数库存物资的操作要求，这样能够提高物资运输的效率，否则这些设备应该被重新设计或重新配置。应根据仓库的功能、存储对象、环境要求等确定主要设备的配置（见表2-2）。

表2-2 仓储功能与设备/设施类型

功能要求	设备/设施类型
存货、取货	货架、叉车、堆垛机械、起重运输机械等
分拣、配货	分拣机、托盘、搬运车、传输机械等
验货、养护	检验仪表、工具、养护设施
防火、防盗	温度监视器、防火报警器、监视器、防火报警设施等
流通加工	所需要的作业机械、工具等
控制、管理	计算机及辅助设备等
配套	站台（货台）、轨道、道路、场地等

从某种角度来说，存储仅仅是物料流动经过仓库时的暂时停留。选择合适的机械设备有利于促进容量的充分利用，提高物料搬运的效率。现在，仓库中有很多种可用于装卸、拣货及搬运的机械化设备。搬运设备因专业化程度和所需手工作业程度不同而差异很大。总的来讲，设备可以分为三大类：手工搬运设备、动力辅助设备及全机械化设备。

手工搬运设备。手工操作的仓库作业设备（如两轮手推车、四轮平板车）在货物搬运中能利用其优势，且只需要很少的投资。大多数这类设备适用于多种货物、多种场合。但其中有些设备则有特殊用途，如地毯、家具的搬运设备。一般来说，如果仓库里的产品种类处于变化之中，而且没必要投资机械化程度更高的设备时，手工搬运设备的灵活性与低成本使之成为良好的选择。然而，人工搬运设备的使用多少要受操作人员的抬举和推力的限制。

动力辅助设备。使用动力辅助设备可以提高物料搬运速度，增加单位工时产出量。这类设备包括吊车、工业卡车、升降机和起重机。然而，工业企业用得最多的当属叉车及其各种变体。

全机械化设备。随着计算机控制的搬运设备、条形码、扫描技术的发展，已经出现一些接近完全自动化的物料搬运系统。此系统被称为自动存取系统（Automated Storage and Retrieval System，AS/RS）。全自动化设备是所有现有物料搬运技术的最广泛应用。

第二节 仓储作业流程管理

一、仓储作业管理的定义

仓储作业管理是仓储管理的一个非常重要的内容。仓储作业是完成仓库货物入库、存储、出库及流通加工、包装等不可缺少的手段。仓储作业是一个系统、它由各个环节、作业单位协调共同完成。整个仓储作业管理包括商品从入库到出库之间的装卸、搬运、仓库布局、储存养护和流通加工等一切与商品实务操作、设备、人力资源相关的作业，如图2-10所示。

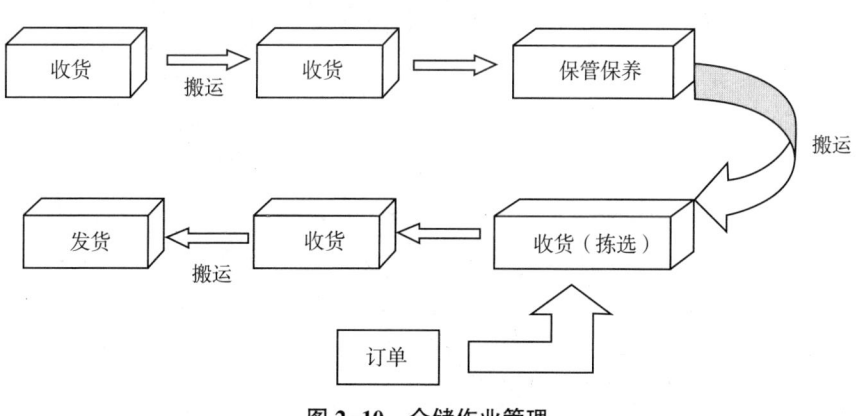

图2-10 仓储作业管理

二、仓储作业流程

仓储作业主要包括入库作业、货物保管和出库作业。入库作业要考虑入库商品的数据输入、入库厂商、车次调度、入库商品装卸计划、入库商品检验、商品搬移上架所使用的搬运工具及人力规划、货位批示与管理等。商品在储存状态中的作业内容包括货位调整、扭运、库存数量清点、库存跟踪和货物维护等。出库包括核对出库凭证、备料、复核和点交货物。确定出库日期后，商品必须提领出存储区，并按照顾客要求加以分类、包装和进行流通加工。仓储作业流程如图2-11所示。

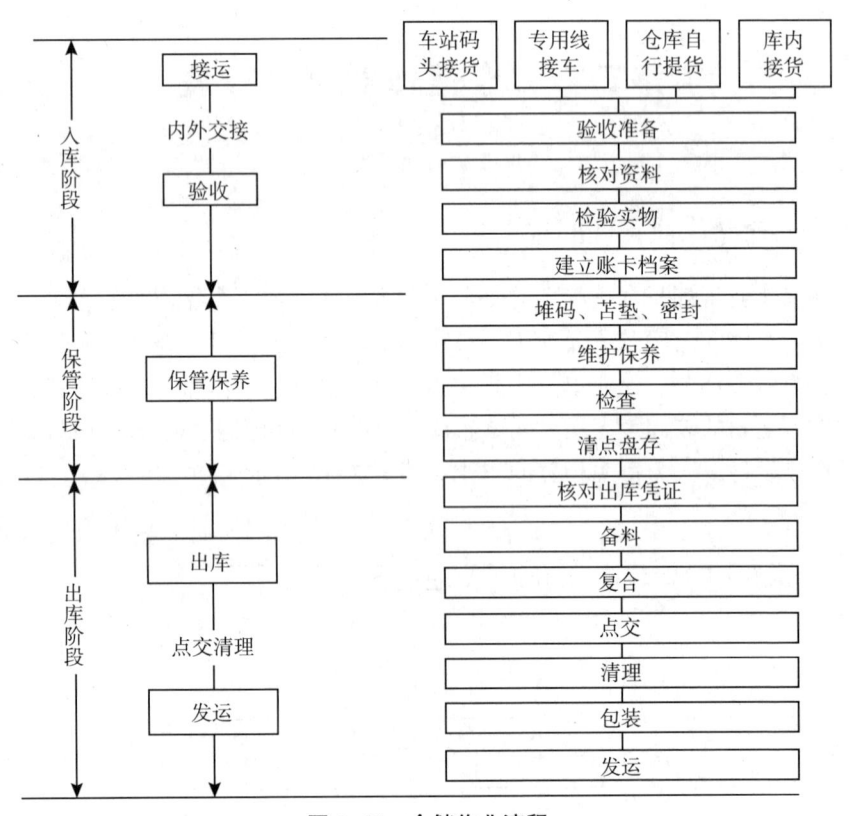

图 2-11 仓储作业流程

（一）货物入库管理

货物入库的整个过程包括货物接运、验收和办理入库手续。货物接运的主要任务是及时准确地从运输车辆上卸载入库货物。为了给仓库验收工作创造有利条件，提取货物应做到手续清楚，责任明确，避免把一些运输过程中或运输前就已经发生损坏差错的货物带入仓库。接运方式大体有车站码头提货、铁路专用线接车、仓库自行提货和库内接货。货物验收的主要工作包括验收准备、核对证件、核对购买订单、实物检验、处理验收发生的问题、货物入库登记。

在收货过程中，进货的承运人按期在特定时间运送货物以提高仓库的劳动生产率和卸货效率。产品从运输工具上移至收货装卸平台，一到装卸平台就应进行产品损坏检查，任何损坏都要记录在承运人发货的收据上，然后签收收据。在产品入库之前，确认所接受的产品同订购是否一致。

入库是指产品从收货装卸平台移动到仓库的存储区。这个过程包括确认产品和产品的储存位置，并将产品移到合适的位置。然后更新仓库的储存记录，使之反映产品的接收及其在仓库中的位置。

（二）货物的保管

仓储作业的第二个步骤就是存货保管。物品进入仓库进行保管，需要安全、经济地保持好物品原有的质量水平和使用价值，防止由于不合理保管所引起的物品磨损和变质或者流失等现象。其具体步骤如下：

1. 分区、分类和编号

分区是指存放性质相类似货物的一组仓库建筑物和设备。货位编号可根据仓库的库房、货场货棚和货架等存货场所划分若干货位，按其地点和位置的顺序排列，采用统一规定的顺序编号。

2. 堆码和苫垫

货物堆码是指货物入库存放的操作方法，它关系到货物保管的安全、清点数量的便利，以及仓库容量利用率的提高。货物堆码的方式有散堆方式、堆垛方式、货架方式、成组堆码方式。货物苫垫的方式有屋脊式、鱼鳞式、隔离式。

3. 盘点

货物的盘点对账是定期或不定期核对库存物资的实际数量与货物保管账上的数量是否相符，检查有无残缺和质量问题。盘点可分为定期盘点和不定期盘点。定期盘点属于全面盘点；不定期盘点是在仓库发生货损货差时盘点。盘点的具体做法包括盘点数量、盘点重量、货账核对、账账核对，并进行问题分析，找出原因，做好记录，及时反映等。盘点的时间因盘点方法的不同而不同。定期盘点，一年1~2次；不定期盘点，一年1~6次；每日每时盘点，一日1~3次。盘点的方法有以下几种：一齐盘点法、分区盘点法、循环盘点法、日常循环盘点法。

4. 养护

货物养护管理工作应防患于未然，建立必要的制度，并认真执行。因此，在货物保养的各个环节中必须抓好五个方面的工作：安排适宜的保管场所；认真控制库房温湿度；做好货物在库质量检查工作；保持仓库的清洁卫生；健全仓库货物养护组织。

（三）货物的出库

仓储作业的最后一个步骤就是发货出库。仓库管理人员根据业务部门开出的商品出库凭证进行物品的搬运和简易包装，然后发货。当订单到达备运区时，产品放到一个外包装（用于运输）中或放在托盘上。使用托盘时，产品会用吊带或塑料包装固定到托盘上，之后在产品包装上贴一个表明送达人/公司地址的标签。这样，顾客订单就准备完了。

仓储作业的主要业务活动及内容如表 2-3 所示。

表 2-3　仓储作业的主要业务活动及内容

业务阶段	业务活动	作业内容
入库阶段	1. 接运	车站、机场提货 短途运输 现场交接
入库阶段	2. 验收	验收准备 实物验收、验收记录 登账建卡
储存保管阶段	3. 储存保管	分类、整理 上架、堆垛 倒垛 储存经济管理 安全管理
储存保管阶段	4. 维护保护	温湿度控制 维护保养 检查、盘点
出库阶段	5. 出库	核对、凭证 审核、划价 备料、包装 改卡、记账
出库阶段	6. 发运代运	领料、送料 代办托运

第三节　仓储管理合理化

一、仓储合理化的概念

所谓仓储合理化，就是在保证储存功能实现的前提下，利用各种办法实现商品储存的经济性。合理存储的实质是，在保证储存的前提下，实现尽量少的投入。

二、不合理储存的表现形式

（一）储存时间过长

储存时间和储存总效益之间有着复杂的关系，对于绝大多数物资，过长的储存时间会影响总效益，因而属于不合理储存的范围。

（二）储存的数量过大

储存数量也主要从两方面影响储存这一功能要素的效果，这两方面利弊的消长也使储存数量有一个最佳的区域，超过这个数量区域的储存就是不合理的储存。储存数量对储存效果的影响是：一方面，储存以一定的数量形成保证供应、保证生产、保证消费的能力，一般而言，单就保证的技术能力而言，数量大可以有效提高这一能力，但是保证能力的提高不是与数量成比例，而是遵从"边际效用"，即每增加一单位储存数量，总能力虽然会随之增加，但所增加的保证供应能力却逐渐降低，以致最终再增加储存量对保证能力基本不产生影响。另一方面，储存的损失（各种有形及无形的损失）是随着储存数量的增加而基本上成比例地增加，储存量越大，损失量越大。如果管理力量不能也按比例增加的话，甚至还可能出现储存量增加到一定程度，损失陡增的现象，如图2-12所示。

从图2-12中可以明显地看出，储存数量的增加会引起储存损失无限度的增加，而保证能力增加却是有限度的，因而可以肯定地说，超出一定限度的储存数量是有害而无益的。

（三）储存数量过低

储存数量过低会严重降低储存对供应、生产、消费的保证能力。从图2-13可以看出，储存数量越低，储存的各种损失也会越低。两者彼此消长的结果

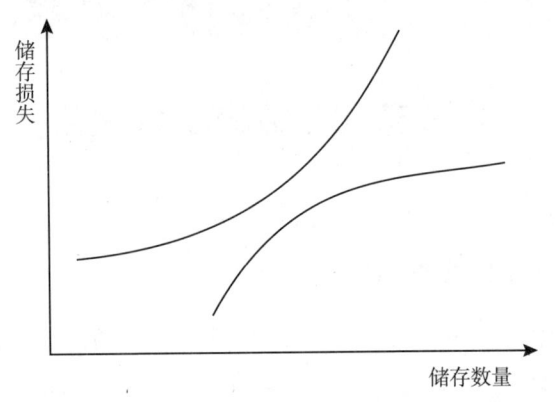

图 2-12　储存损失与储存数量关系 1

是，储存数量降低到一定程度，由于保证能力的大幅度削弱会引起巨大的损失，其损失远远超过由于减少储存量而防止库损、减少利息支出损失等带来的收益。因此，储存量过低也是会大大损害总效果的不合理现象。

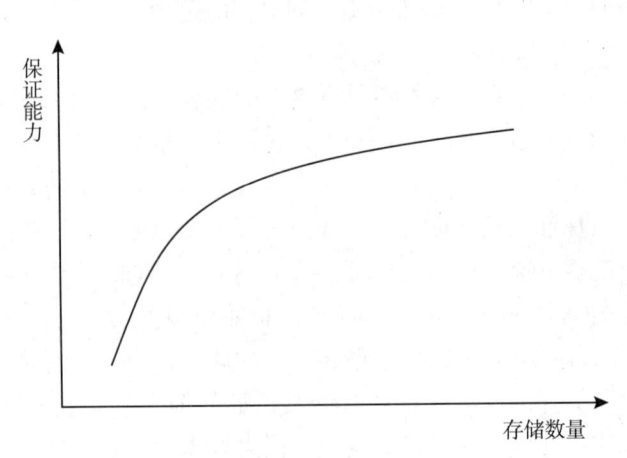

图 2-13　储存损失与储存数量关系 2

当然，如果能够做到降低储存数量而不降低保证能力的话，数量的降低也是绝对好的现象。在储存管理中所追求的零库存，就是出于此道理。所以，不合理储存所指的"数量过低"是有前提条件的，即保证能力由数量决定而不是由其他因素决定。

（四）储存条件不足或过剩

储存条件也从两方面影响储存这一功能要素的效果，这两方面利弊消长的结果也决定了储存条件只能在恰当的范围内,条件不足或过剩都会使储存的总效益下降,因而是不合理的。

(五)储存结构失衡

储存结构是被储存物的比例关系,在宏观上和微观上被储存物的比例关系都会出现失调,这种失调表现在以下几方面:

(1)储存物的品种、规格、花色失调。存在总量正常,但不同品种、规格、花色此有彼无的现象。

(2)储存物不同品种、规格、花色的储存期失调、储存量失调。存在此长彼短或此多彼少的失调现象。

(3)储存物储存位置的失调。是指在大范围地理位置上或局部存放位置上该有却无、该少却多、该多却少的失调。

三、储存合理化的措施

(一)储存物品的 ABC 分析

1. ABC 分析法的概念及原理

ABC 分析法,又称为 ABC 分类管理法,它是运用数理统计的方法,对企业库存物料、在制品、制成品等按其重要程度、价值高低、资金占有和销售情况进行分类、排序,以分清主次、抓住重点,并分别采用不同的控制方法。

来源:帕累托定律中"关键的少数和次要的多数"。

要点:从中找出关键的少数(A 类)和次要的多数(B 类和 C 类),并对关键的少数进行重点管理。其中,A 类库存指的是特别重要的库存;B 类库存代表一般重要的库存;C 类库存代表不重要的库存。

ABC 分析是实施储存合理化的基础(见图 2-14),在此基础上可以进一步解决各类库存的结构关系、储存量、重点管理、技术措施等合理化问题。

2. ABC 分析法的一般步骤

(1)收集数据。在对库存进行分类之前,首先要收集有关库存品的年需求量、单价以及重要度的信息。

(2)处理数据。利用收集到的年需求量、单价,计算出各种库存品的年耗用金额。

(3)编制 ABC 分析表。根据已计算出的各种库存品的年耗用金额,把库存品按照年耗用金额从大到小进行排列,并计算累计百分比。

(4)确定分类。根据已计算的年耗用金额的累计百分比,按照 ABC 分类法的基本原理,对库存品进行分类。

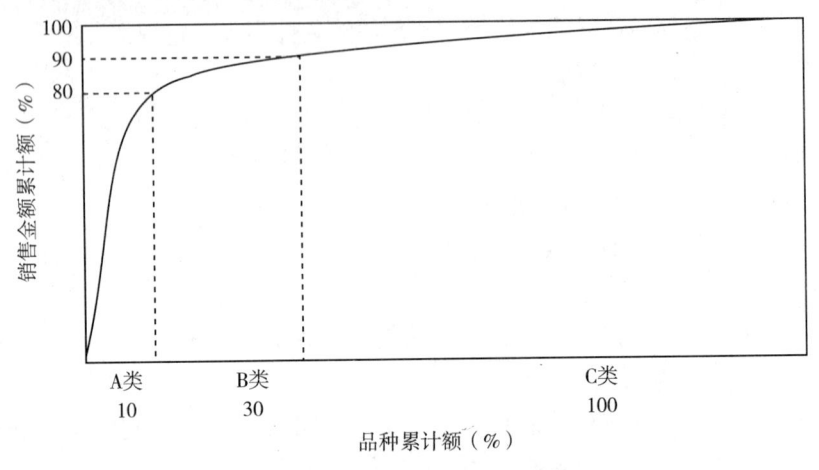

图 2-14 ABC 分析（ABC 曲线）

（5）绘制 ABC 分析图。把已分类的库存品在曲线图上表现出来。

【例 2-1】某小型企业拥有 10 项库存品，各库存品的年需求量、单价如表 2-4 所示。为加强库存品管理，企业计划采用 ABC 库存管理法。假如企业决定按 20% 的 A 类物品、30% 的 B 类物品、50% 的 C 类物品来建立 ABC 库存分析系统，则该企业应如何进行 ABC 分类？

表 2-4 某企业的库存需求

库存品代号	年需求量（件）	单价（元）
a	40000	5
b	190000	8
c	4000	7
d	100000	4
e	2000	9
f	250000	5
g	15000	6
h	80000	4
i	10000	5
j	5000	7

解：首先，结算出各种库存品的年耗用金额，并从大到小排序。计算数据

如表 2-5 所示。

表 2-5　某企业库存耗用情况

库存品代号	年耗用金额（元）	次序
a	200000	5
b	1520000	1
c	28000	9
d	400000	3
e	18000	10
f	1250000	2
g	90000	6
h	320000	4
i	50000	7
j	35000	8

其次，计算出各库存品的累计耗用金额和累计百分比，如表 2-6 所示。

表 2-6　库存品的累计耗用金额和累计百分比

库存品代号	年耗用金额（元）	累计耗用金额（元）	累计百分比（%）	分类
b	1520000	1520000	38.9	A
f	1250000	2770000	70.8	A
d	400000	3170000	81.1	B
h	320000	3490000	89.2	B
a	200000	3690000	94.3	B
g	90000	3780000	96.6	C
i	50000	3830000	97.9	C
j	35000	3865000	98.8	C
c	28000	3893000	99.5	C
e	18000	3911000	100	C

最后，按照规定，把库存分为 A、B、C 三类，如表 2-7 所示。

表 2-7　库存商品分类

分类	每类金额（元）	库存品数量百分比（%）	耗用金额百分比（%）	累计耗用金额百分比（%）
A=b,f	2770000	20	70.8	70.8
B=d,h,a	920000	30	23.5	94.3
C=g,i,j,c,e	221000	50	5.7	100.0

需要注意的是，进行 ABC 分类时耗用金额不是唯一的分类标准，还需要结合企业经营和管理等其他影响因素。有时某项 B 类或 C 类物品的缺少会严重影响整个生产，因而对该 B 类或 C 类物品必须进行严格的管理，并强制使其进入 A 类。所以在分类时不但要依据物品的耗用金额，还要考虑物品的重要程度。

（二）实施重点管理

在 ABC 分析的基础上，分别决定各种物品的合理库存储备数量以及经济储备数量的办法，乃至实施零库存。例如，对于 A 类货物应该享有最高的优先级，需要重点控制。其主要措施有：精确计算每次的订货数量和再订货点；严格按照预定的数量、时间、地点组织订货；认真进行市场预测和经济分析，尽可能使每次订货量都符合实际需求。对于 B 类货物，需要适中控制，可采用定期控制方式，如按经济订货批量进行订货。对于 C 类货物的控制可以粗略一些，可以采用较大的订货批量进行订货，安全库存量可适当降低。

（三）适当集中储存

在形成一定总规模的前提下，追求规模经济。适度集中储存是合理化的主要内容。适度集中库存是利用储存的规模优势，以适度集中储存代替分散的小规模储存，从而实现合理化。集中储存要面对两个制约因素：一是储存费；二是运输费。适度集中库存要在总储存费及运输费之间取得最优均衡。

（四）加速总的周转，提高单位产出

储存现代化的重要课题是将静态储存变为动态储存，加快周转速度，从而带来一系列的合理化好处，如资金周转快、资本效益高、货损少、仓库吞吐能力增加、成本下降等。具体做法诸如采用单元集装存储，建立快速分拣系统等，都有利于实现快进快出、大进大出。

（五）采用有效的先进先出（First In First Out，FIFO）方式

先进先出是一种有效保证物品储存期不致过长的合理化措施，也成为储存管理的准则之一。有效的先进先出方式主要有：

1. 贯通式货架系统

利用货架的每层，形成贯通的通道，从一端存入物品，从另一端取出物品，物品在通道中按先后顺序排队，不会出现越位等现象。因此，贯通式货架系统能非常有效地保证先进先出的实现。

2. "双仓法"储存

给每种储存物品都准备两个仓位或货位，轮换进行存取，再辅以必须在一个货位中取光才可补充的规定，就可以保证实现先进先出。

3. 计算机存取系统

采用计算机管理，在储存时向计算机输入时间记录，编入一个简单的按时间顺序输出的程序。取货时计算机就能按时间给予指示，以保证先进先出。这种计算机存取系统还能将先进先出和快进快出结合起来，即在保证一定先进先出的前提下，将周转快的物品随机存放在方便存取之处，以加快周转，减少劳动消耗。

（六）增加储存密度，提高仓容利用率

该措施的主要目的是减少储存设施的投资，提高单位存储面积的利用率，以降低成本、减少土地占用。具体有三类方法：

1. 采取高垛的方法，增加储存的高度

具体方法有采用高层货架仓库、采用集装箱等，可比一般堆存方法大大增加储存高度。

2. 缩小库内通道宽度以增加有效储存面积

具体方法有采用窄巷道式通道，配以轨道式装卸车辆，以减少车辆运行宽度；采用侧叉车、推拉式叉车，减少叉车转弯所需的宽度。

3. 减少库内通道数量以增加有效储存面积

具体方法有采用密集型货架、可进车的可卸式货架、各种贯通式货架、不依靠通道的桥式吊车装卸技术等。

（七）采用有效的储存定位系统

如果定位系统有效，则不仅能大大减少寻找、存放、取出的时间，而且能防止差错，便于清点及实行订货点等管理方式。

储存定位系统可采用先进的计算机管理，也可采取一般人工管理。行之有效的方式主要有：

1. "四号定价"方式

用一组四位数来确定存取位置、固定货位的方法，是我国手工管理中采用的科学方法。在四位数中，四个数字相应地表示序号、架号、层号和位号。这就使每一个货位都有一个组号，在物品入库时，按规划要求，对物品编号，并记录在账卡上。按四位数字的指示，就能很容易地将物品拣选出来。这种定位方式可对仓库存货区事先做出规划，并能很快地存取物品，有利于提高速度，减少差错。

2. 电子计算机定位系统

利用电子计算机储存容量大、检索迅速的优势，在入库时，将存放货位输入计算机。出库时向计算机发出指令，并按计算机的指示人工或自动寻址。一般采取自由货位方式，计算机指示入库物品存放在就近易于存取之处，或根据入库物品的存放时间和特点，指示合适的货位，取货时也可就近完成。这种方式可以充分利用每一个货位，而不需要专位待货，有利于提高仓库的储存能力，当吞吐量相同时，可比一般仓库减少建筑面积。

（八）采用有效的监测清点方式

对储存物品数量和质量的监测，既是掌握基本情况之必须，也是科学进行库存控制之必须。在实际工作中稍有差错，就会使账物不符，因而必须及时、准确地根据实际储存情况，经常与账卡核对，这无论是人工管理或是计算机管理，都是必不可少的。此外，经常监测也是掌握被存物品质量状况的重要工作。

监测清点的有效方式主要有"五五化"堆码、光电识别系统和电子计算机监控系统。

1. "五五化"堆码

这是我国手工管理中采用的一种科学方法，即储存物品堆垛时，以"五"为基本计数单位，堆成总量为"五"的倍数的垛形，如梅花五、重叠五等。堆码后，有经验者可过目成数，大大加快人工点数的速度，并有效减少差错。

2. 光电识别系统

在货位上设置光电识别装置，对被存物品扫描，并将准确数目自动显示出来。这种方式不需人工清点就能准确掌握库存的实有数量。

3. 电子计算机监控系统

用电子计算机指示存取，以防止人工存取易于出现的差错。如果在被存物上采用条形码技术，使识别计数和计算机联结，每存、取一件物品时，识别装置自动按条形码识别并将其输入计算机，计算机就会自动做出存取记录。这样只需向计算机查询，就可了解所存物品的准确情况，而无须再建立一套对实际库存数的监测系统。

（九）采用现代储存保养技术

现代储存保养技术是储存合理化的重要方面，主要有：

1. 气幕隔潮

在库门上方安装鼓风设施，使之在门口处形成一道气流，由于这道气流有较高的压力和较快的流速，在门口便形成了一道气墙，可有效阻止库内外空气交换，防止湿气浸入。同时，气幕还可起到保持室内温度的隔热作用。

2. 气调储存

调节和改变空气成分有许多方法，可以在密封环境中更换配合好的气体；可以充入某种成分的气体；可以除去或降低气体中的某种成分等。气调方法对于有新陈代谢作用的水果、蔬菜、粮食等物品的长期、保质、保鲜储存很有效。

3. 塑料薄膜封闭

可以用这个方法来进行气调储存，比气调仓储要简便易行且成本较低，也可以用这种方法对水泥、化工产品、钢材等做防水封装，以防变质和锈蚀。热缩性塑料薄膜在对托盘物品封装后再经热缩处理，则可基本排除封闭体内部的空气，塑料膜缩贴到被封装物上，不但有效与外部环境隔绝，而且还起到紧固作用，防止塌垛、散垛。

（十）采用集装箱、集装袋、托盘等运储装备一体化的方式

集装箱等集装设施的出现给储存带来了新观念，采用集装箱后，本身便能起到物品储存的作用，在物流过程中，也就省去了入库、验收、清点、堆垛、保管、出库等一系列储存作业，因而对改变传统储存作业有很重要的意义，是储存合理化的一种有效方式。

第四节　库存控制

一、库存控制概述

（一）库存问题的提出

所谓库存，就是库存物资，凡是处在储存状态的物资，都可以称作库存物资，简称库存。这里所谓的储存状态有比较广泛的含义，它包括处在仓库中的物资，无论是长时期的储存，还是临时性的储存，都是库存。即使没有处在仓库中，只要它是处在储存状态，无论长期的，还是短期的、临时的，都可以称作库存。例如，零售商店里货架上的存货，或者工厂里机床旁还来不及加工完的工件，也都可以称作库存。

虽然大多数企业都在追求零库存，但是真正意义上的零库存只是一种理想状态。制造企业为了避免发生停工待料现象，需要储存一定数量的原材料；商店为了避免缺货而失去销售机会，也会储存一定数量的商品。事实上，所有的公司都要保持一定的库存。但是如果物资储存过多，不但积压流动资金，而且占用仓储空间，增加保管成本，如果存储的物资是过时的或陈旧的，更会给企业带来巨大的经济损失。由此产生了库存问题："到底该保有多少库存才算合理？"在运筹学的一个分支——库存论，上述问题以另外两个问题的形式出现：①什么时间订货？（期的问题）②每次订货量为多少？（量的问题）

（二）与库存有关的定义

1. 需求（也称为输出）

对库存来说，由于有需求，从库存中取出一定的数量，使存储量减少，这就是存储的输出。有的需求是间断式的，有的需求是连续均匀的，如图2-15、图2-16所示。

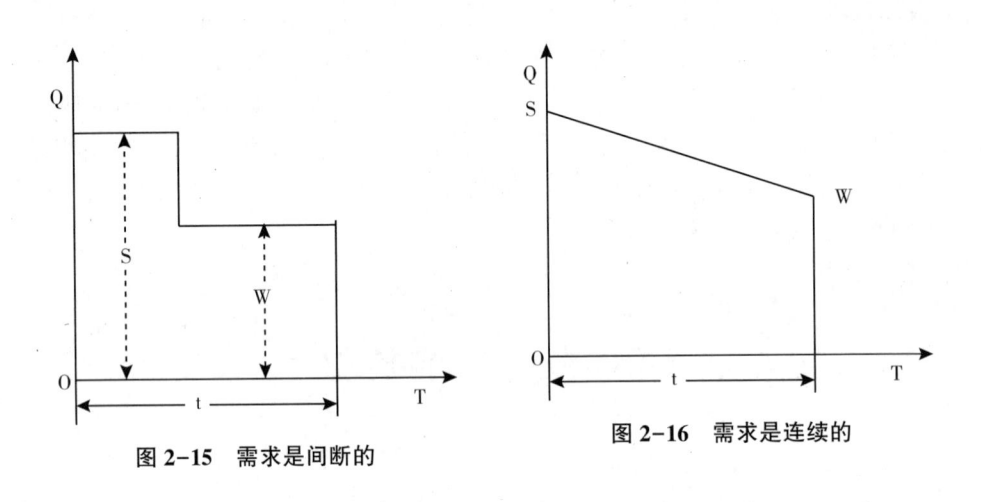

图 2-15　需求是间断的

图 2-16　需求是连续的

图2-15、图2-16分别表示t时间内的输出量皆为S-W，但两者的输出方式不同。图2-15表示输出是间断的，图2-16表示输出是连续的。

有的需求是确定性的，如钢厂每月按合同卖给电机厂矽钢片10吨。有的需求是随机性的，如书店每日卖出去的书可能是1000本，也可能是800本。但是经过大量的统计以后，可能会发现每日售书数量的统计规律，称为有一定随机分布的需求。

2. 库存补充（也称为输入）

库存由于需求而不断减少，必须加以补充，否则最终将无法满足需求。补充就是存储的输入。补充的办法可能是向其他工厂购买，也可能是从批发商处进货。库存控制事实上就是对输入的控制。

3. 完成周期（也称为提前时间或提前期）

从订货到货物进入存储往往需要一段时间，我们把这段时间称为完成周期。从另一个角度看，为了在某一时刻能补充库存，必须提前订货，那么这段时间也可称为提前时间或提前期。完成周期可能很长，也可能很短。可能是随机性的，也可能是确定性的。

4. 服务水平（Service Level）

与库存控制有关的服务水平通常用缺货率和平均每次缺货延续时间来表示。缺货的含义是容易理解的，即当客户需订购某货品时恰逢该货品断档（无库存）或不够完成一次订购任务。缺货率是发生缺货的概率，在统计上可用发生缺货的次数和总的订货次数的比率来计算。为了计算缺货率，我们不仅要做好已完成订货的记录，也要保留那些已发生订货事件，但由于缺货而没有完成订货的记录。与国外企业相比，这是我们的薄弱环节，应引起重视。对于具体的一次缺货，其延续时间是指自本次缺货的订货时间起，到库存补给到达时止的时间段。平均每次缺货延续时间则是各次缺货延续时间的平均数。缺货率和平均每次缺货延续时间用于估算缺货的机会损失。虽然在传统上要实现较高层次的服务就需要增加存货，但是也可以使用其他一些方法，其中包括更快的运输方式、更好的信息管理以减少不确定来源。

5. 平均库存（Average Inventory）

在连续两次到货之间，库存水平将从高到低，处于不断变化之中。平均库存是指库存水平的平均数。从存货政策的观点来看，每一个物流设施（仓库、堆场、运载工具等）都必须确定其适当的存货水平。平均库存由周期库存、安全库存以及中转库存等组成。

（1）周期库存（Cycle Inventory）。周期库存又称基本储备（Base Stock），是补给过程中产生的平均库存的组成部分。在补给之初，存货储备处于最高水平，日常的顾客需求是不断"抽取"存货，直到该储备水平降低为零。在库存储备还没有降低为零之前，一项补给订货就会启动，于是，在还没有发生缺货之前订货将会到达。一次补给订货量称作订货批量（Order Quantity）。在订货过程中必须持有的平均库存被称作基本储备。如果仅考虑订货批量，那么平均周期库存或基本储备就等于订货批量的一半。

（2）安全库存（Safety Stock Inventory）。平均库存中专门用以防止不确定因素的影响而增加的存货储备被称作安全库存（Safety Stock）。常见的不确定因素有需求的不确定和完成周期的不确定。安全库存仅被用于补给周期末,即当不确定因素已导致更高的预期需求或导致到货延期时。在给定安全储备的条件下,平均库存等于订货批量的一半与安全库存之和。

(3) 中转库存（Transit Inventoy）。中转库存代表着正在转移或等待转移的、储备在运输工具中的存货。这部分的库存总计被称作中转库存或供应线库存（Pipeline Inventory）。中转库存是实现补给订货所必需的。目前,在中转库存中已经越来越重视更小的订货批量、更频繁的订货周期,以及准时化战略等,它们逐渐在存货总资产中占有更大的百分比。结果,存货战略把更大的注意力集中到如何减少中转存货的数量以及与此相关的不确定因素上。一家具体的厂商是否合法地拥有中转存货的所有权,主要取决于购买条件。如果该存货的所有权是在运输的目的地转移,那么收货人不拥有运输中的存货物权。与此相反,当商品的所有权在原产地就已经转移,则收货人将拥有运输中的存货物权。在原产地转移物权的条件下,中转存货就被看作是收货人平均库存的一个组成部分。

6. 存货的成本

存货的成本包括存货的存储成本、生产准备（生产变化）成本、订购成本以及短缺成本。

(1) 存储成本。该成本包括存储设施的成本、搬运费、保险费、盗窃损失、过时损失、折旧费、税金以及资金的机会成本。很明显,存储成本高则应保持低库存量并经常补充库存。由于存储成本无法在财务报表上直接统计得出,通常存储成本通过估算一个年度存储成本占存货价值的百分比而得出。

(2) 生产准备（生产变化）成本。生产一种新产品包括以下工作:取得所需原材料,安排特定设备的调试工作,填写单子,确定装卸时间和材料,以及转移库中原来的材料。如果从生产一种产品转到另一种产品不产生成本或没有时间损失,则可以生产很小的批量,这将降低库存水平,并最终达到节约成本的目的。目前,一个挑战性的目标是在较小的生产批量下尽量降低生产准备成本（这就是 JIT 系统的目标）。

(3) 订购成本。订购成本是指准备购买订单或生产订单所引起的管理和办公费用。例如,盘点库存和计算订货量所产生的成本就属于订购成本。如果运输由买方负责,则运输费用也应包括在订购成本之中。

(4) 短缺成本。当某一物资的储备耗尽时,对该物资的需求或者被取消或者必须等到补充库存后才能得到满足。这就涉及权衡补充库存以满足需求的成本与短缺成本之间的大小,这种平衡经常是难以得到的,因为难以估计损失的利润、失去顾客的影响以及延误损失。虽然通常可以为短缺成本定义一个范围，但这种假设的短缺成本往往还只限于猜测的程度。

在确定向供应商订货的数量或者要生产部门生产的批量时，应该尽量使由上述四种单项成本综合引起的总成本达到最小。当然，订购时机也是影响库存成本的关键因素。

二、单周期产品的库存策略——报童问题

所谓单一周期存储，是指在产品订货、生产、存储、销售这一周期的最后阶段，或者把产品按正常价格全部销售完毕，或者把按正常价格未能销售出去的产品削价销售出去，甚至扔掉。总之，在这一周期内把产品全部处理完毕，而不能把产品放在下一周期里存储和销售。季节性和易腐保鲜产品，如季节性的服装、挂历、麦当劳店里的汉堡包等都是按单一周期的方法处理的。报摊销售报纸是需要每天订货的，但今天的报纸今天必须处理完，与明天的报纸无关。因此，我们也可以把它看成是一个单一周期的库存决策问题，只不过每天都要做出订货决策，即所谓的报童问题。

报童问题：报童每天销售报纸的数量是一个随机变量，每日售出 d 份报纸的概率 $P(d)$（根据以往的经验）是已知的。报童每售出一份报纸赚 k 元，如果报纸未能售出，每份赔 h 元，问报童每日最好准备多少报纸？

这就是一个需求量为随机变量的单一周期的订货问题。在这个问题中要解决最优订货量 Q 的问题。如果订货量 Q 选得过大，那么报童就会因不能售出报纸而造成损失；如果订货量 Q 选得过小，那么报童就要因缺货失去销售机会而造成机会损失。如何适当地选择订货量 Q，才能使这两种损失的期望值之和最小呢？

设售出 d 份报纸的概率为 $P(d)$，由概率论可知：

已知因报纸未能售出而造成每份损失 h 元，因缺货而造成机会损失每份 k 元，则满足下面不等式的 Q^* 是这两种损失的期望值之和最小的订报量：

$$\sum_{d=0}^{Q^*-1} P(d) < \frac{k}{k+h} \leqslant \sum_{d=0}^{Q^*} P(d) \qquad (2-1)$$

对于容易腐烂变质或时效性非常强的产品/商品来讲，需求表现为不连贯性，此时就要面对一次性订货问题，即所谓的报童问题。

【例2-2】报亭出售某种报纸，每售出一百张可获利15元，如果当天不能售出，每一百张赔20元。每日售出该报纸份数的概率 $P(d)$ 根据以往经验得到，如表2-8所示，试问报亭每日订购多少张该种报纸能使其赚钱的期望值最大？

表 2-8　报纸销售量的概率

销售量（百张）	5	6	7	8	9	10	11
概率 $P(d)$	0.05	0.10	0.20	0.2	0.25	0.15	0.05

解：要使其赚钱的期望值最大，也就是使其因售不出报纸的损失和因缺货失去销售机会的损失的期望值之和为最小。已知 $k=15$，$h=20$，则有：

$$\frac{k}{k+h} = \frac{15}{15+20} = 0.4286$$

$$\sum_{d=0}^{8} P(d) = P(5) + P(6) + P(7) + P(8)$$
$$= 0.05 + 0.10 + 0.20 + 0.20 = 0.55$$

$$\sum_{d=0}^{7} P(d) = P(5) + P(6) + P(7)$$
$$= 0.05 + 0.10 + 0.20 = 0.35$$

故当 $Q=8$ 时，不等式：

$$\sum_{d=0}^{7} P(d) < \frac{k}{k+h} < \sum_{d=0}^{8} P(d)$$

成立。此时，最优的订报量为每天 800 张，此时赚钱的期望值最大。

我们可以把式（2-1）改写成：

$$P(d < Q^*) < \frac{k}{k+h} \leq P(d \leq Q^*) \tag{2-2}$$

式（2-2）适用于离散型随机变量，也适用于连续型随机变量。如果只考虑连续型随机变量，则式（2-2）可以改写为：

$$P(d \leq Q^*) = \frac{k}{k+h} \tag{2-3}$$

【例 2-3】某书店拟在年前出售一批新年挂历。每售出一本可盈利 20 元，如果年前不能售出，必须削价处理。由于削价，一定可以售完，此时每本挂历要赔 16 元。根据以往的经验，市场的需求量近似服从均匀分布，其最低需求为 550 本，最高需求为 1100 本。该书店应订购多少新年挂历，才能使其损失期望值最小？

解：由题意知挂历的需求量是服从区间 [550，1100] 的均匀分布的随机变量，$k=20$，$h=16$，则其需求量小于 Q^* 的概率为：

$$Q(d \leq Q^*) = \frac{Q^* - 550}{1100 - 550} = \frac{Q^* - 550}{550}$$

则由式（2-3）得：

$$\frac{Q^* - 550}{550} = \frac{20}{20 + 16} = \frac{5}{9}$$

由此求得 $Q^* = 856$（本），并从 $P(d \leq Q^*) = 5/9$ 可知，这时有 5/9 的概率为挂历有剩余，有 1−5/9 = 4/9 的概率为挂历脱销。

三、多次订货模型

在独立需求的情况下，最基本的库存控制方法有两种，即定量库存控制法和定期库存控制法。定量库存控制法是基于（产品/商品）数量的控制，而定期库存控制法则是基于时间的控制。这样，我们可以按照不同的需求对象、不同的经营方式和不同的物资资源配置方法，将独立需求的物资库存管理模型分成以下 20 个模型，如图 2-17 所示。本书只就比较常见的模型做介绍，如需求确定情况下的经济批量模型及其扩展模型、有折扣的订货批量模型、已知服务水平的定量订货模型和定期订货模型等。

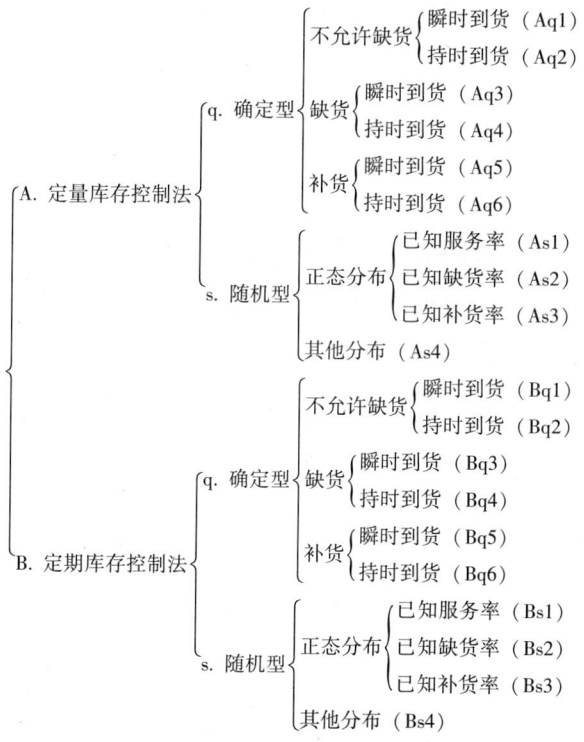

```
                          ┌ 不允许缺货 ┬ 瞬时到货（Aq1）
                          │           └ 持时到货（Aq2）
              ┌ q. 确定型 ┼ 缺货 ┬ 瞬时到货（Aq3）
              │           │     └ 持时到货（Aq4）
              │           └ 补货 ┬ 瞬时到货（Aq5）
A. 定量库存控制法│                └ 持时到货（Aq6）
              │           ┌ 正态分布 ┬ 已知服务率（As1）
              │           │          ├ 已知缺货率（As2）
              └ s. 随机型 ┤          └ 已知补货率（As3）
                          └ 其他分布（As4）

                          ┌ 不允许缺货 ┬ 瞬时到货（Bq1）
                          │           └ 持时到货（Bq2）
              ┌ q. 确定型 ┼ 缺货 ┬ 瞬时到货（Bq3）
              │           │     └ 持时到货（Bq4）
              │           └ 补货 ┬ 瞬时到货（Bq5）
B. 定期库存控制法│                └ 持时到货（Bq6）
              │           ┌ 正态分布 ┬ 已知服务率（Bs1）
              │           │          ├ 已知缺货率（Bs2）
              └ s. 随机型 ┤          └ 已知补货率（Bs3）
                          └ 其他分布（Bs4）
```

图 2-17　库存控制模型体系

（一）经济订货批量（EOQ）

经济订货批量（Economic Order Quantity，EOQ）是指以某种物资的经济订购批量为依据来确定储存定额的方法。即通过费用分析求得在库存总费用最小时的每次订购批量，用以解决某一物品的库存控制问题。该方法由美国人福特·哈里斯创立，因简单实用而至今仍被广泛用于各种领域，是其他复杂库存管理模型的基础。如图2-18所示，当选用最佳订货量时，总成本曲线达到最低点。

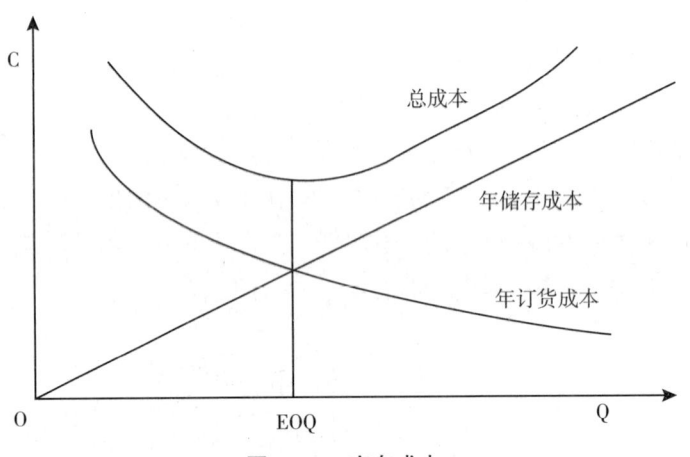

图2-18 库存成本

1. 基本假设

（1）市场需求连续、稳定，需求量确定。
（2）不存在缺货，所有需求都可以得到满足。
（3）每次订货量不变，订购费用不变。
（4）集中到货（当存储降至零时，可以立即得到补充）。
（5）采购价格和运输费用确定并已知。
（6）单位存储费用不变。

2. 基本模型

根据公式

$$TC = \frac{1}{2}QH + \frac{D}{Q}A + Dc \tag{2-4}$$

求得使总费用最小的订购批量为：

$$Q^* = \sqrt{\frac{2AD}{H}} \tag{2-5}$$

式中，TC 为库存总成本；C 为单位货物获得成本（单位货物价格）；D 为某库存物资单位时间（年）需要量；H 为单位货物单位时间（年）的存储费（亦可令 $H=Ic$，其中 I 为库存持有成本占产品价值的百分比，即保管费率）；A 为每次的订货费；Q^* 为最佳订货量。

同时可求得：

$$TC = \sqrt{2ADH} + Dc \qquad (2-6)$$

全年的订货次数为：

$$N^* = \frac{D}{Q^*} \qquad (2-7)$$

EOQ 模型（见图 2-19）能很好地解决什么时间订货、订多少货这两个基本问题，但当其假设条件改变时，需要通过其扩展模型来描述最佳订货量的变化。

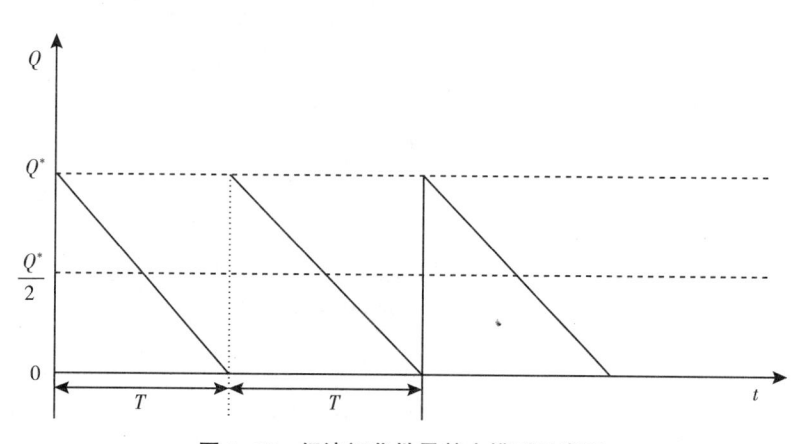

图 2-19 经济订货批量基本模型示意图

【例 2-4】某企业年需要某种物资 1200 件，单价为 10 元/件，年保管费率为 20%，每次订货成本为 300 元，求经济订货批量、年总库存费用和订货次数。

$$Q^* = \sqrt{\frac{2AD}{Ic}} = \sqrt{\frac{2 \times 1200 \times 300}{10 \times 20\%}} = 600 \text{（件）}$$

$$TC = \sqrt{2ADIc} + Dc = \sqrt{2 \times 1200 \times 300 \times 10 \times 20\%} + 1200 \times 10$$
$$= 13200 \text{（元）}$$

$$N^* = \frac{D}{Q^*} = \frac{1200}{600} = 2 \text{（次）}$$

3. EOQ 扩展模型

（1）不允许缺货、持续到货的确定性存储模型（见图 2-20）。

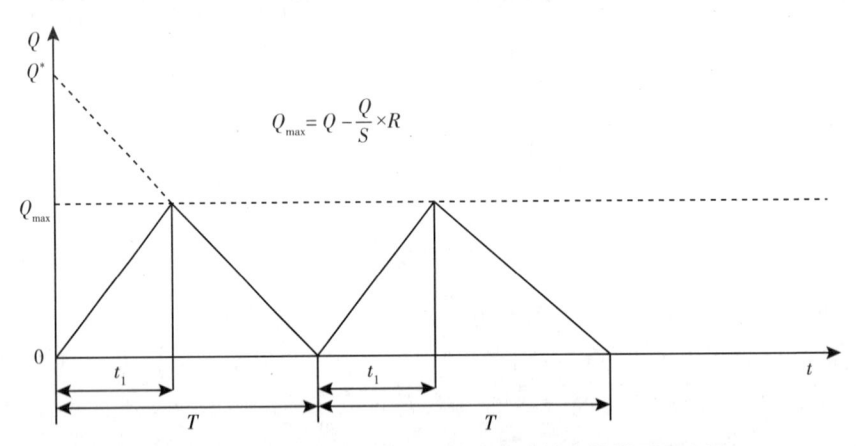

$$Q_{\max} = Q - \frac{Q}{S} \times R$$

图 2-20　不允许缺货、持续到货的确定性存储模型示意图

$$Q^* = \sqrt{\frac{2AD}{H}}\sqrt{\frac{S}{S-R}} \qquad (2-8)$$

式中，S 为进货速度；R 为消耗速度；进货增长量为 $S-R$；其他符号的含义与上述模型相同。

【例 2-5】某企业年需要某种物资 1200 件，每日送货量为 25 件，每日耗用量为 9 件，单价为 10 元/件，年保管费率为 20%，每次订货成本为 300 元，求经济订货批量。

解：$Q^* = \sqrt{\dfrac{2AD}{Ic}}\sqrt{\dfrac{S}{S-R}} = \sqrt{\dfrac{2 \times 300 \times 1200}{10 \times 0.2}}\sqrt{\dfrac{25}{25-9}} = 750$（件）

（2）允许缺货、瞬时到货的确定性存储模型（见图 2-21）。所谓允许缺货，是指企业在存储量降至零时，不急于补充，而是等一段时间，然后订货。顾客遇到缺货也不受损失或损失很小，并假设顾客会耐心等待，直到新的补充到来。当新的补充一到，企业立即将所缺的货物交付给这些顾客，即缺货部分不进入库存。如果允许缺货，对企业来说除了支付少量的缺货费用外，无其他的损失，这样企业就可以利用"允许缺货"这个宽容条件，少付几次订货费用，少付一些存储费用，从经济观点出发这样的允许缺货现象对企业是有利的。其基本模型为：

$$Q^* = \sqrt{\frac{2AD}{H}}\sqrt{\frac{H+B}{B}} \qquad (2-9)$$

式中，B 为单位缺货成本；其他符号的含义与上述模型相同。

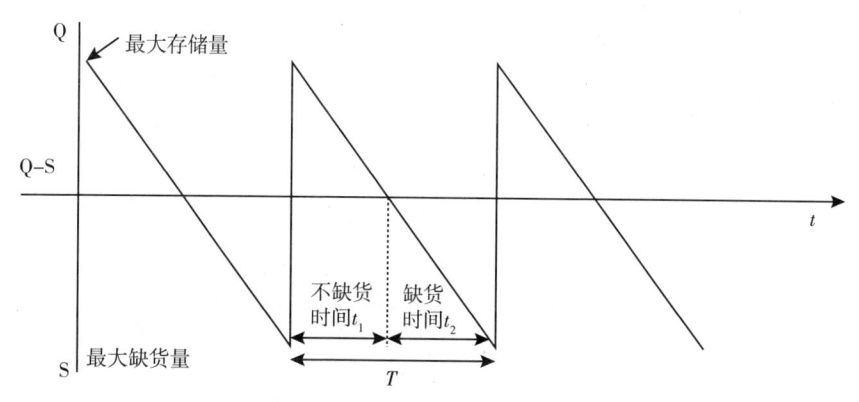

图 2-21 允许缺货、瞬时到货的确定性存储模型示意图

【例 2-6】某企业年需要某种物资 1200 件，单价为 10 元/件，年保管费率为 20%，每次订货成本为 300 元。若允许缺货，且年缺货损失费为 1 元/件，求经济订货批量。

$$Q^* = \sqrt{\frac{2 \times 300 \times 1200}{10 \times 0.2}} \sqrt{\frac{1+2}{1}} = 600 \times \sqrt{3} = 1039（件）$$

（3）允许缺货、持续到货的确定性存储模型（见图 2-22）。

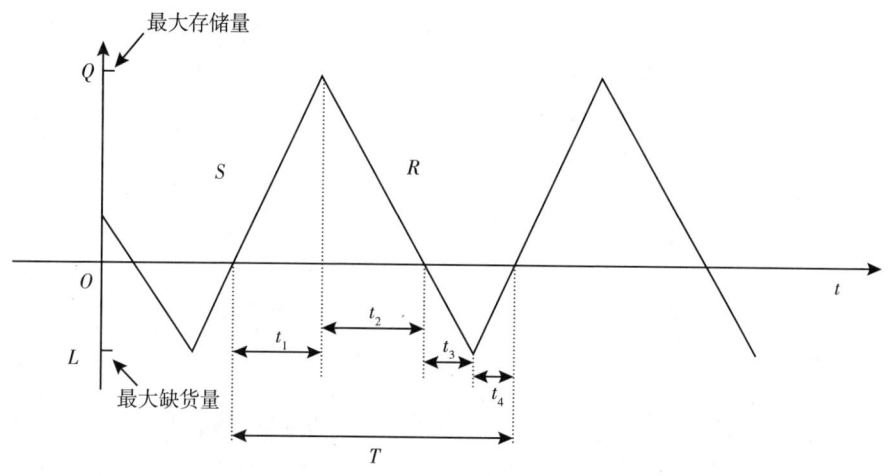

图 2-22 允许缺货、持续到货的确定性存储模型示意图

$$Q^* = \sqrt{\frac{2AD}{H}}\sqrt{\frac{S}{S-R}}\sqrt{\frac{H+B}{B}} \qquad (2-10)$$

式中，所有符号与上述模型相同。

【例2-7】某加工车间计划加工一种零件，这种零件先在车床上加工，每月可加工5000件，然后在铣床上加工，每月可加工1000件。组织一次车床加工的准备成本为40元，车床加工后的在制品保管费为每件0.5元。如果铣床加工生产间断，为保证完成任务，需组织铣床加班生产，每件增加成本2元，不计生产成本，试求车床加工每次的最优生产量。

解：已知 $R=1000$，$S=5000$，$A=40$，$H=0.5$，$B=2$，则：

$$Q^* = \sqrt{\frac{2AD}{H}}\sqrt{\frac{S}{S-R}}\sqrt{\frac{H+B}{B}}$$

$$= \sqrt{\frac{2\times40\times1000}{0.5}}\sqrt{\frac{5000}{5000-1000}}\sqrt{\frac{0.5+2}{2}} = 500(件)$$

（4）库存策略分析[①]。不同库存策略对应不同的订货量及总成本。前面讨论的四种库存策略的对比分析如表2-9所示。

表2-9 不同库存策略的比较

模型	订货策略	订货量	订货周期	总成本 f^i（不计购置成本）
1	允许缺货、持续到货 $a=\sqrt{\frac{H+B}{H}}$，$b=\sqrt{\frac{S}{S-R}}$	$Q^1=\sqrt{\frac{2AD}{H}}ab$	$t^1=\sqrt{\frac{2A}{HD}}ab$	$f^1=\frac{\sqrt{2HAD}}{ab}$
2	不允许缺货、持续到货	$Q^2=\sqrt{\frac{2AD}{H}}b<Q^1$	$t^2=\sqrt{\frac{2A}{HD}}b<t^1$	$f^2=bf^1>f^1$
3	允许缺货、瞬时到货	$Q^3=\sqrt{\frac{2AD}{H}}a<Q^1$	$t^3=\sqrt{\frac{2A}{HD}}a<t^1$	$f^4=af^1>f^1$
4	不允许缺货、瞬时到货	$Q^4=\sqrt{\frac{2AD}{H}}<Q$	$t^4=\sqrt{\frac{2A}{HD}}<t^1$	$f^4=abf^1>f^1$ $f^4>f^2$，$f^4>f^3$

由表2-9可知，允许缺货、持续到货的库存策略订货量最大，订货周期最长，成本最低；不允许缺货、瞬时到货的库存策略成本最高。掌握了上述四

---

① 熊伟. 运筹学[M]. 北京：机械工业出版社，2005.

种模型后，可以导出其他许多变型的经济批量模型。

（二）有折扣的订货批量模型

经济订货批量折扣模型是经济订货批量模型的一种发展。所谓货物单价有折扣，是指供应方采取的一种鼓励用户多订货的优惠政策，即根据订货量的大小规定不同的货物单价。通常，订货越多，购价越低。我们常见的所谓零售价、批发价和出厂价，就是供应方根据货物的订货量而制定的不同的货物单价。因此，在订货批量的模型中，总费用可以由三项构成，即：

$$TC = \frac{1}{2}QH + \frac{D}{Q}A + Dc \qquad (2-11)$$

式中，c 为当订货量为 Q 时单位货物的进价成本。设货物单价 c 为订货量 Q 的分段函数，即 $c(Q) = k_i, Q \in [(Q_{i-1}, Q_i), i = 1, 2, \cdots, n]$。其中，$k_1 > k_2 > \cdots k_n$，$Q_0 < Q_1 < Q_2 < \cdots, Q_n$。$Q_0$ 是最小订购数量，通常为 0；Q_n 为最大批量，通常无限制。当订货量为 $Q \in [(Q_{i-1}, Q_i), i = 1, 2, \cdots, n]$ 时，由于 $c(Q) = k_i$，则有：

$$TC_i = \frac{1}{2}QH_i + \frac{D}{Q}A + Dk_i \qquad i = 1, 2, \cdots, n \qquad (2-12)$$

由此可见，总费用 TC 也是 Q 的分段函数，具体表示如下：

$$TC(Q_i) = TC_i \quad Q \in [Q_{i-1}, Q_i], \quad i = 1, 2, \cdots, n \qquad (2-13)$$

由微积分的有关知识可知，分段函数 $TC(Q)$ 的最小值只可能在函数导数不存在的点、区间的端点和驻点达到。为此，我们需要先找出这些点。由于 TC_i 中的 Dk_i 是常数，求导数为 0，所以，类似于模型 1，得 TC_i 的驻点为：

$$\overline{Q} = \sqrt{\frac{2DA}{H_i}} \qquad (2-14)$$

总成本为：

$$TC(\overline{Q}) = \frac{1}{2}\overline{Q}H_i + \frac{D}{\overline{Q}}A + DK_i^* = \sqrt{2ADH_i} + k_i^* D \qquad (2-15)$$

式中，k_i^* 为 $\overline{Q}$ 所在区间的物资单价，由于有批量折扣，$TC(\overline{Q})$ 不一定是 $(0 \sim \infty)$ 内的最小值，因此还要计算出其他区间的总成本。再经过比较，选择总成本最小的 Q 作为最优解。

订货量在第 i 个区间的总成本为：

$$TC(Q_i) = \frac{1}{2}Q_iH_i + \frac{D}{Q_i}A + Dk_i \qquad (2-16)$$

如果 $TC(\overline{Q}) < TC(Q_i)$，则 $\overline{Q}$ 为最优解；如果 $TC(Q) > TC(Q_i)$，则：

$TC(Q^*) = \min\{TC(\overline{Q}), TC(Q_i) | Q_i > \overline{Q}\}$，$Q^*$ 为经济订货批量

当 $H_i = Ik_i$ 时（I 为存储费率），需先求得各区段的 $\overline{Q_i}$。如果 $\overline{Q_i} < Q_{i-1}$，则说明该经济批量小于折扣的要求，因此不能取该经济批量；如果 $\overline{Q_i} > Q_{i-1}$，则：

$TC(Q^*) = \min\{TC(\max\overline{Q_i}), TC(Q_i) | Q_i > \max\overline{Q_i}\}$，$Q^*$ 为经济订货批量。

【例 2-8】某企业年需要某种物资 1200 件，单价为 10 元/件，年保管费率为 20%，每次订货成本为 300 元。供应商的折扣条件是，若订货量大于或等于 650 件，单价为 9 元/件，求经济订货批量。

解：$\overline{Q_1} = \sqrt{\dfrac{2AD}{H_1}} = \sqrt{\dfrac{2 \times 1200 \times 300}{10 \times 20\%}} = 600$（件）

$\overline{Q_2} = \sqrt{\dfrac{2AD}{H_2}} = \sqrt{\dfrac{2 \times 1200 \times 300}{9 \times 20\%}} = 632$（件）

由于该经济批量 Q_2 小于折扣数量，因此不能取此经济批量，需进一步进行总成本比较分析：

$TC(600) = 1200 \times 10 + 1200/600 \times 300 + 600 \times 10 \times 0.2/2 = 13200$（元）
$TC(650) = 1200 \times 9 + 1200/650 \times 300 + 650 \times 9 \times 0.2/2 = 11939$（元）[①]

接受折让价格，订货量为 650。

（三）定量订货模型

所谓定量订货，是指当库存下降到预定的最低库存数量（订货点）时，按规定数量（一般以经济批量 EOQ 为标准）进行订货补充的一种库存管理方式。如图 2-23 所示，当库存量下降到订货点 Q_k（也称为再订货点）时，马上按预先确定的订货量 Q 发出货物订单，经过交货周期 LT，收到订货，库存数量上升。采用定量订货管理方法需要确定两个参数：一个是订货点，即订货点库存；另一个是订货数量，即经济批量 EOQ。

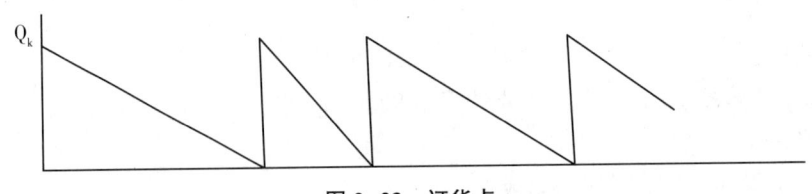

图 2-23 订货点

---

① 由于订货次数不够两次，从实际来看，应该取两次。

1. 订货点的确定

影响订货点的因素有三个：订货提前期（LT）、平均需求量和安全库存（Q_s）。根据这三个因素，我们就可以简单地确定订货点。

（1）在需求和订货提前期确定的情况下，不需设置安全库存，订货点由下式确定：

$$Q_R = LT \times \frac{D}{360} \qquad (2-17)$$

式中，Q_R 订货点；LT 为订货提前期（天）；D 为全年需求量。

【例 2-9】某仓库每年出库商品业务量为 36000 箱，提前期为 15 天，试计算订货点。

解：$Q_R = LT \times \dfrac{D}{360} = 15 \times \dfrac{36000}{360} = 1500$（箱）

（2）在需求和订货提前期都不确定的情况下，设置安全库存 Q_s，订货点可采用下式确定：

$$Q_R = \overline{Q} \times T_k + Q_s \qquad (2-18)$$

式中，Q_R 为订货点；$\overline{Q}$ 为订货期内平均需要量；T_k 为订货提前期（天）；D 为全年需求量；Q_s 为安全库存；由式（2-19）确定：

$$Q_s = \beta \times \sqrt{T_k} \times \sigma \qquad (2-19)$$

式中，β 为安全系数，可根据缺货概率查表 2-10 得到；σ 为需求变动值（当需求服从正态分布时，σ 为标准差），需求变动值可以用下列方法得到。

表 2-10 安全系数表

缺货概率（%）	30.6	27.4	24.2	21.2	18.4	15.9	13.6	11.5	9.7	8.1
安全系数	0.5	0.6	0.7	0.8	0.9	1.0	1.1	1.2	1.3	1.4
缺货概率（%）	6.7	5.5	5.0	4.5	3.6	2.9	2.3	1.8	1.4	0.8
安全系数	1.5	1.6	1.65	1.7	1.8	1.9	2.0	2.1	2.2	2.3

第一种方法，在统计资料期数较少时，计算公式如下：

$$\sigma = \sqrt{\frac{\sum (y_i - \overline{y})^2}{n}} \qquad (2-20)$$

【例 2-10】某服装在过去三个月中的时间需求量分别为：一月 126 箱，二月 110 箱，三月 127 箱，求该服装的需求变动值。

解：$\sigma = \sqrt{\dfrac{\sum(y_i - \bar{y})^2}{n}} = \sqrt{\dfrac{(126-121)^2 + (110-121)^2 + (127-121)^2}{3}}$

≈ 7.79

第二种方法，在统计资料期数较多的情况下，计算公式如下：

$$\sigma = \dfrac{R}{d_2} \tag{2-21}$$

式中，R 为全距，即资料中最大需求量与最新需求量的差；d_2 为随样本多少而变动的常数，可以查表 2-11 得到相应的值。

表 2-11　d_2 值

n	2	3	4	5	6	7	8	9	10
d_2	1.128	1.693	2.059	2.316	2.534	2.704	2.847	2.970	3.078
$1/d_2$	0.8865	0.5907	0.4857	0.4299	0.3946	0.3098	0.3512	0.3367	0.3149
n	11	12	13	14	15	16	17	18	19
d_2	3.173	3.258	3.336	3.407	3.472	3.532	3.588	3.640	3.689
$1/d_2$	0.3152	0.3069	0.2998	0.2935	0.2880	0.2831	0.2787	0.2747	0.2711

【例 2-11】某仓库中去年各月需求量如表 2-12 所示，最大提前订货期为 2 个月，缺货的概率根据经验统计为 5%，求 A 商品的订货点。

表 2-12　月需求量资料

月份	1	2	3	4	5	6	7	8	9	10	11	12
需求量（箱）	162	172	167	181	180	172	170	168	174	168	163	175

解：$\bar{Q} = 2052/12 = 171$

已知缺货概率为 5%，查表 2-10 可得：$\beta = 1.65$

$\sigma = \dfrac{R}{d_2} = \dfrac{181-162}{3.258} = 5.831$（箱）（$d_2$ 通过 n 为 12，查表 2-11 可得：$d_2 = 3.258$）

$Q_k = \bar{Q} \times T_k + Q_s = \bar{Q} \times T_k + \beta \times \sqrt{T_k} \times \sigma = 172 \times 2 + 1.65 \times \sqrt{2} \times 5.831 = 356$

即当 A 商品的库存下降到 356 箱时就应该订货。

2. 订货批量的确定

在定量订货中，对每一个具体的商品而言，每次订货批量都是相同的，所

以对每种商品都要制定一个订货批量,通常是以经济批量来确定订货批量。其计算公式为:

$$Q^* = \sqrt{\frac{2AD}{H}} \qquad (2-22)$$

式中,D 为某库存物资的年需要量;H 为单位货物单位时间的存储费(亦可令 $H=Ic$,其中 I 为库存持有成本占产品价值的百分比,C 为单位货物获得成本);A 为每次的订货费;Q^* 为最佳订货量。

【例2-12】已知 DL~N(100,20)件,要求缺货率不大于5%,求其定量订货的订货点和安全库存。如果订货提前期内每件的保管费为 0.002 元,一次订货费用为 10 元,其订货量应取多少为好?

解:$Q_k = \overline{Q} \times T_k + Q_s = 100 + 1.65 \times 20 = 133$(件)

$Q^* = \sqrt{\frac{2AD}{H}} = \sqrt{\frac{2 \times 100 \times 1}{0.002}} = 1000$(件)

3. 定量订货法的优缺点

(1)优点:

① 手续简单,管理方便。控制参数一经确定,则实际操作就变得非常简单了。实际中,经常采用双堆法来处理。所谓双堆法,就是将某商品库存分为两堆,一堆为经济库存,另一堆为订货点库存,当消耗完订货点库存就开始订货,并使用经济库存,不断重复操作。这样就可以减少经济库存盘点的次数,安全可靠。

② 当订货量确定后,商品的验收、入库、保管和出库业务可以利用现有规格化器具和计算方式,有效地节约搬运、包装等方面的作业量。

③ 充分发挥了经济批量的作用,可降低库存成本,节约费用,提高经济效益。

(2)缺点:

① 物资储备量控制不够严格。

② 要随时掌握库存动态,严格控制安全库存和订货点库存,占用了一定的人力和物力。

③ 订货模式灵活性小。

④ 订货时间难以预先确定,对于人员、奖金、工作业务的计划安排不利。

⑤ 受单一订货的限制,不适应多品种联合订货的方式。

(四)定期订货法

1. 定期订货法的原理

定期订货法是按预先确定的订货时间间隔进行订货补充的一种管理方法。

企业根据过去的经验预先确定一个订货间隔期间，如每间隔三天订货一次，或每间隔一个月订货一次，每次订货数量根据实际需要都有所不同。因此，我们认为定期订货法是一种基于时间的订货控制方法，它通过设定订货周期和最高库存量来达到控制库存量的目的。只要订货间隔期和最高库存量控制合理，就能实现既保障需求，合理存货，又节约库存费用的目标。

定期订货法的原理：预先设定一个订货周期和最高库存量，周期性地检查库存，根据最高库存量、实际库存、在途订货量和待出库商品数量，计算出每次的订货量，发出订货指令，组织订货，定期订货法下库存量的变化如图2-24所示。

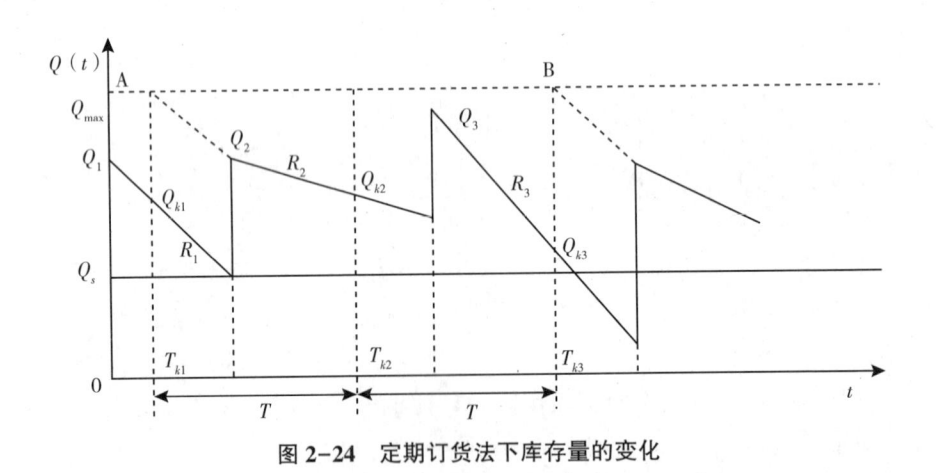

图 2-24 定期订货法下库存量的变化

在第一个周期，库存以 R_1 的速率下降，因预先设定了订货周期 T，也就是规定了订货的时间，到了订货时间，不管库存还有多少，都要发出订货，所以当到了第一次订货的时间即库存下降到 A 点时，检查库存，求出实际库存量 Q_{k1}。结合在途货物和待出货物，发出一个订货批量 Q_1，使名义库存上升到 Q_{max}。然后进入第二周期，经过 T 时间再次检查库存得到此时的库存量 Q_{k2}，并发出一个订货批量 Q_2，使名义库存又回到 Q_{max}。

采用定期订货法来保证库存需求与定量订货法不同，定量订货法是以订货期提前来满足需求的，其控制参数 Q（订货量）是用于满足订货提前期内库存的需求，而定期订货法是以整个订货提前周期内的库存需求，即从本次发出订货指令到下次订货到达这一期间的库存需求为目的。由于在此期间的库存需求量是随机变化的，因此根据该期间的库存需求量确定的 Q_{max}（最高库存量）

也是随机变量，它包括该期间的库存平均需求量和防止需求波动或不确定因素而设置的安全库存。因此，定期订货法的实施需要解决订货周期、最高库存量和每次订货批量三个参数。

2. 定期订货法的控制参数

（1）订货周期 T 的确定。订货周期实际上就是定期订货的订货点，其几个时间总是相等的。订货间隔期的长短直接决定最高库存量的大小，即库存水平的高低，从而也决定了库存成本的多少。所以，订货周期不能太长，否则会使库存成本上升；也不能太短，太短会增加订货次数，使订货费用增加，进而增加库存总成本。从费用角度出发，如果要使总费用达到最小，我们可以采用经济订货周期的方法来确定订货周期，其公式是：

$$T = \sqrt{\frac{2A}{HD}} \qquad (2-23)$$

式中，T 为经济订货周期；A 为单位订货成本；H 为单位商品年储存成本；D 为单位时间内库存商品需求量（销售量）。在实际操作中，经常结合供应商的生产周期或供应周期来调整经济订货周期，从而确定一个合理的、可行的订货周期。当然也可以结合人们比较习惯的实际单位，如周、旬、月、季、年等来确定经济周期，从而与企业的生产计划、工作计划相结合。

（2）最高库存量 Q 的确定。定期订货法的最高库存量是用以满足经济订货周期 T 和订货提前期 T_k 的库存需求的，所以我们可以以该期间的库存需求量作为基础。考虑到随机发生的不确定的库存需求，再设置一定的安全库存，这样就可以简化地求出最高库存了。公式一般为：

$$Q_{\max} = \overline{Q}(T + \overline{T_k}) + Q_s \qquad (2-24)$$

式中，$Q_{\max}$ 为最高库存量；$\overline{Q}$ 为 $T+\overline{T_k}$ 期间的库存需求量平均值；T 为订货周期；T_k 为平均订货提前期；Q_s 为安全库存量。

（3）订货量的确定。定期订货法每次的订货数量是不固定的，订货数量的大小由当时实际库存量的大小决定。考虑到订货点时的在途到货量和已发出出货指令但尚未出货的待出货数量，每次订货量的计算公式为：

$$Q_i = Q_{\max} - Q_{ni} - Q_{ki} + Q_{mi} \qquad (2-25)$$

式中，Q_i 为第 i 次订货的订货量；$Q_{\max}$ 为最高库存量；Q_{ni} 为第 i 次订货点的在途到货量；Q_{ki} 为第 i 次订货点的实际库存量；Q_{mi} 为第 i 次订货点的待出货库存量。

【例 2-13】某种物资月需求量服从均值为 15、标准差为 $\sqrt{3}$ 的正态分布，

$A=30$ 元，$H=1$ 元/件，$T_k=1$ 个月，实行定期订货，首次盘点得到 $Q_{ki}=21$、$Q_{ni}=6$、$Q_{mi}=5$，如果要求库存满足率达到 97.7%（对应的安全系数为 $a=2$），求订货周期 T 和最高库存量 Q_{max}。

解：$T=\sqrt{\dfrac{2A}{HD}}=\sqrt{\dfrac{2\times 30}{15}}=2$（个月）

$Q_{max}=\overline{Q}(T+\overline{T_k})+Q_s=15(2+1)+2\times\sqrt{2+1}\times\sqrt{3}=51$（件）

3. 定期订货法的优缺点

（1）优点：

① 可以降低订货成本，因为许多货物都可以在一次订货中办理。

② 周期盘点比较彻底、精确，避免了定量订货法每天盘存的做法，减少了工作量，提高了工作效率。

③ 库存管理的计划性强，有利于工作计划的准确实施。

（2）缺点：

① 安全库存量设置得比较大。因为它的保险周期（$T+\overline{T_k}$）较长，因此，该期间的需求量比较大，需求标准偏差也比较大，故需要较大的安全库存来保证库存需求。

② 每次订货的批量不固定，无法制定出经济订货批量，因而运营成本较高，经济性较差。只适用于 ABC 物资分类中的 A 类，即重点物资的库存控制。

思考与讨论题

（1）某化工公司与客户签订了一项供应一种独特的液体化工产品的合同。客户每隔六个月来购买一次，每次购买的数量是一个随机变量，通过对客户以往需求的统计分析，知道这个随机变量服从均值 $\mu=1000$（千克）、方差 $\sigma=100$（千克）的正态分布。化工公司生产 1 千克此种产品的成本为 15 元，根据合同固定售价为 20 元。合同要求化工公司必须按时满足客户的需求。一旦化工公司低估了需求，产量不能满足需要，那么化工公司就到别的公司以每千克 19 元的价格购买更高质量的替代品来满足客户的需要。一旦化工公司高估了需求，供大于求，那么由于这种产品在两个月内要老化，不能存储至 6 个月后再供应给客户，只能以每千克 5 元的价格处理掉。化工公司应该每次生产多少千克的产品才能使该公司获利的期望值最大呢？

（2）某商店计划从工厂购进一种产品，预测年销量为 500 件，每批订货手续费为 50 元，工厂制定的单价（元/件）为：订货量 Q 小于 100 件为 40 元，100≤Q<200 件为 39 元，200≤Q<300 件为 38 元，Q>300 件为 37 元。每件产品的存储费为 0.5 元，求最优订货策略。

（3）某公司面对的提前期需求量的概率分布如下表所示，如果库存满足率不小于 90%，则订货点应取多少？安全库存应设置为多少？

DL	30	40	50	60	70	80	90
P（DL）	0.025	0.100	0.200	0.350	0.200	0.100	0.025

（4）某种物资月需求量服从均值为 15、标准差为 $\sqrt{\dfrac{10}{3}}$ 的正态分布，A = 30 元，H = 1 元/件，T_k = 2 个月，实行定期订货，首次盘点得到 Q_{ki} = 21、Q_{ni} = 5、Q_{mi} = 5，如果要求库存满足率达到 97.7%（对应的安全系数为 a = 2），求订货周期 T 和最高库存量 Q_{max}（注 $\sqrt{10}$ = 3.162）。

（5）某金属公司销售钢材，过去 6 周的销售量分别为 108 吨、134 吨、155 吨、117 吨、133 吨、145 吨，它们服从正态分布，订货提前期为 4 周，一次订货费为 300 元，1 吨钢材的保管费为 0.1 元，库存满足率达到 95%，如果采用定量订货控制方法，求具体的订货策略。

案例分析

库存压力逼服装企业比拼终端

一、背景介绍

服装换季时节，街头各类服装专卖店"甩卖"声一片，对于国内众多服装企业而言，它们的日子并不好过，因为它们不得不面对因换季而产生的巨大库存问题。"有不少服装企业即使现在停产，靠卖其库存也能维持一两年。"一位业内人士描述国内服装企业库存问题的严重程度。

"由于休闲服饰对时尚流行较为敏锐，因此更新淘汰很快，一不小心就会带来大量的库存。"业内人士说。在全国知名的休闲服装生产基地——中山沙溪，某知名休闲服装厂家 2001 年的销售额为 1 亿多元，而其仓库库存也达到了1亿元以上，几乎和销售额持平。在这样的背景之下，厂家往往出于处理库存、回笼资金的考虑而拼命地甩卖，否则一年到头赚到的就是一堆衣服。

二、问题提出

专家认为，服装企业供应链的信息化也不能解决全部问题。据了解，一般的服装企业正常的库存比例为20%，而国内许多企业却远远高于这个比例，这就造成了众多服装企业的销售额一年比一年大的"怪圈"，甚至有业内人士把"库存风险"比作"一把悬在服装企业头顶的刀"，时时刻刻地威胁着企业的健康发展。

深受库存之累的还包括内衣企业。近年来，国内内衣企业纷纷制造出各种时尚以带动消费，但是成也时尚败也时尚，一旦畅销肯定会断货，再去补单生产又错过了市场。而一旦某些产品滞销，就必然会换来大量的库存。

库存的风险如此之大，显然并不是受到冲击的企业的初衷，而是它们忽略了可能形成库存的某些环节。服装企业在渠道上铺货和补货的周期太长，客户的信息反馈到总公司再进行采购和生产，到最后货送到专卖店要历时数月，此时如果销售旺季已过，畅销品也会变成滞销品。协同商务软件供应商——瑞典Intentia公司的咨询顾问分析认为，服装企业库存问题的形成原因主要是多方面的，渠道上的销售数据没有及时反馈，而且反馈准确度不高，直接导致计划出现与实际情况不符的偏差。此外，分公司、经销商、专卖店之间由于信息不通，无法及时调货，也导致了不必要的再生产和货物的积压。

季节性服装的销售旺季很短，因此需要提高预测、备货、生产等各个环节的效率，特别是减少库存量，降低库存成本。从这个意义上说，这个行业对市场快速反应的需求一点也不比IT行业低。事实上，早在2000年，国家信息产业部就正式决定将纺织行业作为中国企业信息化的试点行业，但响应似乎并不是很积极。只有一部分比较有实力的企业才能对供应链建立整套的数字化系统，如雅戈尔等。对于加盟商而言，这样做不仅提高了市场反应能力，也为货品、资金的快速周转提供了保证，提高了资金使用效率。

但是也有观点认为，通过信息化来畅通渠道，对于解决服装企业的库存问题而言，仅是手段之一。致力于中国纺织服装行业品牌营销咨询的法国联合时尚品牌策划机构表示，采用信息化管理有一定效果，但毕竟只是一种手段，并没有彻底解决问题，只能减少库存，并不能实现零库存的状态，由于受到其他诸多方面的影响，库存风险还是会随时产生。

三、解决方案

终端消化吸收成为化解库存的关键阵地。以前，服装企业多依靠分销的方式来解决货品库存的问题，即换货制和买断制，但它们都存在很大的不确定性。前者是品牌企业代替经销商承担库存风险，减少经销商货品的管理成本，所以随着销售网络的扩大，库存货品的数量也会呈正比地增加。后者虽然可以在一定程度上使品牌企业实现"以销定产"的目的，但它要求经销商必须拥有很强的市场判断能力及产品销售能力，无形中加大了经销商的经营压力，往往成为变相的库存转移，不能产生实际的市场销售。相比而言，特许体系下的终端卖场能及时地根据市场的需求进行差异化销售，并可采取就近配给的方式，由企业或区域的本着中心降低因产品周转而产生的销售空当，还可以有效地化解库存风险的产生。

特许加盟虽然不是什么新鲜事，但是能够被服装企业所采用应该说是具有创造性的。杉杉集团的一位前高层表示，在过去，杉杉一直使用自己建立起来的营销渠道，但是渠道中存在着的高额库存问题使其损失惨重，直到杉杉忍痛割舍了原有的营销渠道，解散了销售公司，代之以特许加盟销售体系，才终止了杉杉在西服领域的下滑势头。

特许加盟的确能降低库存，但是灵活的配货体系也要跟得上。"为了有效地解决库存风险问题，我们改变了原先的全国'单款制'配货体制，实行对各区域加盟店的分区配货。"美特斯·邦威表示："原先'单款制'的缺陷在于：未将所设计的所有货品进行细化分类就直接给全国所有的经销商配货，缺乏针对性和指导性，对它们而言有着很大的库存风险；而实行分区配货后，由于可以根据各区域的不同特点特别开发出一些有针对性的款式，所以本地的产品结构更加接近当地的市场需求，这样的改变不仅减少了库存风险，同时也提高了终端专场的市场竞争能力。"

四、小结

显然，采用特许加盟的方式建立起来的终端卖场以及灵活的配货体系，在预防和化解库存方面具有更大的灵活性。加盟商虽然可以降低库存风险，但是除了在几大具有市场战略位置的城市开设品牌形象店之外，还需要有一定数量的自营店——主要是为了提升自身的品牌形象。"国内的服装品牌旗舰店很多没有特色，因此不构成鲜明的渠道传播力。"一个销售经理说。看来，在改进了销售和配货体系之后,国内服装企业还有很多事情要做。

资料来源：http：//fashion.icxo.com/htmlnews/2004/11/01/434461.htm。

思考题

(1) 服装企业库存的特点是什么？

(2) 如何降低服装企业的库存？

第三章 运输管理

没有现代化的交通运输，经济活动就要停顿，社会再生产也无法进行。列宁说："运输是我们整个经济的主要基础。"物资运输活动可分为两类：一类是作为具体生产过程的有机组成部分的生产内部的运输；另一类是作为物质生产部门的专门运输业从事的运输活动。运输是物体借助动力在空间上产生的位置移动。由于运输活动相对来讲时间长、距离远、能源和动力消耗多，其成本在物流总成本中的比例高达50%。因此，运输活动的费用节约余地大，发展潜力大，无论在物流领域还是在国民经济中都占有举足轻重的地位。同时，运输在现代物流中也是一个最重要的子系统，甚至不少人把运输等同于物流。

第一节 运输管理概述

一、运输的定义

运输是人和物的载运及输送。在这里指"物"的载运及输送，是指用设备和工具将物品从一个地点向另一地点运送的物流活动。其中包括集货、分配、搬运、中转、装入、卸下、分散等一系列操作。它是在不同地域范围内，以改变"物"的空间位置为目的的活动，是对"物"进行空间位移。

二、运输的研究对象

运输的研究对象主要涉及以下几个方面：

（1）运输基础设施。铁路、公路、城市道路和机场的规划、设计、施工、养护是运输研究的主要内容，其中又以高速重载铁路、高速公路、快速城市干道和现代化机场工程等为主攻方向。

(2) 运输工具。运输中载运工具的运用必须适应重载、高速、高效、安全运输发展的需要。载运工具结构及运用的可靠性、科学性和安全性研究，载运工具在运行过程中的动态性能与环境影响的研究，载运工具的维修、诊断研究等都是运输工具研究的新课题。

(3) 运输的安全性。只有在提高运输安全性的前提下，才能提高运输效益和效率。应加强对运输控制现代化、运输过程自动化与运输信息集成化的研究和应用。

(4) 运输流向分布。在运输过程中，旅客或货物由发送地点至到达地点的位移称为客流或货流。客流和货流包含五个因素，即数量、距离、时间、类别和方向。由这五个因素构成的客流和货流，反映了各个地区之间在政治、经济、文化和军事上的相互联系。

(5) 运输规划。着重研究如何利用现代化技术手段来提高载运工具的运行效益，揭示物流过程中的技术经济规律，以强化现代运输系统和城市交通的规划与管理。

三、运输的功能

在物流管理过程中，运输主要具有两大功能：产品转移和产品短期储存。

(一) 产品转移

通过运输手段将货物从运输地转移到需求地，实现物资的空间位置的转移，从而满足需求地用户对物资的需求，创造物资的"空间效用"，保障需求地用户的生产或生活正常进行。

(二) 产品短期储存

对运输物资实现短时间的时间位置转移，创造物质的"时间效用"功能。因为运输物资需要时间，特别是长途运输需要更长的时间，在这个过程中，运输工具就是货物的储存保管室，能够避免物品损坏或丢失，实际上创造了物品的"时间效用"。在采购运输中，采购员常利用这个"时间效用"，精心计算购进起运时间，使购进到达时间正好是物品的需用时间，这样运到的物品直接上消费点，从而避免了仓库保管。

四、运输管理的内容

(一) 运输市场管理

运输市场是国民经济市场的一个组成部分，加强运输市场管理，对完成各项运输任务有着十分重要的作用。特别是在紧急情况和突发事件来临时，更是如此。

（二）发运管理

发运业务是物流企业按照交通运输部门的规定，根据运输市场的安排，把货物从产地（或起运地）运到销地（或收货地）的第一道环节，是运输业务的开始。发运业务对整个运输工作有很大的影响，因此，加强发运业务管理至关重要。物流企业必须与交通运输部门紧密配合，协调行动，做好发运前的一切准备工作。特别应强调发运时间，备货和调车要衔接一致，保证按时调车、按时装车、按时发运。

（三）中转管理

凡是从起运地到收货地之间不能一次直达，需经过二次运输或转换两种以上运输工具的，就要进行中转。中转运输起着承前启后的作用，即一方面它要把发来的货物及时接运进来；另一方面又要把接运的货物发运出去。所以，加强中转管理，对提高运输工作质量是非常重要的。

（四）接运管理

接运业务是指物流企业或运输部门在接到交通运输部门的到货通知后，认真做好接运准备工作，把到达的货物完好无损地接运进来的业务活动。接运也是一项很重要的工作，它关系到运输时间、货物质量和能否及时入库、出售的问题。

（五）运输安全管理

运输安全管理也是运输管理的一项重要工作。货物通过运输后，经过发运、接运、中转等多次装卸搬运和手续环节，容易发生一些事故。物流企业和交通运输部门必须加强运输安全管理，减少货损货差。

五、运输管理的作用

运输管理就是以一定的原则、程序和方法，就整个运输过程的业务活动如运输市场、发运、接运、中转，对人力、运力、财力和运输设备等进行合理组织、统一使用、调节平衡和监督，以求用同样的劳动消耗（活劳动和物化劳动）运输较多的货物，提高劳动效率，取得较好的经济效益。运输是物流的主要功能之一，是社会物质生产的必要条件之一，是"第三利润源"的主要源泉，是国民经济的基础。良好的运输管理使运输业务活动顺利进行，使生产能够继续下去，使社会再生产不断推进，同时也为物流企业节约了运输费用，降低了物流费用以及整个流通费用，增加企业利润。

第二节 运输的类型

不同运输方式适合不同的运输情况，运输决策的一个重要内容就是根据运输商品对运输时间与运输条件的具体要求，选择适当的运输方式和运输工具，使企业能用最少的时间，走最短的路线，花最少的费用，安全地把商品从产地运送到销售地。因此，了解各种运输方式及其特点，掌握运输方式选择的原则，对优化物流系统和合理组织物流活动都十分重要。

一、几种常见的运输方式

1. 铁路运输

铁路运输又称火车运输，是现代主要的运输方式之一。我国人口众多、地大物博，全国各地的经济联系，特别是沿海经济发达地区与自然资源丰富的内地之间的经济往来、货物交流，主要依赖铁路运输来完成。近年来，铁路货运组织改革等措施使铁路货物运输更加快捷、经济。

铁路运输又分为车皮运输和集装箱运输。车皮运输是租用适合货物数量和形状的车皮来进行物品运输的方式。近年来，因实行车皮集约化和集装箱化，车皮运输日趋减少，而集装箱运输有所增长。集装箱运输是铁路和公路联运的一种复合型直达运输，适用于化工品、食品、农产品等多种货物的运输。

铁路运输适合于大宗低值货物的中、长距离运输，也较适合散装货物（如煤炭、金属、矿石、谷物等）、罐装货物（如化工产品、石油产品等）的运输。从投资效果看，在运输量比较大的地区之间建设铁路比较合理。铁路运输的经济里程半径一般在200千米以上。

2. 公路运输

公路运输主要是指使用车辆，包括汽车、人力车、畜力车等运输工具在公路上进行客货运输的方式。在我国，长期以来对公路运输的界定是主要承担距离较近、批量较小的运输项目，对水路和铁路难以到达地区的运输，以及难以实现其优势的运输间隔，一般也选择公路运输。

公路运输主要适用于中、短途距离运输，其经济里程半径一般为200千米以内。然而，随着我国公路建设步伐的逐渐加快，公路运输也将呈现出短、中、远程运输并举的局面。公路运输可以补充和衔接其他运输方式，即当以其他运输方式为主时，由汽车承担起点和终点处（如铁路车站、港口、航空站等）的短途集散运输，完成其他运输工具到不了的地区的运输任务。

3. 水路运输

水路运输是使用船舶在江、河、湖泊、人工水道以及海洋里运送客货的一种运输方式。按其航行的区域，可划分为沿海运输、近海运输、远洋运输及内河运输四种类型。

水路运输可以根据运输线路、地理位置的特点，选择多种不同的运输工具。在内河运输中，主要是连接陆地内的江、河、湖泊等水道，因此运距不是太大，主要使用中、小型船舶及拖船、挂船等运输工具进行运输；对于沿海和近海运输，主要任务是沿大陆附近的航道运送客货或在邻近国家之间来回运转，由于距离不是太远，使用中、小型海洋运输船舶较多；远洋运输是跨大洋的远程运输，一般要选用大型的远洋运输船舶；专业运输要选用大型专业运输船舶，如集装箱船、冷冻船、油船、矿石船、液化气船等。

水路运输综合优势较为突出，适宜于运距长、运量大、时间性不太强的大宗物资运输。具体而言，水路运输可以承担以下作业任务：大批量货物，特别是集装箱运输；原料、半成品等散货运输，如建材、石油、煤炭、矿石、谷物等；国际贸易运输。

4. 航空运输

航空运输简称空运，是指使用飞机或其他飞行器载运客货的一种现代化运输方式。我国航空事业发展迅速，各条航线和航运站相联系的现代空运网络不仅连接着全国大、中城市和边远地区，还将中国和世界各地连接起来，对于政治、经济和文化的交流起着十分重要的作用。航空运输虽然运费较高，但是从总成本的角度考虑，仍有其经济、便捷之处。航空运输主要适合运载的货物有两类：一类是价值高、重量轻和体积小的物品，如贵重设备的零部件、高档产品等；另一类是时效性强、需求紧急的物品，如极易腐烂的产品、救灾抢险物资等。同时，国际运输是航空运输的主要收入来源，国际间货物联系基本上依赖航空运输和海洋运输，而航空运输是小件、高附加值货物运输的主要方式。

5. 管道运输

管道运输是主要利用管道，通过一定的压力差而完成商品运输的一种现代化运输方式，是由埋设在地下的管线和地面上的加温、加压等配套设备所组成的。与其他运输方式的重要区别在于，管道设备是静止不动的。管道运输是随着石油和天然气产量的增长而发展起来的。

根据管道运输的上述特点，管道运输主要承担单向、定点、量大的流体状货物的运输，如石油、天然气、煤浆、某些化学制品原料等。

以上五种运输方式的比较如表3-1所示。

表3-1 五种基本运输方式的比较

运输方式	优势	劣势
铁路	1. 可以满足大量货物一次性高效率运输 2. 运输费用负担较小的货物时，单位运费低廉，比较经济 3. 由于采用轨道运输，事故相对较少，安全性高 4. 铁路运输网络完善，可以将货物运往各地 5. 运输上受天气影响小 6. 中长距离运货费用低廉 7. 具有定时性，可以按计划运行	1. 近距离运输费用较高 2. 不适合紧急运输的要求 3. 在长距离运输的情况下，由于需要进行货车配车，路途停留时间较长 4. 货车编组、解体需要时间 5. 运费没有伸缩性 6. 无法实现门对门服务 7. 车站固定，不能随处停车
公路	1. 可以进行门到门的连续运输 2. 适合于近距离运输，比较经济 3. 使用上灵活，可以满足用户的多种需求 4. 容易装车 5. 适应性强	1. 运输单位小，不适合大量运输 2. 长距离运输费用较高 3. 易污染环境，发生事故 4. 消耗能量多
船舶	1. 适合于运费负担能力较小的大量货物的运输 2. 适合于宽大、重量大的货物运输 3. 原材料可以散装上船 4. 节能 5. 长距离运输，运费低廉	1. 运输速度较慢 2. 港口的装卸费用较高 3. 航行受天气影响较大 4. 运输的正确性和安全性较差 5. 运输时间难以保证准确
航空	1. 运输速度快 2. 适合于运费负担能力大的少量货物的长距离运输 3. 包装简单 4. 安全，破损少	1. 运费高，不适合低价值货物和大量货物的运输 2. 重量受到限制 3. 机场所在地以外的运量在利用上受到限制
管道	1. 运输效率高，适合于自动化管理 2. 适合于气体、液体货物的运输 3. 占用土地少 4. 没有包装费用，不受天气影响 5. 安全、环保 6. 简便、经济、计量正确	1. 运输对象受到限制 2. 易沉淀、积垢，清管成本高

在多种运输方式中，应根据各种运输方式的特点，合理选择运输方式，实现运输合理化。由于经济和资源方面的约束，要求组织尽可能地选择最有效、产出最高的运输方式和承运人。因为运输可以影响客户服务、运输时间、服务的一致性、库存、包装、仓库和环境，所以运输决策者必须做出最优化选择，必须评估定量和定性因素，有时在选择过程中可以考虑表3-2列出的因素。

表3-2 选择运输方式/承运人时经常考虑的成本和服务因素

项目	相关因素
成本	1. 运费成本
	2. 在途库存的库存持有成本
	3. 接受地点的周期库存的库存持有成本
	4. 接受地点的安全库存的库存持有成本
	5. 在途库存的投资成本
服务	1. 感知的客户服务质量（如服务一致性、准时装载和交付、运输时间、索赔处理、运输跟踪）
	2. 运输跟踪能力
	3. 单据和发票的准确性
	4. 电子数据交换能力（EDI）
	5. 发展长期互惠合作关系的潜力
	6. 货运量限制
	7. 运输中不损坏商品的能力
	8. 国际货运海关的清关能力
	9. 托运人的谈判地位/对其他运输活动的杠杆影响

二、几种特殊的运输方式

（一）集装箱运输

1. 集装箱的概念

所谓集装箱（Container），又称为"货箱""货柜"，是指具有一定强度、刚度和规格，专供周转使用的大型装货容器。不同国家、地区和组织在具体的表述上会有一些不同。

国际标准化组织（ISO）对集装箱的定义是，集装箱是一种运输设备，应满足以下要求：

（1）具有耐久性，其坚固强度足以反复使用。

（2）为便于商品运输而专门设计，在一种或多种运输方式中运输时无须中途换装。

（3）设有便于装卸和搬运的装置，特别是便于从一种运输方式转移到另一种运输方式。

（4）设计时注意到便于货物装满或卸空。

（5）内容积为1平方米或1平方米以上。

集装箱一词不包括车辆或传统包装。

我国国家标准GB1992—85《集装箱名称术语》中引用了上述定义。此外，还制定了其他有关标准，具体如下：

GB1413　《集装箱外部尺寸、极限偏差和额定重量》

GB1834　《通用集装箱最小内部尺寸》

GB1835　《集装箱角件的技术要求》

GB1836　《集装箱的标记代号》

GB1992　《集装箱名词术语》

GB3220　《集装箱吊具的尺寸和起重量系列》

2. 集装箱类型

运输货物用的集装箱种类繁多，从运输家用物品的小型折叠式集装箱到40英尺标准集装箱，以及航空集装箱等。这里仅介绍在海上运输中常见的国际货运集装箱类型（见表3-3）。

表3-3　按货物种类适用的集装箱种类

主要货物	集装箱种类
一般货物	干货集装箱、通风集装箱
重量货物	敞棚集装箱、板架、平板集装箱
冷冻、冷藏货物	冷冻、保温、通风集装箱
散装货物	罐式、漏斗式集装箱
贵重货物	干货集装箱
动物	动物集装箱、通风集装箱
危险品	适合于危险品的集装箱

（1）通用干货集装箱（Dry Cargo Container）。这种集装箱也称为杂货集装箱，用来运输无须控制温度的件杂货，其使用范围极广。根据1983年的统计，

世界上300万个集装箱中，杂货集装箱占85%。这种集装箱通常为封闭式，在一端或侧面设有箱口。通常用来装运文化用品、化工用品、电子机械、医药等。这是平时最常用的集装箱，不受温度变化影响的各类固体散货、颗粒或粉末状的货物都可以由这种集装箱装运。如图3-1所示。

图3-1 开顶散货集装箱

（2）保温集装箱（Keep Constant Temperature Container）。为了运输需要冷藏或保温的货物，所有箱壁都采用导热率低的材料。这类集装箱可分为以下三种：

① 冷藏集装箱（Refrigerated Container）。以运输冷冻食品为主，能保持所定温度的保温集装箱。它专为运输鱼、肉、新鲜水果、蔬菜等食品而特殊设计。目前，国际上采用的冷藏集装箱基本上分为两种：一种是集装箱内装有冷冻机的机械式冷藏集装箱；另一种是箱内没有冷冻机而只有隔热结构，即在集装箱端壁上设有进气孔和出气孔，箱子装在舱内，由船舶的冷冻装置供应冷气，这叫做离合式冷藏集装箱（又称外置式或夹箍式冷藏集装箱）。如图3-2所示。

② 隔热集装箱（Insulated Container）。是载运水果、蔬菜等货物，防止温度上升过大，以保持货物鲜度而具有充分隔热结构的集装箱。通常用冰做制冷剂，保温时间为72小时左右。

③ 通风集装箱（Ventilated Container）。为装运水果、蔬菜等不需要冷冻而具有呼吸作用的货物，在端壁和侧壁上设有通风口的集装箱，如将通风口关闭，同样可以作为杂货集装箱使用。

（3）罐式集装箱（Tank Container）。它是专门用来装运酒类、油类（如动

图 3-2　冷藏集装箱

植物油）、液体食品以及化学品等液体货物的集装箱。它还可以装运其他液体的危险货物。这种集装箱有单罐和多罐数种，罐体四角由支柱、撑杆构成整体框架。前者由于侧壁强度较大，故一般装载麦芽和化学品等相对密度较大的散货，后者则用于装载相对密度较小的谷物。散货集装箱顶部的装货口应设密封性良好的盖，以防雨水侵入箱内。如图 3-3 所示。

图 3-3　罐式集装箱

（4）台架式集装箱（Platform Based Container）。它是没有箱顶和侧壁，甚至连端壁也去掉而只有底板和四个角柱的集装箱。这种集装箱可以从前后、左右及上方进行装卸作业，适合装载长大件和重货件，如重型机械、钢材、钢管、木材等。台架式集装箱没有密封性，怕水湿的货物不能装运，或用帆布遮盖装运。

（5）平台集装箱（Platform Container）。这种集装箱是在台架式集装箱上再简化而只保留底板的一种特殊结构的集装箱。平台的长度和宽度与国际标准集装箱的箱底尺寸相同，可使用与其他集装箱相同的紧固件和起吊装置。这一集装箱的采用打破了过去一直认为集装箱必须具有一定容积的概念。

（6）敞顶集装箱（Open Top Container）。这是一种没有刚性箱顶的台架式集装箱，由可折叠式或可拆式顶梁支撑的帆布、塑料布或涂料布制成顶篷，其他构件与通用集装箱类似。这种集装箱适用于装载大型货物和重货，如钢铁、木材，特别是玻璃板等易碎的重货，有利用吊车从顶部吊入箱内而不易损坏，而且也便于在箱内固定。如图 3-4 所示。

图 3-4 敞顶集装箱

（7）汽车集装箱（Car Container）。它是一种运输小型轿车专用的集装箱，其特点是在简易箱底上装一个钢制框架，通常没有箱壁（包括端壁和侧壁）。这种集装箱分为单层和双层两种。因为小轿车的高度为 1.35～1.45 米，如装在 8 英尺（2.438 米）的标准集装箱内，其容积要浪费 2/5 以上，因而出现了双层集装箱。这种双层集装箱的高度有两种：一种为 10.5 英尺（3.2 米），另一种为 8.5 英尺高的 2 倍。因此，汽车集装箱一般不是国际标准集装箱。

（8）服装集装箱（Garment Container）。这种集装箱的特点是在箱内上侧梁上有许多根横杆，每根横杆上垂下若干条皮带扣、尼龙带扣或绳索，成衣利用衣架上的钩，直接挂在带扣或绳索上。这种服装装载法属于无包装运输，它不仅节约了包装材料和包装费用，而且减少了人工劳动，提高了服装的运输质量。

(9) 动物集装箱（Pen Container or Live Stock Container）。这是一种装运鸡、鸭、鹅等活家禽和牛、马、羊、猪等活家畜用的集装箱。为了遮蔽太阳光，箱顶采用胶合板露盖，侧面和端面都有用铝丝网制成的窗，以求有良好的通风。侧壁下方设有清扫口和排水口，并配有上下移动的拉门，可把垃圾清扫出去。还有喂食口。动物集装箱在船上一般应装在甲板上，因为甲板上空气流通，便于清扫和照顾。

3. 集装箱运输的特性

与传统运输相比，集装箱运输具有以下特点：

（1）运输效益大。

① 提高装卸效率，加速车船周转，降低货运成本。

② 便利货物运输，简化货运手续，加快货运速度，缩短货运时间。

③ 提高货运质量，减少货损货差。

④ 减少货物包装材料，减少运杂费。

⑤ 减少运营费用，降低运输成本。

（2）运输效率高。集装箱运输是实现全部机械化作业的高效率运输方式。通过将不同形状、尺寸的件杂货装入具有标准规格的集装箱内进行运输，为实现高效的机械化作业创造了最为重要的条件。集装箱运输各环节所采用的硬件设备大多是效率很高的专用设施和设备，具有装卸速度高、运输工具周转快的优点，为常规的杂货运输所无法比拟。

（3）运输质量好。集装箱运输是保证货运质量、简化货物包装的安全节省的运输方式。集装箱具有坚固密封的箱体，一般来说，不易发生盗窃事故，且足以防止恶劣天气对箱内货物的侵袭。在运输和装卸过程中，与外界接触的是箱体而不是货物，所以货物破损事故大为减少，对货物的包装要求不像传统散运那样严格。

（4）便于多式联运。集装箱运输是最适于组织多式联运的运输方式，在换装过程中，箱内货物是不移动的，换装的是集装箱本体，从而简化和加快了换装作业。由于集装箱的坚固性和密封性，口岸监管单位可以加封、验封、转关放行。所以，集装箱能把海运和内陆的铁路、公路、水路等多种运输方式以及与进出口业务有关的口岸监管工作联合起来进行一体化的多式联运，从而大大提高运输质量。为了方便货主及保证货运安全，集装箱运输经营者强调一体化的运输服务，托运人只需一次托运、一次交费，即可获得全程负责"门到门"的运输服务。

（5）对协作的要求高。集装箱运输涉及面广、环节多、影响大，是一个复杂的运输系统工程。集装箱运输系统包括海运、陆运、空运、港口、货运站以及与集装箱运输有关的海关、商检、船舶代理公司、货运代理公司等单位和部门。如果相互配合不当，就会影响整个运输系统功能的发挥。如果某个环节失误，必将影响全局，甚至导致运输生产停顿和中断。因此，要保证整个运输系统高效率的运转。

（6）有利于实现现代化管理。集装箱的标准化和单元化特点，使集装箱运输非常适合使用现代科学方法加以管理，特别是可使用计算机进行管理，从而不仅可以提高运输服务质量，也可以降低运输成本。

（7）人员素质要求高。集装箱运输是比较复杂的综合运输系统工程，它集快速周转的船队、快速装卸的专业化码头、快捷迅速的集疏运网络、功能齐全的中转站、科学简洁的单证流通系统、及时准确的信息传递系统及口岸有关单位的协作配合于一体。其整体功能和优越性的发挥，取决于各方面、各环节都协调发展和密切配合。因此，对管理人员、技术人员、业务操作人员都有较高的素质要求，这样才能体现科学管理，保证综合运输系统的运行，发挥集装箱运输固有的优越性。

（二）国际多式联运

1. 国际多式联运的概念

国际多式联运是指按照国际多式联运合同，以至少两种不同的运输方式，由多式联运经营人将货物从一国境内接管货物的地点运至另一国境内的指定交货地点。为履行单一方式货物运输合同所规定的货物接送业务，则不应视为国际多式联运。

2. 国际多式联运的特点

（1）发货人与多式联运经营人之间必须有一份多式联运合同。该运输合同是对多式联运经营人与托运人之间权利、义务、责任与豁免的合同关系和运输性质的确定，也是区别多式联运和一般货物运输方式的主要依据。该合同约束整个多式联运过程。

（2）国际多式联运全程运输中至少使用两种不同的运输方式，而且是不同运输方式、不同运输区段的连续运输。这里所指的至少两种运输方式可以是海—陆、陆—空、海—空等，这与一般海海、陆陆、空空的联运有着本质的区别。后者是一种运输工具之间的运输方式，不属于完整的国际多式联运。

（3）国际多式联运必须由一个多式联运经营人对货物运输的全程负责。该多式联运经营人不仅是订立多式联运合同的当事人，也是多式联运单证的签发人。当然，在多式联运经营人履行多式联运合同所规定的运输责任的同时，可将全部或部分运输委托他人（分承运人）完成，并订立分运合同。但分运合同的承运人与托运人之间不存在任何合同关系。无论涉及几种运输方式，分为多少个区段，多式联运的全程运输都是由多式联运经营人完成或组织完成的，多式联运经营人要对运输的全程负责。

（4）国际多式联运在运输过程中一般以集装箱作为运输的基本单元。现代集装箱运输的发展与国际多式联运的发展紧密相连。国际多式联运必须是国际间的货物运输。这不仅有别于国内货物运输，更主要的是涉及国际运输法规的适用问题。

（5）国际多式联运必须使用一份全程多式联运单证。该单证应满足不同运输方式的需要，并按单一运费率计收全程运费。多式联运是实行一票到底、全程单一费率的运输，即发货人只要办理一次托运、一次计费、一次保险，通过一张单证即可实现从起运地到目的地的全程运输。

3. 国际多式联运的优点

（1）全程统一，理赔方便。在国际多式联运中，所有一切运输事项均由多式联运经营人负责办理。托运人只需办理一次托运、订立一份运输合同、一次保险、一次支付费用，从而省去托运人办理托运手续的许多不便。一旦在运输中发生货物的灭失和损坏，由多式联运经营人对全程负责，从而可简化理赔手续，节省理赔时间。多式联运经营人一般与各实际承运人订立分运合同或与代理人订立委托合同，与这些人都有长期和合作协议，一般可以从各实际承运人那里取得较优惠的运价，因而简化了制单和结算手续，节省了人力和物力。

（2）运输时间缩短，运输质量提高。在国际多式联运方式下，各运输环节和各种运输工具之间配合密切，衔接紧凑，货物所到之处中转迅速及时，大大减少了货物的在途停留时间，从而保证了货物安全、迅速、准确、及时地运抵目的地，缩短了运输时间。此外，由于货物装载集装箱运输，在一定程度上节省了货物的包装费用和保险费用，而且尽管货运途中需经多次转换，但由于使用专业机械装卸，且不涉及箱内货物，因而货损货差事故大为减少，从而提高了货物的运输质量。

（3）运输组织水平提高，运输更加合理化。在国际多式联运开展之前，各区段运输中各种运输方式的经营各自为政，自成体系，但由不同的运输经营人共同参与多式联运，由一个多式联运经营人统筹全程运输，运输经营的范围可以大大扩展，同时可以最大限度地发挥其现有设备的作用，改善不同运输方式之间的衔接工作，选择最佳运输线路，组织合理化运输。

(三) 托盘运输

1. 托盘与托盘运输

（1）托盘的概念。托盘（Pallet）是按一定规格形成的单层或双层平板载货工具。

（2）托盘运输的定义。托盘运输是指在平板上集装一定数量的单件货物，并按要求捆扎加固，组成一个运输单位，便于运输过程中使用铲车或托盘升降机进行装卸、搬运和堆存的一种运输方式。

2. 运输中托盘的提供方

（1）由承运人提供，在装货地将货物集装在托盘上，然后货物与托盘一起装上运输工具，在卸货地，收货人提货时，连同托盘提走，在规定时间内将空托盘送回。

（2）由货方自备简易托盘，随同货物一起交收货人。

3. 托盘运输的注意事项

（1）包装、件杂货适宜于托盘运输，散装、裸装、超重、超长或冷藏货物不能用托盘运输。

（2）必须符合托盘积载的规定。

（3）每一托盘货载必须捆扎牢固。

（4）国际货运对托盘本身免收运费。

（5）必须在所有运输单证上注明"托盘运输"字样。

4. 托盘运输的优点

（1）可以解决杂货装卸工艺中存在的问题，如费工多、效率低、货损大、隔票乱、码垛及舱底作业难以使用机械等。

（2）能够提高货运质量，减少手工操作环节，加速货物和船舶周转，从而可以降低船、货双方的运输成本。

（3）返空容易。返空时占用运力很少。

（4）自重量小。用于装卸、运输的托盘本身所消耗的劳动较小，无效运输及装卸比集装箱小。

（5）适应现在第三世界港口的现状，码头、仓库无须新建或改进，即可提高工效，解决目前港口拥挤的情况。更重要的是，目前国际上某些港口规定，如不采用成组运输，货物将禁止进口，所以采用并推广托盘运输等现代化运输方式刻不容缓。

5. 托盘运输的缺点

（1）需要购置费用，对于非企业内部运作，一般需要返回。

(2) 占用一定空间，特别是长途运输，会损失一定的物品装载空间。
(3) 保护性比集装箱差，露天存放困难，需要有仓库等配套设施。

三、特种品物流运输

（一）危险品运输

1. 危险货物的定义

危险货物是指具有燃烧、爆炸、毒害、腐蚀、放射射线等性质，在运输、装卸、储存和保管过程中，容易造成人身伤亡和财产损毁而需要特别防护的货物。只有同时兼备下列三项特征的货物才可称为危险货物：

（1）具有易燃、易爆炸、毒害、腐蚀、放射射线等性质。这是危险货物能造成火灾、灼烧、中毒、辐射伤害与污染的先决条件。

（2）容易造成人身伤亡和财产损毁。这是指危险货物在一定外界因素的作用下，如受热、明火、摩擦、撞击、泄漏，以及与性质相抵触物品接触等，发生化学变化所产生的危险效应，不仅使货物本身遭到损失，而且危及人身安全和破坏周围环境。

（3）在运输、装卸、储存和保管过程中需要特别防护。这里所谓的特别防护，是指针对危险货物本身的特性所必须采取的特别防护措施。例如，对某种爆炸品必须调加抑制剂，对有机过氧化物必须控制环境温度等。

2. 危险货物的分类

我国根据联合国推荐的《危险货物运输》中的危险货物分类方法，于1987年7月1日颁布实施了中华人民共和国国家标准《危险货物分类和品名编号》（GB 6944—1986），将危险货物按其主要特征和运输要求分为以下九类：

（1）爆炸类。常见的爆炸品有火药、炸药、起爆药、弹类、烟花爆竹等。

（2）压缩、液化或加压溶解的气体。常见的此类货物有氧气、氯气、氨气、乙炔、石油气等。

（3）易燃液体。常见的此类货物有乙醇（酒精）、苯、乙醚、二硫化碳、油漆类及石油制品和含有机溶剂制品等。

（4）易燃固体、易自燃或遇湿易燃物品。易燃固体，如黄磷和油浸的麻、棉、纸及其制品等。易自燃或遇温易燃物品，如钠、钾等碱金属和电石（碳化钙）等。

（5）氧化剂和有机过氧化物。氧化剂，如硝酸钾、氯化钾、过氧化钠、过氧化氢（双氧水）等。有机过氧化物，如过氧化二苯甲酰、过氧化乙基甲基酮等。

（6）毒害品和感染性物品。此类物品如四乙基铅、氢氰酸及其盐、苯胺、硫酸二甲酯、砷及其化合物和生漆等。

（7）放射性物品。此类物品如铀、钍矿石及其浓缩物，未经辐照的固定天然铀、贫化铀和天然钍及表面污染物体、可裂变物质、低弥散物质等。

（8）腐蚀品。此类物品如硫酸、硝酸、盐酸、氯化氢、氢氧化钠、甲醛等。

（9）其他危险物品。此类物品如榴莚、大蒜油等。

在物流运输中，确定某种危险货物的归属类别，主要是看货物的哪一种危险特性居于主导地位，就把其归为哪一类危险物品。

3. 危险品物流运输的组织与管理

（1）危险货物作业劳动保护的基本要求。

① 凡皮肤有外伤或接触有过敏反应者，一律不准参加作业。

② 直接参加人员要配备相应的保护用品。

③ 作业场所车辆，应阴凉、干燥、远离火源，防止日光照射。

④ 作业场所应用有效通风措施，配备检查仪表。

⑤ 工作完毕，要到指定地点淋浴和更衣。

⑥ 工人要定期检查身体，不合适者及时调整。

（2）危险货物的运输要求。

① 车辆排气管应有隔热罩和火星熄灭装置。

② 装运大型汽瓶、可移动式槽罐的车辆必须装备有效的紧固装置。

③ 车厢底板必须平整完好，周围栏板必须牢固。

④ 在装运易燃易爆危险货物时，一般应使用木质底板车厢，若是铁质底板，就应采取衬垫措施，如铺垫胶合板、橡胶板等，但不能使用稻草、麻袋等松软材料。

⑤ 装有易燃易爆危险货物的车辆，不得使用明火修理或采用明火照明，不得用易产生火花的工具敲击。

⑥ 装有放射性同位素的专用车辆、设备、搬运工具、防护工具，必须定期进行放射性污染程度的检查，当污染量超过规定允许的水平时，不得继续使用。

⑦ 根据所装危险货物的性质，车辆要配备相应的消防器材和捆扎、防散失、防水等工具、用具。

⑧ 装运危险货物的车辆应具备良好避震性能的结构和装置。

⑨ 装运危险货物的车辆，必须按照国家标准 GB 13392—1992 的规定设置

"危险品"字样的信号装置,即三角形磁吸式"危险品"字样的黄色顶灯和车尾标志牌。

⑩ 对运输危险货物车辆的限制。

a. 拖拉机不得装运爆炸物品、一级氧化剂、有机过氧化剂、一级易燃物品。

b. 自卸车原则上不得装运各类危险货物,但沥青、散装硫黄除外。

c. 非机动车不得装运爆炸品、压缩气体和液化气体。

d. 畜运车不得驮运起爆器材、炸药或爆炸物品。

(3) 危险货物的运输过程。危险货物运输要经过受理托运、仓储保管、货物装卸、运送、交付等环节,这些环节分别由不同的人员操作完成。

① 托运和承运。正确办理危险货物的托运和承运,是保证危险货物运输安全的重要环节。需要注意以下事项:

a. 在受理前必须对货物名称、性质等情况进行详细的了解并注明。

b. 问清包装规格和标志是否符合国家规定要求,必要时去现场进行了解。

c. 新产品应检查随附《技术鉴定书》是否有效。

d. 按规定需要的"准运证件"是否齐全。

e. 做好运输前准备工作,装卸现场、环境要符合安全运输条件。

f. 在受理前应赴现场检查包装等情况,看是否符合安全运输要求。

g. 危险货物仅办理整车和 10 吨以上集装箱运输。

② 运单的填写。发货人托运危险货物时,应向车站填写正确的货物运单。

a. 货物名称栏:托运人托运危险货物时,应在货物运单(剧毒品使用黄色专用运单)"货物名称"栏内填写"危险货物品名索引表"内列载的品名和编号。

b. 运单的右上角空白处:标明危险货物的类项名称、编组隔离符号(1~8)以及"禁止溜放"或"限速连挂""停止制动作用"等警示标记。

c. 货物运单"托运人记载事项"栏:填写《托运人资质证书》、经办人身份证和《培训许可证》号码,有押运人时还需填写押运人姓名、《押运员证》或《培训合格证》号码。应出具到县级人民政府公安部门批准的《爆炸物品运输许可证》(如《烟花爆竹运输许可证》),注明许可证证件的名称和号码。

d. 运单审查:详细审核托运单内容,发现问题要及时弄清情况,再安排运行作业。

③ 危险货物包装。受理危险货物时必须审查运单填写的包装方法是否符合 GB 12268—2005《危险货物品名表》附件"危险货物包装表"的规定,货

物的品名、重量、件数是否与运行记载一致，包装标志是否清晰、齐全、牢固。

　　a. 危险货物包装类别。危险货物的包装根据其内装物的危险程度划分为以下三种包装类别：

- Ⅰ类包装：盛装具有较大危险性的货物，或者包装要求高。
- Ⅱ类包装：盛装具有中等危险性的货物，包装强度要求较高。
- Ⅲ类包装：盛装具有较小危险性的货物，包装要求一般。

　　b. 危险货物包装的基本要求。根据危险货物的特性及物流运输的特点，危险货物的包装必须具备以下基本要求：

- 包装容器所用的材质应与所装危险货物的特性相适应。
- 包装应具有相应的强度。
- 包装的封口应与所装危险品的性质相适应。
- 内外包装之间应有适当的衬垫。
- 危险货物运输包装能适应一定范围温度的变化，空运包装还能适应高度的变化。

　　c. 危险货物的试运包装。托运人要求改变危险货物的运输包装时，应填写"改变运输包装申请表"一式四份。

　　发站对托运人提出的改变包装的有关文件确认后，报铁路局批准，在指定的时间和区段内组织试运，跨局试运时由铁路局通知有关铁路局和车站。

　　d. 危险货物的包装标志。为了保证运输安全、指导作业，以及一旦发生事故能尽快判定危险货物的性质，并采取相应的施救方法，托运人应在每件货物的包装上牢固、清晰地标明危险货物包装标志、包装储运图示标志与货物相同的危险货物品名。

　　④ 危险货物装卸作业。

　　a. 装卸搬运的一般要求如下：

- 工人必须技术熟练并经专门培训。
- 作业地点必须设有防爆照明设备。
- 装卸搬运爆炸品、氧化剂等，必须使用相应的具有防爆性能的工具和机械。
- 装卸搬运前后，认真清扫车辆和站台货位。
- 作业前应做好防护、中毒急救准备。
- 整个作业要在运输人员的指导下进行。

　　b. 装卸作业。作业前货运员应向装卸工组详细说明安全注意事项和需准备的消防器材及安全防护用品。作业时要轻拿轻放，堆码整齐牢固，防止倒塌。要严格按规定的安全作业事项操作，严禁货物倒放、卧装（钢瓶及特殊容器除外）。破损的包装件不准装车。

c. 装卸搬运应注意的问题。

- 爆炸品：不超过 1.8 米的装载高度，不得混放混运。
- 压缩气体和液化气体：检查气瓶阀门是否漏气，严禁溜坡滚动，转载时钢瓶平卧放置。
- 自燃物品：不宜重压，装载不宜过高，以防止自燃。
- 易燃液体：炎热季节应采取降温措施；易燃液体桶要立放，桶间垫隔离层。
- 易燃固体：注意防潮，仔细检查包装容器有无破损渗漏，作业时严禁滚动摩擦。
- 毒害品：应严格包装，作业完成并彻底洗手、漱口后，方可吸烟、进食。
- 放射性物品：固定班组，使用专用车辆、专用台架搬运。

⑤ 危险货物保管。

a. 危险货物的保管要求。车站对危险货物按性质和要求存放到指定的仓库、雨棚等场地。遇潮或受阳光照射容易燃烧或产生有毒气体的危险货物不能在雨棚或露天存放。

b. 危险货物配放表。

- 可以配放：配放表中无配放符号。
- 隔离配放：以 △ 表示。隔离配放是指可以配放，堆放时至少 2 米的距离。
- 不能配放：以 × 表示。不能配放是指两种货物不能配放在同一库内。

⑥ 危险货物交付。危险货物到达时应及时通知收货人搬出。存放危险货物的货位，应清扫洗刷干净。遇有危险货物包装破损时，车站应及时清理撒漏物，同时通知收货人予以处理。对危险性大、撒漏严重的，要在卫生、防疫、环保、消防等部门指导下进行清理。装过危险货物的货车，应进行卸后洗刷除污或清扫干净。

⑦ 危险货物运输押运。运输爆炸品、剧毒品、气体、硝酸铵等危险货物必须实行全程随车（货）押运。装运剧毒品罐车、罐式箱不需押运。其他危险货物需要押运时按有关规定办理。

（4）危险货物的运输责任。

① 危险货物运输托运人的责任。危险货物运输的托运人，应以在"危险

货物运输托运证明书"上签字的人为主要托运人,但也不排除在特殊情况下,按照法律规定,把发货人、收货人、运输代理人作为托运人的连带责任人。

托运人的责任与危险货物运输的安全有直接关系,所以各种《道路危险货物运输管理规定》(以下简称《危规》)都明确或隐含地规定了托运人的责任。1999 年 10 月实施的《中华人民共和国合同法》第三百〇七条规定:"托运人托运易燃、易爆、有毒、有腐蚀性等危险物品的,应当按照国家有关危险物品运输的规定对危险物品妥善包装,做出危险物标志和标签,并将有关危险物品的名称、性质和防范措施的书面材料提交承运人。托运人违反前款规定的,承运人可以拒绝运输,也可以采取相应措施以避免损失的发生,因此产生的费用由托运人承担。"这是对《危规》的法律效力的确认和赋予,也是对《危规》规定的托运人责任的概括。

② 危险货物运输承运人的责任。在整个承运期间,承运人要对所运危险货物的安全负全部责任。危险货物承运人在受理托运人交给的危险货物时,除应遵守受理普通货物的一般规定外,还要按危险货物的运输要求对托运人提交的运输单证和货物对《危规》的各项规定进行全面、详尽、严格的审核检查。

至于对所托危险货物有无必要由承运人再行审核,各种运输方式采用的做法不完全一致。海上运输和铁路运输因为运输批量大,承运方的受理人员不可能对托运交付的货物逐项检查,尤其是航空危险货物的运输,《危规》对受理审核危险货物的程序做了详细的规定。

(二) 超限品运输

1. 超限品的定义

超限品是指货物的外形尺寸和重量超过常规(指超长、超宽、超重、超高)车辆、船。超限货物有时也叫大件货物。

2. 判别标准

公路:货物外形尺寸长度在 14 米以上或宽度在 3.5 米以上或高度在 3 米以上的货物,重量在 20 吨以上的单位货物或不可解体的成组(捆)货物。

铁路:一件货物装车后,在平直线路上停留时,货物的高度和宽度有任何部位超过机车车辆限界者;一件货物装车后,在平直线路上停留虽不超限,但行经半径为 300 米的曲线线路时,货物的内侧或外侧的计算宽度仍然超限;对装载通过或到达特定装载限界区段内各站的货物,虽没有超过机车车辆限界,但超出特定区段的装载限界。

3. 超限货物的运输组织

依据超限货物运输的特殊性,其组织工作环节主要包括办理托运、理货、验道、制定运输方案、签订运输合同、组织线路运输工作,以及运输统计与结算等。

(1) 办理托运。由超限货物托运人向已取得大型物件运输经营资格的运输业户或代理人办理托运,托运人必须在托运单上如实填写大型物件的名称、规格、件数、起运日期、收发货人详细地址及运输过程中的注意事项。凡未按上述要求办理托运或运单填写不明确,并由此产生运输事故的,由托运人承担全部责任。

(2) 理货。通过理货工作分析,可为确定超限货物级别运输形式、查验道路,以及制定运输方案提供依据。理货工作的主要内容:调查大型物件的几何形状和重量、调查大型物件的中心位置和质量分布情况、查明货物承载位置及装卸方式、查看特殊大型物件的有关技术经济资料,以及完成书面形式的理货报告。

(3) 验道。验道的主要内容包括:查验运输沿线全部道路的路面、路基、纵向坡度、横向坡度及弯道超高处的横坡坡度、道路的竖曲线半径、通道宽度和弯道半径;查验沿线桥梁涵洞、高空障碍;查看装卸货现场;了解沿线地理环境及气候情况。根据上述查验结果预测作业时间,编制运行路线图,并完成验道报告。

(4) 制定运输方案。在充分研究、分析理货报告及验道报告的基础上,制定安全可靠可行的运输方案。其主要内容包括:配备牵引车、挂车组及附件,配备动力机组及压载块,确定限定最高车速,制定运行技术措施,配备辅助车辆,制定货物装卸与捆扎加固方案,制定和验算运输技术方案,完成运输方案书面文件。

(5) 签订运输合同。根据托运方填写的委托运输文件及承运方进行理货分析、验道、制定运输方案的结果,承托双方签订书面形式的运输合同,其主要内容包括:明确托运合同方与承运方、超限货物数据及运输车辆数据、运输起讫地点、运距与运输时间;明确合同生效时间、承托双方应负责任、有关法律手续及运费结算方式、付款方式等。

(6) 组织线路运输工作。组织线路运输工作包括:建立临时性的超限货物运输工作领导小组负责实施运输方案,执行运输合同和负责对外联系。领导小组下设行车、机务、安全、后勤、材料供应等工作小组及工作岗位,并实行相关工作岗位责任制,组织大型物件运输工作所需的牵引车驾驶员、挂车操作员、修理员、装卸工、工具材料员、技术人员和安全员等,依照运输工作岗位及整体要求认真操作、协调工作。

(7) 运输统计与结算。运输统计只完成超限货物运输工作各项技术经济指标的统计，运输结算是指完成运输工作后按运输合同有关规定结算运费及相关费用。

（三）鲜活易腐品运输

1. 鲜活易腐品运输的概念与特点

鲜活易腐品是指在运输过程中需要采取特殊措施（冷藏、保温、加温、通风、上水等），以防止腐烂变质或病残死亡的货物，或托运人认为需按鲜活货物运输条件办理的货物，如肉、鱼、虾、蛋、瓜果、蔬菜、禽、畜、兽、蜜蜂、活鱼、鱼苗、花木秧苗等。

特点：（1）品类多，运距长，组织工作复杂。

（2）季节性强，运量波动大。

（3）运送时间要求紧迫。

（4）易受外界气温、湿度和卫生条件影响。

（5）某些鲜活易腐品需配备专门的运载设施。

2. 鲜活易腐货物的运输组织

根据我国目前的情况，鲜活商品的调运主要以铁路为主，现以铁路为例，概述其组织工作。良好的运输组织工作，对保证鲜活易腐货物的质量是十分重要。对于鲜活易腐货物运输应坚持"四优先"原则，即优先安排运输计划、优先进货装车、优先取送、优先挂运。承运工作是运输的起始环节，其工作质量的好坏直接影响到运输过程的其他环节。为保证易腐货物的运输质量，首先要抓好承运环节。

现将易腐货物承运的有关问题分别介绍如下：

（1）运输种类的确定。凡需要保温、加温和通风运输的易腐货物不得按零担托运。但托运人能保证易腐货物在容许运输期限的时间内不致腐烂、变质、伤亡的前提下，铁路又能以组织的直达整车直运到站的，方可按零担办理，具体条件遵守铁路局的有关规定。

（2）按一批托运的规定。

① 为了保证易腐货物的运输质量，不同热状态的货物不能按一批托运。

② 可以按一批托运的整车易腐货物是热状态、品名相同的易腐货物。热状态相同、品名不同的易腐货物装于同一车内按一批托运的条件：不同易腐货物在车内要求的温度上限或下限差不超过3℃；托运人应在货物运单的"托运人记载事项"栏内记明"车内保持温度按品名××的规定办理"。

（3）货物运单的填写。

① 货物品名。托运人填写的货物品名应按《食品安全国家标准鲜（冻）畜、禽产品》中规定的具体品名填写，并注明其品类顺序及热状态。

② 货物容许运输期限。托运易腐货物时，托运人必须向车站提出货物的容许运输期限，并记载于货物运单"托运人记载事项"栏内。货物容许运输期限必须大于铁路规定的运到期限3天以上，否则发站不得承运。

③ 与运输有关的事项。用冷藏车装运易腐货物时，托运人应将所选用的运输方式或与车站另行约定的条件，在"托运人记载事项"栏内具体注明，如"途中加水""不加冰运输"等字样。承运人对需要在途中加冰的冷藏车，也应在货物运单的"经由"栏内按加冰所分工依次填记各个加冰所所在站名称。如果最短径路上未设有加冰所，而途中不加冰会影响货物质量时，托运人可要求铁路绕道运输，此时发站还应在货物运单"经由"栏内依次填记绕道运输经由的各个加冰所所在站名称。

④ 货物质量及承运温度。铁路易腐货物运输的一个重要任务是尽可能保持货物质量，货物质量是安全运输的一个重要前提，因此发站对承运货物的质量及承运温度应进行检查。对于那些已腐烂变质、病残，不符合质量标准的货物应禁止承运。对受湿的水果、蔬菜也不宜承运。在特殊情况下货物虽达不到规定的质量标准，但托运人认为货物可以运至到站不致腐烂变质时，托运人可与车站另行商定条件运输，以托运人的责任承运。同时应将商定的条件记入货物运单的"托运人记载事项"栏内。发站对使用机械冷藏车装运的货物，应会同机械冷藏车科务员一同抽查货物的质量及承运温度。如果货物温度不符合承运要求也不宜承运。否则，不仅影响货物质量，还会影响机械冷藏车在运输中的制冷操作和冷消耗。

⑤ 检疫证明书。为了农牧业生产发展和人们的身体健康，保证托运的货物不致扩散疫病，托运人在托运饲养或野生的活动物时需要检疫证明书；托运来源于这些活动物的未经加工的产品，如肉、油脂、脏器、生皮毛、血液、骨、蹄、角，以及杆菌和杆菌产品，也需检疫证明书，并在货运单的"托运人记载事项"栏内注明其检疫证明书名称和号码。检疫证明书应随同货物运单递交到站并交收货，或者押运人自带。提交不出检疫证明书的，发站不得承运。

⑥ 商定条件运输的货物和试运的易腐货物。在实际运输工作中，不能完全排除某些环节或自然条件影响易腐货物运输条件的执行。例如，水果、蔬菜在短途搬运中淋雨。遇有诸如此类情况，托运人认为货物运至到站不致腐烂变质，作为权宜之计，托运人可与车站商定条件运输，以托运人的责任承运，商

定的运输条件应记入货物运单的"货运人记载事项"栏内。

不按规定条件运输和组织试运的易腐货物，车站与托运人签订运输协议时，若使用机械冷藏车装运，要通知乘务组，并在乘务报单和机械冷藏车作业单内注明商定的运输条件。

(4) 鲜活易腐货物到达的组织工作。达到作业包括卸车和交付等工作。到达作业虽然是运送过程的最后阶段，但是如果不能正确及时地组织卸车和交付，也会影响货物运输质量。

① 卸车和交付。到站时，收货人对到达的易腐货物应及时组织卸车和交付，对事故货物也应及时卸车，妥善处理。

在铁路货场内卸车的易腐货物应防止被污染，必要时可联系收货人采取措施随卸随搬。如果是冻结、冷却货物或寒季运送需保温、加温运输的货物，应联系收货人准备防护用品和搬运工具，组织直接卸车。

使用冷藏车装运的易腐货物在卸车时，车站货运员应会同机械乘务员对卸车作业进行技术指导，发现问题应及时联系收货人共同解决。卸车作业后，车站（乘务组）应正确及时填写冷藏车作业单。冷藏车作业单到站存查，并按规定要求保管。

② 货车、货位清扫和除污。卸车单位应在卸车完毕后负责将货车、货位清扫干净。装过鲜鱼类及被其他易腐货物污染了的车辆，卸后必须彻底洗刷除污，车内不得残留污水秽物，必要时进行消毒。洗刷除污后的空车应适当通风，晾干后再关闭车门。如果卸车单位及车站无洗车条件，车站应根据调度命令填写"特殊货车及运送用具回送清单"，向指定的洗刷站回送。洗刷后的车辆要检查验收，机械冷藏车由乘务员验收，加冰冷藏车、篷车、敞车由车站货运员验收。

③ 冷藏车的回送与保管。清洗干净的加冰冷藏车应填写"特殊货车及运送用具回送清单"，向指定的冷藏车保管部回送，或者按调度命令向装车站回送。

四、选择运输方式的方法

对于不同的需求和不同的货物，需要选择不同的运输方式才能达到最佳的运输效果。

1. 铁路运输

在我国的物流运输中，铁路是货物运输的主要承担者，特别是大宗的、单一的、长距离的货物，如煤炭、木材、粮食、棉花、钢材、水泥等主要是由铁路运输。其中可分为铁路整车、合装整车、零担等。整车是运大宗货物的，其他是运百货、杂货的。

2. 公路运输

公路运输主要承担短途以及没建铁路的边远地区的长途货物运输任务。公路运输的特点是灵活机动，可以做到"门到门"运输。在国外，大部分物流企业不仅拥有自己的汽车队，而且货运量一般都在90%以上。近几年，随着我国公路汽车运输的发展，经济运距也不断延长，一般在200千米以上的大城市之间也利用公路运输。特别是对鲜活易腐货物如水果、蔬菜、鲜鱼、肉等，公路运输具有更大的优越性。高速公路的迅速发展，使公路运输的经济运距延长到600千米左右。

3. 水路运输

水运可利用自然条件，投资少、费用省、运价较低，主要承担大宗货物的运输。水运时间较慢，多用于时间要求不太急的货物运输。我国水运条件虽然很好，但由于开发不够，利用较差，水运潜力还远远没有充分发挥，在全国总货运量中所占的比重不大。

4. 航空运输

航空运输投资少、速度快、时间效益好，但能耗大、成本高，除一些贵重的少量物品外，主要是承担长途客运任务。

5. 管道运输

目前我国管道建设还不多，主要用于运输原油和成品油，也有少数厂矿用来运输矿石。

6. 复合运输

复合运输包括驮背运输和联合运输。由两种及以上的交通方式相互衔接，共同完成的运输过程统称复合运输。其中，一种载货工具在某一段运程中，又承载在另一种交通工具上共同完成的运输过程叫驮背运输。如载货汽车开上轮船渡过江河后，载货汽车又独立继续运输；小汽车装运在火车上，通过干线运输后又独自运输。另外，有两种及以上的交通工具相互衔接，转运而共同完成的运输过程称为联合运输。

复合运输是通过各种运输方式之间的协作，合理安排运输计划，综合利用各种运输工具，充分发挥运输效率的比较好的组织货物运输形式。如铁水联运、铁公联运、公水联运、铁公水联运、江河联运、江海联运，以及地区与地区之间的联运等。我国习惯上也称多式联运。联运工作加快了运输，方便了货主，所以，现在不仅在一国之内，而且国际联运也有了迅速发展。特别是随着集装箱的出现，为国内、国际联运业务开拓了广阔的前景。目前，国际上采用的多式联运有下列几种：

（1）公铁联运：最著名的和使用最广泛的多式联运的系统是将卡车拖车或集装箱装在铁路平板车上的公铁联运或驮背运输。由铁路完成城市间的长途运输，余下的城市间的运输由卡车来完成，这种运输方式非常适合城市间物品的配送，对于配送中心或供应商在另一个比较远的城市的情况，我们可以采用这种运输方式，通过无中间环节的一次运输作业完成运输任务。

（2）陆海联运。陆海联运是指陆路运输（铁路、公路）与海上运输一起组成的一种新的联合运输方式。这也是中国近年来采用的运输新方式。先由内地起运地把货物用火车装运至海港，然后由海港代理机构联系第二程的船舶，将货物转运到外国目的地。发运后，内地有关公司可凭联运单据就地办理结汇。

（3）陆空（海空）联运。陆空（海空）联运是一种陆（或海）路与航空两种运输方式相结合的联合运输方式。中国在1974年开始应用这种方式，而且发展速度很快。运输的商品也从单一的生丝发展到服装、药品、裘皮等多种商品。通常做法是先由内地起运地把货物用汽车装运至空港，然后从空港空运至国外的中转地，再装汽车陆运至目的地。采用陆空（海空）联运方式具有手续简便、速度快、费用少、收汇迅速等优点。

（4）大陆桥运输。大陆桥运输是指使用铁路或公路系统作为桥梁，把大陆两端的海洋运输连接起来的多式联运方式。目前，世界上主要的陆桥有西伯利亚大陆桥、远东至北美东岸和墨西哥湾陆桥、北美西海岸至欧洲陆桥等。西伯利亚大陆桥是以国际标准集装箱为容器，以多种运输工具进行运输，由日本经俄罗斯至欧洲、伊朗、中近东各地的多式联运方式，它具有提前结汇、手续简便、节约费用、安全可靠等优点。为适应中国对外贸易的需要，开辟和发展新亚欧大陆桥运输十分重要。新亚欧大陆桥是指以中国东部的连云港为起点，经陇海铁路运输大动脉或连云港—霍尔果斯公路主干线，出中国新疆伊宁的霍尔果斯，进入哈萨克斯坦，与新西伯利亚、阿拉图木铁路接轨抵达西欧，以荷兰的鹿特丹港为终点的一条大陆桥。开辟的新亚欧大陆桥通过国家、地区较多，路径较短，是发展中国对外贸易、促进内陆经济发展、缩小东西部差距的一项简便合理的方案，具有较高的社会效益和经济效益，同时对改变国际物流格局、发展国际间的经济合作也都有重大的战略意义。

第三节 运输方式选择

各种运输方式和运输工具都有各自的特点，不同类型的物品对运输的要求也不尽相同，合理选择运输方式是合理组织运输、保证运输质量、降低运输成本的一项重要内容。运输方式选择就是从公路、铁路、航空、水路、管道运输等方式或联合运输方式中做出选择，通过对不同方式的运价和服务水平进行评价而做出决定。

一、影响运输方式选择的因素

1. 货物品种

关于货物品种及性质、形状，应在交货日期和包装项目中加以说明，选择适合这些货物特性和形状的运输方式。

2. 运输期限

运输期限必须与交货日期相联系，保证及时运输。必须调查各种工具需要的运输时间，根据运输时间来选择运输工具，运输时间的快慢顺序一般情况下为航空运输、汽车运输、铁路运输、船舶运输。各种运输工具可以按照它的速度编组来安排日期，加上它的两端及中转的作业时间，就可以计算所需要的确切运输时间。

3. 运输成本

运输成本因货物的种类、重量、容积、运距不同而不同。而且，运输工具不同，运输成本也会发生变化。在考虑运输成本时，必须考虑运输费用与其他物流子系统之间的关系，不能单从运输费用出发来决定运输方式，而要从全部的总成本出发来考虑。

4. 运输距离

从运输距离看，一般情况下可以依照以下原则：300千米以内用汽车运输；300~500千米的范围内用铁路运输；500千米以上用船舶运输。

5. 运输批量

因为大批量运输成本低，所以应尽可能使商品集中到最终消费者附近。选择合适的运输工具进行运输是降低成本的好方法。

由于受上述因素的影响，运输方式的选择需综合考虑运输的安全性、运输时间、运输价格、运输服务的可靠性和容易性等，另外还需考虑在不同的运输方式下运输时间对物流系统各节点所要求的存货水平及其库存成本。

二、运输方式选择的分析方法

1. 因素分析法

因素分析法首先对所要进行选择的运输方式，按重要性因素或其他尺度进行标定，然后按各种不同标准分别给各种运输工具打分，对每种运输工具计算其总分，根据其总分选择运输方式。用数学模型描述如下：

$$v(j) = \sum_1^n w(i)s(i,j) \tag{3-1}$$

式中：$v(j)$——第 j 种运输方式的总权重分。

$w(i)$——因素（准则）i 的权重。

$s(i,j)$——标尺 i 对运输工具 j 的分数。

n——总的标尺（准则）数目。

2. 运输方式选择的成本比较法

如果不将运输服务作为竞争手段，那么能使该运输服务的成本与该运输服务水平导致的相关间接库存成本之间达到平衡的运输服务就是最佳方案。即运输的速度和可靠性会影响托运人与买方的库存水平以及他们之间的在途库存水平。如果选择速度慢、可靠性差的运输服务，会导致需要更多的库存。这样，就需要考虑库存持有成本可能升高而抵消了运输服务成本降低的情况。

【例3-1】某造纸厂从工厂向距客户较近的地区的仓库运货，年需求量（D）为100000包。平均运输时间（T）铁路为10天、汽车运输为7天（节省3天），每节省1天可降低2%的库存，每包纸运价（R）铁路为0.2元、公路为0.3元。每年每包纸库存费用（C）为6元，若用铁路运输，平均库存量为10000包；若用公路运输，平均库存量为5000×0.94包。为满足需求，一年铁路要运10次，而公路要运20次。确定采用何种运输方式才能使总运费最低。

运输服务方案的比较如表3-4所示。

表3-4 运输服务方案的比较

成本类型	计算方法	运输服务方案	
		铁路	公路
运输成本	R×D	0.2×100000=20000	0.3×100000=30000
在途存货	C×D×T/360	6×100000×10/365=16438	6×100000×7/365=11506

续表

成本类型	计算方法	运输服务方案	
		铁路	公路
仓库的贮存费	C×Q/2	6×10000=60000	6×5000×0.94=28200
总成本		96438	69706

由表 3-4 的计算可知，公路运输的总成本最低，因此选择公路运输。

三、多式联运决策

1. 多式联运决策模型

多式联运是运输全球化发展的必然选择。多式联运可以提高货物运输服务的质量，使运价更合理，提高货物运输能力，降低货物的延迟等，但多式联运需要考虑以下问题：

（1）当货物到达中转站时，应尽量减少中转时间、换装费用。

（2）运输费用。

（3）中转费用；中转费用是将货物从一种运输形式换装到另一种运输形式的费用，中转费用包括固定费用和可变费用，不同运输工具的换装费用不一样。

（4）服务水平和货物类型。如果服务水平对顾客来说十分重要，那么选择航空运输比汽车运输更为理想。不估计运输换装时，服务水平是必须考虑的一个因素。货物类型对选择运输方式、多式联运方式有着重要的影响，例如，易腐货物对保温和速度有较高的要求。另外，还应考虑多式联运相关法律法规。

由于多式联运需要考虑的因素较多，因此决策较为复杂，本书以最小费用作为目标函数，同时假定运量不能分割（整体换装），在同一城市只能选择一种运输工具，其模型如下：

$$\min Z = \sum_k X_{i,i+1}^k C_{i,i+1}^k + \sum_i \sum_k \sum_l r_i^{kl} t_i^{tl}$$

$$s.t. \begin{cases} \sum_k X_{i,i+1}^k = 1, \forall i \\ \sum_k \sum_l r_i^{kl} = 1, \forall i \\ X_{i-1,i}^k + X_{i,i+1}^l \geq 2 r_i^{kl}, \forall i,k,l \end{cases}$$

$$X_{i,i+1}^k, r_i^{kl} \in \{0,1\}, \forall i,k,l$$

式中：$C_{i,i+1}^{k}$ 表示从城市 i 到城市 $i+1$ 选择第 k 种运输工具的费用；t_i^{kl} 表示在城市 i 从第 k 种运输工具转换到 l 种运输工具的换装费用。

$$X_{i,i+1}^{k} = \begin{cases} 1, & \text{在城市 } i \text{ 和城市 } i+1 \text{ 之间选择第 } k \text{ 种工具} \\ 0, & \text{其他} \end{cases}$$

$$r_i^{kl} = \begin{cases} 1, & \text{在城市 } i \text{ 和城市 } i+1 \text{ 之间选择第 } k \text{ 种工具} \\ 0, & \text{其他} \end{cases}$$

目标函数中，第一部分表示将一批货物从出发地送至目的地的总费用，第二部分表示换装费用。

第一个约束条件表示在城市 i 和城市 $i+1$ 之间只能选择一种运输工具。

第二个约束条件表示城市 i 只发生一次换装。

第三个约束条件表示确保运输的连续性。

第四个约束条件表示决策变量 $X_{i,i+1}^{k}$，r_i^{kl} 为 0，1 变量。

2. 求解算法

对于 n 个城市，每个城市对之间有 m 种运输方式可供选择，共有 m^{n-1} 种运输组合方式。由于用枚举法求最优解的计算量大，所以下面用动态规划法求其最优解。

每个城市相当于动态规划的一个阶段。

从第 $n-1$ 个城市开始，其总费用可用下式来表示：

$$P_{n-1}(t,l) = t_{n-1}^{kl} + qC_{n-1,n}^{l}, \forall k \tag{3-2}$$

$P_{n-1}(k,l)$ 表示运输总费用；t_{n-1}^{kl} 为中转费用；q 为运量。

$$P_{n-1}(k,m^*) = \min\{P_{n-1}(k,L)\}, \forall k \tag{3-3}$$

式（3-3）表示假如输入运输方式为 k，在城市 $n-1$ 点选择最优方式为 m^*，最优方式满足式（3-1）。

从第 2 个城市到 $n-2$ 个城市，按照下列等式选择最优方式：

$$P_i(k,l) = t_i^{kl} + qC_{i,i+1}^{l} + P_{i+1}(l,m^*), \forall k \tag{3-4}$$

$$P_i(k,r^*) = \min\{P_i(k,L)\}, \forall k \tag{3-5}$$

其中 r^* 为城市 i 所选择的最优交通方式。

对于第 1 个城市，选择最优的运输方式到第 2 个城市，由下式来决定：

$$P_1(S^*) = \min\{qC_{1,2}^{k} + P_2(k,r^*)\}, \forall k \tag{3-6}$$

对于最优运输方式组合，通过回溯得到。

【例 3-2】假设一个运输线路有五个城市，每个城市对之间有三种运输方式可供选择（铁路、公路和航空）。每个城市对之间的运输费用如表 3-5 所示，中转换装费用如表3-6所示，运量为20单位，试确定最优运输组合方式。

表3-5 各城市对之间的运输费用

运输方式	城市对			
	1~2	2~3	3~4	4~5
铁路	3	4	3	6
公路	2	4	5	5
航空	4	1	6	4

表3-6 中转换装费用

中转费用转换	从铁路到			从公路到			从航空到		
	公路	航空	铁路	公路	航空	铁路	公路	航空	铁路
换装费	2	1	0	0	1	2	1	0	2

运用上述方法求解如下：

(1) 对于第4个城市，若以铁路作为到达的运输方式，则在第4个和第5个城市之间各种方式的总运费计算如下：

$P_4($铁,航$) = t_4^{铁,航} + qC_{4,5}^{航} = 1 + 20 \times 4 = 81$

$P_4($铁,公$) = t_4^{铁,公} + qC_{4,5}^{公} = 2 + 20 \times 5 = 102$

$P_4($铁,铁$) = t_4^{铁,铁} + qC_{4,5}^{铁} = 0 + 20 \times 6 = 120$

因此，若到达第4个城市的运输方式为铁路，则在第4个和第5个城市之间的最佳运输方式为航空。同理，对于到达为其他的运输方式，其相应的出发运输方式容易确定，结果如表3-7所示。

(2) 对于第3个城市，若以铁路作为到达方式，则有：

$P_3($铁,航$) = t_3^{铁,航} + qC_{3,4}^{航} + P_4($航,航$) = 1 + 20 \times 6 + 81 = 202$

$P_3($铁,公$) = t_3^{铁,公} + qC_{3,4}^{公} + P_4($公,航$) = 2 + 20 \times 5 + 80 = 182$

$P_3($铁,铁$) = t_3^{铁,铁} + qC_{3,4}^{铁} + P_4($铁,航$) = 0 + 20 \times 3 + 81 = 141$

同理可算出第2个城市的情况，如表3-7所示。

(3) 计算第1个城市与第2个城市的最优运输方式：

$P_1($铁$) = qC_{1,2}^{铁} + P_2($铁,航$) = 20 \times 3 + 164 = 224$

$P_1($航$) = qC_{1,2}^{航} + P_2($航,航$) = 20 \times 4 + 163 = 243$

$P_1($公$) = qC_{1,2}^{公} + P_2($公,航$) = 20 \times 2 + 164 = 204$

综上所述，可得表3-7。

表3-7 计算结果

	城市4			城市3			城市2			城市1		
输入方式	航	公	铁	铁	航	公	铁	航	公	—	—	—
输出方式	航	航	航	铁	铁	铁	航	航	航	铁	航	公
总运费	81	80	81	141	143	143	164	163	164	224	243	204

通过回溯法，可得最优运输方式组合：公路—航空—铁路—航空，总运费为204。

第四节 运输配载优化

配载（Cargo），物流交通学术语，又称配装，是指为具体的运班选配货载，即承运人根据货物托运人提出的托运计划，对所属运输工具的具体运班确定应装运的货物品种、数量及体积。配载的结果是编制运班装货清单。装货清单通常包括卸货港站、装货单号、货名、件数、包装、重量、体积及积载因素等，同时还要注明特殊货物的装载要求。

一般来说，轻重搭配是配载的最简单的原则。也就是说，用重货铺底，以充分利用运输工具的载重量，轻泡货搭配以充分利用其可用空间体积。最后的结果是，轻重货的总重量加起来能无限接近于限定载重量的最大值，轻重货的总体积加起来能无限接近于限定体积数的最大值。但轻重货的搭配并不是随意的，而是要达到上面所说的目的。无论是重量还是体积都要无限接近于最大化，同时还要产生最佳的经济效益，这就需要有一个科学的依据、一个科学的比例才能保证上述目的的达成。

长期以来，物流公司的员工都是凭经验来给运输工具进行配载的，也能获取一定的效益。但这只是凭经验而已，是否已经达到运输工具使用率的最大化、配载效益的最大化了，也从未有人去评估过，同时这种经验对于新员工来说是不具备的。能否有一个公式化的计算办法让大家都会给运输工具进行配载呢？其实很简单，我们在集货时一般都是以重量或体积来计量货物的，这样我们就可以知道所集货物密度的近似值，从而推出轻重货的配载比例。

配载时应注意的几点原则：

(1) 根据运输工具的内径尺寸计算出其最大容积量。

(2) 测量所载货物的尺寸重量，结合运输工具的尺寸，初步计算出装载轻重货物的比例。

(3) 装车时注意货物摆放顺序、堆码时的方向，是横摆还是竖放，要最大限度地利用车厢的空间。

(4) 配载时不仅要考虑最大限度地利用车载量，还要具体情况具体分析，根据货物的价值来进行搭配。

(5) 以单位运输工具能获取最大利润为配载总原则。

思考与讨论题

(1) 简述运输管理的重要性和运输管理的内容。

(2) 试分析公路、铁路、水路、航空、管道五种运输方式的优缺点。

第四章 配送管理

第一节 配送概述

一、配送的概念

配送是在经济合理的区域范围内,根据用户要求,对物品进行分拣、加工、包装、分割、组配等作业,并按时送达指定地点的物流活动。

配送是物流中一种特殊的、综合的活动形式,是商流与物流紧密结合、包含了物流中若干功能要素的一种物流活动。从商流来说,配送和物流的不同之处在于,物流是商物分离的产物,而配送则是商物合一的产物,配送本身就是一种商业形式。

二、配送的类型

配送的类型如图 4-1 所示。

三、配送的功能要素

1. 备货

备货是配送的准备工作和基本工作,备货工作包括筹集货源、订货或购货、集货、进货及有关的质量检查、结算、交接等。配送的优势之一就是可以集中用户的需求进行一定规模的备货。备货是决定配送成败的初期工作,如果备货成本太高,则会大大降低配送的效益。

2. 储存

配送中的储存有储备和暂存两种形态。

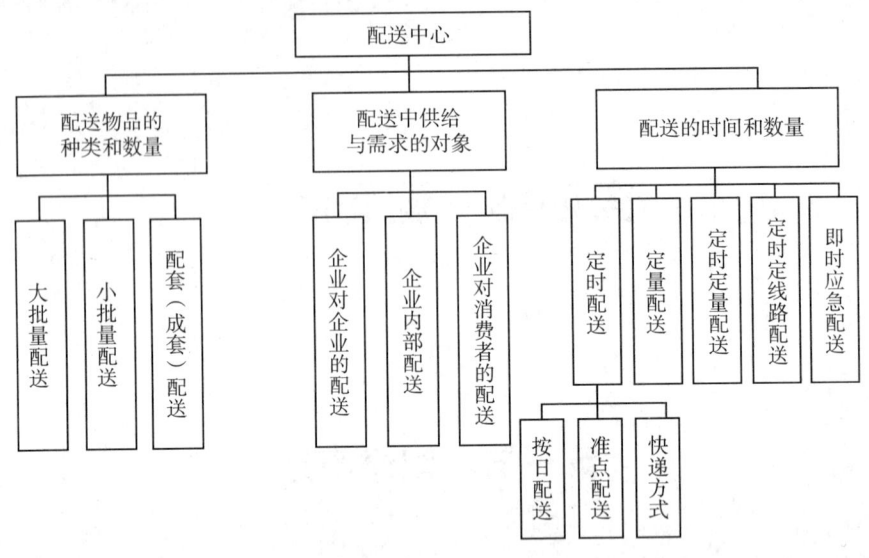

图 4-1　配送的类型

储备是按一定时期的配送经营要求形成的对配送的资源保证。这种类型的储备数量较大，储备结构也较完善，视货源及到货情况，可以有计划地确定周转储备及保险储备的结构及数量。配送的储备保证有时在配送中心附近单独设库解决。

暂存是具体执行配送时，按分拣配货要求，在理货场地所做的少量储存准备。由于总体储存效益取决于储存总量，所以这部分暂存数量只会对工作方便与否造成影响，而不会影响储存的总效益，因而在数量上的控制并不严格。

还有另一种形式的暂存，即分拣、配货之后形成的发送货载的暂存，这个暂存主要是调节配货与送货的节奏，暂存时间不长。

3. 分拣

将物品按品种、出入库先后顺序的需求进行分门别类堆放的作业。分拣是配送不同于其他物流形式的功能要素，也是配送成败的重要支持性工作。

4. 配货

使用各种拣选设备和传输装置，将存放的物品按客户要求分拣出来，配备齐全，送入指定发货地点。

5. 配装

在单个客户配送数量不能达到车辆有效载荷时，应集中不同用户的货物，进行搭配装载以充分利用运量。

6. 配送运输

配送运输是较短距离、较小规模、额度较高的运输形式，属支线运输、末端运输，一般以汽车作为运输工具。

7. 送达服务

实现顺利交货，送到用户手中。

8. 配送加工

按照配送用户的要求所进行的流通加工。

四、配送的一般流程

配送的一般流程基本上是这样一种运动过程：进货、储存、分拣、配货、分放、配装、送货、交货（见图4-2）。每个流程的作业内容如下：

进货 → 储存 → 分拣 → 配货 → 分放 → 配装 → 送货 → 交货

图4-2 配送的一般流程

1. 进货

进货即组织货源。其方式有两种：①订货或购货；②集货或接货。前者的货物所有权属于配送主体，后者的货物所有权属于用户。

2. 储存

储存即按照用户提出的要求并依据配送计划将购到或收集的各种货物进行检验，然后分门别类地储存在相应的设施或场所中，以备拣选和配货。储存作业一般包括这样几道程序：运输、卸货、验收、入库、保管、出库。储存作业依产品性质、形状不同而形式各异。

3. 分拣、配货

分拣和配货是同一个工艺流程中两项有着紧密关系的经济活动，一般采用机械化或半机械化方式去操作。随着一些高新技术的广泛应用，自动化的分拣/配货系统已在很多国家的配送中心建立起来，并发挥了重要作用。

4. 送货

在送货流程中，包括这样几项活动：搬运、配装、运输和交货。送货是运输的终结。

第二节 配送中心

一、配送中心的基本功能

（一）配送中心的概念

配送中心是从供应者手中接收多种大量的货物，进行倒装、分类、保管、流通加工和情报处理等作业，然后按照众多需要者的订货要求备齐货物，以令人满意的服务水平进行配送的设施。

要正确理解配送中心这个概念，必须把握以下要点：①配送中心的"货物配备"工作是其主要的、独特的工作，是全部由配送中心完成的；②配送中心有的是完全承担送货，有的是利用社会运输企业完成送货，从我国国情来看，在开展配送的初期，用户自提的可能性是不小的，所以，对于送货而言，配送中心主要是组织者而不是承担者；③配送中心的配送活动和销售或供应等经营活动的结合，是经营的一种手段，从而排除了这是单纯的物流活动的看法；④配送中心的"现代流通设施"和以前的诸如商场、贸易中心、仓库等流通设施具有区别，在这个流通设施中以现代装备和工艺为基础，不但处理商流而且处理物流，是兼有商流、物流全功能的流通设施。

（二）配送中心的种类

对配送中心分类是进一步认识配送中心的需要。在长期的配送实践中，形成了各种配送中心，主要类型如图4-3所示。

1. 依据配送中心的经济功能划分

（1）供应型配送中心。专门为某个或某些用户组织供应的配送中心。例如，为大型连锁超级市场组织供应的配送中心；代替零件加工厂送货的零件配送中心，使零件加工厂对装配厂的供应合理化。我国上海地区六家造船厂的配送钢板中心，属于供应型配送中心。

（2）销售型配送中心。以销售经营为目的，以配送为手段的配送中心。销售配送大体有三种形式：第一种是生产企业将本身产品直接销售给消费者的配送中心；第二种是流通企业作为自身经营的一种方式，建立配送中心以扩大销售；第三种是流通企业和生产企业联合的协作性配送中心。

（3）储存型配送中心。具有很强的存储功能，我国目前拟建的配送中心

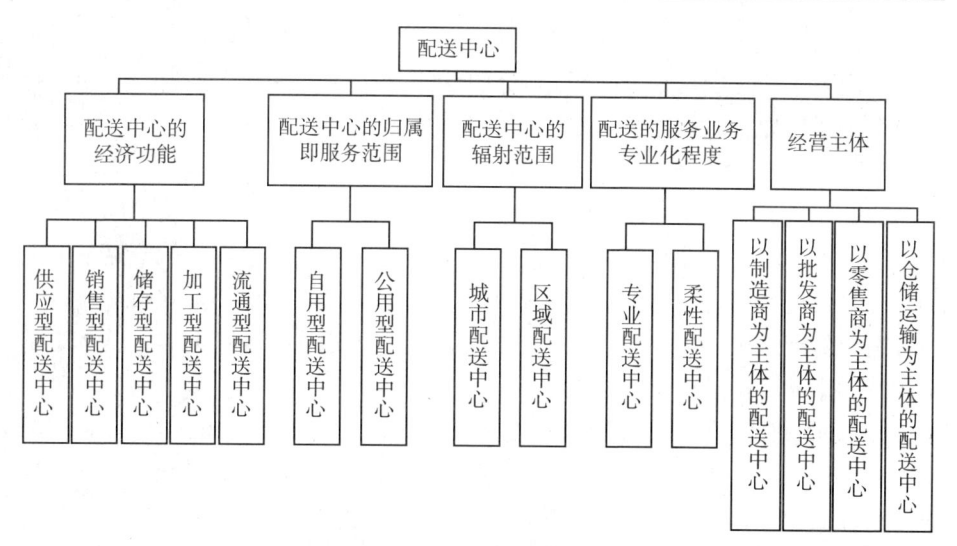

图 4-3 配送中心的类型

大多采用集中库存形式，库存量较大，多为存储型。

（4）加工型配送中心。指具有加工功能的配送中心，如上海六家造船厂联建的船板处理配送中心。

（5）流通型配送中心。以暂存或随进随出方式进行配货、送货的配送中心。其运作方式是，大量货物整进并按批量零售零出，采用大型分货机，进货时直接进入分货机送带，分送到各用户货位或直接分送到配送汽车上，货物在配送中心里只作少许停滞。

2. 依据配送中心的归属即服务范围划分

（1）自用型配送中心。自用型配送中心是指隶属于某一个企业或企业集团，通常只为本企业服务，不对本企业或企业集团外开展配送业务的配送中心。例如，美国沃尔玛商品公司的配送中心，即为其公司独资建立，专门为本公司所属的零售门店配送商品。

（2）公用型配送中心。公用型配送中心是以营利为目的，面向社会开展后勤服务的配送组织。其主要特点是服务范围不局限于某一个企业或企业集团内部。

3. 依据配送中心的辐射范围划分

（1）城市配送中心。以城市为配送范围的配送中心，这种配送中心可直接配送到最终用户，且采用汽车进行配送。这种配送中心往往与零售经营相结合，由于运距短，反应能力强，因而从事多品种、少批量、多用户的配送较有优势。

（2）区域配送中心。以较强的辐射能力和库存准备向某一区域范围的用户进行配送的配送中心。这种配送中心配送规模较大，用户较大，配送批量也较大，而且往往是配送给下一级的城市配送中心，或配送给营业所、商店、批发商和企业用户，虽然也从事零星的配送，但不是主体形式。

4. 依据配送的服务业务专业化程度划分

（1）专业配送中心。专业配送中心大体上有两种含义：一是配送对象、配送技术属于某一专业范畴，在某一专业范畴有一定的综合性，综合这一专业的多种物资进行配送，如多数制造业的销售配送中心，我国目前在石家庄、上海等地建的配送中心大多采用这一形式。二是以配送为专业化职能，基本不从事经营的服务型配送中心。

（2）柔性配送中心。在某种程度上是与第一种专业配送中心相对立的配送中心，这种配送中心不向固定化、专业化方向发展，能随时变化，对用户要求有很强的适应性，不固定供需关系，不断向增加配送用户和改变配送用户的方向发展。

5. 依据经营主体划分

（1）以制造商为主体的配送中心。这种配送中心里的商品100%由自己生产制造，用以降低流通费用、提高售后服务质量，并及时地将预先配齐的成组元器件运送到规定的加工和装配工位。

（2）以批发商为主体的配送中心。商品从制造商到消费者手中之间的传统流通有一个环节叫批发。一般是按部门或商品类别的不同，把每个制造厂的商品集中起来，然后以单一品种或搭配向消费地的零售商进行配送。

（3）以零售商为主体的配送中心。零售商发展到一定规模后，就可以考虑建立自己的配送中心，为专业商品零售店、超级市场、百货商店、建材商场、粮油食品商店、宾馆饭店等服务。

（4）以仓储运输为主体的配送中心。这种配送中心最强的是运输配送能力，其地理位置优越，如港湾、铁路和公路枢纽，可迅速将到达的货物配送给用户。它提供仓储储位给制造商或供应商，而配送中心的货物仍属于制造商或供应商所有，配送中心只是提供仓储管理和运输配送服务。

（三）配送中心的主要功能

目前，各类配送中心的主要功能有：

（1）存储功能。主要是解决季节性货物，以及产品生产与消费之间的供需平衡矛盾。

（2）生产储备功能。主要是解决产品生产计划性与销售季节性的时间差问题。

(3) 生产衔接功能。主要是为了衔接生产过程，并对生产过程中各道工序的物资进行配送。

(4) 集散功能。集散功能是将企业的货物放入配送中心来处理、发运，提高卡车满载率，降低费用成本。

(5) 配送功能。将商品通过集货、分拣、备货、配装后配送给客户。

(6) 服务功能。以客户需要为导向，为满足客户需要而开展物流配送服务的功能。

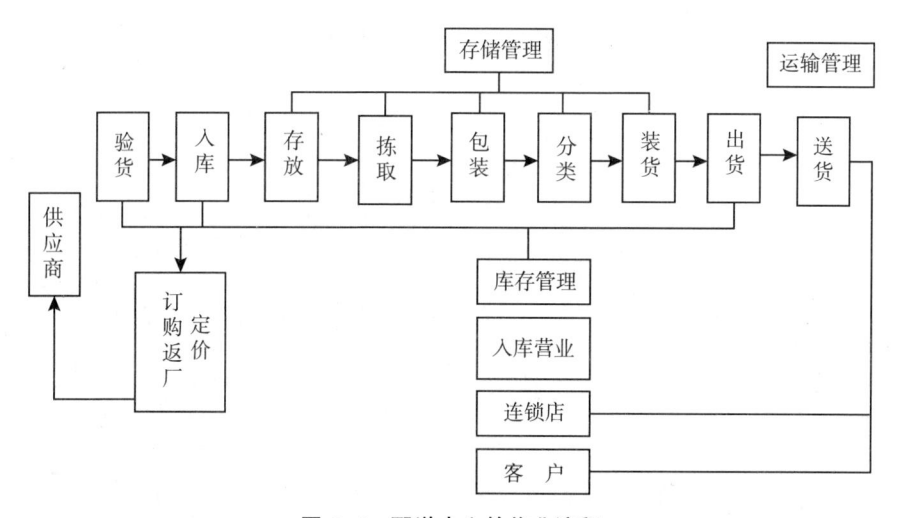

(四) 配送中心的作业流程

配送中心的效益主要来自"统一进货，统一配送"，统一进货的主要目的是避免库存分散，以降低企业的整体库存水平。通过降低库存水平，可以减少库存商品占压的流动资金，减少为这部分占压资金支付的费用，降低商品滞销压库的风险。统一配送的主要目的是减少送货的交通流量，提高送货车辆的满载率，从而减少送货费用。配送中心的作业流程要便于实现这两个主要目标：一是降低物流总成本；二是缩短补货时间，提供更好的服务。

配送中心的作业流程如图4-4所示，图中操作的每一步都要准确、及时，并且具备可跟踪性、可控制性和协调性。配送中心的作业流程为订货、到货接受、验货与拒收、分拣、订单汇总、存储、加工、选拣、包装、装托盘、组配、装车、送货。这是整个配送中心的物流流程，与之相对应的还有信息流程（如票据、单证及其他相关信息流程）和资金流程（如货款、运费和杂费的结算流程）。

图4-4 配送中心的作业流程

二、配送中心的规划

配送中心的规划包括商品需求预测、配送中心设施的选址及设备选用、配送运输规划、顾客服务水平指标的设定等。在配送中心的经营方面，随着相关因素的增加，必须做好相互之间的协调。影响配送中心规划的主要因素有：顾客（E），商品的种类（I），商品订货量（Q），商品流通渠道（R），顾客服务水平（S），订、发货周期（T），商品价值及预算成本（C）。

如果为了提高客户服务水平，采用即时配送而增加配送次数，配送成本一定会上升。反之，如果为了降低配送成本，把客户的商品积少成多进行配送，虽然减少了配送次数进而减少了配送成本，却降低了客户服务水平。只有不断调整平衡各影响因素，才能使之达到配送费用最低、服务水平最高的最佳状态。因此，必须根据企业的不同目的、环境，对其效果及费用进行分析，选定一个符合目标的基准。选定基准的最有效方法一般认为是运筹学法（OR）。除此之外，还有SE法（系统设计法）、统计分析法、IE法（工业工程法）等方法。这些统称为配送中心规划法。

利用上述方法不仅可以解决配送中心的规划问题，还可以解决物流中的其他问题。表4-1是配送中心各种规划法所适用的范围，应针对配送中心规划时的具体内容选择相适宜的规划方法。为了更好地运用配送中心规划方法，应尽可能地收集必要的数据，能定量的最好定量，实在没有量化数据的，如企业环境、服务水平等，也要设定一定的尺度进行规划。

表4-1 配送中心各种规划的适用范围

	SE法	统计分析法			IE法	OR法									费用便利分析法
		时间系列分析	多变量解析法	其他统计分析法		模拟实验法	网络理论法	最佳选址决定法	最佳规模决定法	经济计算设备法	等行列理论	LP等数理规划法	最佳配送路线选定法	库存管理理论法	启动式法	
商品需求预测		0	0	0												
配送中心总体设计	0					0	0								0	
制订运输计划							0			0						0
制订配送计划							0						0		0	0
运输工具的选择															0	0

续表

	统计分析法			IE法	OR法								费用便利分析法
SE法	时间系列分析	多变量解析法	其他统计分析法		模拟实验法	网络理论法	最佳选址决定法	最佳规模决定法	经济计算设备法	等行列理论	LP等数理规划法	最佳配送路线选定法	库存管理理论法	启动式法	
最适自备车辆规划								0	0					0
物流设施配置规划						0	0							0
物流设施规模设定					0		0	0	0	0				
库存配置规划	0				0							0	0	
物流作业改善规划				0										
物流成本分析	0	0	0											0
顾客服务水平设定	0		0											0

基本的分析数据分为以下六项：商品的种类及品种数（P）；商品数量大小，目标年度的处理量、价格（Q）；商品的流通渠道（流经生产商、配送中心、消费者等）（R）；服务水平（S）；各时间段（年间、月间、每天、每小时）作业量的变化特性（T）；物流成本（C）。

三、配送中心的选址和布局

（一）配送中心的选址

配送中心的选址方法及程序如图 4-5 所示。

配送中心选址时，必须根据已确认的目的、方针，明确以下各条件，逐步筛选配送中心候选地。

（1）必要条件。顾客分布现状及预测、业务量增长率，辐射范围等。

（2）运输条件。靠近铁路、汽车货运站、港口码头、机场等运输据点，另外必须能够很方便地利用运输公司。

（3）配送服务条件。能够及时通知客户货物到达时间，配送频率，订、发货周期，配送距离及范围。

（4）用地条件。配送中心是利用现有设施和土地，还是新征土地。新建配送中心必须征地时，地价及地价许可范围内的用地分布状况如何。

（5）法规。在指定的用地区域内是否有不准建仓库、配送中心等设施的

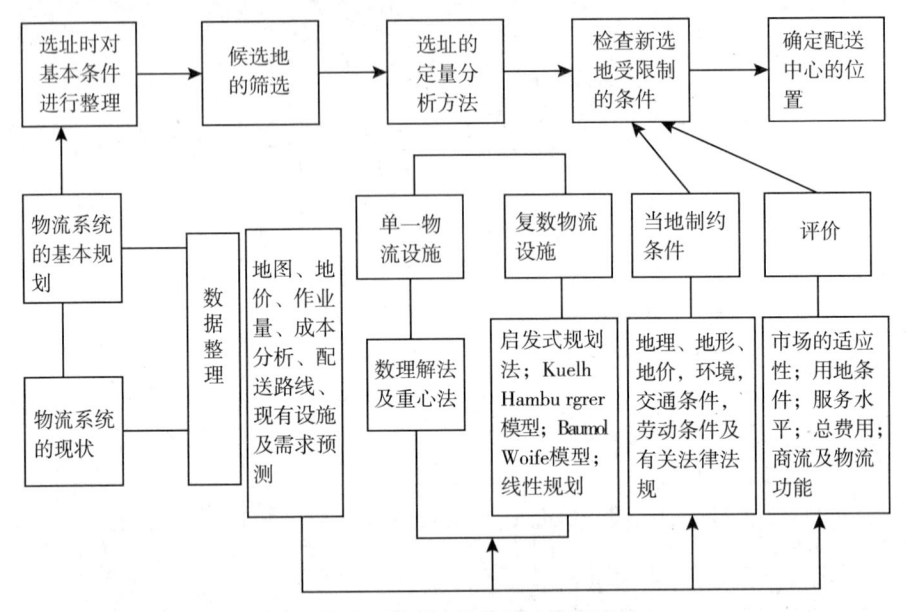

图 4-5 配送中心的选址方法及程序

土地。

（6）管理与信息条件。要求配送中心靠近总部及营业、管理、计算机等部门。

（7）流通功能。商流、物流功能是否分离，在配送中心内是否有流通加工功能。在这种情况下，能否确保职工聘用便利，上下班方便。是否限定选址范围。

（8）其他。根据业务种类是否需要冷冻或保温设施、防止公害设施、危险品处理设施等，选址区内是否限制这些特殊条件，能否适宜这些条件。

配送中心的设计者必须充分研讨上述条件，根据这些条件决定设施规模和选址。最佳的选址是由所希望的条件来决定，因此将所希望的条件按照优先顺序标记在地图上，反复研讨，在理想的区域范围内限定候选地。另外，由于城市密度越来越大，自由选择的余地越来越小，现实中一般都不进行繁杂的计算，而按照图 4-5 中的顺序进行选址。

配送中心建在什么地方，选用哪些设施，成本如何，一般是通过所需数据计算求得的。将运输费、物流设施费模型化，利用约束条件及目标函数建立数学公式，求出其中费用最小解，由此得出最佳的选址方案。但是，必须准确预测和分析计算公式中的作业量与成本这两个数据。

(二) 配送中心的合理布局

与配送中心的规划、选址几乎是同时进行的另一项工作是配送中心的合理布局，合理布局的原则是：

(1) 动态原则。动态原则是基于用户量、用户需求、交通条件、成本和价格等动态因素而提出的。如果规划配送中心布局时不考虑这些动态因素，配送中心布局完成时，就会出现不能满足配送要求或配送需求不足的情况。从动态原则出发，配送中心应当建立在详细分析现状及对未来变化做出预测的基础上，而且配送中心的规划设计要有相当的柔性，即要在一定范围内适应数量、用户、成本等多方面的变化。

(2) 竞争原则。竞争原则是指配送中心的布局要充分体现服务性。配送中心的布局一定要从市场竞争的角度出发，而不应单纯从路线最短、成本最低、速度最快等角度考虑。如果这方面考虑不足，配送中心布局完成之后就会由于服务性不足而在竞争中失败。

(3) 低运费原则。低运费原则实际上是竞争原则在运费方面的具体体现。由于运费和运距有关，所以低运费原则常常简化成最短距的问题，用各种数学方法求解出配送中心与预计供应点、预计用户之间的最短理论距离或最短实际距离，以作为配送中心布局的参考。由于运费和运量有关，最短距离的求解并不能表明各供应点及用户的运量，所以，即使求解出最短距离，也不等于说掌握了最低运费。因此，低运费原则又可以转化成运量（吨或吨/公里）来简化表示，也可以通过数学方法求解。但是，在市场机制作用下，各个点的数量肯定是变化的，不会像供应点、用户位置那样固定不变，所以这种简化也只作为布局的参考。

(4) 交通原则。配送中心布局时要考虑的交通原则是指：一方面，在布局时要考虑现有交通条件；另一方面，在布局配送中心时，交通同时作为布局的内容，如果只布局配送中心而不布局交通，就可能使配送中心的布局失败。

(5) 统筹原则。配送中心的层次、数量、布局与生产力布局、消费布局等密切相关，且互相交织、互相促进、制约。设定一个非常合理的配送中心布局，必须统筹兼顾，全面安排，既要微观地考虑，又要宏观地考虑，这是配送中心布局的最高原则。

配送中心的布局在一般情况下分为以下几种形式：辐射型、扇型、双向辐射型。

1. 辐射型

配送中心位于众多用户之中，商品由配送中心向四周配送，形成辐射状，从配送中心到各用户的距离之和小于其他候选地至各用户的距离之和。这种类型的配送中心适应以下条件：配送中心附近是用户相对集中的经济区域；配送中心靠近主要运输干线，利用干线运输将货物运达配送中心，然后再配送到各个用户，但要尽可能避免逆干线配送时不合理的对流运输（见图 4-6）。

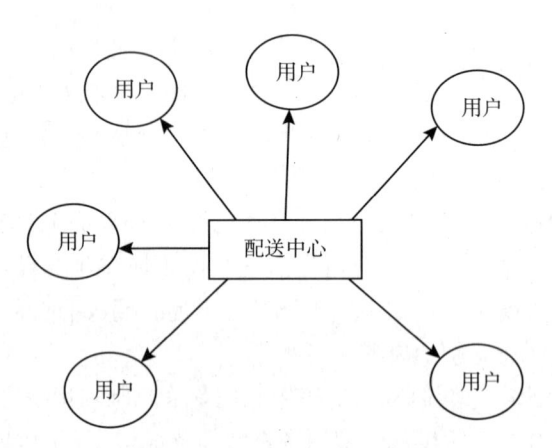

图 4-6　辐射型配送中心

2. 扇型

商品从配送中心向一个方向配送，形成扇型。其特点是：商品有一定的流向，配送中心位于主要运输干线的中途或终端，配送中心的商品配送方向与干线运输方向一致或在运输干线侧面（见图 4-7）。

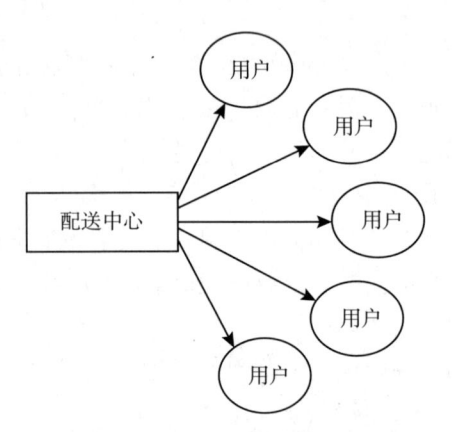

图 4-7　扇型配送中心

3. 双向辐射型

用户集中在配送中心的两侧，商品从配送中心向两个相反方向配送，形成双向辐射型。其特点是：配送中心靠近主要运输干线，配送中心的商品向运输干线两侧配送（见图4-8）。

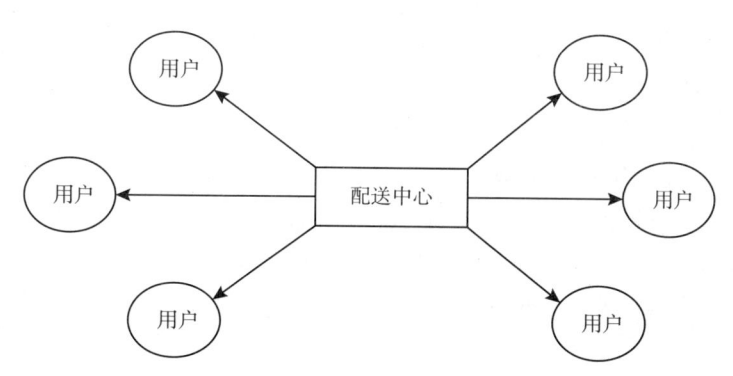

图 4-8 双向辐射型配送中心

四、配送中心的基本运作和管理

（一）配送中心的运作

1. 配送中心的运作类型

配送中心是流通领域联结生产和消费、实现物流的节点。配送活动是物流过程中一项复杂的系统工程，涉及生产、批发和消费者诸多领域与环节，因此在实际的配送中心运作中形成了以下类型：

（1）以生产经营为主体的配送中心。这种配送中心的商品全部是由自己生产制造，用以降低流通费用，提高售后服务质量，及时地将预先配齐的物件运送到规定的加工和装配工位。这种运作方式从商品制造到生产出来的条形码和包装的配合等多方面都较易控制，这种运作容易实现现代化、自动化要求，但不具备社会化的要求。

（2）以批发经营为主体的配送中心。这种配送中心一般是按部门或商品类别的不同，把每个制造厂的商品集中起来，然后以单一品种或搭配向消费地的零售商进行配送。这种配送中心的商品来自各个制造商，所进行的一项重要活动就是对商品进行汇总和再销售，而它的全部进货和出货都是向社会配送的，因此社会化程度很高。

（3）以零售经营为主体的配送中心。零售经营发展到一定规模后，就可以考虑建立自己的配送中心，为专业商品零售店、超级市场、百货商店、建材商场、粮油食品商店、宾馆饭店等服务，其社会化程度介于前两类之间。

（4）以物流经营为主体的配送中心。这种配送中心的运输配送能力最强，它的地理位置优越，位于港湾、铁路和公路枢纽，可迅速将到达的货物配送给用户。它提供仓储位给制造商或供应商，而配送中心的货物仍属于制造商或供应商所有，配送中心只是提供仓储管理和运输配送服务。这种配送中心的现代化程度往往较高。

2. 配送中心的运作技术

配送中心的运作技术主要指配送中心核心工艺的运作，主要包括难度较大的"多品种、少批量、多批次"配送的核心工艺。配送中心的核心工艺有三条基本的路线，即拣选式路线、分货式路线和直起式路线。

（1）拣选式路线。又称摘果式工艺运作，它是由负责拣货的工人或拣货机械，巡回到货物的各个存储点，按提货单指示，取出所需货物，巡回一遍，从而为一个（或少数）用户配齐货物，配好货立即就可向客户发出（见图4-9）。其适用的范围是：用户数量不多；用户需要的种类颇多；每种需求数量变化较大；各用户需求的种类有较大的差别；用户的临时紧急需求，如即时配送；分货工艺无法操作的在件货物。

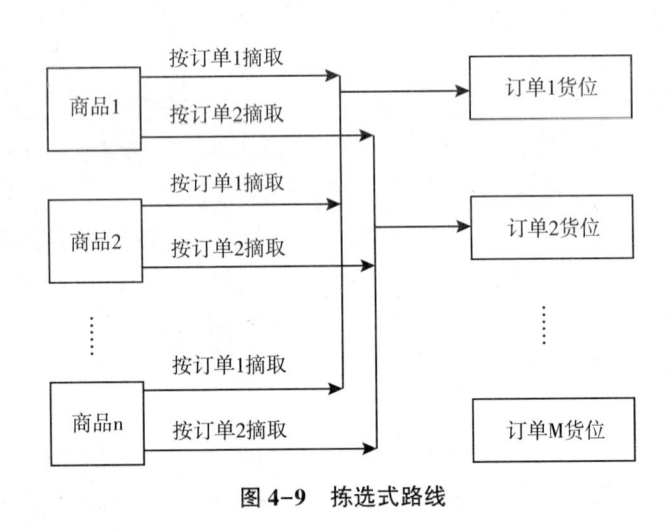

图4-9 拣选式路线

在上述情况下，采用拣选式配货能保证配货准确无误，对某个用户来讲可以不受其他因素制约进行快速配货，可以按客户要求调整配货的先后次序，而且配好的货可以做到不经分放直接装到送货车辆上，有利于简化工序、提高效率。

拣选式配货有较机动灵活的特点，采取机械化、自动化水平较高的工具作业。如拣选工具可以是专门配置设计的车辆、传送设备，也可以是一般作业车辆、手推车甚至人力。因此，这种作业易于施行。尤其是在配送工作开展的初期，当用户不多且装备技术上不去时，适于使用这种配货工艺。

（2）分货式路线。又称播种式工艺运作，实行每次集中取出货物，然后巡回于各客户所需的同种货物分放完毕。如此反复进行，将各客户所需货物配齐（见图4-10）。其适用范围是：用户数量多；用户需要的种类有限；每种的需要量不大；各用户需求的种类差别不大；用户有较稳定的需求计划；货物体积不大。

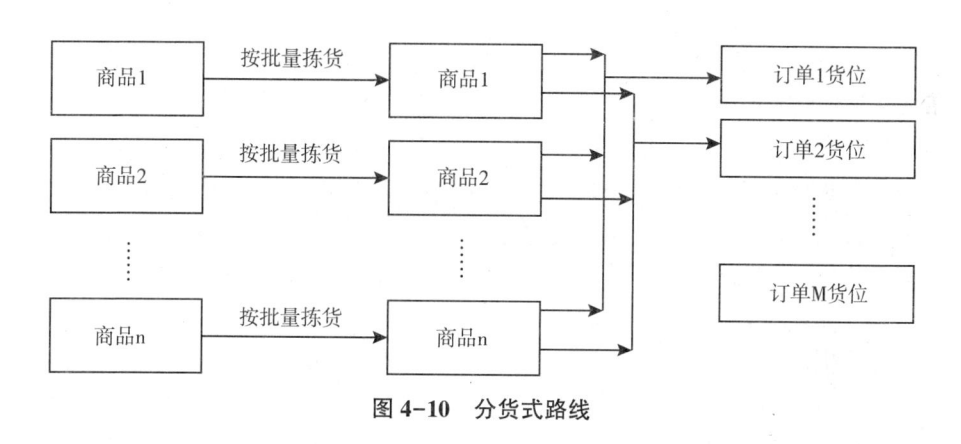

图4-10 分货式路线

在上述情况下，采用分货式作业比采取拣选式作业更能提高配货速度，节省配货的劳动消耗，提高效率。尤其当用户数量很多，反复拣选会使工作异常重复及烦琐时，采用分货作业有更好的效果。

分货式作业可以利用各种作业车辆，甚至人力推车进行，但大规模配送中心的分货作业需要有非常大的分货能力，因此，往往在配送中心建立专门的分货设施。

（3）直起式路线。这种运作是拣选式配货的一种特殊形式。当用户所需种类很少，而每种数量又很大时，送货车辆可直接开到存储场所装车，随时送货，而不需单设配货工艺。这种方式实际上将配货与送货工艺合为一体，减少了几道工序，对于大宗生产资料配送是一种很重要的方式。

3. 配送中心的内部运作

配送中心有商品存储功能，但不可能备足市场上所有的商品，即使储备的商品品种十分丰富，也会不断有新商品出现，这就容易出现需求品种与配送中心供应品种之间的矛盾。如果市场上有多少种商品就储备多少种商品，那么会使配送中心的成本极大地提高，同时还会出现商品的停滞、积压直至损耗，从而降低配送中心的利润。但如果减少商品品种储备，又会使消费者因缺少商品的挑选余地而影响商品的销售，因此必须搞好配送中心的内部运作。

（1）配送中心存储量的控制。配送中心可以掌握商品进、销、存的各种信息，用各种方法计算出商品的最高、最低库存量，但不可能完全使商品库存数保持最合理，使存储商品的成本达到最低。由于市场千变万化，商品销售量随时都在不断变化，需求量也在不断变化，因此配送中心将商品存储量无限放大，就会极大地提高商品的存储成本。各商店商品销售量、商品备货量、在货提前天数决定配送中心的商品存量，配送中心的商品采购、运输入库、商品配送等时间也会决定商品存储量的大小。如果过分小心谨慎，减少商品存储量，将无法适应配送经营需求，出现商品脱销，从而激化商流、物流之间的矛盾，导致企业利润下降，所以必须做好配送中心存储量的控制。

（2）配送中心送货时间的控制。在适当的时间将商品配送到经营商店是配送中心的基本运作要求。延迟送货就会出现商品脱销，影响销售；而提早送货又会使经营现场存量增大，占用库存或堆积店面，影响店容。如果运送力量不够、交通状况不好，就会影响商品及时到位；而采取应急送货，又会使商品运输成本提高；如果相对集中组织送货，又会使个别商品脱销。总之，要货时间或到货时间与商店存量可供销售的时间差异、配送中心内部车辆和人力安排是否合理、路面交通状况好坏等都会影响商品到货时间，以致影响商品的销售和利润，所以必须控制好配送中心的送货时间。

（3）配送中心的功能配置。配送中心运作的目的是节约成本、提高经济效益。配送中心运作在很大程度上以效益为工作的主要出发点，在完善功能上会偏重自身效益。因此，配送中心要摆正位置，正确处理好二者关系。因为配送中心承担了商品的存储保管、加工包装等多种功能，要完成这些功能，就要消耗大量的人力、物力和财力去精心组织安排，而各功能之间的环节安排与协调也十分烦琐，某一方面操作不好，就会影响配送中心的整体运作。配送中心只有通过合理科学的组配运作方式，才能创造更大的商品价值。如重新包装、规格重组、花色重组、品种搭配、拆零配送等，都会使商品配送直接为商品销售创造机会。

（二）配送中心的管理

配送中心的现代化管理主要包括：信息自动化管理、商品分拣自动化管理、商品存储立体化管理、商品协同配送管理。

1. 信息自动化管理

物流信息管理是根据物流活动的需要而产生的，传统的人工管理物流信息的办法已不适应配送中心现代化管理的要求。这是因为：第一，信息的绝对数量增加；第二，信息流量在不同时段的差别很大；第三，信息发生地点、处理地点、传达对象分散在广大地区；第四，物流与信息的流动要同时进行；第五，物流与商流的关系越来越密切。在这种情况下，只有全面采用电脑来管理物流信息，才能保证高效率的商品配送。根据在物流活动中所起的作用，物流信息可分为五类：一是接受订货的信息，这是一切物流活动的基本信息；二是库存信息，根据与订货信息的比较，做出采购决策；三是采购指示信息，当商品库存量不足时，根据采购指示信息安排采购；四是发货信息，为了做好发货准备工作，必须根据发货信息将商品转移到搬运地点，以便发货；五是物流管理信息，物流管理部门为了能有效地管理物流活动，必须收集各种表单，以及物流成本、仓库和车辆等物流设施设备的运转率等资料。物流信息管理就是以此进行管理。为了满足上述五个方面的信息需求，配送中心信息管理系统在配送中心建立了五个信息管理子系统：第一，销售管理系统，其主要职能是订单处理，还应包括客户管理、销售分析与预测、销售价格管理、应收账款及退货处理等系统。第二，采购管理系统，如果采取授权模式或配销模式，其主要工作是面对供货商的作业，包括供货商管理、采购决策、存货控制、采购价格管理、应付账款管理等系统。第三，仓库管理系统，包括存储管理、进出货管理、机器设备管理、分拣处理、流通加工、出货配送管理、货物追踪管理、运输调度计划等内容。第四，财务会计系统，对销售管理系统和采购管理系统传送来的应付、应收账款进行会计操作，同时对配送中心的整个业务与资金进行平衡、测算和分析，编制各种业务经营的财务报表，并与银行金融系统联网进行转账。第五，辅助决策系统，除了获取内部各系统的业务信息外，关键在于取得外部信息，并结合内部信息编制各种分析报告的建议报告，作为配送中心高层管理人员决策的依据。配送中心信息管理的自动化不仅需要配送中心自身完善设施，而且需要以门店的 POS 系统、EOS 系统以及社会性的 VAN 系统和 EDI 系统的建设为基础。只有全公司、全社会相互配套，才能充分提高配送中心信息管理的效率，最终实现整个配送作业的无纸化运作。

2. 商品分拣自动化管理

配送中心的商品种类多达上万种，客户数量多、分布面广，而且要求拆零配送、限时送达。在这种情况下，商品分拣作业就成了配送中心内部工作量最大的一项管理工作。为了提高商品分拣的效率,配送中心参照邮局分拣信件自动化的经验,配置了自动化分拣管理系统。其自动化分拣系统一般包括:输入系统,商品由皮带或辊道输送机输入;输入分拣系统,分拣信号装置一般采用激光扫描办法,对物流条形码进行扫描,以区分配送商品的目的地、配送商品的对象等物流信息;分拣传输装置,包括传送装置(即把混杂的商品自动分送到设定的分拣道口位置上)、分拣装置(即把分拣的商品送入分拣道口)。在上部接口处设置动力轨道,把分拣商品投入分拣斜道,以暂时存储,等待装车取走。配送中心要实现分拣的自动化管理,首先必须提高商品的条形码化率和实现包装的标准化。

3. 商品存储立体化管理

商品存储立体化是指用高层货架存储货物,通过周围的装卸运输设备,自动进行出入库作业。这类仓库又称为高层货架仓库。高层货架仓库具有普通仓库无可比拟的优越性,如节约空间、节省劳力。一般认为,高层货架仓库的单位面积存储量为普通仓库的4~7倍。高层货架仓库可以提高仓库管理水平,如减少货损、优化库存结构、降低库存量、缩短库存期、节约资金等。还有利于实行无人化操作,特别适用于低温、有毒、黑暗等特殊存储环境,从而保证人员和商品的安全。

4. 商品协同配送管理

商品协同配送是指生产、批发或零售、连锁企业共同参与,由一家配送中心承担其配送作业。协同配送又称共同配送,其实质是相同或不同类型的企业联合,目的在于相互调剂使用各自的仓储运输设施,最大限度地提高配送设施的使用效率。

从国际情况来看,商品协同配送是配送中心的发展方向,因为:第一,各行各业各自设立自己的配送中心,其规模难以确定;第二,自设的配送中心都会面临配送设施严重浪费的问题;第三,大量的配送车辆集中在城市商业区,会导致严重的交通问题;第四,自设配送中心对众多的中小企业来说,其经营成本难以消化。因此,人们逐渐意识到了共同配送的重要性。

大力发展社会化共同配送的基本模式是:

(1) 物流企业的配送中心共同配送。物流企业的配送中心实行独立核算,这类配送中心既可能是由专业的物流公司建立的,也可能是大型的连锁公司独资兴建或控股的物流子公司兴建的。这类公司不仅承担物流作业,而且往往兼有采购和批发的职能,实际上是一种配销中心。

(2) 厂商联合的配送中心共同配送。在厂家与批发商,或供应商与连锁店之间进行共同配送。一是不同厂家和不同批发商按区域进行共同配送，每个批发商只负责特定区域的商品配送，在特定区域，除了配送自己经营的批发商品外，还负责在这一区域配送其他批发商的商品。在其他区域，别的批发商也为它提供同样的服务。二是众多厂商通过配送中心的共同向众多的连锁总店配送商品，每个厂商都将要配送给各连锁店的商品先集中到配送中心，再由配送中心为各连锁店进行共同配送。

（3）商业企业的配送中心共同配送。由批发商、零售商、连锁公司共同组建的配送中心向同一地区众多的零售店铺进行共同配送。对于已经建立了配送中心的连锁公司来说，目前可供选择的配送策略有四种：第一，完善自有配送中心，承担本企业全部的配送业务。采用这种策略还有两种具体的选择策略：一是组建综合性的大型配送中心；二是建立配送分中心，由各个分中心分别承担不同商品的配送业务。第二，完善自有配送中心，既承担本企业全部的配送业务，而且也为其他企业提供配送业务。具体的选择策略有：一是授权自有配送中心接受公司直营店、特许店及系统外零售店的订单，并负责商品采购职能；二是将自有配送中心从公司分离出去，成为物流分公司或物流子公司，物流公司实行独立核算。第三，不扩大自有配送中心的规模，当连锁业务扩大时就委托专业化的物流公司来承担商品配送业务。第四，当连锁公司的连锁业务从一个地区发展到另一个地区时，先在当地建立物流配送公司，然后发展该地区的连锁业务。

第三节　配送合理化

在配送环节中存在大量的浪费和低效的物流配送活动，为此要提高配送活动的经济效益和社会效益，就必须对现有配送方式进行科学的分析，从而提出切实可行的配送方案，提高配送效率。

一、不合理配送的表现形式

对于配送合理与否，不能简单判定，也很难有一个绝对的标准。例如，企业效益是配送的重要衡量标志，但是在决策时常常考虑各个因素，有时要做赔本买卖。所以，配送的决策是全面、综合的决策，在决策时要避免不合理配送所造成的损失，但有时某些不合理现象是伴生的，要追求大的合理，就可能派生小的不合理,所以这里只单独讨论不合理配送的表现形式,但要防止将其绝对化。

1. 库存决策不合理

配送应该利用集中库存总量低于用户分散库存总量的关系,大大节约社会财富,同时节约用户的库存负担。如果只是把配送当作库存的转移,不能科学决策,造成库存过多或不足,就起不到配送应有的作用。

2. 价格不合理

配送价格应该低于用户自己单独购买、运输所形成的费用。这样,才会使双方都有利。如果价格过高或过低,则会损害用户利益或使配送企业处于亏损状态。

3. 资源筹措不合理

配送可以通过规模效益来降低资源筹措成本,从而取得用户支持。但如果配送量计划不合理,资源筹措过多或过少,不考虑与资源供应者建立长期、稳定的供需关系,仅仅为少数用户服务等,就会使筹措成本不仅不能降低,用户反而要多交付一笔配送企业的代筹代办费用。

4. 配送与直达的决策不合理

配送与直达相比,虽然增加了中间环节,但却可以降低库存成本,产生的效益要大于增加的费用。但当用户使用批量很大时,直接批量进货可以更加节约费用。这时,采用配送是不科学、不合理的。

5. 送货不合理

与用户自己提货相比,配送可以集中配货,一车送多家用户,从而大大节省运力与运费。如果还是一家一户地去送货,车辆达不到满载,路线不进行优化,就不能利用这种优势,会造成更多的浪费。

6. 经营观念不合理

配送企业利用配送手段向用户转嫁资金、库存困难,即当库存大时,强迫用户接受货物以缓解自己的库存压力;当资金紧张时,长期占用用户资金;在资源短缺时,将用户委托资源挪作他用或用于牟利等。结果是损害了配送企业的形象,使配送优势无从发挥。

二、配送合理化

对于配送合理化与否的判断,是配送决策系统的重要内容,目前国内外尚无一定的技术经济指标体系和判断方法,通常按以下指标作为评判标志。

（一）库存标志

库存是判断配送合理与否的重要标志。具体指标有以下两个方面：

1. 库存总量

在一个配送系统中，库存是从分散于各个用户转移给配送中心的过程中，实施一定程度的集中存放。在实行配送后，配送中心库存数量加上各用户在实行配送后库存数量之和应低于实行配送前各用户库存数量之和。

2. 库存周转

由于配送企业的调节作用，以低库存保持高的供应能力，库存周转一般总是快于原来各企业的库存周转。此外，从各个用户的角度进行判断，比较各用户在实行配送前后的库存周转，也是判断合理与否的标志。

（二）资金标志

总的来讲，实行配送应有利于资金占用的降低及资金运用的科学化。具体指标有以下三个方面：

1. 资金总量

由于资金筹措所占用流动资金总量，筹备总量的下降及供应方式的改变会有一个较大的降低。

2. 资金周转

从资金运用来讲，由于整个节奏加快、资金充分发挥作用，同样数量的资金，过去需要较长时期才能满足一定的供应要求，而配送后在较短时期内就能达到此目的。所以资金周转时间加快，是衡量配送合理与否的标志。

3. 资金投向的改变

资金分散投入还是集中投入，是资金调控能力的重要反映。实行配送后，资金必然应当从分散投入改为集中投入，以增加调控作用。

（三）成本与效益

总效益、宏观效益、微观效益、资源筹措成本都是判断配送是否合理化的重要标志。对于不同的配送方式，可以有不同的判断侧重点。例如，配送企业、用户都是各自独立的以利润为中心的企业，不但要看配送的总效益，而且要看对社会的宏观效益及企业的微观效益，不顾及任何一方，都必然出现不合理。又如，如果配送是由用户集团自己组织的，配送主要强调保证能力和服务性，那么，效益主要从总效益、宏观效益和用户集团企业的微观效益来判断，不必过多顾及配送企业的微观效益。

由于总效益及宏观效益难以计量，因此，在实际判断时，常以按国家政策进行经营、完成国家税收的配送企业及用户的微观效益来判断。对于配送企而言（在满足用户要求，即投入确定了的情况下），企业利润反映了配送合理化的程度。

对于用户企业而言，在保证供应水平或提高供应水平（产出一定）的前提下，供应成本的降低反映了配送的合理化程度。

（四）供应保证的标志

实行配送时，各用户最大的担心是害怕供应保证程度降低，这并不是一个简单的心态问题，更是可能要承担风险的实际问题。配送的重要一点是，必须提高而不是降低对用户的供应保证能力。供应保证能力可从以下几方面判断：

1. 缺货次数

实行配送后，缺货次数必须下降才算合理。

2. 配送企业集中库存量

对每一个用户来讲，数量所形成的保证能力高于配送前单个企业的保证程度。

3. 即时配送的能力及速度

是用户出现特殊情况的特殊供应保障方式，这一能力必须高于实行配送前用户的紧急进货能力及速度才算合理。

特别需要强调的是，配送企业的供应保障能力是一个科学合理的概念，而不是无限的概念。具体来讲，如果供应保障能力过高，超过了实际的需要，则属于不合理，所以追求供应保障能力的合理化是有限度的。

（五）社会运力节约的标志

末端运输是目前运能和运力使用不合理、浪费较大的领域，因而人们寄希望于配送来解决这个问题。这也成了配送合理化的重要标志。

运力使用的合理化是依靠送货运力的规划和整个配送系统的合理流程及与社会运输系统的合理衔接实现的。送货运力的规划是任何配送中心都需要花力气解决的问题，可以简化判断如下：社会车辆总数减少，而承运量增加；社会车辆空驶减少；一家一户自提自运减少，社会化运输增加。

（六）用户企业仓库、供应、进货人力物力节约的标志

实行配送后，以各用户库存量、仓库面积、仓库管理人员减少为合理，用于订货、接货、供应的人减少为合理。当真正解除了用户的后顾之忧后，配送的合理化程度则可以说是达到一个较高水平了。

（七）物流合理化的标志

配送必须有利于物流合理化。这可以从以下几方面判断：是否降低了物流费用；是否减少了物流损失；是否加快了物流速度；是否发挥了各种物流方式的最优效果；是否有效衔接了干线运输和末端运输；是否不增加实际的物流中转次数；是否采用了先进的管理方法及技术手段。物流合理化的问题是配送要解决的大问题，也是衡量配送本身合理化的重要标志。

三、配送合理化的优化方法

配送的合理化问题得到了专家、学者的普遍关注，也有很多人从不同的角度提出了配送的优化方法，在此主要介绍较有代表性、最基础的方法——节约法。

（一）节约法的基本思想

利用节约法确定配送路线的主要出发点是，根据配送方的运输能力及其与客户之间的距离和各客户之间的相对距离，来制定使配送车辆总的周转量达到或接近最小的配送方案。如图 4-11 所示，设 P_0 为配送中心，分别向用户 P_i 和 P_j 送货。P_0 到 P_i 和 P_j 的距离分别为 d_{0i} 和 d_{0j}，两个用户 P_i 和 P_j 之间的距离为 d_{ij}，送货方案只有两种，即配送中心 P_0 向用户 P_i、P_j 分别送货和配送中心 P_0 向用户 P_i、P_j 同时送货（见图 4-11a 和 b）。比较两种配送方案：

方案 a 的配送路线为 $P_0 \to P_i \to P_0 \to P_j \to P_0$，配送距离为 $D_a = 2(d_{0i}+d_{0j})$

方案 b 的配送路线为 $P_0 \to P_i \to P_j \to P_0$，配送距离为 $D_b = d_{0i}+d_{0j}+d_{ij}$

显然，D_a 不等于 D_b，方案 b 比方案 a 节约的配送里程 $C_{ij}=d_{0i}+d_{0j}-d_{ij}$。

根据节约法的基本思想，如果一个配送中心分别向 N 个客户配送货物，在汽车载重能力允许的前提下（即 $\sum_{j=1}^{n} p_j \leq Q_k$，其中 p_j 为第 j 个客户的配载量，Q_k 为汽车载重量），每辆汽车的配送线路上经过的客户个数越多，里程节约量越大，配送线路越合理。

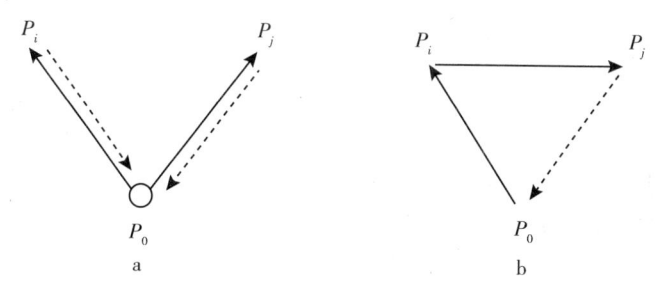

图 4-11 配送方案

（二）节约法的案例

某一配送中心 P_0 向 10 个客户配送，其配送网络如图 4-12 所示。图中括号内的数字表示客户的需求量（T），线路上的数字表示两节点之间的距离。配送中心有2吨和4吨两种车辆可供使用，并限制车辆一次运行的行走距离为30千米，试制定最优的配送方案。

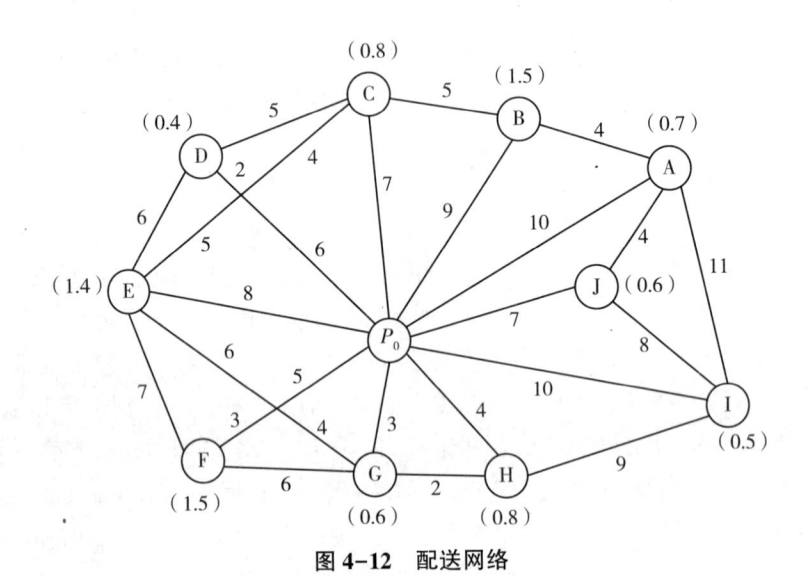

图4-12 配送网络

解：第一步：计算最短距离。根据配送网络中的已知条件，计算配送中心与客户及客户之间的最短距离，结果如表4-2所示。

表4-2 最短距离矩阵

P_0										
10	A									
9	4	B								
7	9	5	C							
8	14	10	5	D						
8	18	14	9	6	E					
8	18	17	15	13	7	F				
3	13	12	10	11	10	6	G			
4	14	13	11	12	12	8	2	H		
10	11	15	17	18	18	17	11	9	I	
7	4	8	13	15	15	15	10	11	8	J

· 146 ·

第二步：计算节约里程，结果如表4-3所示。

表4-3 节约里程项目

A									
15	B								
8	11	C							
4	7	10	D						
0	3	6	10	E					
0	0	0	3	9	F				
0	0	0	0	1	5	G			
0	0	0	0	0	4	5	H		
9	4	0	0	0	1	2	5	I	
13	8	1	0	0	0	0	0	9	J

第三步：将节约里程进行分类，按从大到小的顺序排列，结果如表4-4所示。

表4-4 节约里程项目分类

序号	路线	节约里程	序号	路线	节约里程
1	A-B	15	13	F-G	5
2	A-J	13	13	G-H	5
3	B-C	11	13	H-I	5
4	C-D	10	16	B-I	4
4	D-E	10	16	A-D	4
6	A-I	9	16	F-H	4
6	E-F	9	19	B-E	3
6	I-J	9	19	D-F	3
9	A-C	8	21	G-I	2
9	B-J	8	22	C-J	1
11	B-D	7	22	E-G	1
12	C-E	6	22	F-I	1

第四步：确定配送线路。从分类表中，按节约里程大小顺序，组成线路图。

（1）初始方案：对每一客户分别单独派车送货，结果如图 4-13 所示。

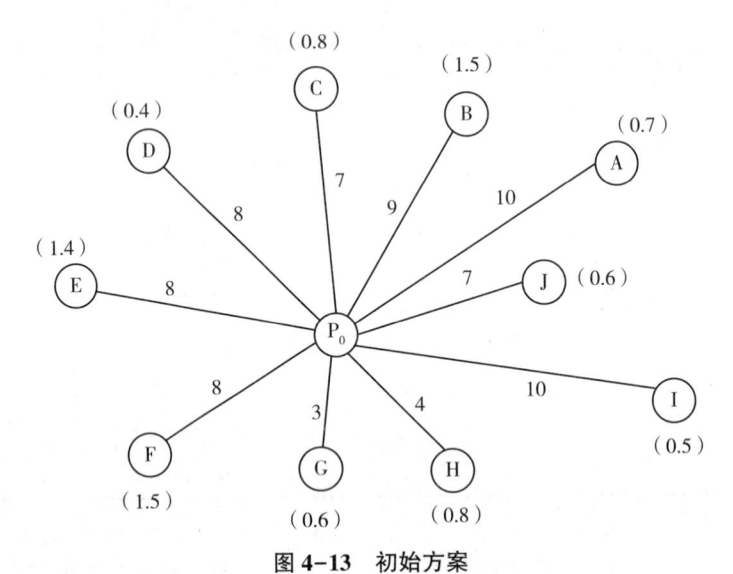

图 4-13 初始方案

配送线路：10 条；配送距离：148 千米；配送车辆：2 吨车 10 辆。

（2）修正方案 1：按节约里程 C_{ij} 由大到小的顺序，连接 A 和 B、A 和 J、B 和 C，得到修正方案 1，如图 4-14 所示。

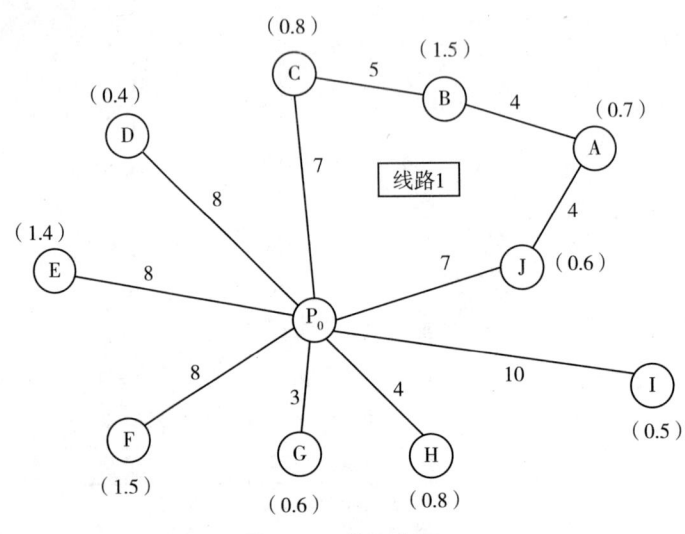

图 4-14 修正方案 1

配送线路：7条；配送距离：109千米；配送车辆：2吨车6辆、4吨车1辆。

（3）修正方案2：在剩余的C_{ij}中，最大的是C-D和D-E，此时D和E都有可能并入线路A中，但考虑到车辆的载重量及线路均衡问题，连接D和E形成一个新的线路2，得到修正方案2，如图4-15所示。

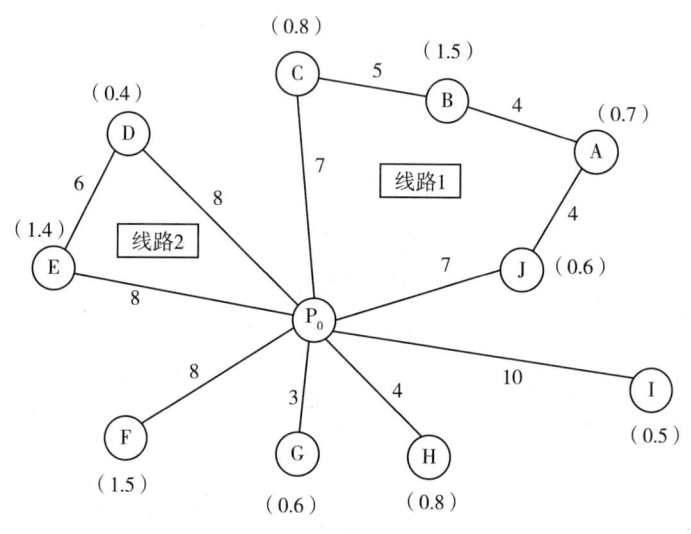

图4-15 修正方案2

配送线路：6条；配送距离：99千米；配送车辆：2吨车5辆，4吨车1辆。

（4）修正方案3：接下来最大的节约里程是A-I和E-F，由于此时A已属于线路1，若将I并入线路1，车辆会超载，故只能将F点并入线路2，得到修正方案3，如图4-16所示。

配送线路：5条；配送距离：90千米；配送车辆：2吨车3辆和4吨车2辆。

（5）修正方案4：再继续按C_{ij}由大到小排出I-J、A-C、B-J、B-D、C-E，由于与其相应的用户均已包含在已完成的线路里，故不予考虑。把F-G组合并入线路2中，得到修正方案4，如图4-17所示。

配送线路：4条；配送距离：85千米；配送车辆：2吨车2辆和4吨车2辆。

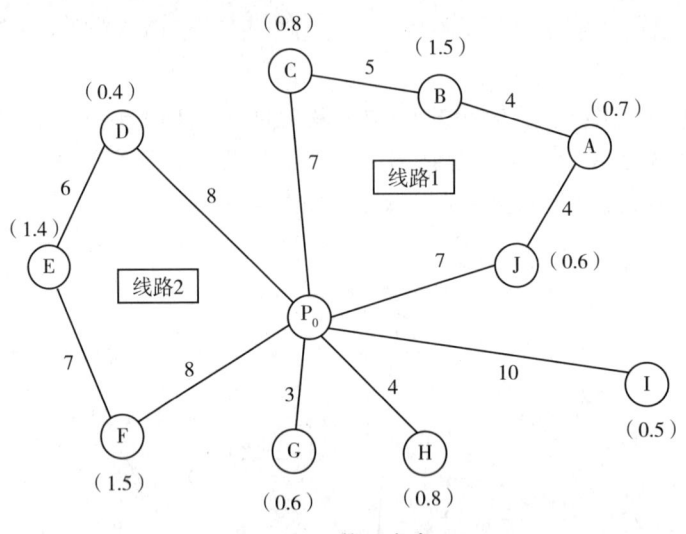

图 4-16　修正方案 3

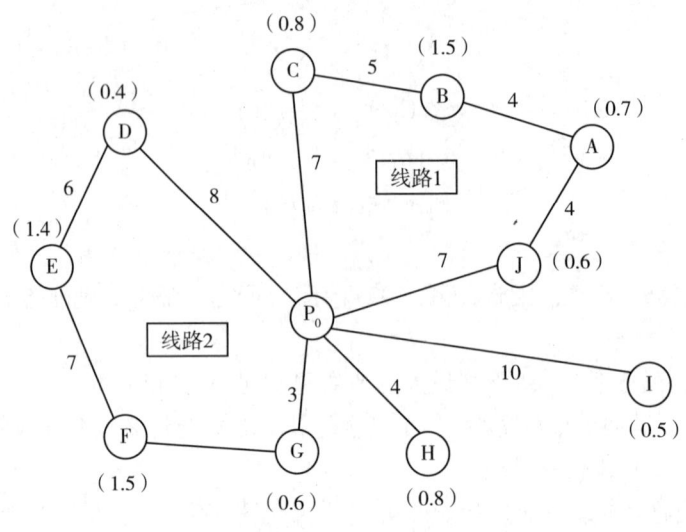

图 4-17　修正方案 4

(6) 最终方案：剩下的是 G-H，考虑到配送距离的平衡和载重量的限制，不将 G 点并入线路 2 中，而是连接 H 和 I，组成新的线路 3，得到最终方案，如图 4-18 所示。

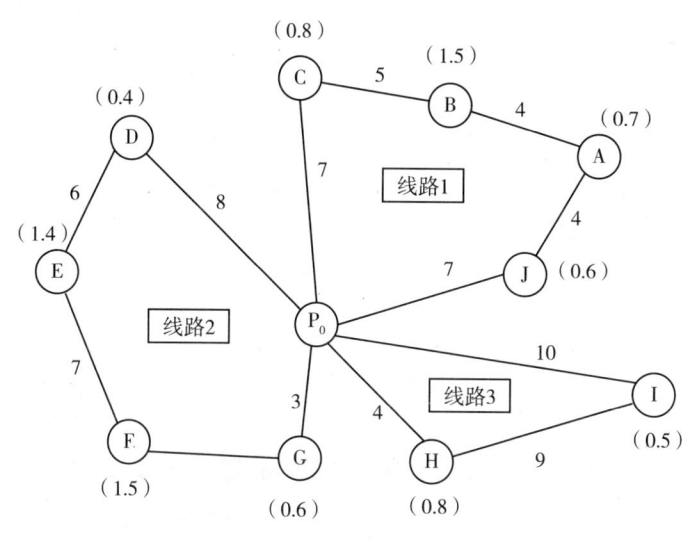

图 4-18 最终方案

共存在 3 条配送线路，总的配送距离为 80 千米，需要的配送车辆为 2 吨车 1 辆，4 吨车 3 辆。3 条配送线路分别为：

线路 1：$P_0 \rightarrow C \rightarrow B \rightarrow A \rightarrow J \rightarrow P_0$，使用 1 辆 4 吨车，装载量 3.6 吨，行走距离 27 千米。

线路 2：$P_0 \rightarrow D \rightarrow E \rightarrow F \rightarrow G \rightarrow P_0$，使用 1 辆 4 吨车，装载量 3.9 吨，行走距离 30 千米。

线路 3：$P_0 \rightarrow H \rightarrow I \rightarrow P_0$，使用 1 辆 2 吨车，装载量 1.3 吨，行走距离 23 千米。

第五章　制造企业物流管理

第一节　制造企业物流的基本概念

一、制造企业物流的内涵

（一）制造企业物流概述

制造企业物流是指制造企业的物流全过程，它包括原材料的采购物流、厂内生产物流、销售物流，甚至还包括废弃物处理和回收物流。本书所指的制造企业物流，主要是指原材料、燃料、外购件投入生产后，经过下料、发料、运送到各个加工点和储存点，以在制品的形态从一个生产单位（仓库）流入另一个生产单位（仓库），按照规定的生产工艺过程进行加工、储存的全部生产过程。

制造企业物流区别于其他物流系统的最显著特点是，它与企业生产密切联系在一起。只有合理组织生产物流过程，才有可能使生产过程始终处于最佳状态。如果物流过程组织水平低，达不到基本要求，即生产条件、设备、工艺再好，也不可能顺利完成生产过程，更谈不上取得较好的经济效益。因此，企业没有生产就没有生产物流，生产物流不畅就会导致生产停顿。

企业生产物流过程需要物流信息提供支持，通过信息收集、传递、储存、加工和使用，控制各项物流活动的实施，使其协调一致，保证生产的顺利进行。生产物流管理的核心是对物流和信息流进行科学的规划、管理与控制。

（二）影响制造企业物流的主要因素

不同的制造企业具有不同的生产过程，而不同的生产过程形成了不同的生产物流系统。制造企业物流的构成与下列因素有关：

1. 生产工艺

生产工艺不同，加工设备不同，对生产物流有不同的要求和限制，因此生产工艺是影响生产物流构成的最基本因素。

2. 生产类型

不同的生产类型，产品品种、结构复杂程度、加工设备不尽相同，将影响生产物流的构成与比例关系。

3. 生产规模

生产规模是指单位时间内的产品产量，因此规模大，物流量就大，规模小，物流量就小。相应的物流设施、设备就不相同，组织管理也不相同。

4. 专业化与协作化水平

社会生产力的高速发展与全球经济一体化，使企业的专业化与协作化水平不断提高，与此相适应，企业内部的生产趋于简化、物流流程缩短。

二、制造企业物流的流程特征

1. 物流过程的连续性

物流过程的连续性，就是生产过程各个工序相互衔接、连续运行，物流供应不能中断或脱节。物流供应中断或脱节会造成后续过程的停顿，从而造成整个生产过程无法继续进行。

2. 物流过程的并行性

由于生产过程的各个环节、各工序在时间上都是平行进行的，因此很大一部分物流运作需要制订详细的供应计划平行进行。各零部件的加工和产成品的组装都采用并行作业。生产企业物流既要保持各环节、各工序、各设备和人员之间的衔接，又要保证它们各自都能够同时独立运行。

物流过程的平行性是企业生产库存形成的原因，由于零部件的组装和零部件的生产是同时进行的，而每个零部件的生产加工都需要一定的时间（生产提前期）才能够完成，因此为保证组装工作连续进行，就必须有一部分产品储存起来，保证生产提前期内的装配需要，这就形成了生产库存。

3. 物流过程的均衡性

物流过程的均衡性，就是物流过程各个环节的工作都要按计划进度的要求有节奏地进行，从而使产品的投入和产出保持相对稳定，工作均匀而满负荷，不要大起大落、前松后紧。

4. 物流过程的比例性

物流过程的比例性，就是保证生产企业生产过程各个环节、各个工序的生产能力保持一定的比例关系，以适应产品均衡产出的要求。产品的各个零部件数量都是呈比例的，而每个零部件的加工工作量、加工时间都不一样。为了保证产品均衡产出，必须要求每个零部件均衡产出，因此每个零部件的物流供应和输出就应当呈比例安排。

5. 物流过程的单向性

物流过程的单向性，是指生产过程中工件的流向只有一个方向，都是按照原材料加工开始，到产成品的形成为止的方向运行的。生产过程的单向性也就是生产物流的单向性，要降低成本，提高生产效率，就必须注意其生产组织的单向性。

6. 物流过程的柔性

物流过程的柔性，是指物流过程的组织结构可以灵活变化。在市场经济环境下，市场需求是瞬息万变的，今天畅销的产品，到明天可能就过时淘汰。所以我们生产的产品品种、规格、档次都要能够根据市场需求的变化而变化。因此，物流过程的组织需要根据产品品种规格的不同而灵活改变。

三、我国制造企业物流发展现状

在中国物流仓储协会的主持与上海港国际集装箱货运有限公司（SPCFA）的积极协助下，邀请了中国机械工程学会、中国物流技术协会、中国百货商业协会、中国五金交电化工商业协会、中国家用电器商业协会、中国连锁经营协会、中国调味品协会、中国蔬菜流通协会、中国酒类商业协会九家权威协会作为协办单位，联手共同组织了第六次中国物流市场供求状况调查活动。该调查对面向上述各行业协会的主要会员单位、《物流技术与应用》的主要订户、中国物流产品网注册会员单位的物流企业、生产制造企业、商贸企业发放调查问卷38000多份，其统计分析结果反映了当前我国制造企业物流发展现状。

1. 制造企业基本信息分析

此次调查活动样本企业的性质构成比例和所属行业构成比例分别如表5-1及表5-2所示，从中可以看出其中有很多企业集团属于跨行业经营，故合计的比例大于100%。

表5-1 制造企业性质构成比例

企业性质	构成	企业性质	构成
国有独资企业	16%	"三资"企业	12%
集体企业	4%	外商独资企业	18%

续表

企业性质	构成	企业性质	构成
民营企业	37%	上市公司	4%
内资股份制企业	9%	合计	100%

表 5-2 制造企业所属行业构成比例

所属行业	构成比例	所属行业	构成比例
食品	6%	医药	8%
家电	13%	汽车	13%
电子	10%	机械加工	33%
烟草	3%	其他	28%
日化	11%	合计	125%

生产制造企业产品品种基本情况如图 5-1 所示。调查表明，35%的生产制造企业生产的产品品种在 200 种以上，9%的企业生产的产品品种在 10 种以内，25%的企业生产的产品品种在 10~50 种，13%的企业生产的产品品种在 51~100 种，18%的企业生产的产品品种在 101~200 种。

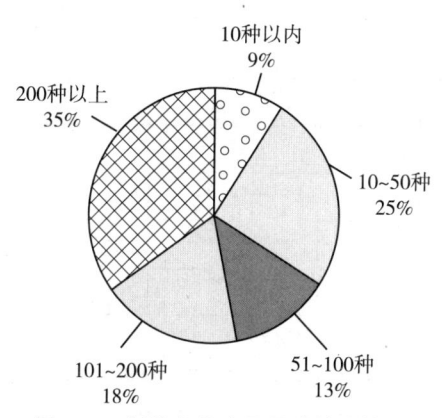

图 5-1 制造企业产品品种基本情况

生产制造企业生产方式调查结果如图 5-2 所示。通过调查可以看出，64%的生产企业按订单组织生产，比例有所下降；36%的企业按销售计划组织生产，比例有所上升，这是由于样本中大型企业增加所致，也说明中国的大型企业由于企业规模较大，按客户需求订单组织生产的比例不如许多中小型企业。

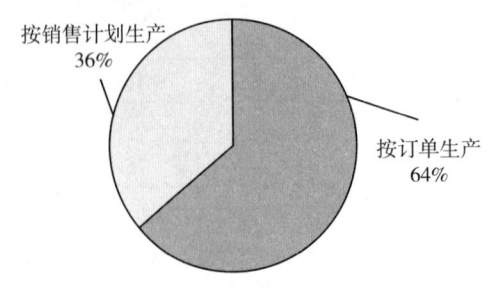

图 5-2 制造企业生产方式基本情况

按销售计划生产 36%
按订单生产 64%

2. 制造企业物流运作现状分析

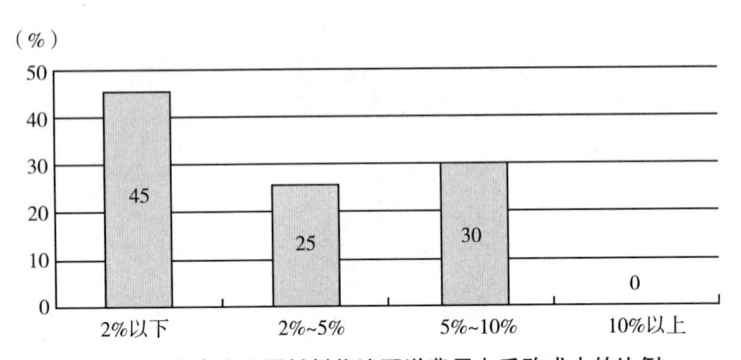

(1) 物流费用分析。生产企业原材料物流配送费用占采购成本的比例如图 5-3 所示。其中,生产企业原材料物流配送费用占采购成本 2% 以下的企业比例最大,为 45%,较第五次调查有较大上升,增加了 22 个百分点;原材料物流费用占采购成本在 5%~10% 的企业,企业比例达到了 30%,也较第五次调查有一定增加;原材料物流费用占采购成本 2%~5% 的企业占 25%,相对于第五次调查结果,物流费用有了较大的下降;物流费用占采购成本 10% 以上的企业比例降到了 0%,物流费用占采购成本 2% 以下的企业比例上升到了 45%,说明企业通过提高物流运作水平使物流成本有了较大下降。

图 5-3 生产企业原材料物流配送费用占采购成本的比例

生产企业产成品物流费用占销售额的比例如图 5-4 所示。其中,50% 的生产企业的产成品物流费用占销售额的比例在 5% 以下,25% 的企业的产成品物流费用占销售额的 5%~10%,19% 的企业的产成品物流费用占销售额的 11%~15%。

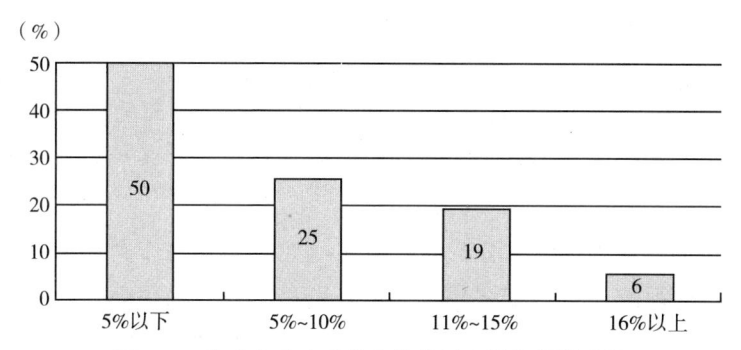

图 5-4 生产企业产成品物流费用占销售额的比例

（2）企业库存情况分析。制造企业原材料库存周期和成品库存周期分别如图 5-5 和图 5-6 所示。

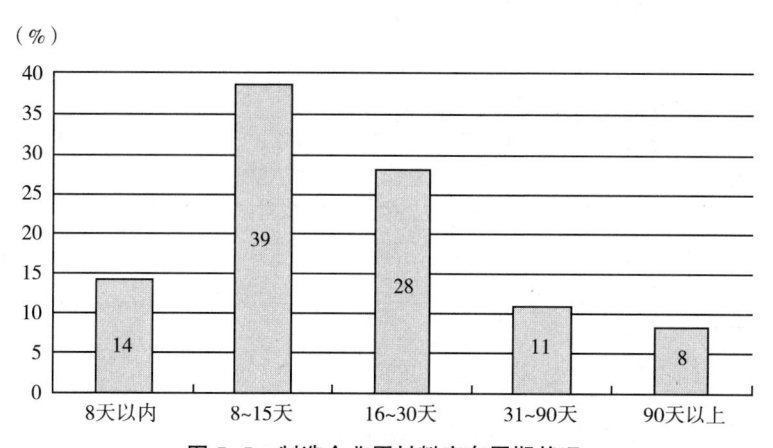

图 5-5 制造企业原材料库存周期状况

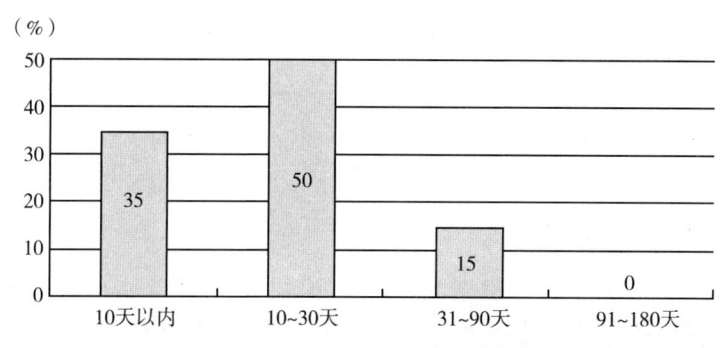

图 5-6 制造企业成品库存周期状况

调查表明，生产制造企业原材料库存周期在 8~15 天的占 39%，16~30 天的占 28%，31~90 天的占 11%，说明大部分生产制造企业原材料库存周期在 1 周至 3 个月，所占比例在 78%。生产制造企业成品库存周期在 10~30 天的占 50%，31~90 天的占 15%，说明约 65% 的生产制造企业成品平均库存周期在 10 天至 3 个月。

（3）企业物流管理状况分析。由图 5-7 可以看出，生产制造企业现场物流采用看板管理的占 41%，采用 JIT 配送的占 25%，采用原料直送工位的占 44%，采用精益化物流管理的占 41%，使用条码信息系统的占 22%，采用集成化物流系统的占 18%；采用一体化物流管理的企业占 25%，实施了供应链管理优化的企业占 38%，原材料采购采用了招标采购措施的企业占 53%，采纳物流业务外包的企业占 59%，实施 ERP 信息化管理的企业占 56%，进行了业务流程优化的企业占 47%，采纳了其他各种物流改善措施的企业占 3%。调查表明，我国生产制造企业在物流理论及方法的应用上在持续改善。

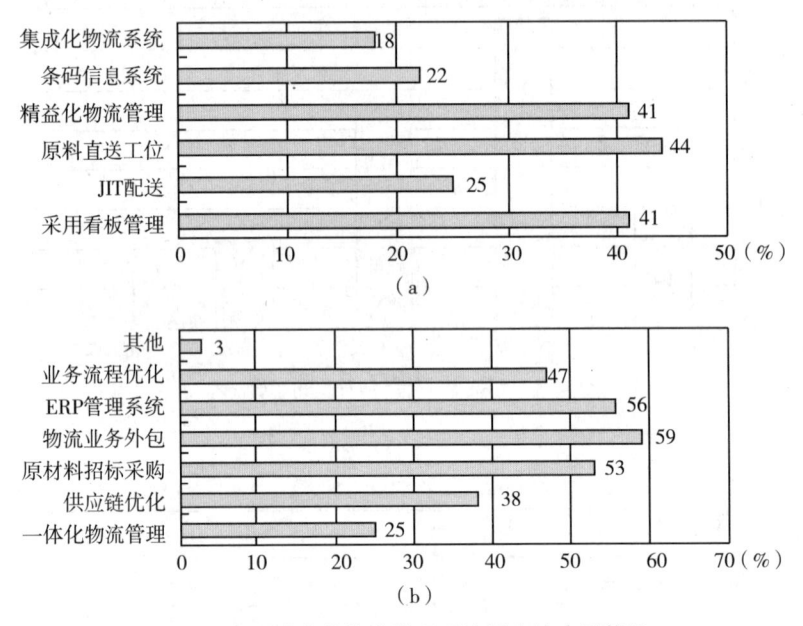

图 5-7 制造企业物流管理理论及方法应用状况

（4）企业物流技术应用状况分析。由图 5-8 可以看出，生产制造企业在物流作业中采纳了多种现代化物流技术与装备，其中，使用物流单元容器的企业占 28%，使用工位器具的企业占 63%，使用叉车/拖车等搬运设备的企业占 81%，

第五章 制造企业物流管理

使用吊车/起重机的企业占31%，生产线使用连续自动输送线的企业占41%。

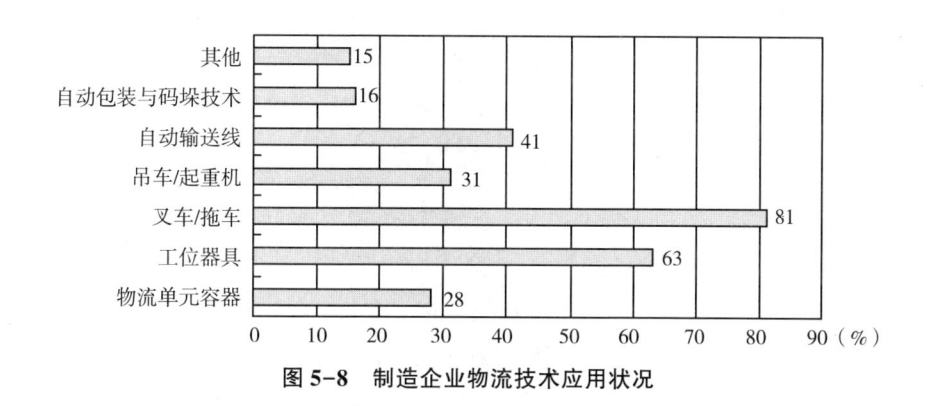

```
其他               15
自动包装与码垛技术   16
自动输送线         41
吊车/起重机        31
叉车/拖车          81
工位器具           63
物流单元容器        28
        0  10  20  30  40  50  60  70  80  90 (%)
```

图 5-8　制造企业物流技术应用状况

（5）企业产成品运输方式分析。制造企业产成品运输方式如图 5-9 所示，有 97% 的生产制造企业的产成品采用公路运输方式，有 72% 的生产制造企业的产成品采用铁路运输方式。由此可见，公路与铁路运输是生产制造企业产成品物流运输的最主要形式，生产制造企业产成品物流采用航空运输或水路运输的比例都较低。

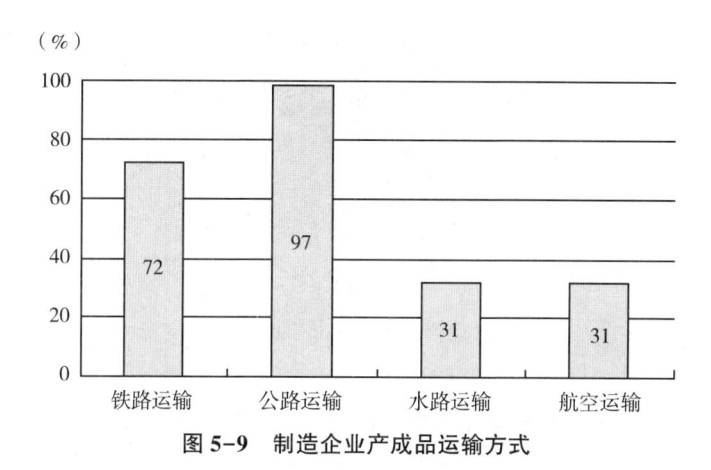

```
(%)
100
 80
 60  72
 40       97
 20            31    31
  0
    铁路运输 公路运输 水路运输 航空运输
```

图 5-9　制造企业产成品运输方式

3. 制造企业物流市场需求结构分析

（1）企业物流执行主体。制造企业原材料物流执行主体如图 5-10 所示，生产制造企业原材料物流的执行主体主要是供货方，占 56%；本公司自理占 25%；第三方占 19%。这说明原材料物流的执行主体主要是供货方和本公司，

· 159 ·

合计占81%的比例。

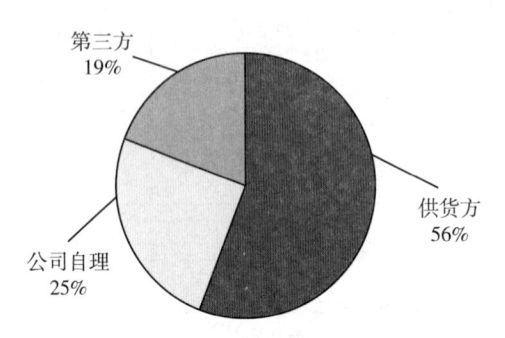

图5-10 制造企业原材料物流执行主体

制造企业成品物流执行主体如图5-11所示。在生产制造企业成品销售物流中，16%的执行主体是公司，与第五次调查结果相比继续下降；31%是全部第三方，相比第五次调查结果有较大上升；53%的执行主体是部分自理与外包相结合，与第五次调查结果相比变化不大。调查表明，企业越来越倾向于把物流业务外包给第三方，物流专业分工更加明确。

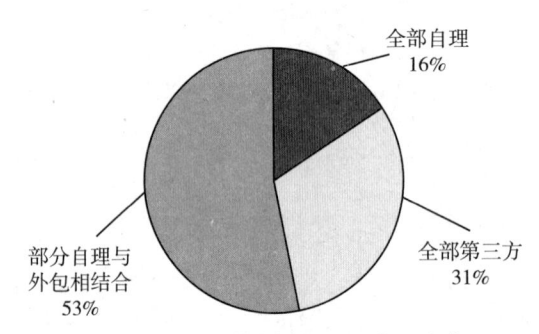

图5-11 制造企业成品物流执行主体

（2）企业选用第三方物流公司的数量。由图5-12可知，工业企业使用第三方物流服务时，只选择1家物流公司的比例仅为3%，大多数企业都选择2家以上的物流公司，所占比例为97%。其中，选择4~10家物流公司的占45%，说明大多数物流公司还不能满足企业要求，许多公司业务能力各有侧重，只能提供基础的物流服务，因此企业必须多选择几家物流公司才能做好物流业务。

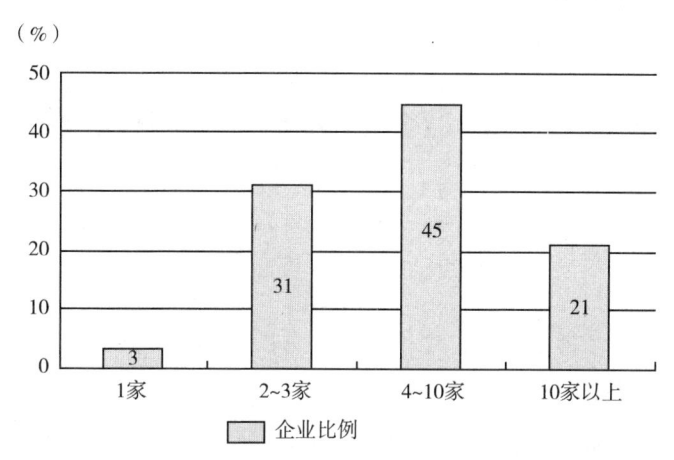

图 5-12 企业选用第三方物流公司的数量

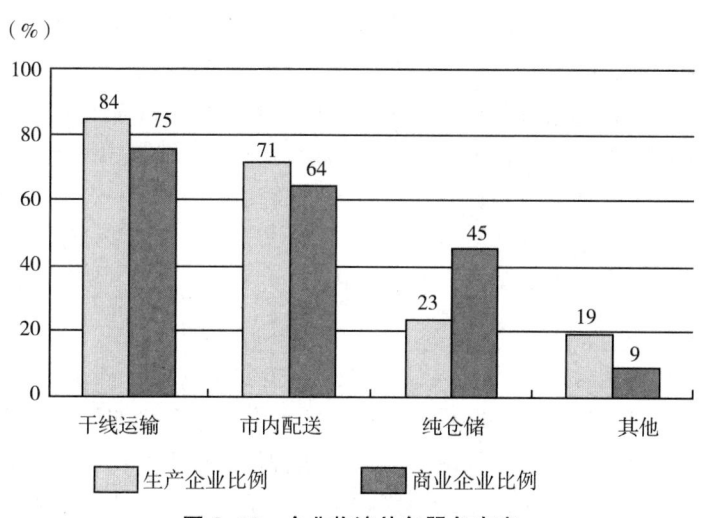

(3) 企业物流外包服务内容。企业物流外包服务内容如图 5-13 所示，我国生产制造企业与商贸企业的外包物流主要集中在干线运输上，其次是市内配送。在外包物流服务中，企业对包含多种物流服务的综合物流服务的需求呈上升趋势，如生产制造企业的第三方物流服务中，希望提供三种以上物流服务的企业需求比例高达 73%。

图 5-13 企业物流外包服务内容

第二节　制造企业内部生产物流管理

制造企业内部的生产物流伴随着生产过程的始终，是生产进行的基础，它关系到生产过程能否顺利进行、生产计划能否保质保量完成。对于生产物流的管理主要包括生产物流作业管理和生产物流状态监控，以及伴随物流同时发生的信息流的管理。

一、生产物流作业管理

生产作业管理就是根据生产加工的需要，调度各种运输设备，规划运输路线，使所需的物料及时、通畅地运达指定位置。这里既包含作业计划，也包含作业控制。

生产物流计划的核心是生产作业计划的编制工作，即根据计划期内规定的出产产品的品种、数量、期限，具体安排产品及其零部件在各工艺阶段的生产进度。与此同时，为企业内部各生产环节安排短期的生产任务，协调前后衔接关系。

生产物流计划的任务包括三个方面：一是保证生产计划的顺利完成。即为了保证按计划规定的时间和数量出产各种产品。要研究物料在生产过程中的运动规律，以及在各工艺阶段的生产周期，以此来安排经过各工艺阶段的时间和数量，并使系统内各生产环节在制品的结构、数量和时间相协调。总之，通过物流计划中的物流平衡以及计划执行过程中的调度、统计工作，来保证计划的完成。二是为均衡生产创造条件。均衡生产是指企业及企业内的车间、工段、工作地等生产环节，在相等的时间阶段内，完成等量或均增数量的产品。其中均衡生产的要求为：①每个生产环节都要均衡地完成所承担的生产任务；②不仅要在数量上均衡生产和产出，而且各阶段物流要保持一定的比例性；③要尽可能缩短物料流动周期，同时要保持一定的节奏性。三是加强在制品管理，缩短生产周期。保持在制品、半成品的合理储备是保证生产物流连续进行的必要条件。在制品过少会使物流中断而影响生产；反之，又会造成物流不畅，加长生产周期。因此，对在制品的合理控制，既可减少在制品占用量，又能使各生产环节衔接、协调，按物流作业计划有节奏地、均衡地组织物流活动。

二、生产物流状态监控

(一) 生产物流控制系统的组成要素和主要内容

在实际的生产物流系统中，由于受系统内部和外部各种因素的影响，计划与实际之间会产生偏差，为了保证计划的完成，必须对物流活动进行有效的控制。

一个控制系统必须由若干个要素组成，主要包括：

(1) 控制对象。控制对象可由人、设备组成一个基本系统单元，通过施加某种控制或指令，能完成某种变化。在生产物流中，物流过程是主要的控制对象。

(2) 控制目标。控制本身并不是目的，系统必须有一个事先设定的目标。控制的职能是随时或定期进行检查，发现偏差，然后进行调整，以利于目标的完成。

(3) 控制主体。在一个控制系统里，当目标已定，收集控制信息的渠道也已畅通，就需要一个机构来比较当前系统的状态与目标状态的差距，如差距超过允许的范围，则需制定纠正措施，下达控制指令。这样的机构成为控制主体。

针对一个制造企业生产物流，其控制的内容主要包括：

(1) 进度控制。物流控制的核心是进度控制，即物料在生产过程中的流入、流出控制，以及物流量的控制。

(2) 在制品管理。在生产过程中对在制品进行静态、动态控制以及占有量的控制。在制品控制包括在制品实物控制和信息控制。有效控制在制品，对及时完成作业计划和减少在制品积压均有重要意义。

(3) 偏差的测定和处理。在进行作业的过程中，按预定时间及顺序检测执行计划的结果，掌握计划量与实际量的差距，根据发生差距的原因、差距的内容及严重程度，采取不同的处理方法。首先，要预测差距的发生，事先规划消除差距的措施，如动用库存、组织外协等；其次，为及时调整产生差距的生产计划，要及时将差距的信息向生产计划部门反馈；最后，为了使本期计划不做或者少做修改，将差距的信息向计划部门反馈，作为下期调整的依据。

(二) 生产物流控制程序步骤

对不同类型的生产方式来说，物流控制的程序基本上是一样的。与控制的内容相适应，物流控制的程序一般包括以下几个步骤：

(1) 制定期量标准。物流控制从制定期量标准开始，所制定的标准要保持先进与合理的水平，随着生产条件的变化，标准要定期和不定期地进行修订。

（2）制订计划。依据生产计划制订相应的物流计划，并保持生产系统能够正常运转。

（3）物流信息的收集、传送、处理。

（4）短期调整。为了保证生产的正常进行，及时调整偏差，保证计划顺利完成。

（5）长期调整及其有效性的评估。

三、生产物流信息管理

无论是生产物流中的物料管理、状态监控还是作业管理，都离不开物流信息。生产物流过程实际上是物料流动加信息流动的过程。在物料流动中，物料的数量、物理位置和品种的变化是按照实际加工需要来进行的。在信息流动过程中，信息的采集、处理和传输则服务于管理的需要。也可以说，在生产物流系统运行过程中，物质实体的流动是目的，而为达到这一目的，所进行的管理是以信息为基础的。信息管理是现代生产物流管理的核心和基础。

（一）生产物流管理系统信息的组成

物流信息由企业生产经营相关的物流管理系统内部信息和外部信息组成。内部信息是伴随物流活动而发生的信息，包括物料流转信息、物流作业层信息、物流控制层信息以及物流管理层信息。外部信息是在物流活动以外发生，但提供给物流活动使用的信息，包括供货人信息、顾客信息、订货合同信息、交通运输信息、市场信息、政策信息，还有来自企业内生产、财务等部门与物流相关的信息。

（二）生产过程管理中物料信息的定义

对于制造企业生产过程而言，需要定义产品制造物料参数，它是由产品编号确定的各工位的制造物料参数。制造参数一般分为两种：一是由产品编号确定的基本制造物料参数，二是由状态参数选定的选项物料参数。

由产品制造参数可以定义管理的域，其中包括的制造参数有产品编号、部门工艺、物料代码、制造物料描述、计量单位和物料报警数量等。同时，产品制造物料参数管理设有两种权限：生产处，具有生产产品制造物料参数的权限；系统使用人员，具有浏览产品制造物料参数的权限。

其中，参数信息是与产品和工艺紧密相关的制造信息与物料信息。产品工艺制造参数是生产加工过程中的一些重要提示信息，这些信息需要实时传送到生产工位上，提示工人进行生产操作。产品工艺物料参数是指生产线的各个工位上加工某一类产品时所需物料的类型、所需各种物料的数量、报警数量。

（三）物流管理系统信息交换模型

物流管理系统一般是根据企业生产计划任务进行运作的。首先，销售部门根据用户订单和市场预测制订生产计划任务。其次，生产部门根据生产任务，制订出产品生产计划和物料需求计划。最后，仓储部门根据生产部门提供的物料需求计划和当前物料库存进行产品计划的配套性检验，制订出相应的物料采购计划，及时更新物料库存清单。其中，企业物流管理信息贯穿于整个企业各项流程之中，作为制造企业核心的生产物流信息更是起着举足轻重的作用，指导具体的企业生产经营活动，并随时进行相关的信息交换。图5-14即显示了企业物流管理与生产过程管理界面的信息交换模型。

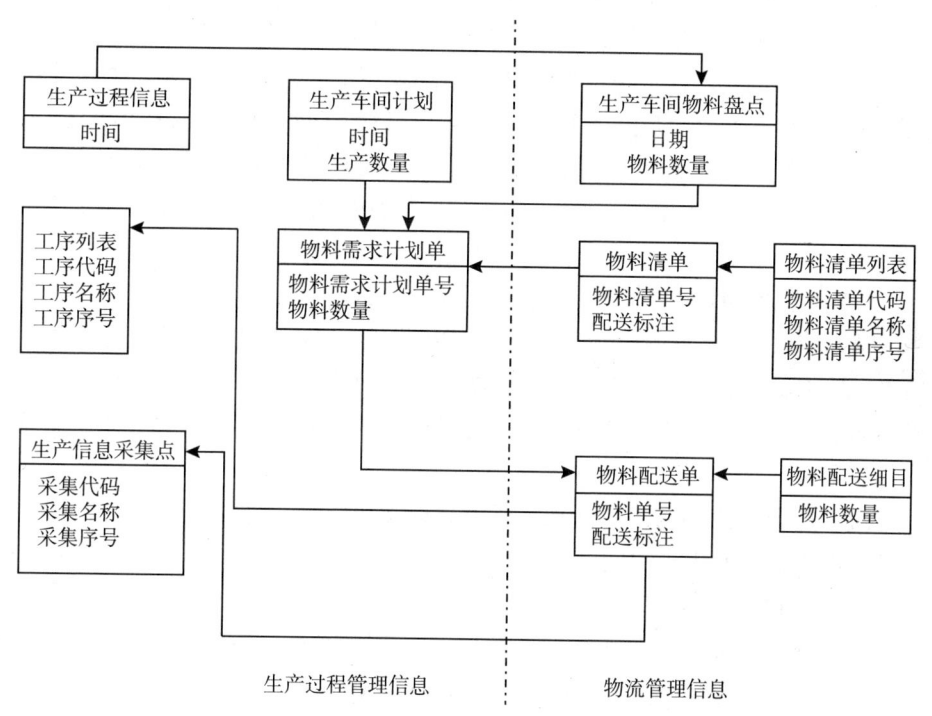

图5-14 企业物流管理与生产过程管理界面的信息交换模型

第三节　制造企业物流计划方法

一、MRP 的原理与应用

（一）MRP 的产生过程

在 MRP 问世之前，库存计划通常采用订货点法。但是订货点法只能保证稳定均衡消耗情况下不出现短缺，不能保证消耗多变情况下不出现短缺，也无法起到降低库存的作用。1965 年美国的 J. A. 奥列基博士提出独立需求和相关需求的概念，并指出订货点法只适用于独立需求物资。由于市场需求是经常变化的，对各种物料的需求也是时刻在变化，这其中既有独立性的需求，也有相关性的需求。不出现短缺和降低库存是生产中遇到的两个互相矛盾的目标，而且增加库存并不一定就能保证所有物料不出现短缺。正是为了解决这个矛盾，美国生产管理和计算机应用专家 Oliver W. Wight 与 George W. Plash 首先提出了物料需求计划 MRP，IBM 公司首先在计算机上实现了 MRP 处理。随后，MRP 经历了一个由基本 MRP 到闭环 MRP，再到 MRP Ⅱ，然后到 MRP Ⅲ 的发展过程。

（二）基本 MRP 的原理

基本 MRP 的原理是，由主生产进度计划（MPS）和主产品的层次结构逐层逐个地求出产品所有零部件的出产时间、出产数量。如果是自己加工，就形成了加工任务单。如果是向外采购，就形成了采购任务单。因此，MRP 的基本任务是：

（1）从最终产品的生产计划（独立需求）导出相关物料（原材料、零部件等）的需求量和需求时间（相关需求）。

（2）根据物料需求时间和生产（订货）周期确定其开始生产（订货）的时间。MRP 的基本任务是编制零件的生产计划和采购计划。然而，要正确编制零件计划，首先必须落实产品的出产进度计划，用 MRP Ⅱ 的术语就是主生产计划（Master Production Schedule，MPS），这是 MRP 展开的依据。MRP 还需要知道产品的零件结构，即物料清单（Bill of Materials，BOM），才能把主生产计划展开形成零件计划。同时，还必须知道所需物料的库存数量，从而准确计算出零件的采购数量。

由此可见，基本 MRP 的依据是：主生产计划（MPS）、物料清单（BOM）、库存信息。它们之间的逻辑流程关系如图 5-15 所示。

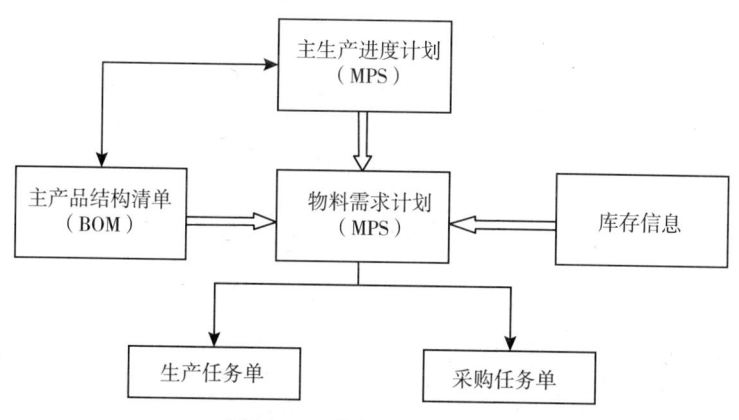

图 5-15 基本的 MRP 逻辑

主生产计划是确定每一具体的最终产品在每一具体时间段内生产数量的计划。这里的最终产品是指对于企业来说最终完成、要出厂的产成品，它要具体到产品的品种、型号。这里的具体时间段通常是以周为单位，在有些情况下，也可以是日、旬、月。主生产计划详细规定生产什么、什么时段应该产出，它是独立需求计划。主生产计划根据客户合同和市场预测，把经营计划或生产大纲中的产品系列具体化，使之成为展开物料需求计划的主要依据，起到了从综合计划向具体计划过渡的承上启下作用。主生产计划通常情况下就是主产品的独立需求计划，它是根据用户对主产品的订单所确定的需求时间、需求数量，确定主产品的出产时间、出产数量，如表 5-3 就是主产品 A 的出产计划表。

表 5-3 主产品 A 的出产计划表

项目：A（0级）	周次							
提前期：1	1	2	3	4	5	6	7	8
计划出产数量	25	15	20		60		15	

有了主产品出产计划，我们下面的任务就是要完成这个主产品出产计划。但是，主产品是由零部件装配而成的，所以我们必须弄清楚主产品由哪些零部

件构成，哪些零部件要自制，哪些零部件要外购，以及自制时，生产提前期是多少（多长时间可以生产出来），外购时，采购提前期是多少（多长时间可以采购回来）。把这些资料表示出来的文件，就是主产品结构文件，如图5-16所示。图中主产品A由2个B和1个C构成，而1个B由1个D和1个C构成。图5-16中，L表示生产或采购提前期，如生产1个A要1周，采购零件C要3周。图5-16中旁边标注的n为结构层次：主产品层次n=0，主产品的一级零部件n=1，二级零部件n=2，依此类推。注意，如果一个零部件在几个层次中都出现，则应该统一把它放在其所处的最下面一层，如图5-16（b）所示的零件C。

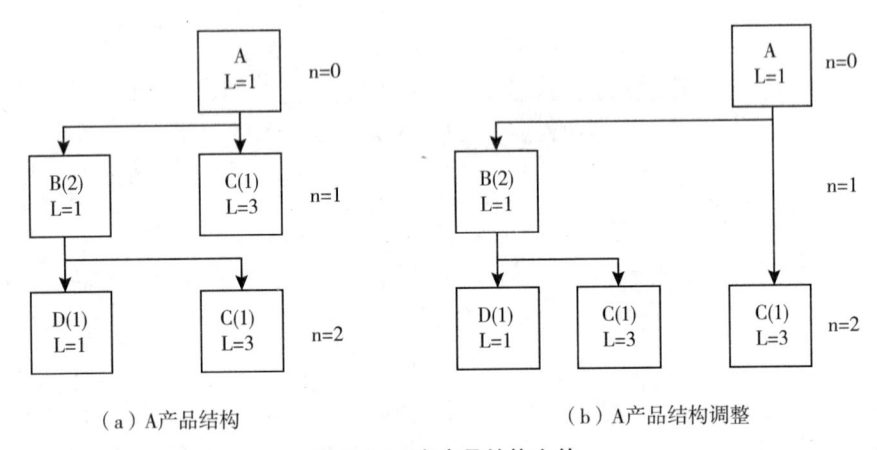

（a）A产品结构　　　　　　　　　　　　（b）A产品结构调整

图5-16　主产品结构文件

库存文件也叫库存状态文件。它包括以下几项：

（1）期初库存量，也就是在制订新的MRP计划时在仓库中的实际库存余额，即现有库存量，既包括主产品，也包括零部件。它们将在本期计划中用于生产主产品。

（2）计划到货量，即在制订新的MRP计划时的购进在途（已经发出了采购，还没有采购回来，但是预计会在新计划期间到货）或者在生产中（已经投产，还没有完成生产，但是预计会在新计划期间完成生产）的物资数量，既包括主产品，也包括零部件。主产品A及其零部件的库存文件如表5-4所示。

表 5-4 库存文件

品名	期初库存量 H_u	计划到货量 S (t)	
		到货时间	到货数量
A	20	1	10
		3	15
		5	40
		7	50
B	10	1	10
C	0	1	70
D	5	1	10

根据以上文件，MRP 软件可以计算出各个零部件的投产计划和采购计划。

例如，主产品 A 的出产进度计划如表 5-3 所示，结构文件如图 5-16 所示，库存文件如表 5-4 所示，做未来 8 周的 MRP 物料需求计划。

解：先从层级码为 0 的主产品 A 算起。其提前期为 1 周，期初库存量为 20 个。根据其 G(t)、S(t) 进行 MRP 运算，结果如表 5-5 所示。

表 5-5 主产品 A 的 MRP 运行结果

项目:A(0)级 提前期:1	周次							
	1	2	3	4	5	6	7	8
总需要量 G(t)	25	15	20		60		15	
计划到货量 S(t)	10		15		40		50	
库存量 H(t)	5	−10	−15	−15	−35	−35	0	0
净需要量 N(t)	0	10	5	0	20	0	0	0
计划接受订货 P(t)		10	5		20			
计划发出订货 R(t)	10	5		20				

再计算层级码为 1 的零件 B。1 个主产品 A 由 2 个零件 B 和 1 个零件 C 构成。B 的期初库存量为 10 个，第 1 周计划到货 10 个。根据表 5-5，A 产品在第 1、2 和 4 周计划发出生产订货任务单，分别订 10 个、5 个、20 个，也就是要在第 1、2、4 周分别要 20 个、10 个、40 个零件 B。计算结果如表 5-6 所示。

表 5-6　零件 B 的 MRP 运行结果

项目:B(1 级) 提前期:1	周次							
	1	2	3	4	5	6	7	8
总需要量 G(t)	20	10		40				
计划到货量 S(t)	10							
库存量 H(t)	0	−10	−10	−50				
净需要量 N(t)		10		40				
计划接受订货 P(t)		10		40				
计划发出订货 R(t)	10		40					

算完第一级，再算第二级（层级码，n=2）。第二级有 1 个外购件 D 和 1 个零件 C。1 个 B 由 1 个 D 和 1 个 C 构成。D 的提前期为 1 周，期初库存量为 5 个，第 1 周计划到货量为 10 个，同样计算得表 5-7。第 2 周发出采购订货 35 个。

表 5-7　零件 D 的 MRP 运行结果

项目:D(2 级) 提前期:1	周次							
	1	2	3	4	5	6	7	8
总需要量 G(t)	10		40					
计划到货量 S(t)	10							
库存量 H(t)	5	5	−35	−35	−35	−35	−35	−35
净需要量 N(t)			35					
计划接受订货 P(t)			35					
计划发出订货 R(t)		35						

再算第二级的另一个零件 C。其期初库存量为 0，提前期为 3 周，第 1 周计划到货 70 个。1 个 A 需要 1 个 C、1 个 B 需要 1 个 C。由表 5-6 可知，第 1、3 周分别需要零件 B 10 个和 40 个，因此需要 C 10 个和 40 个。又由表 5-5 可知，A 产品在第 1、2、4 周分别发出订货 10 个、5 个、20 个，因而需要 C 也为 10 个、5 个、20 个。这样 C 的总需求量合起来为：第 1 周 20 个，第 2 周 5 个，第 3 周 40 个，第 4 周 20 个。同样计算的结果如表 5-8 所示。第 1 周就要发出零件 C 的生产订货 15 个。

表 5-8 零件 C 的 MRP 运行结果

项目:C(1级) 提前期:3	周次							
	1	2	3	4	5	6	7	8
总需要量 G(t)	20	5	40	20				
计划到货量 S(t)	70							
库存量 H(t)	50	45	5	−15	−15	−15	−15	−15
净需要量 N(t)				15				
计划接受订货 P(t)				15				
计划发出订货 R(t)	15							

综上可以得出为按计划出产产品 A 而需要的物料订货计划，或者物料需求计划，如表 5-9 所示。

表 5-9 主产品 A 的物料需求计划

物料	周次							
	1	2	3	4	5	6	7	8
B	10		40					
C	15							
D		35						

（三）闭环 MRP

20 世纪 60 年代时，MRP 能根据有关数据计算出相关物料需求的准确时间与数量，但它还不够完善，其主要缺陷是没有考虑到生产企业现有的生产能力和采购有关条件的约束。因此，计算出来的物料需求有可能因设备和工时的不足而没有能力生产，或者因为原料的不足而无法生产。同时，它也缺乏根据计划实施情况的反馈信息对计划进行调整的功能。

正是为了解决以上问题，MRP 系统在 20 世纪 70 年代发展为闭环 MRP 系统。闭环 MRP 系统除了物料需求计划外，还将生产能力需求计划、车间作业计划和采购作业计划也全部纳入 MRP，形成一个封闭的系统。

1. 闭环 MRP 的原理与结构

MRP 系统的正常运行需要有一个现实可行的主生产计划。它除了要反映市场需求和合同订单以外，还必须满足企业的生产能力约束条件。因此，除了要编制资源需求计划外，还要制订能力需求计划（CRP），与各工作中心的能力进行平衡。只有在采取了措施做到能力与资源均满足负荷的需求时，才能开始执行计划。

要保证实现计划就要控制计划，执行 MRP 时要用派工单来控制加工的优先级，用采购单来控制采购的优先级。这样，基本 MRP 系统进一步发展，把能力需求计划和执行及控制计划的功能也包括进来，形成一个环形回路，称为闭环 MRP，如图 5-17 所示。因此，闭环 MRP 成为一个完整的生产计划控制系统。

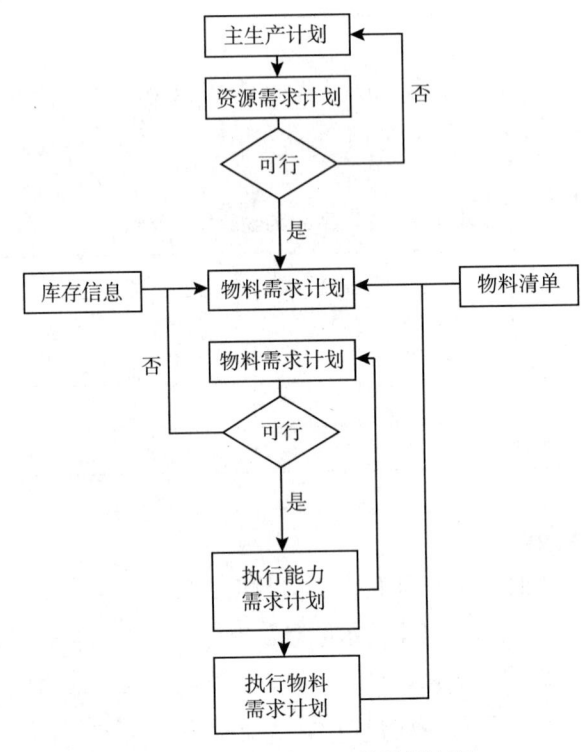

图 5-17 闭环 MRP 的逻辑流程

2. 资源需求计划与能力需求计划

在闭环 MRP 系统中，把关键工作中心的负荷平衡称为资源需求计划，或称为粗能力计划，它的计划对象为独立需求件，主要面向的是主生产计划；把全部工作中心的负荷平衡称为能力需求计划，或称为详细能力计划，而它的计划对象为相关需求件，主要面向的是车间。由于 MRP 和 MPS 之间存在内在的联系，所以资源需求计划与能力需求计划之间也是一脉相承的，而后者正是在前者的基础上进行计算的。

闭环 MRP 的基本目标是满足客户和市场的需求，因此在编制计划时总是先不考虑能力约束而优先保证计划需求，然后再进行能力计划。经过多次反复运算、调整核实，才转入下一个阶段。能力需求计划的运算过程就是把物料需求计划订单换算成能力需求数量，生成能力需求报表。这个过程可用图 5-18 来表示。

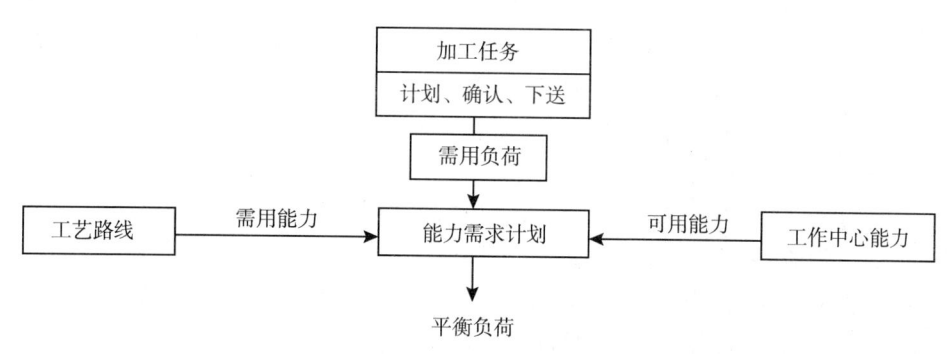

图 5-18 能力需求报表生成过程

当然，在计划时段中也有可能出现能力需求超负荷或低负荷的情况。闭环 MRP 能力计划通常是通过报表的形式（直方图是常用工具）向计划人员报告，但是并不进行能力负荷的自动平衡，这个工作由计划人员人工完成。

3. 现场作业控制

各作业中心的能力与负荷需求基本平衡后，接下来的一步就是要具体地组织生产活动，使各种资源既能合理利用又能按期完成各项订单任务，并将客观生产活动进行的状况及时反馈到系统中，以便根据实际情况进行调整与控制，这就是现场作业控制。它的工作内容一般包括以下几个方面：

（1）车间订单下达：订单下达是核实 MRP 生成的计划订单，并转换为下达订单。

（2）作业排序：它是指从工作中心的角度控制加工工件的作业顺序或作业优先级。

（3）投入产出控制：是一种监控作业流（正在作业的车间订单）通过工作中心的技术方法。利用投入/产出报告，可以分析生产中存在的问题，并采取相应的措施。

(4) 作业信息反馈：它主要是跟踪作业订单在制造过程中的运动，收集各种资源消耗的实际数据，更新库存余额并完成 MRP 的闭环。

二、MRP Ⅱ

（一）MRP Ⅱ 的管理思想

闭环 MRP 系统的出现，使生产活动方面的各种子系统得到了统一。但这还不够，因为在企业的管理中，生产管理只是一个方面，它所涉及的仅仅是物流，而与物流密切相关的还有资金流。这在许多企业中是由财会人员另行管理的，从而造成了数据的重复录入与存储，甚至造成数据的不一致。在全球激烈的大市场中，制造业企业面临越来越多的问题，其中很多已经是 MRP 所无法解决的。为了解决这些问题，制造业开始寻求更优化的制造管理方法，MRP Ⅱ 就在这样的背景下应运而生了。

20 世纪 80 年代，基于西方工业化国家管理思想和管理方法的管理信息系统，通过物流与资金流信息的集成，把生产、财务、销售、工程技术、采购等各个子系统集成为一个一体化的系统，称为制造资源计划（Manufacturing Resource Planning）系统，英文缩写还是 MRP，为了区别于物料需求计划（也缩写为 MRP）而记为 MRP Ⅱ。MRP Ⅱ 作为一种现代化的管理思想和方法，是现代管理技术、信息技术和计算机技术的综合利用。MRP Ⅱ 的管理思想正确反映了企业产、供、销等管理活动与人、财、物等资源的内在逻辑关系，对企业管理有着广泛的适用性。

随着经营管理的不断进步，MRP Ⅱ 也得到了很大的发展和完善。现代的 MRP Ⅱ 管理模式具有计划的一贯性和可行性、管理系统性、数据典型性、动态应变性、模拟预见性、物流和资金流的统一等特点。

（二）MRP Ⅱ 的原理与逻辑

MRP Ⅱ 的基本思想就是把企业作为一个有机整体，从整体最优的角度出发，通过运用科学方法对企业各种制造资源和产、供、销、财等各个环节进行有效的计划、组织和控制，使它们得以协调发展，并充分地发挥作用。MRP Ⅱ 的逻辑流程如图 5-19 所示。

在流程图的右侧是计划与控制系统，包括决策层、计划层和执行控制层，可以理解为经营计划管理的流程。中间是基础数据，这些数据要储存在计算机系统的数据库中，并反复调用，这些数据信息的集成将企业各个部门的业务沟通起来，可以理解为计算机数据库系统。左侧是主要的财务系统，这里只列出应收账、总账和应付账。各个连线表明信息的流向及相互之间的集成关系。

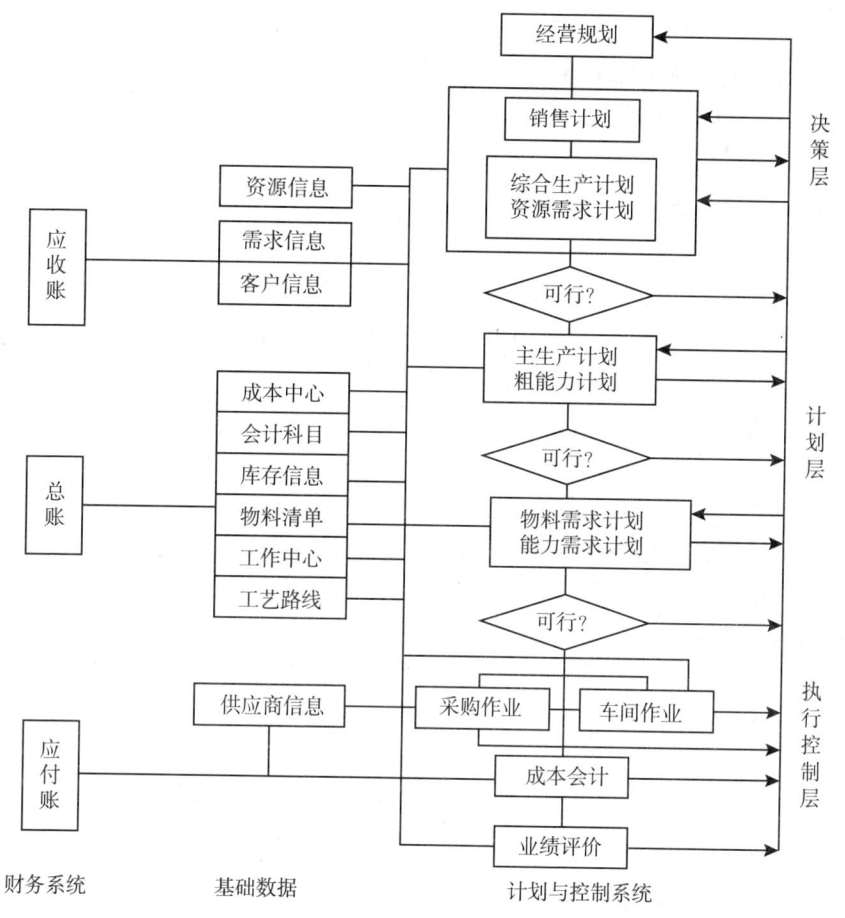

图 5-19　MRP Ⅱ 的逻辑流程

（三）MRP Ⅱ 管理模式的特点

MRP Ⅱ 的特点可以从以下几个方面来说明，每一项特点都含有管理模式的变革和人员素质或行为的变革两方面，这些特点是相辅相成的。

1. 计划的一贯性与可行性

MRP Ⅱ 是一种计划主导型管理模式。计划层次从宏观到微观、从战略到技术、由粗到细逐层优化，但始终保证与企业经营战略目标相一致。它把通常的三级计划管理统一起来，计划编制工作集中在厂级职能部门，车间班组只能执行计划，调度和反馈信息。计划下达前反复验证和平衡生产能力，并根据反馈信息及时调整。同时，处理好供需矛盾，保证计划的一贯性、有效性和可执行性。

2. 管理系统性

MRP Ⅱ是一项系统工程，它把企业所有与生产经营相关的工作联结成一个整体，各部门都从系统整体出发做好本职工作，每个员工都知道自己的工作质量同其他职能的关系。这只有在"一个计划"下才能成为系统，条块分割、各行其是的局面应被团队精神所取代。

3. 数据共享性

MRP Ⅱ是一种制造企业管理信息系统，企业各部门都依据同一数据信息进行管理，任何一种数据变动都能及时地反映给所有部门，做到数据共享。在统一的数据库支持下，按照规范化的处理程序进行管理和决策，改变了过去那种信息不通、情况不明、盲目决策、相互矛盾的现象。

4. 动态应变性

MPR Ⅱ是一个闭环系统，它要求跟踪、控制和反馈瞬息万变的实际情况，管理人员可随时根据企业内外环境条件的变化迅速做出响应，及时调整决策，保证生产正常进行。它可以及时掌握各种动态信息，保持较短的生产周期，因而有较强的应变能力。

5. 模拟预见性

MRP Ⅱ具有模拟功能。它可以解决"如果怎样，将会怎样"的问题，可以预见相当长的计划期内可能发生的问题，事先采取措施消除隐患，而不是等问题已经发生后再花几倍的精力去处理。这将使管理人员从忙碌的事务堆里解脱出来，致力于实质性的分析研究，提供多个可靠方案供领导决策。

6. 物流、资金流的统一

MRP Ⅱ包含了成本会计和财务功能，可以由生产活动直接产生财务数据，把实物形态的物料流动直接转换为价值形态的资金流动，保证生产和财务数据相一致。财务部门及时得到资金信息用于控制成本，通过资金流动状况反映物料和经营情况，随时分析企业的经济效益，参与决策，指导和控制经营与生产活动。

以上几个方面的特点表明，MRP Ⅱ是一个比较完善的生产经营管理计划体系，是实现制造业企业整体效益的有效管理模式。

三、及时生产方式（JIT）

（一） JIT 的产生和发展

JIT 的产生源于 1973 年爆发的全球石油危机及日益严重的自然资源短缺，这对当时靠进口原材料发展经济的日本冲击最大。生产企业为提高产品利润，增强公司竞争力，在原材料成本难以降低的情况下，只能从物流过程中寻找利润源，降低由采购、库存、运输等方面所产生的费用，这一思路最初由日本丰田汽车公司的丰田英二和大野耐一以看板管理的方式提出，并应用到生产中去，取得了意想不到的效果。随后，其他许多日本公司也采用了这一技术，为日本经济的发展和崛起做出了重要贡献。

日本企业的崛起引起西方企业界的普遍关注。西方企业家追根溯源，认为日本企业在生产经营中采用的 JIT 技术和管理思想，是其在国际市场上取胜的基础。因此，20 世纪 80 年代以来，西方经济发达国家十分重视对 JIT 的研究和应用，并将它用于生产管理、物流管理等方面。有关资料显示，1987 年已有 25%的美国企业应用了 JIT 技术，到现在，绝大多数美国企业仍在应用 JIT。JIT 已经由最初的一种减少库存水平的方法发展成为一种内涵丰富，包括特定知识、原则、技术和方法的管理哲学。

（二）JIT 的基本原理

JIT 是针对传统的大量生产而言的，它打破了传统的金字塔式的分层管理模式，将产品开发、生产和销售结合起来，使松散脱节的生产各部门紧密地结合起来。它的基本思想就是杜绝在生产用工、多余劳动、不必要搬运、库存及不良品返修等方面的浪费，以降低生产成本，达到零故障、零缺陷、零库存。

JIT 的基本原理是以需定供。它的基本思想可用一句话来概括，即"只在需要的时候，按需要的量，生产所需的产品"，这种生产方式的核心是追求一种无库存生产系统，或使库存达到最小的生产系统，为此而开发了包括看板在内的一系列具体方法，并逐渐形成了一套独具特色的生产经营体系。即供方根据需方的要求，将物品配送到指定的地点。不多送也不少送，不早送也不晚送，所送品种要个个保证质量，不能有任何废品。

具体来说，就是系统的上一道工序的加工品种、数量和时间由下一道工序的需求确定，零部件供应商的交货品种、数量和交货时间由生产组装线的进度需要来确定，做到在生产过程的每一个阶段和工序上不会出现闲置的零部件，从而就不会产生库存，因此，JIT 往往被称为零库存生产方式。实际上，在实践中绝对的零库存是不可能的，但是 JIT 强调及时服务，通过消除浪费使库存减少到尽可能低的水平。JIT 原理虽然简单，但内涵却很丰富：

（1）品种配置上，保证品种有效性，拒绝不需要的品种。

（2）数量配置上，保证数量有效性，拒绝多余的数量。

（3）时间配置上，保证所需时间，拒绝不按时的供应。

（4）质量配置上，保证产品质量，拒绝次品和废品。

（三）JIT 和 MRP Ⅱ 的区别与联系

MRP Ⅱ 是美国人提出的适用于大批量生产的管理模式和方法，而 JIT 却是由日本人发明的适用于精益生产的管理技术，这两者的区别与联系如表 5-10 所示。

表 5-10 JIT 和 MRP Ⅱ 的区别与联系

项目	JIT	MRP Ⅱ
库存	一种不利因素，应尽一切努力减少库存	一种资产，用来预防预测的误差、机床的故障、供货商拖期交货等，其目的是控制适量的库存
批量	仅生产立即需要的数量，对自制件与外购件都只下达最小的需要补充量	用某种公式来计算批量，一般对库存费用和生产准备费用加以折中考虑，用某个公式修正得到最佳批量
生产准备时间	使生产准备时间最少，要求最快地更换刀卡具以使对生产率的影响最小，或是备有已经完成生产准备的其他机床。迅速地更换工卡具以实现小批量生产，并允许频繁地生产不同的零件	生产准备时间并不十分要紧，一般的目标是最大的输出，很少有与丰田同样的想法和做出同样的努力来达到快速更换工卡具
在制品库存等待加工队列	取消等待加工队列。当出现等待加工队列时，确定发生的原因，并纠正它们。当在制品库存减少时，说明这一纠正过程是正确的	在制品库存是需要的投资。当上道工序发生问题时，在制品库存可保证连续的生产
供货商	供应商是合作者，它们是协同工作的一部分。把供应看成是自己的扩展部分	具有矛盾的甲乙方关系。一般都有多个供货来源，这是一种典型的在供货商之间挑拨矛盾以从中获利的方法
质量	废品为零。如果质量不是 100% 的合格，则生产就处于困难状态	允许一些废品。记录实际废品数，并用一些公式来预测废品数
设备的维修	设备稳定并有效地运行，设备的故障要减至最少	设备维修是必需的。由于允许在制品库存，所以这个问题不是关键
提前期	使提前期压缩。销售、采购及生产管理简化，所以提前期压缩	提前期越长越好。大多数工段长和采购部门希望提前期加长而不是缩短

JIT 追求尽善尽美，如在废品方面，追求零废品率；在库存方面，追求零库存。可以这样说，JIT 的目标是一种理想的境界。而 MRP Ⅱ 更多地考虑了制造业的普遍情况，考虑了较多的不确定因素。

(四) JIT 的应用

JIT 的基本思想简单，容易理解。但是，实现 JIT 却不容易，因为 JIT 生产不仅仅是一种生产技术，更重要的是，它是一种全新的管理模式，是一个完整的系统，因此实施 JIT 生产必然需要企事业单位从各个方面都进行改进。实施 JIT 几乎要涉及企业的每一个部门，渗透到企业的每一项活动之中。JIT 是一项综合防治的管理技术，它涉及产品的设计、生产计划的编制、机器的改造、设备的重新布置、工序的同期化、设备的预防维修、生产组织和劳动组织的调整、人员的再培训等各方面的工作。任何一个环节不改进，JIT 就推行不下去。

1. 降低在制品库存

生产中在制品的形成在很大程度上是因为作业更换时间太长，作业更换时间是一种生产能力的损失，因此通常用加大批量的方法来弥补和分摊这种损失的成本，这样就产生了大量的周转在制品。一般认为，缩短作业更换时间是一个技术问题，其实不然。JIT 的实践表明，至少 50% 的作业更换时间的节省是采用管理方法而不是技术方法。下面是几条常用的原则：

(1) 区分内部更换作业和外部更换作业。所谓内部更换作业，是指必须使机器停止进行调整、装卸的作业更换工作，而外部更换作业是无须使机器停止的作业更换准备工作，如机器加工中的磨刀工作。这是一种最基本的区分，越是能够更多地区分出外部更换作业工作，则缩短作业更换时间的效果就越显著。

(2) 将内部更换作业转化为外部更换作业。这方面也有许多潜力可挖，例如，必要时用增加并列设备的方法，在并列的设备上进行作业更换准备工作，然后在两台设备之间进行切换，从而将内部更换作业完全转化为外部更换作业。

(3) 省去调整环节。理想的状态是只安装、不调整。在机械加工中，调整夹具、定位往往占许多时间，而采用模具就可将大部分调整时间省去，还能确保加工质量。

(4) 实现自动化。如在关键工作中心采用数控机床和数控加工中心，自动完成定位、换刀和加工程序的转换。

JIT 的实践表明，缩短作业更换时间是实现小批量甚至单件流水线生产的关键。

在制品除了周转在制品外，另外很大的一部分是安全在制品。安全在制品又称为缓冲在制品，它是为防止前后工作的加工时间变异性和不匹配可能造成的生产中断而设立的，其作用是使生产过程均衡稳定。显然，要降低安全在制品库存，就要消除变异性，也就是消除不确定性。通常变异性是由多种原因造成的，最主要的有：工作缺乏标准化；设备故障率高；工人生产情绪不稳定；废品率和返修率高等。要消除变异性，一个重要的措施就是推行作业标准化。

2. 生产过程的同步化

即使减小了批量，缩短了作业更换时间，仍可能产生在制品库存过高的问题，原因在于工作中心的能力考核成绩不平衡，生产过程缺乏同步化。所谓生产过程同步化，就是生产过程中各个工作中心的生产能力与负荷是基本平衡的，能够按照产品生产的速度进行成比例的同步调加工。从直观上看，就是不存在瓶颈环节，不存在在制品的积压环节，不存在工作中心之间忙闲不均的现象。其最终的标准是实现"将必要的材料和零部件，以必要的数量，在必要的时间，送达必要的地点"。

制订合理的生产作业计划是消除瓶颈环节的主要措施，主要包括：

（1）加强能力计划工作。在编制主生产计划时，加强能力计划工作。根据产品的订货结构和产品加工的主要生产资源清单，检查每一个关键工作中心的负荷超限情况，然后调整主生产作业计划，使之切实可行。

（2）加强需求管理。合理地确定顾客交货期，尽可能错开交货期，当然，前提条件是生产周期尽可能短，因为生产周期越短，需求管理的灵活性就越大。

（3）创造条件，实现基于日生产率的生产作业计划，使材料消耗和主要生产资源的生产率趋于均衡。实践表明，产出的非均衡化将导致生产资源利用和材料供应需求更严重的非均衡化。而后者又会反作用于产出，使之更难以实现均衡化。

使生产同步化就要稳定日产出率。流水生产是以接近恒定的生产率进行生产的，因此比较容易发现和消除瓶颈环节，实现生产同步化。在多品种和需求不均衡的条件下实现日生产率均衡的目标，从根本上说，就是要推行成组技术，从改进产品的设计和工艺入手，提高零部件的通用化和标准化水平；改造生产过程组织，实行成组加工单元布置和成组加工生产方式。多品种的生产如果是基于单个零件，由于每个零件的工艺路线不同，所以很容易发生瓶颈作业，生产的同步化必然较差。如果是基于成组零件（一类相似零件的代表零件或象征零件），则工艺路线按成组零件的加工需要设计，其不同种类的数量大大减少，加上成组加工单元的设备配置有一定的柔性，所以使得瓶颈作业和瓶颈环节的数量大大减少，管理瓶颈作业和环节的计划工作量大大简化与减轻。这些都可为实现生产过程的同步化创造条件。

使生产过程同步化,关键是发现和克服瓶颈环节。问题的困难在于,对于多品种的订货生产方式,瓶颈环节是一个动态概念,随产品结构的改变而变化。这对JIT是一个严峻的挑战。这个问题的解决,在根本上要靠提高制造系统的柔性,主要是提高工艺路线的柔性、加工批量的柔性和产品结构柔性。

3. 建立JIT制造单元

实施JIT的第一步是"把库房搬到厂房里"。大大小小的入口存放处和出口存放处,就像大大小小的库房。"把库房搬到厂房里"的目的在于使问题明显化。当工人看到他们加工的零件还没有为下道工序所使用时,就不会盲目地生产;也只有看到哪种零件即将使用完时,才会自觉地生产。第二步是不断减少工序间的在制品库存,"使库房逐渐消失在厂房中",实现准时生产。

为了推行JIT,需要对车间进行重新布置与整理,实行定制管理。要依据所生产的产品和零件的种类将设备重新排列,使每个零件从投料、加工到完工都有一条明确的流动路线。零件存放到车间会带来一些问题,如果零件杂乱无章地堆放,需要时难以找到,就会造成生产中断,甚至引起安全事故。因此,所有零件必须放在确定的位置上,并要用不同的颜色做出明显的标记。要及时消除一切不需要的东西,创造一个整洁的环境。

对车间重新布置的一个重要内容就是要建立JIT制造单元。JIT制造单元是按产品对象布置的。一个制造单元配备有各种不同的机床,可以完成一组相似零件的加工。JIT制造单元有两个明显的特征:一是在该制造单元内,零件是一个一个地经过各种机床加工的,而不是像一般制造单元那样一批一批地在机床间移动。在单元内,工人随着零件走,从零件进入单元到加工完离开单元,始终是一个工人操作。工人不是固定在某台设备上,而是依次操作多台不同的机器。二是JIT制造单元具有很大的柔性,可以通过调整单元内的式数使单元的生产率与整个生产系统保持一致。

JIT制造单元一般采用"U"形布置,如图5-20所示。"U"形布置使工

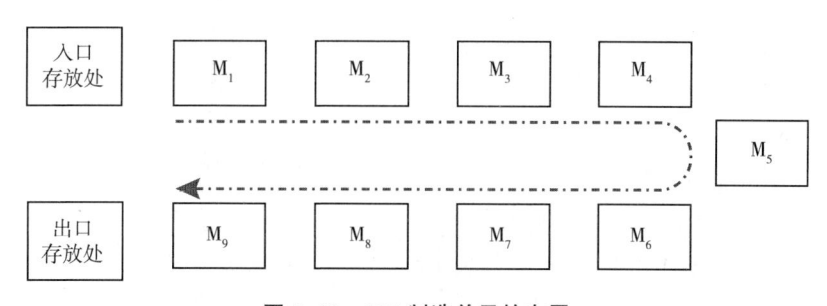

图5-20 JIT制造单元的布置

人能集中在一起，增加了工人之间接触的机会，形成一个集体，也使工人在转换机器时的行走路线较短。如果采用直线布置，工人从机器1到机器9将行走较长的距离，而如果采用"U"形布置，只要转过身来就行了。

可以把JIT制造单元看作是一个同时可供多个工人进行多道工序加工的机器，一个单元只需设置一个入口存放处和一个出口存放处，不必为每台机器单独设置入口存放处和出口存放处。

为了维持制造单元生产率与产品装配生产率的一致，保证同步生产，要使制造单元的固定生产能力有富余，机器设备数按最高负荷配置。当生产率改变时，只要调整制造单元的工人数量就可以满足需要。JIT有一条重要的原则，即工人是最重要的资源，劳动力的闲置是最大的浪费。因此，每当生产节拍改变时，都要调整工人的数量，使每个工人都有较满的工作负荷。调整工人人数比改变机床数要容易得多，也迅速得多，这使制造单元具有很大的柔性。由于工人具有多种操作技能，一个制造单元的多余工人可以安排到另一个任务较重的制造单元中去工作，从而使劳动力得到合理而充分的利用。

四、企业资源计划（ERP）

随着世界经济的发展和全球经济一体化的不断深化，社会消费市场、消费结构和消费水平都发生了深刻的变革，产品呈现多样化、个性化、系统化和国际化的特征，这更加大了企业生产与管理的难度。如何提高用户满意度、加强成本控制、提高企业的竞争力等，已经成为大多数企业面临的问题，强调单纯的离散制造环境和单纯的流程环境的MRP Ⅱ，已经无法满足企业多元化和跨地区的全球化经营管理的要求。随着网络通信技术的迅速发展和广泛应用，解决问题的出路就是在企业与市场之间建立起有效的闭环系统，转向"面向顾客化生产"。要迅速响应客户的需求，缩短产品上市时间，降低产品成本，提高客户满意度，以增加利润，需要实现供应链制造（Supply Chain Manufacturing），重新定义供应商、制造商和分销商的业务关系，从产品开发的同步工程发展到各个实体业务的同步运行。ERP是从MRP Ⅱ发展、演变而来的。今天，ERP被越来越广泛地应用于不同的行业领域，但产生的问题是不同的应用领域对ERP的理解混乱不一。

（一）ERP的产生

1990年，美国Gartner Group公司分析员L. Wylie编写的《ERP：A Vision of the Next-Generation MRP Ⅱ》分析报告中首次提出了ERP。

为此，Gartner Group公司拟定了评价核对表（Check List），分技术和功能两个方面。在技术方面的主要内容是：采用图形用户界面（GUI）、关系数据库、第四代程序语言、客户机/服务器体系结构，支持多数据库及软件数据库集成。在功能方面主要是从企业经营拓展的角度来考察系统，如多行业、多币种、生产报告/分析报告图形化、内部集成、外部集成。而把达到这些要求的软件称为 ERP。

1993 年上半年，Gartner Group 公司以《ERP：设想定量化》（Quantifying the Vision）为题发表的会议报告用了 26 页的篇幅比较详尽地阐述了 ERP 的理念和对今后 3~5 年发展的估计，深刻地阐明了 ERP 的实质和定义，是 ERP 发展历史上的一篇极其重要和具有较高分析水平的文献，使人们对 ERP 的概念有了全新的认识。

从功能远景来看，ERP 要涉及整个供应链上所有的制造商、供应商和顾客，因而使生产制造可以更高效地运行，通过系统来平衡各个部门或实体的价值标准。制造业将成为 ERP 活动的轴心，并使供应链上的所有支持单位能够像同步工程一样向业务流程同步化转变。为了实现"面向客户"，把供应商和客户当成是企业制造流程的组成部分，搬开部门之间的"路障"，使客户的需求直接同分销商、制造商甚至供应商沟通，从而缩短从客户下达订单到完工交货的周期。企业如果不能灵活地成为客户的伙伴，将再难以生存。

ERP 除了功能方面的扩展以外，重要的是通过业务流程重组实现管理的预见能动性。对 ERP 的功能要求突出了打破企业的四壁——"管理整个供应链"（Managing the Entire Supply Chain），权衡供应链上各个实体的价值，实现对制造、财务、客户、分销和供应的业务流程管理。

在信息技术所起的作用方面，ERP 特别强调了面向对象的技术，强调通用的界面、数据交换架构和链接，强调开放性和便于用户使用。当时互联网技术的应用刚刚开始，有不少新技术还是无法预见的。在 ERP 应用集成方面，将以数据库和中间件技术为中心来开展。

因此，ERP 的范围既包括不同类型制造业的内部信息集成，也扩展到企业外部信息的集成。ERP 是一种可以跨地区、跨部门甚至跨公司整合实时信息的企业管理信息系统。它在企业资源最优化配置的前提下，整合企业内部主要或所有的经营活动，包括财务会计、管理会计、生产计划及管理、物料管理、销售与分销等主要功能模块，以达到效率化经营的目标。

（二）**ERP 的基本原理**

ERP 是在物料需求计划（MRP）和制造资源计划（MRPⅡ）的基础上发展起来的更高层次的管理模式。ERP 并不像 MRPⅡ那样给出明确的定义，但从管理思想上看，ERP 是基于供应链基础之上的，并扩展了管理的范围。ERP 将企业流程看作是一个紧密连接的供应链，其中包括供应商、制造工厂、分销网络和客户等；将企业内部划分为几个相互协同作业的支持子系统，如财务、市场营销、生产制造、质量控制、服务维护、工程技术等，还包括对竞争对手的监视管理。通过对供应链上的所有环节进行有效的管理，加速企业的信息流程，提高反应速度，改善决策品质，从管理的深度上为企业提供更丰富的功能和工具。

ERP 的显著特征包括：

1. ERP 是供应链管理（Supply Chain Management）的管理信息集成系统

ERP 所要达到的一个最基本的目的是将客户、销售商、供应商、协作单位等纳入企业的生产体系，组成企业的基本供应链，按客户不断变化的需求同步组织生产，时刻保持产品的高质量、多样化和灵活性。当前企业之间的竞争已不再是一个企业对一个企业的竞争，而是发展成为企业供应链之间的竞争。ERP 正是为适应这种竞争而发展起来的。

任何企业都是供应链中的一环，是供应商的顾客，又是顾客的供应商。企业从供应商处获取价值，通过自己的生产而增值，然后把价值传递给顾客。如果把供应链的概念引入企业内部，也有类似的供应链。例如，物资部门是供应商的顾客，又是生产部门的供应商；生产部门是物资部门的顾客，又是销售部门的供应商；销售部门是生产部门的顾客，又是客户的供应商。所以，任何企业、任何部门都既是供应商又是顾客，在整条供应链中都占有一席之地。

现代化企业为了追求利润最大化，通过收入最大化和成本最小化的方式来实现，无疑是正确的，但是拼命地压低供应商的价格、提高给顾客的价格的方式，严重伤害了供应链上的其他环节，破坏了供应链的平衡。事实证明，这样的策略已经落伍。只有将供应商、顾客等纳入统一的供应链中来，跨越企业的围墙，建立一个跨企业的协作，以追求和分享市场机会，才能实现双赢或者多赢的局面。基于供应链管理的 ERP 现代化管理信息系统覆盖了从供应商到顾客的全部过程，真正以一种清楚的利益相关者的方法建立供应链，有着巨大的潜力去创造和重塑利益相关者的共同价值。

2. 业务流程重组（Business Process Reengineering，BRP）是 ERP 的重要组成部分

企业业务流程重组是对经营过程彻底地重新构思、根本性地重新设计，以达到在成本、质量、服务和速度等关键性能方面的显著提高。ERP 与企业业务流程重组是密切相关的。在企业供应链上，信息、物料、资金等通过业务流程才能流动，业务流程决定了各种流的流速和流量。为了使企业的业务流程能

够预见并适应内外部环境的变化，企业的业务流程必须保持资源的敏捷畅通。因而，要提高企业供应链管理的竞争优势，必须进行企业业务流程的改革，这项改革已不仅局限于企业内部，而是把供应链上的所有关联企业与部门都包括进来，是对整个供应链的改革。ERP 的概念和应用已经从企业内部扩展到企业及需求市场和供应市场整个供应链的业务流程和组织机构的重组。

3. ERP 发展的最终目的是实现整个产业系统的增值

在企业的供应链上，除资金流、物流、信息流外，根本的是要有增值流。各种资源在供应链上流动，应是一个不断增值的过程，在此过程中，ERP 要求消除一切无效劳动。在供应链的每一个环节上都做到价值增值，因而供应链的本质应是增值链（Value Added Chain）。从形式上看，客户是在购买企业提供的商品或服务，但实质上是在购买商品或服务所带来的价值。供应链上每一个环节增值与否、增值的大小都会成为影响企业竞争力的关键因素，各个企业的供应链又组成了错综复杂的整个产业系统的供应链。ERP 发展的最终目的就是使整个系统内的供应链达到合理的增值。因而，ERP 的发展趋势就由单个企业供应链的管理转向整个产业系统供应链的研究与管理。

（三）ERP 的基本功能模块

ERP 是将企业所有资源进行集成管理，简单地说，就是将企业的三大流，即物流、资金流、信息流进行全面一体化管理的管理信息系统。它的功能模块已不同于以往的 MRP/MRP Ⅱ，它不仅可用于生产企业的管理，而且在许多其他类型的企业，如一些非生产型公益事业的企业，也可以导入 ERP 系统进行资源计划和管理。但本书仍将以典型的生产企业为例来介绍 ERP 的功能模块。

在企业中，一般的管理主要包括三方面的内容：生产控制（计划、制造）、物流管理（分销、采购、库存管理）和财务管理（会计核算、财务管理机制）。这三大系统本身就是集成体，它们互相之间有相应的接口，能够很好地集成在一起对企业进行管理。另外，要特别一提的是，随着企业对人力资源管理的重视，已经有越来越多的 ERP 厂商将人力资源管理纳入 ERP 系统，使之成为一个重要的组成部分。

1. 财务管理模块

企业中财务管理是极其重要的，所以在 ERP 整个方案中它是不可或缺的一部分。ERP 中的财务模块与一般的财务软件不同，作为 ERP 系统中的一部分，它与系统的其他模块有相应的接口，能够相互集成。例如，它可将由生产活动、采购活动输入的信息自动计入财务模块，生成总账、会计报表，取消了输入凭证的烦琐过程，几乎完全替代了以往传统的手工操作。一般的 ERP 软件的财务部分分为会计核算与财务管理两大块。

2. 生产控制管理模块

这一部分是 ERP 系统的核心所在，它将企业的整个生产过程有机地结合在一起，使企业能够有效地降低库存，提高效率。同时各个原本分散的生产流程自动连接，也使生产流程能够前后连贯地进行，而不会出现生产脱节，耽误生产交货时间。生产控制管理是一个以计划为导向的先进的生产管理方法。企业首先需要确定总生产计划，再经过系统层层细分后，下达到各部门去执行，即生产部门以此生产、采购部门按此采购等。

（1）分销管理。销售的管理是从产品的销售计划开始，对其销售产品、销售地区、销售客户各种信息的管理和统计，并可对销售数量、金额、利润、绩效、客户服务做出全面的分析。因此，在分销管理模块中大致有对于客户信息的管理和服务、对于销售订单的管理、对于销售的统计与分析这三方面的功能。

（2）用来控制存储物料的数量，以保证有稳定的物流支持正常的生产，同时又能最小限度地占用资本。它是一种相关的、动态的及真实的库存控制系统，能够结合满足相关部门的需求，随时间变化动态地调整库存，以精确地反映库存现状。这一系统的功能有：

① 为所有的物料建立库存，决定何时订货采购，同时作为采购部门进行采购的依据、作为生产部门制订生产计划的依据。

② 收到订购物料，经过质量检验入库。当然，生产的产品也同样需要经过检验入库。

③ 收发料的日常业务处理工作。

（3）采购管理。确定合理的订货量、优秀的供应商以及保持最佳的安全储备。能够随时提供订购、验收的信息，跟踪和催促外购或委托加工的物料，保证货物及时到达。建立供应商的档案，用最新的成本信息来计算库存成本。具体内容有：

① 供应商信息查询。查询供应商的能力、信誉等。

② 催货。对外购或委托加工的物料进行跟踪。

③ 采购与委托加工统计。统计并建立档案，计算成本。

④ 价格分析。对原料价格进行分析，调整库存成本。

3. 人力资源管理模块

以往的 ERP 系统基本上都是以生产制造及销售过程为中心的。因此，长期以来一直把与制造资源有关的资源作为企业的核心资源进行管理。但近年来，企业内部的人力资源越来越受到企业的关注，被认为是企业的资源之本。在这种情况下，人力资源管理作为一个独立的模块，被加入ERP系统中，与ERP中的财务、生产系统组成了一个高效的、具有高度集成性的企业资源系统。它与传统方式下的人事管理有着根本的不同。

4. ERP的扩展功能模块

一般ERP软件提供的最重要的三个扩展功能模块是：供应链管理（SCM）、客户关系管理（CRM）以及电子商务（E-Business，EB）。

（1）供应链管理（SCM）。SCM是将从供应商的供应商到顾客的顾客中间的物流、信息流、资金流、程序流、服务和组织加以整合化、实时化、扁平化的系统。SCM系统可细分为三个部分：供应链规划与执行系统、运送管理系统、仓储管理系统。

（2）客户关系管理（CRM）。CRM用来管理与客户端有关的活动，它能从企事业现在的数据中挖掘所有关键的信息，自动管理现有顾客和潜在顾客的数据。CRM通过分析企事业的销售、营销及服务信息，协助企业提供更好的服务及实现目标营销的理念，因此可以改善企业与客户之间的关系，带来更好的销售机会。目前，提供前端功能模块的ERP厂商数、相关的功能模块数都不多，且这些厂商几乎都是将目标市场锁定在金融、电信等拥有客户数目众多、需要提供后续服务的几个特定产业。

（3）电子商务（EB）。产业界对电子商务的定义存在分歧。电子商务一般指具有共享企业信息、维护企业间关系及产生企业交易行为三大功能的远程通信网络系统。有学者进一步将电子商务分为企业与企业间、企业与个人间的电子商务两大类。目前，ERP软件供应商提供的电子商务应用方案主要有三种：一是提供可外挂于ERP系统下的SCM功能模块，如让企业依整合、实时的供应链信息去自动订货的模块，以协助企业推动企业间的电子商务；二是提供可外挂于ERP系统下的CRM功能模块，如让企业建置、经营网络商店的模块，以协助企业推动其与个人间的电子商务；三是提供中介软件来协助企业整合前后端信息，使其达到内外信息全面整合的境界。

（四）ERP的实施步骤

实施ERP系统带来的企业经营手段的进步和巨大的经济效益，令人向往ERP系统的正确实施有助于加强企业在不断变化的市场环境中的竞争能力，使企业获得最大的客户满意度。同时，实施ERP系统所需的巨大投入和面临的风险又使人望而生畏。

然而，ERP系统要深入、有效地解决企业经营中存在的和潜在的问题，从而给企业带来巨大的收益，并非是一蹴而就的。ERP 系统的实施绝不等于 ERP 软件的使用，而应该是一个全面的企业变革过程。

ERP 系统的实施并不是单纯的软件应用，而是一个需要考虑到企业发展策略、企业转变管理、企业业务流程和企业信息技术四个方面的企业变革过程。ERP 系统的实施必须建立在企业对持续变革过程有明确的认识，并决心付诸行动的基础上；必须始终不断地进行企业变革活动，并把企业策略、人员组织、业务流程、信息技术这些企业经营管理的关键要素和业务集成的思想与方法贯穿始终，以保证新的管理观念能够通过 ERP 系统实施来体现，同时也有效地保证 ERP 系统实施的顺利进行。也就是说，ERP 系统的实施就是企业的持续变革，企业必须认识到，只有持续的变革才是 ERP 系统的生命力所在，才是企业不断走向成功的根本保证。

1. 策略制定

策略制定需要运用从业界众多行业的应用案例中获得的宝贵经验及专业知识，从行业和市场的内部机制入手，对企业进行深入的"诊断"，帮助企业认识可能面对的挑战，分析竞争态势，发掘有创意的、行之有效的企业经营策略，用来指导企业及其业务流程的变革。只有确定近远期的企业发展和经营战略目标，企业才能明确自身存在的问题，才能知道自己需要的到底是什么，才能以此确定企业的运作策略和业务架构。这样，ERP 系统的实施才有了发展的基础和成功的前提。

2. 信息技术规划和软件选择

信息技术投资是企业的战略性投资，而信息技术的发展可以说是"日新月异"。因此，应把握技术发展的脉搏，考虑企业发展的切实需求，制定一个适用但不致浪费、成熟且具有未来伸缩性能和发展潜力的、积极而周密的信息技术规划。

信息技术规划的任务是根据策略制定阶段确立的企业发展战略和目标，确定相应的信息技术基础架构，包括：

（1）能够满足企业发展需求的企业业务应用架构。

（2）能够支持企业应用架构，并符合信息技术发展潮流的技术架构。

（3）能够满足应用和技术架构要求的网络架构。

（4）能够管理、维护和应用以上基础架构的组织架构。

同时，信息技术规划还要估算企业在规划期内的信息技术投资规模。

有了信息技术规划，我们才有进行 ERP 软件选择的技术依据。在购买和实施 ERP 系统之前，企业必须回答以下问题：

（1）企业是否已经真正了解了自己各个业务功能的需求和存在的问题？哪些是主要的？哪些是次要的？

（2）企业希望未来的信息技术基础架构和 ERP 系统帮助自己解决什么样的问题？

（3）什么样的 ERP 软件更适合自己的企业？

在对以上问题还未能全部做出明确回答之前，贸然地进行信息技术投资、采购 ERP 软件产品并进行前面谈到的低水平的实施，将会给企业带来无法挽回的损失。有些企业就是因为没有进行必要的信息技术规划和软件选择工作，在软件投入使用以后才发现所选的软件不能很好地满足企业的业务功能需求，造成进退两难的局面。

软件选择就是通过以下的工作，选择能够为实现企业战略和目标提供支持的、符合信息技术架构要求的 ERP 软件产品，作为企业变革的一种有效工具。

（1）确定企业各项业务的优化流程。

（2）确定企业的业务需求及优先级。

（3）确定适合企业需求的软件选择指标（包括软件功能、软件技术、供应商状况及软件的成本等方面的指标）和权重。

（4）充分利用全球信息资源和行业经验，了解软件的基本状况。

（5）评价候选软件对企业业务需求的满足程度。

（6）对候选软件进行综合评估。

同时，正如在点评 ERP 系统实施不成功的原因时所提到的，进行信息技术规划和软件选择工作的另一个重要目的是：在企业各级员工中，对实施 ERP 系统的目的、意义、内容和步骤以及实施过程中可能面对的问题和困难达成一个共识。因为目前市场上任何一种 ERP 软件产品都是考虑了某种通用化性能的套装软件，就像一件已经裁剪但还留有很多余地供顾客试衣的西装。企业在进行 ERP 软件选择时，必须从整个业务流程的角度统筹考虑业务需求和软件功能之间的匹配。选定的软件总会存在有的业务部门满意，而有的业务部门不满意的情况。这样，通过软件选择的过程，让公司各个业务部门都能够较为明确地了解将来所选软件的情况，明白企业的整体需求，从而在心理上对将来实施和使用中可能遇到的问题与困难做好准备。而如果缺乏这些共识，一旦发生了问题，员工就会对变革产生抵触情绪，造成实施工作的被动。

3. ERP 系统应用

ERP 系统的应用就是在前面两个阶段的基础上，结合企业的具体运作，并针对所选择的 ERP 软件的要求和特性，将两者进行有机的融合，也就是在企业业务流程的各个环节上展开，如软件初始设置、数据准备和转换、模拟企业优化后的原形、应用指导和培训、用户使用手册编制、软件试运行和上线等。同时，在这个阶段还需要对企业的业务流程进行更细致的优化。系统应用必须以业务集成方法为指南，结合卓越的 ERP 系统应用方法论体系，对以下五个方面的工作予以特别的重视：

第一，应用过程的计划性。ERP 系统的应用根据需实施软件模块和企业规模的不同，所需的时间也不相同。一般至少需要 3 个月，长的需要 1~2 年，甚至更长。而且，应用过程不但要占用企业的大量资金，还要占用企业大量的人力。那么，如何做好系统应用过程的计划就很重要，必须明确具体的实施步骤和阶段性的工作范围。同时还要在长期实施经验的基础上，根据不同软件产品内部不同的逻辑关系，安排好系统各模块应用的前后顺序，以做到既按时、按质、按预算地完成系统应用工作，又能合理地配备各项资源。

第二，实施过程的控制和检查有了一个良好的计划后，还必须有一个与之配套的监控机制，包括：①项目质量计划的制订。项目质量计划是对项目进行中涉及项目最终质量的各个过程和相关因素进行系统的确认、管理与评价的总体安排，用以保证企业管理层的期望得到确认、控制和解决，质量作业及有关的规定标准和计划得到落实。②系统应用过程的定期检查。在应用过程中需要定期地进行企业中高管理层会议，检查整个项目是否按照预定的计划进行了必要的和适当的调整。③项目投入和产出的控制。在系统运用的各个阶段和时点上将会有很多项目成果的产出和预期所需的要求，如何控制好这些因素，也是影响项目进行的关键要素。

第三，人员的培训和管理。由于 ERP 系统的实施和将来的使用对员工来说是一个全新的工作环境，企业员工必须学习新的工作技能。因此，为了保证将来 ERP 系统的顺利使用，实施阶段的员工培训是必需的。这些培训除了关于 ERP 软件的培训以外，另一个重要的培训方面是逐步改变整个企业中员工工作和管理的思维与理念。因此，如何管理好整个培训进程，真正做到学有所用，是企业在实施阶段需要认真考虑的。

第四，企业业务流程更细致的优化。前面我们一直在不断地强调企业变革的重要性，并且由于企业使用 ERP 系统后的业务流程和原来相比有了很大的改变，因此在 ERP 系统实施过程中"策略制定"和"信息技术规划及软件选择"所进行的企业业务流程优化工作，使其成为企业员工在日常工作中拿来能用、简单实效的作业指导流程。从另一个角度而言，也就是将企业的变革落实到企业业务管理工作中的每一个具体环节。它所涉及的步骤有：①审阅前期企业高层所制定的优化业务流程；②讨论每个具体业务流程如何与软件的各个具体业务功能相结合；③制定出相应的细化作业流程，并与各个相关部门的人员讨论；④修改业务流程，并最终确认；等等。

第五，企业内部的沟通和协调。企业原有的业务流程是分布在各个职能部门中的，为了适应新的流程化企业工作方式，完成企业的整体变革，必须消除企业内部在新的工作方式下思想上和行为上的壁垒。在此阶段中，为企业内部建立沟通和协调机制，并就各方面问题进行充分的、及时的协调，就成为系统应用工作能否有效进行的重要因素。因此，需要明确企业内部各部门之间、各个管理层次之间进行沟通的方式、内容和频率，并使之制度化，如制订一套完整的"联络沟通计划"等。

上述 ERP 系统实施的具体步骤是实施过程中环环相扣、循序渐进的阶段，企业在实际工作中不应有所偏废。

第六章　电子商务物流管理

第一节　电子商务物流管理的基本概念

一、电子商务物流管理的产生与发展

电子商务作为数字化生存方式，代表未来的贸易、消费和服务方式。因此，完善整体生态环境，打破原有物流行业的传统格局，建设和发展以商品代理与配送为主要特征，物流、商流、信息流有机结合的社会化物流配送中心，建立电子商务物流体系，使各种流畅通无阻，才是最佳的电子商务境界。

人类最早采取"以物易物"的交换方式，当时没有资金流，商品所有权的转换是紧紧地伴随物流的转换而发生的。随着货币的产生，人类的交易链上出现了第一层中介——货币，人们开始用钱来买东西，不过这时是"一手交钱，一手交货"，商品所有权的转换仍然是紧随物流的（只不过是以货币为中介）。这个阶段由于生产力的发展和社会分工的出现，信息流开始表现出来，并开始发挥作用。再后来，随着社会分工的日益细化和商业信用的发展，专门为货币提供中介服务的第二层中介出现了。它们是一些专门的机构，如银行，所从事的是货币中介服务和货币买卖。由于有了它们，物流和资金流开始分离，产生了多种交易方式：交易前的预先付款，交易中的托收、支票、汇票，交易后的付款如分期付款、延期付款。这就意味着商品所有权的转换和物流的转换脱离开来，在这种情况下，信息流的作用就凸显出来了。因为这种分离带来了一个风险问题，要规避这种风险就得依靠尽可能多的信息，如对方的商品质量信息、价格信息、支付能力、支付信誉等。总的来说，在这一阶段，商流与资金流分离，信息流的作用日益重要起来。

随着网络技术和电子技术的发展,电子中介作为一种工具被引入了生产、交换和消费中,人类进入了电子商务时代。在这个时代,人们做贸易的顺序并没有改变,还是要有交易前、交易中和交易后几个阶段,但进行交流和联系的工具变了,如从以前的纸面单证变为现在的电子单证。这个阶段的一个重要特点就是信息流发生了变化(电子化),更多地表现为票据资料的流动。此时的信息流处于一个极为重要的地位,它贯穿于商品交易过程的始终,在一个更高的位置对商品流通的整个过程进行控制,记录整个商务活动的流程,是分析物流、引导资金流、进行经营决策的重要依据。在电子商务时代,由于电子工具和网络通信技术的应用,交易各方的时空距离几乎为零,有力地促进了信息流、商流、资金流、物流这"四流"的有机结合。对于某些可以通过网络传输的商品和服务,甚至可以做到"四流"的同步处理,如通过上网浏览、查询、挑选、点击,用户可以完成对某一电子软件的整个购物过程。

二、电子商务物流管理的概念

电子商务物流管理(E-commerce Logistic Management)是指在社会再生产过程中,根据物质资料集体流动的规律,应用管理的基本原理和科学方法,对电子商务物流活动进行计划、组织、指挥、协调、控制和决策,使各项物流活动实现最佳协调与配合,以降低物流成本,提高物流效率和经济效益。简言之,电子商务物流管理就是研究并应用于电子商务物流活动规律对物流全过程、各环节和各方面的管理。

电子商务作为一种新的数字化商务方式,代表未来的贸易、消费和服务方式。因此,要完善整体商务环境,就需要打破原有工业的传统体系,建立以商品代理和配送为主要特征,物流、商流、信息流有机结合的社会化物流配送体系。电子商务物流的概念是伴随电子商务技术和社会需求的发展而出现的,它是电子商务真正的经济价值实现所不可或缺的重要组成部分。

目前对电子商务物流尚无统一的定义,有人将其理解为是与电子商务这一新兴商务模式相配套的物流,也有人理解为是物流企业的电子商务化。其实,可以从更广义的角度去理解这一概念,既可以理解为"电子商务时代的物流",即电子商务对物流管理提出的新要求,也可以理解为"物流管理电子化",即利用电子商务技术(主要是计算机技术和信息技术)对传统物流管理进行改造。因此,有人称其为虚拟物流(Virtual Logistics),即以计算机网络技术进行物流运作与管理,实现企业间物流资源共享和优化配置的物流方式。

电子商务的物流是指在实现电子商务特定过程的时间和空间范围内,由所需位移的商品、包装设备、装卸搬运机械、运输工具、仓储设施、人员和通信设施等若干相互制约的动态要素所构成的具有特定功能的有机整体。物流业的电子商务是指利用互联网和 EDI 等现代信息传递与处理工具，以物流过程的信息流管理为起点，进行低成本网络营销，同时大规模集成物流中的所有供应链环节，向客户提供物流全过程的信息跟踪服务，从而在大幅度降低物流成本的同时，使物流业做到真正意义上的及时响应，使企业零库存成为可能。

三、电子商务物流的特点

电子商务时代的来临给全球物流带来了新的发展，使物流具备了一系列新特点。

1. 物流信息化

在电子商务时代，物流信息化是电子商务的必然要求。物流信息化表现为物流信息的商品化、物流信息收集的数据库化和代码化、物流信息处理的电子化和计算机化、物流信息传递的标准化和实时化、物流信息存储的数字化等。因此，条码技术（Bar Code）、数据库技术（Database）、电子订货系统（EOS：Electronic Ordering System）、电子数据交换（Electronic Data Interchange，EDI）、快速反应（Quick Response，QR）及有效的客户反映（Effective Customer Response，ECR）、企业资源计划（Enterprise Resource Planning，ERP）等技术与观念在我国的物流中将会得到普遍的应用。信息化是一切的基础，没有物流的信息化，任何先进的技术设备都不可能应用于物流领域，信息技术及计算机技术在物流中的应用将会彻底改变世界物流的面貌。

2. 物流网络化

物流领域网络化的基础也是信息化，这里指的网络化有两层含义：一是物流配送系统的计算机通信网络，包括物流配送中心与供应商或制造商的联系要通过计算机通信网络，另外与下游顾客之间的联系也要通过计算机通信网络，如物流配送中心向供应商提出订单的这个过程就可以使用计算机通信方式，借助于增值网（Value Added Network，VAN）上的电子订货系统（EOS）和电子数据交换（EDI）自动实现，物流配送中心通过计算机网络收集下游客户的订货的过程也可以自动完成。二是组织的网络化，即所谓的企业内部网（Intranet）。例如，中国台湾的电脑业在 20 世纪 90 年代创造出了"全球运筹式产销模式"，这种模式的基本点是按照客户订单组织生产，生产采取分散形式，即将全世界的电脑资源都利用起来，采取外包的形式将一台电脑的所有零部件、元器件、芯片外包给世界各地的制造商去生产，然后通过全球的物流网络将这些零部件、元器件和芯片发往同一个物流配送中心进行组装，由该物流配送中心将组装的电脑迅速发给客户。这一过程需要有高效的物流网络支持，当然物流网络的基础是信息、电脑网络。

物流网络化是物流信息化的必然，是电子商务下物流活动的主要特征之一。当今世界互联网等全球网络资源的可用性及网络技术的普及为物流网络化提供了良好的外部环境，物流网络化势不可当。

3. 物流自动化

自动化的基础是信息化，自动化的核心是机电一体化，自动化的外在表现是无人化，自动化的效果是省力化，另外还可以扩大物流作业能力、提高劳动生产率、减少物流作业的差错等。物流自动化的设施非常多，如条码/语音/射频自动识别系统、自动分拣系统、自动存取系统、自动导向车、货物自动跟踪系统等。这些设施在发达国家已普遍用于物流作业流程中，而在我国由于物流业起步晚、发展水平低，自动化技术的普及还需要相当长的时间。

4. 物流智能化

这是物流自动化、信息化的一种高层次应用。物流作业过程大量的运筹和决策，如库存水平的确定、运输（搬运）路径的选择、自动导向车的运行轨迹和作业控制、自动分拣机的运行、物流配送中心经营管理的决策支持等问题都需要借助大量的知识才能解决。在物流自动化的进程中，物流智能化是不可回避的技术难题，好在专家系统、机器人等相关技术在国际上已经有比较成熟的研究成果。为了提高物流现代化的水平，物流智能化已成为电子商务下物流发展的一个新趋势。

5. 物流柔性化

柔性化本来是为实现"以顾客为中心"的理念而在生产领域提出的，但要真正做到柔性化，即真正地能根据消费者需求的变化来灵活调节生产工艺，没有配套的柔性化物流系统是不可能达到目的的。20世纪90年代，国际生产领域纷纷推出弹性制造系统（Flexible Manufacturing System，FMS）、计算机集成制造系统（Computer Integrated Manufacturing System，CIMS）、制造资源系统（Manufacturing Requirement Planning，MRP）、企业资源计划（ERP）以及供应链管理的概念和技术，这些概念和技术的实质是要将生产、流通进行集成，根据需求端的需求组织生产，安排物流活动。因此，柔性化的物流正是适应生产、流通与消费的需求而发展起来的一种新型物流模式。这就要求物流配送中心根据消费需求"多品种、小批量、多批次、短周期"的特色，灵活组织和实施物流作业。

另外，物流设施、商品包装的标准化，物流的社会化、共同化也都是电子商务下物流模式的新特点。

电子商务物流系统是为电子商务的客户提供服务，对整体物流系统活动实行统一信息管理和调度，按照用户订货要求在物流基地进行理货工作，并将配好的货物送交收货人的一种物流体系。这种体系应使物流系统提高服务质量、降低物流成本及优化资源配置。为了达到上述目的，电子商务物流系统需要具有以下主要特点：

1. 功能集成化

电子商务物流系统着重于将物流与供应链的其他环节进行集成，包括物流渠道与商流渠道的集成、物流渠道之间的集成、物流功能的集成、物流环节与制造环节的集成等。电子商务物流系统的竞争优势主要取决于其功能整合与集成的程度。

在电子商务时代，当物流发展到集约化阶段，物流系统将不仅提供仓储和运输服务，还开展配货、配送和各种提高附加值的流通加工服务项目，也可按客户的需要提供其他服务。

2. 系统复杂化和动态化

电子商务物流系统与传统物流系统相比更为复杂，这主要是由电子商务自身特点所决定的。电子商务要求物流系统提供更加完备、迅速和灵活的服务，并随时保持物流信息的畅通。电子商务物流系统还需要具有一定的柔性，以随时根据环境和需求变化进行动态调整。

3. 服务系列化

在电子商务模式下，强调物流系统中配送服务功能的恰当定位与完善化、系列化，以及传统的储存、运输、包装和流通加工等服务的系列化。同时，物流系统还在外延上扩展至市场调查与预测、采购及订单处理、物流配送咨询、物流系统方案的选择与规划、库存控制策略建议、货款回收与结算、教育培训等增值服务功能，而且在内涵上提高了以上服务对决策的支持作用。

4. 手段现代化、流程自动化

电子商务下的物流系统通过先进的技术、设备与管理为销售提供服务，生产、流通和销售的规模越大、范围越广，物流配送技术、设备及管理越现代化。而物流系统流程自动化是指运送规格标准、仓储、货箱排列装卸、搬运等按照自动化标准作业，商品按照最佳配送路线进行配送等。

5. 组织网络化和规模化

互联网的无边界性特点导致了电子商务客户区域的离散性与不确定性。显然，过于分散的配送网络不利于物流企业实施集中的批量配送。但随着现代通信技术和网络技术的发展，构建跨地区的物流网络已经成为可能。为了保证对产品提供快速、全方位的物流支持，电子商务物流系统就需要建立全国性、规模性的物流网络，保证整个物流配送网络有最优化的库存水平及库存分布。

6. 经营市场化

电子商务物流系统的具体经营应采用市场机制，无论是企业自营物流，还是委托第三方物流企业承担物流业务，必须确保整个物流系统以最小的投入得到最佳的物流服务效果。在电子商务模式下，物流业要以服务市场为首要宗旨。从当前物流业的现状来看，物流系统不仅要为本地区服务，而且要提供远距离的服务。因此，如何满足市场需要成了物流系统有效运行的关键。

此外，物流系统不仅与生产厂家保持紧密的伙伴关系，而且直接与客户联系，能及时了解客户的需求信息，起到沟通厂商和客户的桥梁作用。

7. 目标分散化

在经济、信息全球化日益明显的背景下，电子商务企业要十分注意企业业务的灵活性和相对独立性，不要将企业的业务高度集中在一两个点上或者一两个大城市，要分散企业业务目标，分散风险。而电子商务企业的目标分散也导致了物流系统的目标分散性。

8. 企业信息化

在电子商务时代，为了提供最佳的服务，物流系统必须要有良好的信息处理和传输系统。物流信息化不仅包括存储、运输等物流活动的信息管理和信息传送，还包括为物流过程中的各种决策活动提供支持，即充分利用计算机技术分析物流数据，进行决策，降低成本和提高效率。

大型的配送公司一般都建立了 ECR 和 JIT 系统。所谓 ECR（Efficient Customer Response），即有效客户响应。一般物流企业仓库商品的周转次数每年为 20 次左右，若利用有效客户响应这种手段，可增加到 24 次，使仓库的吞吐量大大增加。通过 JIT（Just In Time）系统，可很快地从零售商店得到销售反馈信息，在配送环节不仅实现了内部的信息网络化，而且增加了对配送货物的跟踪信息，从而大大提高了物流企业的服务水平，降低了成本，增强了竞争力。

四、电商物流的主要模式

电子商务物流模式主要指以市场为导向、以满足顾客要求为宗旨、获取系统总效益最优化的适应现代社会经济发展的模式。

1. 自营物流

企业自身经营物流，称为自营物流。在电子商务刚刚萌芽的时期，从事电子商务的企业多选用自营物流的方式。企业自营物流意味着电子商务企业自行组建物流配送系统，经营管理企业的整个物流运作过程。在这种方式下，企业也会向仓储企业购买仓储服务，向运输企业购买运输服务，但是这些服务都只限于一次或一系列分散的物流功能，而且是临时性的纯市场交易服务，物流公司并不按照企业独特的业务流程提供独特的服务，即物流服务与企业价值链的联系松散。如果企业有很高的顾客服务需求标准，物流成本占总成本的比重较大，而企业自身的物流管理能力较强时，企业一般不应采用外购物流，而应采用自营方式。由于我国物流公司大多是由传统的储运公司转变而来的，还不能满足电子商务的物流需求，因此，很多企业借助于开展电子商务的经验来开展物流业务，即电子商务企业自身经营物流。目前，在我国，采取自营模式的电子商务企业主要有两类：第一类是资金实力雄厚且业务规模较大的电子商务公司。电子商务在我国兴起的时候，国内第三方物流的服务水平远不能满足电子商务公司的要求。第二类是传统的大型制造企业或批发企业经营的电子商务网站。由于其自身在长期的传统商务中已经建立起了初具规模的营销网络和物流配送体系，在开展电子商务时只需将其加以改进、完善，就可满足电子商务条件下对物流配送的要求。选用自营物流可以使企业对物流环节有较强的控制能力，易于与其他环节密切配合，全力专门地服务于本企业的运营管理，使企业的供应链更好地保持协调、简洁与稳定。此外，自营物流能够保证供货的准确和及时，保证顾客服务的质量，维护企业和顾客间的长期关系。但自营物流所需的投入非常大，建成后对规模的要求很高，大规模才能降低成本，否则将会长期处于不盈利的境地。而且投资成本较大、时间较长，对于企业柔性化有不利的影响。另外，自建庞大的物流体系需要占用大量的流动资金。更重要的是，自营物流需要较强的物流管理能力，建成之后需要工作人员具有专业化的物流管理能力。

2. 物流联盟

物流联盟是制造业、销售企业、物流企业基于正式的相互协议而建立的一种物流合作关系联盟，参加联盟的企业汇集、交换或统一物流资源以谋取共同利益，同时，合作企业仍保持各自的独立性。物流联盟为了达到比单独从事物流活动更好的效果，在企业间形成了相互信任、共担风险、共享收益的物流伙伴关系。企业间不完全采取导致自身利益最大化的行为，也不完全采取导致共同利益最大化的行为，只是在物流方面通过契约形成优势互补、要素双向或多向流动的中间组织。联盟是动态的,只要合同结束,双方又变成追求自身利益最大化的单独个体。选择物流联盟伙伴时,要注意物流服务提供商的种类及其经营策略。一般可以根据物流企业服务的范围大小和物流功能的整合程度这两个标准,确定物流企业的类型。物流服务的范围主要是指业务服务区域的广度、运送方式的多样性、保管和流通加工等附加服务的广度。物流功能的整合程度是指企业自身所拥有的提供物流服务所必要的物流功能的多少,必要的物流功能是指包括基本的运输功能在内的经营管理、集配、配送、流通加工、信息、企划、战术、战略等各种功能。一般来说,组成物流联盟的企业之间具有很强的依赖性,物流联盟的各个组成企业明确自身在整个物流联盟中的优势及担任的角色,内部的对抗和冲突减少,分工明晰,使供应商把注意力集中在提供客户指定的服务上,最终提高了企业的竞争能力和竞争效率,满足了企业跨地区、全方位物流服务的要求。

3. 第三方物流

第三方物流(Third-Party Logistics,简称3PL或TPL)是指独立于买卖之外的专业化物流公司,长期以合同或契约的形式承接供应链上相邻组织委托的部分或全部物流功能,因地制宜地为特定企业提供个性化的全方位物流解决方案,实现特定企业的产品或劳务快捷地向市场移动,在信息共享的基础上,实现优势互补,从而降低物流成本,提高经济效益。它是由相对"第一方"发货人和"第二方"收货人而言的第三方专业企业来承担企业物流活动的一种物流形态。第三方物流公司通过与第一方或第二方的合作来提供其专业化的物流服务,它不拥有商品,不参与商品买卖,而是为顾客提供以合同约束,以结盟为基础的系列化、个性化、信息化的物流代理服务。服务内容包括设计物流系统和EDI能力、报表管理、货物集运、选择承运人和货代人、海关代理、信息管理、仓储、咨询、运费支付和谈判等。第三方物流企业一般都是具有一定规模物流设施设备(库房、站台、车辆等)及专业经验、技能的批发、储运或其他物流业务经营企业。第三方物流是物流专业化的重要形式,它的发展程度体现了一个国家物流产业发展的整体水平。第三方物流是一个新兴的领域,企业采用第三方物流模式对于提高企业经营效率具有重要作用。首先,企业将自己的非核心业务外包给从事该业务的专业公司去做;其次,第三方物流企业作为专门从事物流工作的企业,有丰富的专门从事物流运作的专家,有利于确保企业的专业化生产,降低费用,提高企业的物流水平。目前,第三方物流的发展十分迅速,有几个方面是值得我们关注的:第一,物流业务的范围不断扩大。商业机构和各大公司面对日趋激烈的竞争,不得不将主要精力放在核心业务上，将运输、仓储等相关业务环节交由更专业的物流企业进行操作，以求节约和高效。物流企业为提高服务质量，也在不断拓宽业务范围，提供配套服务。第二，很多成功的物流企业根据第一方、第二方的谈判条款，分析与比较自理的操作成本和代理的费用，灵活运用自理和代理两种方式，提供客户定制的物流服务。第三，物流产业的发展潜力巨大，具有广阔的发展前景。

4. 第四方物流

第四方物流主要是指由咨询公司提供的物流咨询服务，但咨询公司并不等于第四方物流公司。目前，第四方物流在中国还停留在仅是"概念化"的第四方物流公司，南方的一些物流公司、咨询公司甚至软件公司纷纷宣称自己的公司就是从事"第四方物流"服务的公司。这些公司将没有车队、没有仓库当成一种时髦，号称拥有信息技术，其实却缺乏供应链设计能力，只是将第四方物流当作一种商业炒作模式。第四方物流公司应物流公司的要求为其提供物流系统的分析和诊断，或提供物流系统优化和设计方案等。所以第四方物流公司以其知识、智力、信息和经验为资本，为物流客户提供一整套的物流系统咨询服务。从事物流咨询服务就必须具备良好的物流行业背景和相关经验，但并不需要从事具体的物流活动，更不用建设物流基础设施，只是为整个供应链提供整合方案。第四方物流的关键在于为顾客提供最佳的增值服务，即迅速、高效、低成本和个性化的服务等。第四方物流有众多的优势：第一，它对整个供应链及物流系统进行整合规划。第三方物流的优势在于运输、储存、包装、装卸、配送、流通加工等实际的物流业务操作能力，在综合技能、集成技术、战略规划、区域及全球拓展能力等方面存在明显的局限性，特别是缺乏对整个供应链及物流系统进行整合规划的能力。而第四方物流的核心竞争力就在于能够对整个供应链及物流系统进行整合规划，这也是降低客户企业物流成本的根本所在。第二，它具有对供应链服务商进行资源整合的优势。第四方物流作为有领导力量的物流服务提供商，可以通过其影响整个供应链的能力，整合最优秀的第三方物流服务商、管理咨询服务商、信息技术服务商和电子商务服务商等，为客户企业提供个性化、多样化的供应链解决方案，为其创造超额价值。第三，它具有信息及服务网络优势。第四方物流公司的运作主要依靠信息与网络，其强大的信息技术支持能力和广泛的服务网络覆盖支持能力是客户企业开拓国内外市场、降低物流成本所极为看重的，也是取得客户的信赖，获得大额长期订单的优势所在。第四，具有人才优势。第四方物流公司拥有大量高素质、国际化的物流和供应链管理专业人才与团队，可以为客户企业提供全面的、卓越的供应链管理与运作，提供个性化、多样化的供应链解决方案，在解决物流实际业务的同时，实施与公司战略相适应的物流发展战略。发展第四方物流可以减少物流资本投入、降低资金占用。通过第四方物流，企业可以大大减少在物流设施（如仓库、配送中心、车队、物流服务网点等）方面的资本投入，降低资金占用，提高资金周转速度，减少投资风险，降低库存管理及仓储成本。第四方物流公司通过其卓越的供应链管理和运作能力可以实现供应链"零库存"的目标，为供应链上的所有企业降低仓储成本。同时，第四方物流大大提高了客户企业的库存管理水平，从而降低了库存管理成本。发展第四方物流还可以改善物流服务质量，提升企业形象。

5. 物流一体化

物流一体化是指以物流系统为核心，从生产企业、物流企业、销售企业直至消费者的供应链的整体化和系统化。它是在第三方物流的基础上发展起来的新的物流模式。20世纪90年代，西方发达国家如美国、法国、德国等提出物流一体化的现代理论，并应用和指导其物流发展，取得了明显效果。在这种模式下，物流企业通过与生产企业建立广泛的代理或买断关系，使产品在有效的供应链内迅速移动，使参与各方的企业都能获益，使整个社会获得明显的经济效益。这种模式还表现为用户之间广泛交流供应信息，从而起到调剂余缺、合理利用、共享资源的作用。在电子商务时代，这是一种比较完整意义上的物流配送模式，是物流业发展的高级和成熟阶段。物流一体化的发展可进一步分为三个层次：物流自身一体化、微观物流一体化和宏观物流一体化。物流自身一体化是指物流系统的观念逐渐确立，运输、仓储和其他物流要素趋向完备，子系统协调运作、系统化发展。微观物流一体化是指市场主体企业将物流提高到企业战略的高度，并且出现了以物流战略作为纽带的企业联盟。宏观物流一体化是指物流业发展到这样的水平：物流业占到国家国民总产值的一定比例，处于社会经济生活的主导地位，它使跨国公司从内部职能专业化和国际分工程度的提高中获得了规模经济效益。物流一体化是物流产业化的发展形式，它必须以第三方物流充分发育和完善为基础。物流一体化的实质是一个物流管理的问题，即专业化物流管理人员和技术人员充分利用专业化物流设备、设施，发挥专业化物流运作的管理经验，以求取得整体最优的效果。同时，物流一体化的趋势为第三方物流提供了良好的发展环境和巨大的市场需求。

第二节 快递与电子商务物流

一、快递的基本概念

1. 快递的定义

《邮政法》第九章对快递的定义是："在承诺的时限内快速完成的寄递活动。"寄递的定义是："将信件、包裹、印刷品等物品按照封装上的名址递送给特定人或者单位的活动，包括收寄、分拣、运输、投递等环节。"

2. 快递行业的代表性企业

国内业务：中国邮政、"四通一达"（圆通、申通、中通、百世汇通、韵达）、顺丰速递等。

国外业务：中国邮政、中铁快运、DHL、UPS、FedEx、TNT等。

3. 服务于电子商务的快递行业的特点

（1）快递业务地区差异大。

（2）快递业务量投送月份不均衡。

（3）快递业务受城市社会经济影响大。

4. 国内快递业的主要分布

国内城市快递业务主要是国内城市与城市之间、地区与地区之间的快递业务。这项业务在我国已经形成了三大区域市场：长江三角洲、珠江三角洲和环渤海经济区域，国内城市快递业务都集中在这三大经济区域。

二、快递物流的主要操作流程

快递市场竞争越来越大，快递公司之间的竞争是公司实力的竞争，对于快递公司来说，快递运输操作流程的规范化非常重要。快递企业的成功来自于优异的流程业绩，优异的流程业绩基于有效的流程设计与管理。快递操作流程设计应具有整个流程优化的系统思想，需以顾客为中心，提高对顾客、市场的响应速度，消除内部环节的重复、无效劳动，以较小的成本实现高效率。目前，快递操作流程的设计与快递技术条件有着非常密切的关系，快递的技术条件决定着快递操作流程的基本路径、工作环节。没有技术条件的有效支持，快递操作流程的优化设计就很难成功。

1. 一般的快递公司作业流程

（1）确定和预约需要快递物品的日期。

（2）整理物品、做物品清单、包装包裹（由公司代为包装和免费提供物料，需提前预约）。

（3）准备收件方信息，包括收件人姓名、地址、电话等。

（4）致电公司接线员并告知需寄达目的地国家和城市，收听报价，确认同意后由公司提供服务。

（5）公司安排收件人员上门收取包裹，客户提供收件方信息、详细填写包裹托运单据、提交物品清单以做申报海关之用，双方确认重量、结算，收件人员提供结算票据和包裹追踪号码。

（6）收件人员返回公司，将包裹交由出口部并做交接清单，由出口部签字后交由收件人员，出口部开始操作入单，分拨出口，全程跟踪。

（7）收件人员将交接清单交给接线员，接线员通知客户包裹已揽收至公司。

（8）目的地派送至收件人处，收件人确认包裹内物品完好，然后同意签字接收。

2. 快递公司运输操作流程

（1）快递公司与寄件方确定和预约需要快递物品的日期。

（2）整理物品、做物品清单、包装包裹（可由快递公司代为包装和免费提供物料，需提前预约）。

注意：装箱打包时物品应摆放整齐，选用稍高硬度和外面尽可能无图案、无文字的纸箱，易破碎物品要用泡沫塑料或海绵在纸箱内支撑衬垫，质量较重的大件货物还应选用木质材料做框架，避免物品在运输途中因包装不当而发生损坏，因包装问题产生的此类损坏索赔，快递公司不予接受。

有些国家对木质包装材料亦有严格规定，一般未经熏蒸的原木是不能用作包装材料出口的，经过熏蒸的原木材料还需提供有关单位的原件熏蒸证明方可随货物出口。

（3）寄件方准备收件方信息，包括收件人姓名、地址、电话等。

注意：所提供的收件方信息应准确无误，并尽可能提供收件人的电话号码，以免造成派送延误和投递错误。部分状况下因收件方信息不全所引起的二次派送或无法派送而退还给发件方所产生的一切费用由发件方承担，此规定已纳入委托契约服务合同。

（4）致电快递公司接线员（以下简称为 A）并告知需寄达目的地国家和城市，收听报价，确认同意后由快递公司提供服务。

（5）快递公司安排收件人员（以下简称为 B）上门收取包裹、客户提供收件方信息，详细填写包裹托运单据、提交物品清单以做申报海关之用，双方确认重量、结算，B 提供结算票据和包裹追踪号码。快递公司对客户提供的物品清单以及申报价值有检查核实的权利和义务。

（6）B 返回公司，将包裹交由出口部（以下简称为 C）并做交接清单，由 C 签字后交给 B，C 部门开始操作入单，分拨出口，全程跟踪。

（7）B 将交接清单交给 A，A 通知客户包裹已揽收至公司。

（8）目的地派送至收件人处，收件人确认包裹内物品完好，然后同意签字接收。

注意：收件人接到派送人所送达的货物时应在签字接收之前检查货物的完整性，一经发现货物有损坏、短缺，应立即在派件人员的协助下联系派件公司，并由其出具所递送的货物的损坏或短缺证明，以为日后索赔提供证据、维护自己的合法权益。

如果收件人未经确认检查即签收货物，在签收之后提出货物损坏或短缺索赔要求而无法提供派件公司证明的，快递公司有权拒绝受理赔偿。

三、快递与电子商务物流的关系

快递与电子商务物流是与新经济时代的发展密切相关、业务互为支撑的两个行业。分析当前电子商务物流及快递发展的现状，对于把握电子商务物流给快递发展带来的新机遇，一起探讨促进快递与电子商务物流共赢发展的措施，将具有重要的作用和产生积极的意义。快递网络已经成为信息交流、物品传递和资金流通的一个重要渠道与平台。近年来，快递业务平均以 20% 以上的速度递增，快递产业已经形成了多种所有制并存、多元化主体竞争、多层次服务共生的格局，发展的潜力非常巨大。

当前快递物流已经成为快递发展的新增长点，合作的范围也不断扩大。电子商务与快递服务的有机结合，不仅带动了快递的快速发展，而且有利于快递提升服务质量，加大产业结构调整力度，加快向现代服务业转型，同时优质的快递服务也推动了电子商务物流模式的发展。

四、电子商务物流对快递的影响

1. 电子商务物流改变了传统的物流观念

对于传统的快递物流，商家需要置备大面积的仓库，而电子商务物流系统中网络化的虚拟商家将散置在各地的、分属不同所有者的仓库通过网络连接起来，商家在组织资源的速度、规模、效率和资源的合理配置方面都是传统的物流和配送所不可比拟的。

2. 电子商务物流改变了快递的运作方式

传统的物流和配送过程是由多个业务流程组成的，受人为因素和时间影响很大。电子商务下的物流和配送业务流程都由网络系统连接，一切工作都是由计算机根据人们事先设计好的程序自动完成。物流和配送的持续时间在电子商务环境下会大大缩短，对物流和配送速度提出了更高的要求。

3. 电子商务推动了快递营收的增长

目前，电子商务已成为快递物流的第一大驱动力，由电子商务驱动的快递物流占到物流总量的60%以上。我国快件日处理量突破1000万件，成为继美国和日本之后第三个快件日处理量突破1000万件的国家。以淘宝为例，每天产生的包裹量将超过10000万件，占到整个快递业总包裹的近六成。

五、快递在电子商务物流中的作用

1. 快递是实现电子商务物流的保证

在电子商务物流中，商品交易涉及四个方面的内容：商品所有权的转移、货币的支付、有关信息的获取与应用、商品本身的转交。商品交易虽然依赖于电子技术、网络技术、通信技术，但商品实体（除软件、电子出版物等电子产品外）的转移最终还有赖于后台的物流过程。配送是不可能在网上实现的，最多可以用网络来优化。

2. 电子商务的发展需要快递服务的协同

电子商务电子化的对象主要是商流、信息流、资金流和物流，但是大多数商务活动的对象归根结底是物流。电子商务"网购"平台可以解决购物的信息流、支付的资金流，但是解决商品交易的物流需要快递方式（见图6-1）。

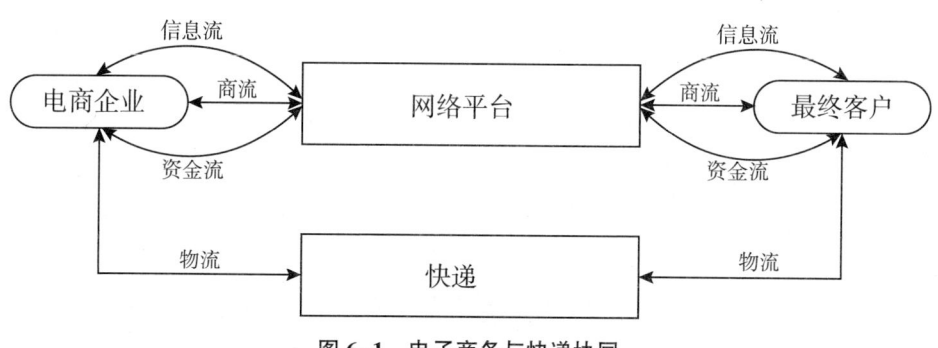

图6-1 电子商务与快递协同

3. 快递对电子商务物流的促进

多元化的物流服务和价格促进了电子商务物流业务的多样化。近年来，由于快递行业的迅猛发展，物流网点遍布城乡，使得网络购物用户逐年增加。物流为网络购物提供了协助，同时网络购物的发展也带动了物流的进步。

第三节　快递物流的发展

一、我国快递行业发展现状

第一，受到电商高速发展的重要影响，我国以电商快递为主体的快递业得以快速成长。自2011年起，我国快递业开启高速增长模式，业务收入保持着每年30%以上的增速（见图6-2），业务量保持着每年约50%的增速（见图6-3）。2016年，我国快递业务量达到312.8亿件，占到全球市场总量的将近一半。

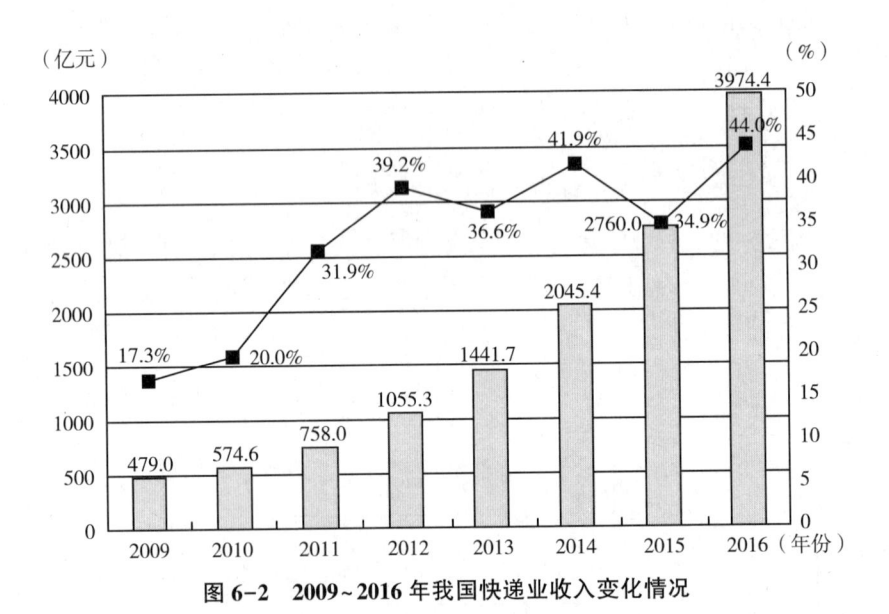

图6-2　2009~2016年我国快递业收入变化情况

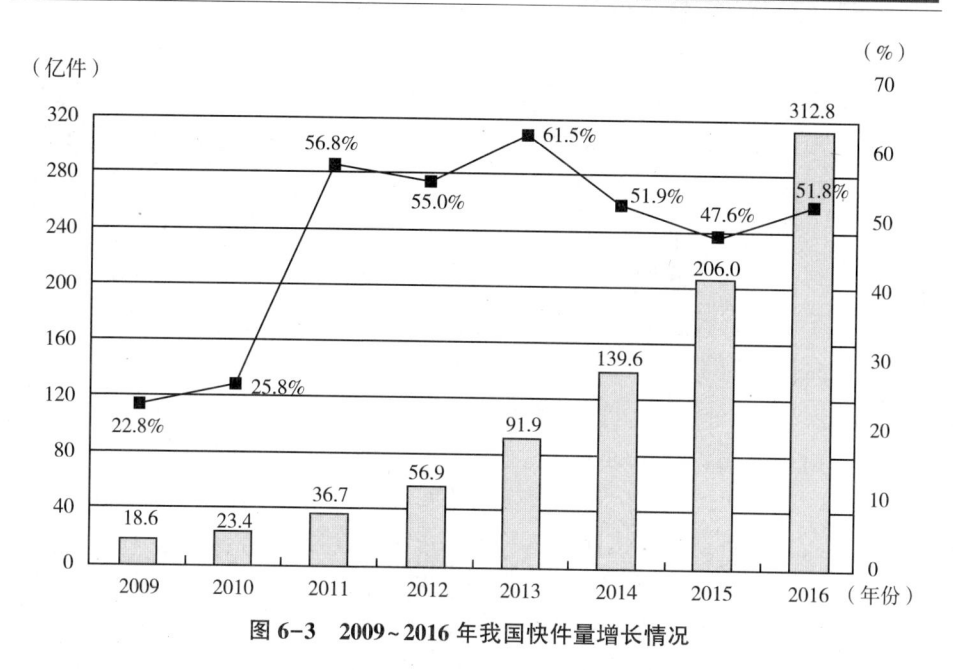

图 6-3　2009~2016 年我国快件量增长情况

第二，我国快递价格不断下滑。2009~2016 年下跌一半，直接压缩了行业利润空间，导致加盟快递网点运营出现"微利化、无利化、亏损化"，近年来这一情况越发严重（见图 6-4）。

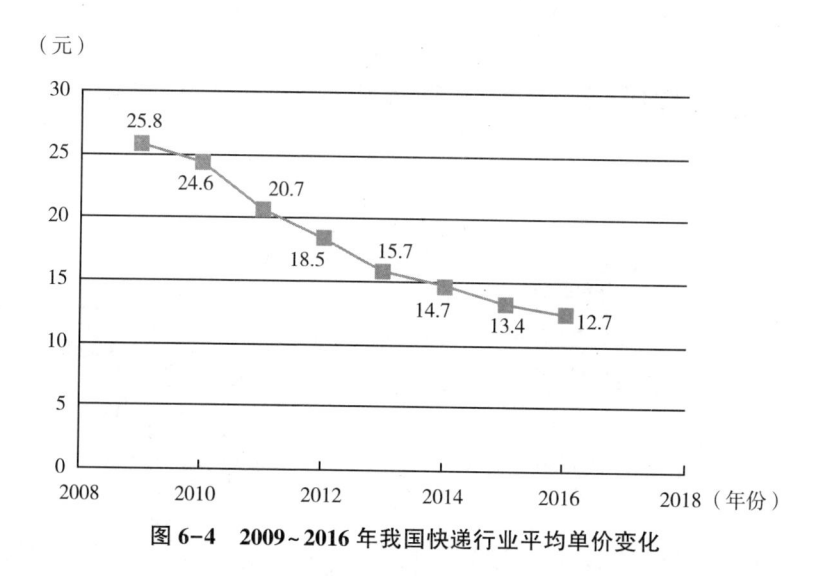

图 6-4　2009~2016 年我国快递行业平均单价变化

由于我国快递行业竞争激烈，以低价换市场的策略仍然奏效，导致快递价格逐步下降。在快递企业陆续上市后，为了吸引资本市场青睐，在保障增速的压力下，预计快递价格在短期内将进一步下滑，但不久将迎来拐点。未来快递价格也将回归理性，实现价值回归，同时实现价格和服务的动态平衡。

第三，我国快递业发展已经全面进入资本时代。2016年作为快递上市元年，以"三通一达"和顺丰为代表的民营快递企业争相在海内外上市，直接起到了示范作用，吸引了不少快递物流企业陆续融资备战上市。这也进一步将快递企业直接推向了公众视野，传统的运营、采购、服务等都将受到社会监督等的挑战。鉴于行业竞争加剧，未来资本推动快递企业兼并重组式的行业整合将会出现更多案例。

第四，我国快递业逐步进入智能化发展阶段。近几年，快递企业通过自建航空货运公司、打造航空快递枢纽、开通高铁快递等方式，改革了传统的汽运快递模式。尤其是无人机、无人驾驶车、智能自提柜等新科技、新装备的落地，以及大数据支撑的路由优化、合理分仓等新技术应用的普及，促进了快递业的智能化发展，同时也对物流装备和技术提出了更高的要求。

第五，我国快递业发展进入与物流跨界发展的阶段。全网型的快递和物流企业已经开始向业务多元化方向发展，如中通快递发展快运业务、德邦物流发展快递业务、顺丰发展冷链宅配业务等。依托全国网点和优势运力基础，在企业统一发展的战略规划下，实现业务多元化，寻找业务和利润新的增长点的趋势在短期内将继续下去。

第六，我国快递业发展的地域分布结构差异继续体现。从图6-5中可以

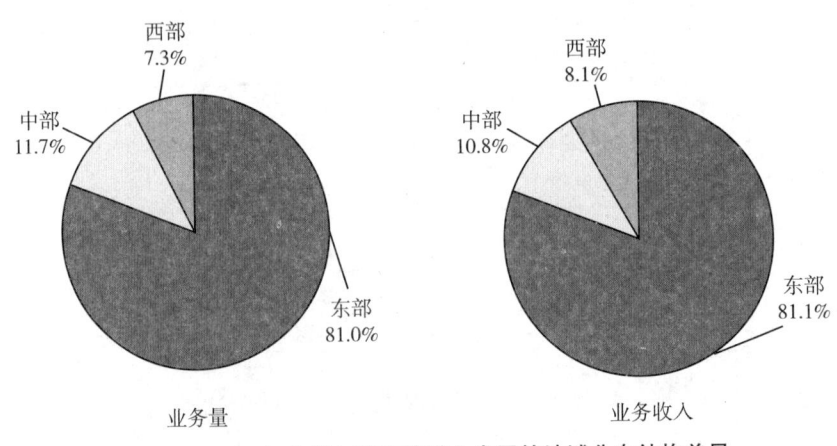

业务量（西部 7.3%，中部 11.7%，东部 81.0%）　　业务收入（西部 8.1%，中部 10.8%，东部 81.1%）

图6-5　2017年上半年我国快递业发展的地域分布结构差异

看出，2017年上半年快递业发展主体在东部。这一点还可以从业务量的城市排名中得到证实。

2017年上半年快递业发展集中度继续保持，业务量十强城市中前八名保持不变，仅后两名的成都和温州互换位置，而且这些城市均聚集在东部地区（见表6-1）。其背后快递消费聚集和快递企业网点聚集的双重因素符合国情，在短期内不会变化。

表6-1　2017年上半年快递业务量十强城市

排名	城市	快递业务量累计（万件）
1	广州	171922.9
2	上海	134587.1
3	深圳	113897.8
4	杭州	103155.6
5	金华（义乌）	101757.9
6	北京	99062.8
7	东莞	55782.5
8	苏州	43300.3
9	成都	36232.5
10	温州	31536.4

综观全行业，快递业务以物流为依托，随着我国快递业发展进入新时期，下一阶段快递企业的竞争将更加倚重物流能力的支撑，从而在降本增效的发展前提下提供更丰富、更贴心的限时快递服务。目前，快递企业物流能力如何，存在哪些问题、挑战和机遇，如何实现物流升级，值得全行业共同探讨。

二、我国快递企业物流能力分析

从整体情况来看，中国快递行业虽然发展迅速，但是大多内资快递企业的核心竞争能力不强、运作效率偏低。所以，需要通过运营管理尤其是技术装备升级来支撑整个行业的可持续发展。众多快递企业越来越认识到技术装备应用发展的重要性，不断在技术装备层面加大投入。这对于整个行业来说起到了引领作用和示范效应。

第一，我国目前活跃的快递企业超过2000家，以"三通一达"和顺丰为代表的大型快递企业早已做到全网覆盖，在县域农村市场的覆盖率也基本超过 90%。

根据这五家上市快递企业的年报资料，五家快递企业加盟商累计超过1万家，网点超过10万个。考虑到年报的保守性，实际的加盟商和网点规模要远高于此。如此庞大规模的网络，涉及总部和多级加盟商与网点垂直结构，对物流装备、物流技术、信息化协同等方面都提出了高要求，对普遍实现限时快递的承诺提出了巨大挑战。

第二，两种模式的快递企业的操作流程基本相同，涉及的各个作业环节都需要物流装备与系统的强力支撑。

例如，收件环节是快递服务的开始，需要通过信息化技术的应用精准地传输信息，提高订单处理效率；快件到了快递站点需要通过安检设备进行检查，以排除危险品和违禁品，确保货物安全；到了快件分拣、集包和封发环节，需要通过输送机或自动化分拣机作业，提高处理能力和作业效率；到了运输环节，虽然耗时长、可控性差，但是应用了 GPS 和北斗卫星技术后可以实现运输全程的可视化与透明化，多数快递企业可以通过对作业环节各个节点扫描一维码，实现快递包裹实时追踪查询和运输全过程监管；在快件的配送环节，除了"门到门"的服务外，快递智能自助柜的应用可以大大提升快递员的作业效率，实现 24 小时客户自助取件。

未来，快递企业将通过物联网技术的应用，进一步提升快件作业智能化和智慧化水平。对于快递行业来说，当前亟须适合国情的快件集包自动化设备，亟须出台快递"最后一公里"的车型技术标准。

第三，梳理当前各大快递企业物流系统与技术装备的应用情况，发现与欧美等发达国家的快递业相比，我国快递企业的技术装备应用水平不高，快递企业之间的技术应用层级存在差距。主要体现在信息化技术在企业内部管理和日常运营上的应用、自动化与半自动化物流技术装备的应用，以及系统集成技术应用等的普及程度和层级方面（见表6-2）。

表 6-2　我国快递企业物流系统与技术装备的应用情况

序号	技术名称	应用情况	备注
1	一维码手持终端	都在应用，可以实现部分节点的跟踪或者全部节点的跟踪	
2	二维码手持终端	部分在使用	
3	APP	部分在使用、部分客户使用	
4	GPS、北斗卫星	大多数在使用	

续表

序号	技术名称	应用情况	备注
5	电子运单打印机	大多数在使用，电商下单应用达到50%以上	
6	装卸车皮带伸缩机	部分快递企业使用，普及率不高	
7	信息化技术+互联网在车辆调度上的应用	大多数在使用	
8	输送机辅助分拣	大多数在使用	
9	自动化分拣系统	顺丰、邮政速递和韵达等在使用，顺丰在集散中心使用最多	顺丰多为进口设备
10	安检机	大多数在使用	不能对所有的快件进行安检
11	快递智能自动柜	大多数在使用	
12	电动三轮车	大多数在使用，因每个城市的管制要求不同，应用普及程度也不同，主要以两轮车为主	大多数城市不合法
13	作业场地的可视化	大多数在使用	
14	呼叫中心及短信信息反馈	呼叫中心都在使用，短信信息反馈部分在使用	
15	城市驳货车辆及电动汽车	大多数在使用，由于电动汽车电池续航里程有限，以及充电时间等因素，电动汽车的使用有限	大多数城市不合法
16	干线运输车辆	都在使用，国产或进口车都有，多为9.6米车型，大多数车型做到了轻量化	
17	全货机	顺丰、圆通自有全货机在使用，其他企业使用客机副舱	顺丰已有50架全货机
18	无人机	顺丰、圆通、京东在特殊区域使用	由于空中管制，无人机的应用难以规模化发展
19	手持发票打印机	顺丰在使用	
20	POS机	部分快递企业在使用	
21	快递环保塑料袋	基本没有使用，2016年下半年开始，一种生物可降解塑料袋将投放市场使用	
22	RFID	个别快递企业正在尝试性地使用	

第四，物流装备往往与系统结合运行，而针对性的需求也在不断变化着。

以快递业务操作中常用的巴枪为例，经过十多年的行业应用，系统平台先后经历了LINUX、CE、安卓的转换，硬件形态经历了从专业巴枪向消费手机的转化。尤其是在快递员取派环节，智能手机取代巴枪的趋势非常明显，因为集成扫描上传功能只需要一个简单的APP，直接导致巴枪市场需求缩减，影响到其生产厂家的营业收入。

同时，在转运中心分拨环节，快扫类设备、具有集成扫描功能的自动分拣设备等都对传统巴枪产生了替代效应。相关的供应商无奈之下只好寻求转型，如转向在POS机领域寻找机会，转型做工业手机产品，但目前只有顺丰在全面使用工业手机产品。

第五，快递企业存在的短板与解决措施。目前来看，快递企业作业各环节的技术发展水平与快递业务发展的实际需要并不匹配，技术应用与迅速攀升的业务需求不相适应，先进设备的应用率不高，技术创新对整个行业的支撑作用不明显。具体体现在以下三个方面：

（1）以快递产品为导向的标准化建设滞后。目前，国家虽然已经发布并推广实施了《快递服务》系列国家标准、《快递业务操作指导规范》等，但是多数快递企业缺乏以快递服务时限产品为导向的标准化体系，其信息化技术应用方面的标准化程度较低。诸如编码技术标准化、作业流程标准化、技术装备标准化、安检系统标准化等难以做到行业统一，使快件丢失、货物不安全、配送延误等问题时有发生。

（2）信息化建设水平参差不齐。大数据时代需要以信息化技术为基础，促进产业的转型升级。但是，中国快递行业目前还存在大量的信息孤岛，快递作业各部门、各环节之间的信息化建设参差不齐，快递企业的信息系统往往自成体系，与其他系统不能有效衔接，信息和资源不能共享。这给各个系统间互联集成、数据共享造成了一定的困难，影响企业的运营效率，进而抬高了企业的运营成本。

（3）自动化物流系统的建设水平偏低。我国快递企业以中小型企业居多，普遍规模小、实力弱、技术水平不高，面对采用自动化物流设备较高的成本压力，大多数企业望而却步。有的企业即使应用了自动化设备，但设备利用率仍然很低，究其原因在于，快递企业的生产作业环节多以人工作业为主，以致大量国内快递企业处于产业低端，严重影响到行业的升级发展。

三、快递业技术转型升级

未来，快递行业发展的大趋势是，大型快递企业向综合物流企业转型，中型快递企业向专业化企业转型，小型快递企业向个性化企业转型。快递企业必须精准定位，这是推动整个快递行业向集约化、市场细分化、标准化、信息化、智慧化、品牌化方向发展的必然要求。在这样的趋势下，快递企业要想实现转型发展，必须依托技术装备系统的不断升级来提供有力支撑。

1. 提升信息化技术的应用层级

积极应用信息化技术，在快件收取、分拣、运输、配送等环节加强条码标签、读写器、传感器、通信技术、网络技术等的运用，加速包裹流转效率。

同时，基于物联网技术，特别是射频识别技术（RFID）、全球定位系统、云计算、大数据和人工智能等，搭建快递企业互联网信息化平台，打破快递企业运营各自为政的现状，有效整合资源，实现信息的有效对接，推动企业向智能化发展。

2. 完善以快递产品为导向的标准化体系建设

快递企业技术升级发展需要行业标准的支撑，这就需要加大技术标准化建设力度，完善和制定条码及扫描器、手持数据终端、分拣机等物流装备的技术标准，完善和制定信息系统公共接口、运作管理流程等行业技术规范。当然，这些技术标准的制定是在有了具体的产品标准和作业标准基础上实现的。

产品标准如当日达、次日达究竟该什么时候到，这些具体的细节都需要有一定的标准加以规范。然后根据这些产品标准制定相应的作业标准，如运输、储存、装卸搬运、包装、配送等环节都要实现作业流程标准化。最后以产品标准、作业标准为依托建立相应的技术标准，这是一个有序的过程。离开了产品标准、作业标准，技术标准将无从谈起。

3. 加快自动化物流系统建设

自动化物流系统是以信息化和标准化为基础的，需要快递企业在提升信息化和标准化水平的前提下，加快引入自动化物流设备，有效推动企业技术升级和作业效率提高。但笔者不主张盲目投资建设，像自动化分拣机、伸缩皮带机等设备的采购成本很高，快递企业需要量力而行。

4. 加快仓配一体化技术装备应用

仓配一体化成为必然发展趋势，一方面，自营物流的电商企业建立仓配一体化的物流网络，如京东，充分利用互联网大数据平台的支撑，通过智能仓储系统在全国范围内进行智能分货，并对配送路径进行持续优化，这种技术创新驱动下仓配一体化的物流模式实现了"减少商品搬运次数，通过提高效率创造价值"的诉求。另一方面，快递企业专注于为电子商务等行业提供仓、运、配一站式服务，这一模式能够使订单快速响应并高质量完成，还能有效地减少物流成本。当然，这需要专业的技术装备来支撑。如需要仓储管理系统、配送管理系统、客服中心管理系统等多个系统无缝对接，实现商品出入库管理、库存管理、打印订单管理、分拣货物管理、全程监控管理等。

因此，可以认为，仓配一体化与客户端无缝对接的服务模式是快递企业技术升级发展的重要推动力。总之，中国快递业发展进入了新时期，快递企业发展进入了新阶段，只有梳理清楚物流技术装备的发展现状，把握未来行业发展趋势，才能够借助物流升级的契机有力地推动我国快递业转型升级。

四、快递业的服务升级

未来我国快递物流发展将呈现两大发展趋势：

一是高速延续。在未来相当长的时间内，我国经济发展存在"三个不会改变"：电子商务保持快速发展的态势不会改变，国民经济转型升级的势头不会改变，我国更广泛、深入参与国际贸易的取向不会改变。因此，快递物流业也将延续高速增长态势。根据一般规律，当快递收入占 GDP 的 0.3%时，快递物流行业发展快但不规范；占 GDP 的 0.5%时，发展更快且相对规范；占 GDP 的比重超过 0.5%时，发展则基本平稳。美国、欧洲目前的快递收入占 GDP 的比例为 0.8%~1%。到 2025 年，国内规模以上快递企业收入将达到 1 万亿元左右。

二是引领物流。从全球物流发展趋势看，快递物流已经成为物流业的引领，在全球最大的 10 家物流企业中，共有 7 家快递企业，且前 3 家均是快递企业。从我国物流发展格局演变来看，在社会物流总额增速回落，钢铁、煤炭等大宗商品物流需求持续低迷的背景下，快递物流成为新的增长点，中邮速递、顺丰等快递企业迅速发展。国内外的物流市场发展动向均表明，快递物流将引领我国现代物流的新变革。

但同时也应看到，当前快递物流在高歌猛进的同时，也面临着"高增长、低利润"的发展困境，快递件均收入连年下降，多数快递物流企业的利润率不到 5%。究其原因，与我国快递物流市场集中度较低、从业人员素质较低、同质化竞争严重、国际化层次低等密切相关，出现了低端服务过剩、中高端服务供不应求的结构性矛盾。破解这种结构性矛盾，促进快递物流业持续健康发展，就要着力于三个转变：

一是由"规模速度型"向"质量效益型"转变。伴随着市场竞争的加剧，我国快递物流自身的转型升级也迫在眉睫，这就要逐渐由规模速度型的外延式扩张向质量效益型的内涵式发展转变，具体体现为"五化"，即企业品牌化、网络合理化、运营信息化、服务精益化、市场国际化。

二是由"物流服务商"向"供应链服务商"转变。提供高效、便捷的物流服务是快递物流的核心优势，也是近年来快递物流迅猛发展的基础性原因。然而，物流仅仅是供应链上的一个环节，拓展快递物流功能，由"物流服务商"向"供应链服务商"转变是快递企业获取可持续竞争力的重要手段。例如，DHL 等国际物流巨头都以物流为基础，为合作企业提供有效的供应链解决方案，为跨国公司提供一站式快递服务解决方案。

三是由"独立扩张"向"联动发展"转变。快递物流既服务于居民生活，也服务于生产制造和商贸流通。国际快递物流的发展经验表明，快递物流业要做大做强、实现跨国发展，就需要与生产制造企业、商贸流通企业联动发展。通过建立战略联动关系，共同实施扩张战略和"走出去"战略，实现合作共赢。

思考与讨论题

(1) 现代物流与电子商务物流的关系如何？
(2) 电子商务 B to C 模式中的物流涉及哪些内容？
(3) 快递物流业发展的现状如何？
(4) 快递物流业在发展中存在的问题有哪些？
(5) 快递物流业如何转型升级？

第七章　第三方物流

随着市场竞争的加剧、企业对效率的追求，组织之间的社会劳动分工日趋细化。企业为了提高自己的核心竞争力，降低成本，增强企业发展的柔性，越来越愿意将自己不熟悉的业务分包给其他社会组织承担。正因为如此，一些条件较好的，原来从事与物流相关的运输、仓储、货贷等企业开始拓展自己的传统业务，进入物流系统，逐步成长为能够提供部分或全部物流服务的企业。我们把这种服务称为"第三方物流"。

第一节　第三方物流的概述

一、第三方物流的基本概念

第三方物流是指由物资流动的提供方和需求方之外的第三方去完成物流服务的运作过程。与社会经济领域的许多概念一样，第三方物流有广义和狭义之分，因而在不同的领域涵盖的范围也就不同。

1. 广义的第三方物流概念

广义的第三方物流是相对于自营物流而言的。凡是由社会化的专业物流企业按照货主的要求所从事的物流活动都可以包含在第三方物流的范围之内，至于第三方物流是从事哪个阶段的物流，物流服务的深度和服务水平如何，这与货主的要求有密切关系。

2. 狭义的第三方物流概念

狭义的第三方物流主要是指能够提供现代化的、系统的物流服务的第三方物流活动。其具体标志是：

（1）有提供现代化的、系统的物流服务的企业素质。

（2）可以向货主提供包括供应链物流在内的全程物流服务和特定的、定制化服务的物流活动。

（3）不是货主与物流服务提供商偶然的、一次性的物流服务活动，而是采取委托承包形式的长期业务外包的物流活动。

（4）不是向货主提供一般性物流服务，而是提供增值服务的现代化物流活动。

因此，第三方物流这一术语的运用，因人、因地的不同，其含义也有所区别。一般而言，我们在研究和建立现代物流系统时，第三方物流不是按照自营物流与否来进行区分的，尤其在我国，小生产式的物流活动还相当多，并且还不能在很短时间内解决这个问题，如果把这些企业都包括在第三方物流企业中，必然会混淆人们对第三方物流的认识。所以，我们在讲第三方物流时，应当从狭义的角度去理解，把它看成是一种高水平、专业化、现代化的物流服务形式。

二、推动第三方物流发展的因素

推动第三方物流发展的因素主要有以下几个方面：

（一）大批生产制造、销售企业采用"外协物流"的必然结果

外协物流是企业利用外部物流资源的简称。企业利用外部物流的行为在英语里有一个术语叫"Outsourcing"，中文可翻译为"外协"。在"Outsourcing"管理思想的影响下，企业为增强市场竞争力，将企业的资金、人力、物力投入到核心业务上去，利用专业公司的资源和优势，将物流业务委托给第三方专业物流公司负责，以便降低成本并节约资金。

在国际上，企业为集中自己的主业以增强自身的竞争能力，对外协物流服务的需求已成为一种趋势。企业越来越倾向于使用外部的物流服务专业机构来满足企业部分或全部的物流功能，换句话说，企业寻求外协物流服务的行为已变得越来越普遍。河南省新乡市不少厂矿为了有效解决产品物流问题，寻求运输公司成立相关产品专运公司，这实际上就是寻求第三方物流服务公司的基本方式之一。河南省新乡汽车运输总公司采用服务于企业名牌产品的专项物流服务战略，既有利于工业企业利用外部资源搞好企业供应链管理，也有利于增强运输企业参与工业企业物流服务的深度，能够取得双赢的效果。1996年该集团公司成立以"运企联合、优势互补、权责分明、互惠互利"为基本特征的新飞电器专运公司，根据该公司的实践，采用此方式可以使新飞电器的运输成本由 0.65 元/吨千米下降到 0.45 元/吨千米。若广泛采用信息技术还可以使运

输及其他物流服务集成管理的可能性大大增强，进一步提高物流服务质量。按照第三方物流理论，基于服务对象企业的供应链管理的第三方物流战略体系可以取得更好的效果。1997年，该集团公司已分别针对新飞电器、秦新食品、亚洲啤酒、一拖、捷丰方便面等厂家成立了产品专运公司，在信息技术的支持下，正在进一步发展和完善基于供应链管理的物流管理服务体系。

上海通用汽车采用物流一体化思想，以市场为导向，以客户为中心，依托先进的信息技术系统和柔性化的物料系统，贯彻精益生产理念，通过标准化、程序化的设计，将物流中各相关环节通过"Milk Run"物流模式进行有机结合，持续改进，实现物流系统低成本运作。上海通用汽车在采用第三方物流公司对供应链的一部分进行管理后，取得了明显的优势：

（1）拥有市场知识和网络。通过专业化的发展，第三方物流公司已经开发了信息网络，并且积累了针对不同物流市场的专业知识，包括运输、仓储和其他增值服务。

（2）拥有规模经济效益。由于拥有强大的运输购买力和货物配载能力，可集中配载很多客户的货物，大幅度地降低了单位运输成本。

（3）拥有第三方灵活性。上海通用汽车把物流业务外包给第三方物流公司，可以使公司的固定成本转化为可变成本。公司通常向第三方支付服务费用，而不需要自己内部维持物流基础设施来满足这些需求。

例如，上海通用汽车基于第三方物流的优点，设置了厂外门对门物料仓库（RDC），由第三方物流公司通慧公司管理，由此大大减小了上海通用汽车厂内仓库场地，并提高了效率，使厂内仓库起到中转仓库而非存储仓库的职能。

（4）拥有信息技术。能有效地进行跨运输方式的货物追踪，生成提高供应链管理效率所必需的报表和进行其他相关的增值服务。

（5）有助于减少资本投入。通过物流外包，上海通用汽车可以降低因拥有运输设备、仓库而所必需的投资。

（二）现代物流管理理念发展的必然结果

现代物流进入了"供应链管理阶段"。供应链管理不只是单个企业能力的问题，而是涉及从原材料供应商、制造商、流通经营者，直至最终用户、消费者的一个作为供应链整体的系统。这一强调外部协调和合作的新型管理理念，既增加了物流活动的复杂性，又对物流活动提出了零库存、准时制、快速反应、有效顾客反应等更高的要求，使一般企业很难承担此类业务，由此产生了对专业化物流服务的需求。第三方物流正是为满足这种需求而产生的。它的出现，一方面迎合了个性需求企业间专业合作（资源配置）不断变化的要求；

另一方面实现了进出物流的整合，提高了物流服务质量，加强了对供应链的全面控制和协调，促进了供应链达到整体最佳效果。

（三）第三方物流服务企业技术质量全面进步的必然结果

随着市场对第三方物流需求的不断增加，物流业的地位也在不断提升。运输业规章制度的不断建立和完善，为物流一体化提供了良好的环境。全面质量管理的推广和及时系统 JIT 中零库存、零缺陷、零故障理念的应用，也为物流服务带来了新的生机。物流技术设施在不断更新和发展，而生产制造和商业企业的物流部门却不可能保证有足够的资源、先进的技术、充足的时间去更新设备。因此，企业的物流部门愿意外购物流企业的物流服务。另外，信息技术的高速发展也给物流活动带来了新的转机。电子订货系统、全球定位系统等技术的出现，使物流活动的信息传递加快，电子商务时代的到来，改变了物流模式。通过网络化，物流能实现跨区域、跨国境的活动，使物流的功能更为强大。

（四）第三方物流服务标准提高和营销能力加强的结果

近20年来，欧美国家的第三方物流服务已有了很大的改进，提供服务的标准和作业效率已大大提高，应客户需求定制的各类新型服务得到了发展。同时，物流服务企业的营销能力也更加强大、有力和熟练。许多运输与仓储企业已演变成为广泛物流服务的供应商。大多数国家的公路运输行业已成为越来越具有竞争性的行业，在资金回报下滑、利润率降低的情况下，公路运输企业被改造成综合物流企业，使承运人提供的服务增加价值，进入门槛较高的细分市场，并使与客户订立的长期合同的履行得到保证。这样，既可以使原有公路运输企业的利润有所增加，也促进了企业的成长。

（五）物流服务供应商和需求商的联合协同，进一步促进了物流业务外包市场的发展

对于需方，产品生产和交付的方式正在发生根本性转变，业务全球化趋势、对供应商依赖程度的提高、生产制造过程中部分功能外包率的上升、直销渠道的发展以及对市场快速反应的需求都将使物流管理工作比以前更为复杂和充满挑战。

对于供方，物流外包服务逐步实现一体化和系统化，服务提供商正在加快进行创新和技术变革，强化竞争力，利用技术提高物流管理的效率，迅速延伸全球业务链和扩展服务功能链，为企业进驻不同的细分市场做准备。

三、企业采用第三方物流的优势及风险

（一）企业采用第三方物流的优势

就目前我国的物流市场来看，尽管第三方物流的市场渗透还处于一个较低的水平，但随着经济全球化，大量资金开始活跃在物流领域，而提供专业物流服务的第三方物流必然成为一个新的经济增长点。这是因为它能帮助客户获得诸如利润、价格、供应速度、服务、信息的准确性和真实性以及在新技术采用上的潜在优势。

1. 降低成本

企业考虑把物流业务运作外包给第三方物流的重要原因是能降低成本。这包括：

（1）降低运输成本。大型第三方物流公司的配送网络覆盖范围广，而且在每个区域有一定的覆盖密度，单个物品的平均运输路线比较短、成本比较低。

（2）降低库存水平。库存是应对缺货风险的一种措施。一方面，第三方物流公司为多个企业提供存储、分拣、运送服务，能够协调多个企业实现缺货风险共担，相当于实现多个企业库存的实时共享与调拨，有利于降低总库存水平。另一方面，当多个企业向同一供应商采购时，由于采购规模的扩大与存储地理位置的整合，降低了供应商的送货成本，与供应商的谈判能力增强，有利于缩短供应商的送货周期，进一步减少库存水平以及减少每个企业的平均库存水平。

（3）降低分拣成本。控制分拣成本对于拆零比率很高的连锁企业，尤其是便利店企业非常重要。第三方物流公司有专业人员不断对业务流程进行分析，并且有专业信息技术公司配合实施各种流程优化方案，使分拣成本越来越低。

（4）降低物流固定设备投资。提高现代化物流管理能力，越来越离不开各种先进技术的支持，如包含先进管理思想的物流信息系统、自动化仓库作业流程、科学规划的全国性配送网络等。不仅如此，由于现代技术发展速度很快，只有不断更新设备，才能保持领先的物流管理能力。专业的第三方物流公司有能力不断投资与更新，保持物流管理的先进性。

（5）降低交易成本。从供应链的角度来看，物流成本还应该包括企业与供应商之间的交易成本，如谈判成本、运输成本以及货品价格等。第三方物流公司能够集合多家企业的采购需求进行整合需求，然后向供应商进行联合采

购，从而获得规模经济优势，包括谈判成本规模经济性、运输成本规模经济性、较低的货品进货价格、较短的进货周期等。

2. 提高顾客服务水平和质量

企业利用第三方物流企业的信息网络和节点网络，能够加快对顾客订货的反应能力，加快订单处理，缩短从订货到交货的时间，进行门对门运输，实现货物的快速交付，提高顾客满意度。

3. 减少投资和存货风险

企业如果自己运作物流，要面临两大风险：一是投资的风险；二是存货的风险。如果企业利用第三方物流的运输、配送网络，通过其管理控制能力，可以提高顾客响应速度，加快存货的流动周转，从而减少内部的安全库存量，降低企业的资金风险。

4. 提升竞争力

一个企业管理部门的精力是有限的，通过物流业务外包可以使企业的管理层把主要精力放在企业的核心竞争力上。企业不可能面面俱到，任何企业都要面临自身资源有限的问题。因此，对于那些并非以物流为核心业务的企业而言，将物流运作外包给第三方物流企业来承担，有助于使企业专注于自身的核心竞争能力。

（二）企业采用第三方物流的风险

采用第三方物流能给企业带来很多好处，但也存在一定的风险。

1. 对物流的控制能力降低

在第三方物流的合作关系中，第三方物流介入客户企业采购、生产、分销、售后服务的各个环节，成为客户企业的物流管理者，客户企业对物流的控制力大大降低。在信息沟通不力、双方协调出现问题的情况下，可能出现相互推诿、物流失控的现象，影响物流效率，从而降低客户服务指标。

2. 客户关系管理的风险

在第三方物流的合作关系中，最直接接触客户的往往是第三方物流企业。在客户关系管理的风险中，存在两类风险：一是削弱了同客户的关系；二是客户资料有被泄密的危险。

3. 企业战略机密有被泄露的危险

物流既是企业战略的重要组成部分，又承担着企业战略执行的重任。因此，第三方物流通常对客户企业的战略有很深的认识，从采购渠道到市场策略，从经营现状到未来预期，从产品开发到客户服务策略，第三方物流都可能得到相关的信息。因此，采用第三方物流服务大大增加了企业核心战略被泄露的危险。

4. 出现连带经营风险

同第三方物流企业的合作一般是基于合同的、比较长期的合作关系。双方一旦达成合作，要解除合作关系，往往成本很高，且如果第三方物流企业自身经营不善，则可能会直接影响客户企业的经营。

第二节　第三方物流企业

一、我国第三方物流企业的类型

第三方物流企业在现代经济的发展中快速成长，成为流通领域的一支主力军，并且也越来越深刻地影响着社会经济的发展。从企业的背景来看，大致分为以下类型：传统仓储、运输企业转型；企业内部物流部门的拓展；新兴的民营物流企业；速递公司。

1. 传统仓储业

我国传统的仓储业由于受计划经济体制的制约，形成了分散的多元化物流格局，导致社会化大生产、专业化流通的集约化经营难以实现，规模经营、规模效益难以获得，设施利用率低，布局不合理，重复建设，资金浪费严重。另外，我国物流公司与物流组织的总体水平低，设备陈旧，损失率大，效率较低，运输能力不足，也制约了物流的发展。

2. 制造业的物流部门

目前，国内一些著名的制造业集团不失时机地瞄准了电子商务运营这个目标，纷纷宣布积极参与第三方物流业务。例如，海尔、康佳、TCL等集团纷纷加盟物流产业，以大型生产企业、商业企业和电子商务公司为服务对象，为包括原材料物流、生产物流、成品转移和销售物流在内的供应链过程提供物流支持服务内容，整合企业内外资源，联合专业物流公司，进行物流结盟，走低成本、高扩张的规模发展道路。构建开放式的物流信息平台，完善物流功能，提供以市场营销为核心的全过程物流服务，走品牌发展之路。

3. 民营物流企业

与此同时，民营物流企业逐渐成长起来，虽然与传统的物流企业相比，民营物流企业在实体仓库设施、物流硬件设备方面显得势单力薄，但其凭着灵活高效的运作模式和先进的服务意识,成为第三方物流产业的一支主力军。民营物流企业分为服务主导型和信息主导型两类。服务主导型为顾客提供信息服务、运输服务、仓储服务、配送服务等,以赚取服务费为主要收入;而信息主导型则是以提供畅通的物流信息为主,依靠其技术优势建立信息平台,信息的来源特别广,有空运、海运、公路运输,还提供多式联运的服务信息,以收取信息费为主要营业收入。

4. 速递行业

谈到速递行业,首推中国邮政。目前,中国邮政主要是针对个人消费者的服务,属于向公众提供普遍服务的公用企业,而物流业的重点是企业对企业的服务,这正是中国邮政的弱项。从这个意义上说,中国邮政是第三方物流的新进入者。

除了中国邮政外,我国还有许多小规模的民营速递企业。从市场定位看,其客户90%以上是有进出口业务的企业,如三资企业、国际货代公司、船务公司、集装箱公司、进出口公司、海关、商检、旅游公司等。从快递的内容看,主要是各类手续材料,如核销单、退税单、手册、发票、汇票和其他单据、证件、各种样品、药品、急用零部件等。从运输的附加值上看,快递是所有运输中价格最高的形式。如一般货运上海至北京的价格在 0.60~0.80 元/千克,而快递则为 10~25 元/千克,相差十多倍。快递业务的附加值一是来自限时服务,二是来自门到门的服务。其行业利润在 40%~70%(毛利),主要的利润来源是劳动及交通工具的短途配送。从公司规模上看,小到 2~3 人,大到几百人至上千人(见表 7-1)。

表 7-1 国内外物流市场部分第三方物流企业的类型

国外物流企业	国内快递公司	新兴物流企业	属于生产企业的物流部门	传统运输企业
APL 马士基 EXCEL FedEx UPS DHL	顺丰速运 申通快递 韵达快递 圆通快递 宅急送 中通快递 百世汇通	佳吉物流 中铁物流 安能物流 德邦物流 新科安达 宝供 远成物流	安得物流 海尔日日顺物流 广州安泰物流 顶新物流	中远 中外运 中储 中海 华润物流 中国邮政 中铁快运

二、第三方物流企业的优势、劣势及发展方向

不同的第三方物流企业有不同的优势和劣势，并具有不同的发展方向（见表7-2）。

表7-2　不同的第三方物流企业的优势和劣势

	传统的运输和仓储企业	新兴的物流公司	生产企业内部的物流公司	国外物流企业
优势	拥有全国性的网络和大量固定资产，和中央与地方政府有良好的关系	业务地域服务相对集中，效率较高，增长较快	为内部客户服务，具有专业、网络覆盖性良好的特点	强大的海外网络，丰富的行业知识和运作经验，与国际物流客户的良好关系，来自总部的强有力支持
劣势	人员冗余，效率较低，不以绩效和客户为导向	固定资产有限，缺乏有力的财务支持，内部管理不是很规范	难以吸收外部客户，战略和定位受到母公司的极大影响	在中国缺少网络，相对成本较高
发展方向	借助广泛的网络和资产优势加速物流增长，通过业务重组提高效率	依靠引入战略合作伙伴保持高速增长	或加强或剥离物流部门	通过收购，加强在我国的市场份额

三、第三方物流企业面临的问题

在经济全球化背景下，我国的国有物流企业面临多方面的挑战。

1. 来自国外物流企业的威胁

目前，着眼于在我国物流市场发展的跨国物流公司基本上可分为两类：一类是在空运、速递的基础上发展起来的，如 UPS、TNT、FedEx 等；另一类是以海运为主逐步向综合物流方向发展的，以马士基和美集为代表。尽管跨国物流企业在我国的发展仍受到限制，但它们却已经通过各种可能的途径，纷纷占领了我国的物流市场战略高地。随着我国加入 WTO 后服务市场的逐步开放，这些企业借助它们牢固的物流网络及物流联盟，运用先进的物流专业知识和经验，为客户提供完善的综合物流服务。它们的到来必将给国内物流市场造成巨大的冲击。

2. 来自国内物流企业的竞争

由于我国国内物流市场刚刚起步，大部分物流企业是从原来的储运业转型而来的，多数企业未形成核心竞争力，竞争对手之间的模仿相对容易，企业的技术水平与管理水平不高，缺乏公认的物流服务标准，企业之间是一种粗放式的竞争格局。我国第三方物流企业整体资源利用率不高，物流设施严重不足，作业水平低下，这些情况严重制约着我国第三方物流企业的发展（见表7-3）。

表7-3 企业物流设施不足的状况

单位：%

物流设施	数量不足	技术设备落后	设备老化	不符合客户的特定需要	运行成本过高
运输设施	30	8	15	18	2
仓储设施	18	16	19	13	8
搬运设施	21	17	10	8	9

3. 国际化战略面临的挑战

寻求全球范围内最佳的资源配置和生产要素组合已经成为当今世界经济发展的趋势。我国国内物流企业为了自身的发展和完善，必须实现世界范围的物流目标，走国际化路线，这需要有全球性的体系、设施和人员资源。但我国的物流业毕竟不同于我国的家电行业，就目前国内物流企业的现状来说，要实现与国际市场完全对接尚需假以时日。

四、第三方物流企业的发展战略

第三方物流企业有优势也有劣势，同时也面临着众多的问题。第三方物流企业要想迅速地发展壮大自己，应当考虑下列发展战略：

（一）服务战略

物流企业是典型的服务企业，为客户提供的服务就是第三方物流企业的产品，因此，对客户服务的好坏直接关系到企业的发展。第三方物流企业的服务战略应做到：

1. 树立客户满意的经营理念

第三方物流企业应以客户至上、全心全意为客户创造价值作为企业的经营宗旨，努力将客户满意的经营理念贯穿到整个经营活动中，为客户提供全方位的服务，与客户建立合作伙伴关系，使客户感到第三方物流企业是自己获得竞争优势的重要战略伙伴。

2. 发展物流相关配套服务，提供增值服务

我国的第三方物流企业在提供传统的运输、仓储服务的同时，要根据市场需求，不断细分市场，拓展业务范围，以客户增值为己任，发挥企业核心专长，提供增值物流服务，广泛开展加工配送、货贷等业务，甚至提供物流策略和流程解决方案、信息平台搭建等服务。

3. 强化服务的个性化

在经济全球化和一体化的环境中，企业必须进行差异化经营，并形成自己的核心竞争力。不同的物流消费者存在不同的物流服务需求，第三方物流企业应能根据不同的物流需求企业在企业形象、业务流程、产品特征、顾客需求特征、竞争需求等方面的不同，提供针对性强的个性化、特色化的物流服务。

4. 提高服务质量，培养客户忠诚度

第三方物流企业应以良好的服务设施、饱满的员工精神面貌向客户展示企业形象，准确高效地履行合约，及时快速地响应客户需求，向客户传递强烈的服务意识，同时不断提高员工的知识水平和业务能力，给客户以企业可信赖的感觉。通过提高综合服务质量，培养客户的忠诚度。

（二）网络战略

第三方物流企业的运作搭建在运输网络、信息网络、客户网络和管理网络的平台上，针对目前企业运输力量不足、信息系统滞后、客户群体单一、管理落后的现状，第三方物流企业可实施网络战略。

1. 运输网络建设

第三方物流企业的运输网络是由配送中心、仓储中心、运输工具和运输线路等组成的。企业要加强现有的运营网点建设，强化服务的物理网络支持，以保证物流运作的顺畅。

2. 信息网络建设

信息网络是指用户需求、市场动态、企业内部业务处理情况等信息共享的网络。第三方物流企业要加强信息技术方面的投资，完善企业的信息系统建设，逐步建立一套基于 Internet 及 Extranet 的物流信息管理系统和物流企业资源计划（ERP）等，建立以信息交换为中心的全方位、多角度的监控和管理系统，加强物流组织过程中的信息处理功能，为物流活动的开展提供网络化的、强有力的信息支持。

3. 客户网络建设

客户网络是指由企业服务对象所组成的一个虚拟网络。第三方物流企业应

该建立客户管理系统,加强与客户间的沟通,与客户建立长期合作的联盟关系,在需求方规模经济的推动下,不断扩大企业的客户资源网络。

4. 管理网络建设

管理网络是由一个统一的指挥中心和多个操作中心所组成的网络。第三方物流企业应加强指挥中心对各操作中心的统一调配,从而实现规模效益。

(三) 创新战略

第三方物流企业要大胆改革,建立以产权制度为核心的现代企业制度,建立并完善合理的物流管理体制,实施创新战略,借鉴国际先进的物流管理思想和理念,将其与本企业的实践有机结合,探索具有本企业特色的新思想和新方法,深入研究社会物流需求,通过引进、模仿和创新物流技术手段,不断设计、创新和提供有效的物流服务。

(四) 品牌战略

拥有自己的品牌是第三方物流企业区别于传统物流企业的重要标志。第三方物流企业要树立物流发展的品牌意识,严格制定各项物流质量标准和服务标准,引进先进技术手段,不断提高物流服务水平,同时强化物流技术和管理人员素质的培养,建立优秀的物流人才队伍,确保企业品牌战略的实现。

(五) 联盟战略

第三方物流企业建立战略联盟包括两方面的内容:

1. 与物流劳务的供需双方形成紧密的战略合作关系

这样一方面可使客户减少物流经营成本,使其生产经营活动有稳定的物流系统保障,提高企业的服务质量;另一方面,第三方物流企业能够从中拥有可靠的货源保证,降低经营风险,提高整个物流过程的效率。

2. 与其他物流企业建立战略联盟关系

第三方物流企业可以通过相互投资、参股、签订战略联盟协议等方式与其他物流企业建立战略联盟,共享物流系统中的资源,将分散的、各自为政的物流要素集中起来,形成一个新的整体,创造规模优势,提高整体技术水平,发挥单个物流要素不可能发挥的功能。

(六) 公共关系战略

第三方物流的发展是一个系统工程,仅依靠第三方物流企业自身的努力是远远不够的,还需要政府和行业协会的支持与推动。第三方物流企业要赢得良好的外部发展环境,就要加强与社会各界的联系和沟通,使全社会认识到发展物流的重要性,以促进自身健康有序发展。

第三节 第三方物流的运作

一、第三方物流的运作原理

1. 以合作双赢为宗旨

第三方物流要用"一企一策"的方式为客户提供特殊的、个性化的专属服务。这种特殊性与个性化既体现在物流服务方案内容与使用者的特定化方面，也体现在双方共同制定物流解决方案并动态执行等方面。

2. 加强物流信息管理

从市场营销学的角度来看，第三方物流的发展是需求市场细分的结果，提供差异化的服务（产品）是满足市场需求的唯一途径。较高的信息技术应用水平是第三方物流得以迅速发展的重要前提。应客户的需求和形势发展的需要，第三方物流公司纷纷建立 EDI 专线系统、配送系统、GPS 系统、货场管理系统、仓储管理系统等，以提高信息技术的应用水平。

3. 以客户满意为主导，提供个性化的物流服务

第三方物流企业的经营理念必须从"我能提供什么服务就提供什么服务"转向"客户需要什么服务，我就提供什么服务"。因此，第三方物流服务不能仅仅依靠单纯提供部分固定服务项目，而应利用信息将其咨询能力与企业客户的实际相结合以创造新价值，将其自身的行业优势转化为新的生产力资源并融入企业客户之中。

4. 以网络资源为基础

除物流信息网络外，第三方物流公司还需建立完善的物流组织网络。为了保证提供快速、全方位的物流支持，现代物流需要有完善、健全的物流网络体系，网络上点与点之间的物流活动应保持系统性、一致性，以保证整个物流网络具有最优的库存总水平及库存分布。第三方物流企业只有与第一方或第二方客户建立利益联盟关系，以合作双赢为宗旨，才能获取利益最大化。

5. 建立快速反应系统

在过去几十年中，人们始终把焦点集中在企业内部生产力的提高上。21世纪要谈的企业自动化、信息化课题，已不能再局限于企业内部，而是整合上、中、下游企业，甚至是整个产业的自动化、信息化。快速反应策略不仅适

用于企业内部环境的改善，而且适合于解决上、中、下游企业产销链冗长的问题。

二、现代第三方物流作业与传统作业的区别

一般来说，现代第三方物流作业与传统作业有以下几个方面的区别：
（1）第三方物流整合一个以上的物流功能。
（2）第三方物流服务商一般不保存存货。
（3）运输设备、仓库等虽然可以由两方中的任意一方拥有，但一般都由第三方控制。
（4）外部供应可提供全部的劳动力与管理服务。
（5）可提供诸如存货管理、生产管理、组装与集运等方面的特殊服务。

三、第三方物流企业的运作模式

现在第三方物流的运作模式有很多种，这里介绍的第三方物流企业运作模式包括物流外包业务模式、物流一体化模式、战略联盟、综合物流运作模式、虚拟经营等。

1. 物流外包业务模式

普通的物流运作模式是第三方物流企业接受物流外包业务，独立承包一家或多家生产商或经销商的部分或全部物流活动。这种模式以生产商或经销商为中心，企业几乎不需要专门添置设备和进行业务训练，管理过程简单。订单由产销双方完成，第三方物流只完成承包服务，不介入企业的生产和销售计划。第三方物流企业以契约形式与客户形成长期合作关系，保证了自己稳定的业务量，避免了设备闲置。这种模式最大的缺陷是生产企业、销售企业与第三方物流之间缺少信息沟通的平台，会造成生产的盲目、运力的浪费或不足以及库存结构的不合理。

2. 物流一体模式

所谓物流一体化，就是指以物流系统为核心的从生产企业、物流企业、销售企业直至消费者的供应链的整体化和系统化，是物流业发展的高级和成熟阶段。在这一阶段，物流业成为社会生产链条的领导者和协调者，能够为社会提供全方位的物流服务。

3. 战略联盟

所谓战略联盟，从资源集合体的角度进行界定，是指参与企业根据各自已有资源的异质性，本着互惠互利的原则，结合资源的互补性，与物流企业进行

长期合作，追求共同利益的行为。第三方物流包括运输、仓储、信息经营者等以契约形式结成的战略联盟，实行内部信息共享和信息交流，相互间协作，从而形成第三方物流网络系统。

4. 综合物流运作模式

这种模式就是组建综合物流公司或集团。综合物流公司集成物流的多种功能，如仓储、运输、配送、信息处理，还包括其他一些辅助功能，如包装、装卸、流通加工等。综合物流公司组建完成各种相应功能的部门，综合第三方物流，大大扩展了物流服务范围，对生产商可提供产品代理、管理服务和原材料供应，对经销商可全权代理为其配货、送货，可同时完成商流、信息流、资金流、物流的传递。

5. 虚拟经营

所谓虚拟经营，是指以信息技术为基础，由多个具有独立市场利益的企业集团通过非资本纽带媒介生成的一种相对稳定的或者临时性的产品生产、营销和服务的分工协作关系，包括合同制造网络与策略联盟等形式。虚拟经营的企业能够在组织上突破有形的界限，仅保留最关键的功能，而将其他的功能虚拟化，最终在竞争中最有效地发挥有限资源的作用。虚拟经营的精髓是将有限的资源集中在附加值高的功能上，而将附加值低的功能虚拟化，外包给其他企业完成。

物流企业虚拟经营的具体做法为：不进行大的固定资产投资，低成本经营，将部分或全部物流作业委托给他人处理，注重自身的销售队伍与管理网络，实行特许代理，将协作单位纳入自己的经营轨道。公司经营的核心能力就是物流代理业务的销售、采购、协调管理和组织的设计与经营，并且注重业务流程的创新和组织机构的创新，使公司经营不断产生新的增长点。简单地说，物流代理企业实际上就是有效的物流管理者。采用这种模式的第三方物流企业应该具有很强的实力，同时拥有发达的网络体系，为客户提供全方位的服务。

6. 电子商务与第三方物流的有机整合模式

电子商务作为 21 世纪主要的商业运作模式，为第三方物流提供了广阔的发展空间，同时，第三方物流的发展又为电子商务提供了现实保障。与电子商务整合，将成为第三方物流的主要运作模式之一。从实际运作状况来看，第三方物流与电子商务的整合主要有以下两种方式：一是第三方物流作为电子商务的组成要素，承担物流作业，完成 B2B 或 B2C 中的物流环节；二是第三方物流通过建设自己的电子商务，为商家与客户提供交换信息、进行交易、全程追踪的信息平台，从而实现电子商务与物流的紧密配合。可以说，在电子商务时代，实现业务电子化和网络化是第三方物流企业发展的必然选择。

第四节 第三方物流的发展趋势

一、第四方物流

（一）第四方物流的基本内涵

第四方物流的概念最早是由安德森咨询公司提出的。第四方物流的内涵按照 John Gattorna 的定义是："第四方物流供应商是一个供应链的集成商，它对公司内部和具有互补性的服务供应商所拥有的不同资源、能力和技术进行整合与管理，从而提供一整套供应链解决方案。"

对于这个定义，我们可以从以下几个方面去理解：

（1）第四方物流既不是委托企业全部物流和管理服务的外包，也不是完全由企业自己管理和从事物流，而是一种中间状态，这一点与第三方物流的外包性质是有所不同的。之所以如此，其原因在于物流业务的外包有一定的优势，如它能减少委托企业在非核心业务和活动方面的精力与时间、改善对顾客服务，有效地降低某些业务活动的成本以及简化相应的管理关系等。但与此同时，企业内部的物流协调与管理也有它的好处，即它能够在组织内部培育物流管理的技能，对客户服务水准和相应的成本进行严格的控制，并且与关键顾客保持密切的关系和直接面对面地沟通。正是出于以上两个方面的考虑，第四方物流并没有采用单一的模式来应对企业物流的要求，而是将两种物流管理形态融为一体，在统一的指挥和调度之下，将企业内部物流与外部物流整合在一起。

（2）由前一个性质所决定，第四方物流组织往往是主要委托客户企业与服务供应组织（如第三方、IT 服务供应商以及其他组织）之间通过签订合资协议和长期合作协议而形成的组织机构。在第四方物流中，主要委托客户企业反映了两重身份：一是它本身就是第四方物流的参与者，因为第四方物流运作的业务中包含了委托客户企业内部的物流管理和运作，这些活动是需要企业直接参与并且加以控制的；二是主要委托客户企业同时也是第四方的重点客户，它构成了第四方生存发展的基础和市场。由上述两重身份所决定，在第四方物流组织中，主要委托客户企业不仅有资本上的参与，而且也将内部的物流运作资产、人员管理系统交付给第四方使用，第四方在使用这些资产、系统的同时，向主要委托客户企业缴纳一定的费用。

（3）第四方物流是委托客户企业与众多物流服务提供商和 IT 服务提供商之间唯一的中介。由于第四方物流要实现委托客户企业内外物流资源和管理的集成，提供全面的供应链解决方案，因此，仅仅是一个或少数几个企业的资源是无法应对这种要求的，它势必在很大程度上广泛整合各种管理资源，这样第四方物流内部可能在企业关系和业务关系的管理上非常复杂。但是，尽管如此，对于委托客户企业而言，它将整个供应链运作管理的任务委托给的对象只是第四方物流。所以，任何因为供应链运作失误而产生的责任，一定是由第四方承担，而不管实际的差错是哪个具体的参与方和企业造成的，这是第四方物流全程负责管理的典型特征。

（4）第四方物流大多是在第三方物流充分发展的基础上产生的。从前面几点可以看出，第四方物流的管理能力应当是非常高的，它不仅要具备某个或某几个业务管理方面的核心能力，更要拥有全面的综合管理能力和协调能力，其原因是它要将不同参与企业的资源进行有机整合，并根据每个企业的具体情况进行合理安排和调度，从而形成第四方的独特服务技能和全方位、纵深化的经营诀窍。这显然不是一般企业所能具备的。从发展的规律看，第四方物流的构成主体除了主要的委托客户企业外，高度发达和具有强大竞争能力的第三方才是第四方孕育的土壤。这些企业由于长期以来从事物流供应链管理，完全具有相应的管理能力和知识，并且优秀的第三方已经在从事各种高附加值活动的提供和管理，具备了部分综合协调管理的经验，所以，这类企业才有可能发展成为第四方。相反，没有第三方市场的充分发展，特别是优秀第三方物流企业的形成和壮大，第四方物流是很难形成的，这不是通过简单的企业捏合就能实现的。这里有必要强调的是，有些人将提供信息解决方案的 IT 服务供应商及企业软件供应商等同于第四方，这是完全错误的观念，虽然第四方物流中往往有 IT 方案供应商的参与，也需要建立大量的信息系统，但是第四方如同我们在前面探讨的那样，它是一种全方位物流供应链管理和运作服务的提供商，而且与它的委托客户是一种长期持续的关系，双方牢牢地融合在一起，并且具备集成各种管理资源的能力，这不是单一的 IT 服务供应商所能涵盖的。

（二）第四方物流的功能特点

以上我们对第四方物流的基本内涵做了分析，从第四方物流的概念和基本特性中可以看出，其功能特点有如下几方面：

1. 第四方物流提供一整套完整的供应链解决方案

第四方物流集成了管理咨询和第三方物流服务商的能力。更重要的是，一个前所未有的、使客户价值最大化的统一的技术方案的设计、设施和运作，只有通过咨询公司、技术公司和物流公司齐心协力才能够实现。

2. 体现再造、供应链过程协作和供应链过程再设计的功能

第四方物流最高层次的方案就是再造。供应链过程中真正需要注意改善的，要么是通过各环节计划和运作的协调一致来实现，要么是通过各个参与方的通力协作来实现。再造过程就是基于传统的供应链管理咨询技巧，使公司的业务策略和供应链策略协调一致；同时，技术在这一过程中又起到了催化剂的作用，整合和优化了供应链内部及与之交叉的供应链的运作。

3. 变革方面，通过新技术实现各个供应链职能的加强

变革的努力集中在改善某一具体的供应链职能，包括销售和运作计划、分销管理、采购策略和客户支持。在这一层次上，供应链管理技术对方案的成败至关重要。领先和高明的技术，加上战略思维、流程再造和卓越的组织变革管理，共同组成最佳方案，从而对供应链活动和流程进行整合与改善。

4. 实施流程一体化，系统集成和运作交接

一个第四方物流服务商帮助客户实施新的业务方案，包括业务流程优化，客户公司和服务供应商之间的系统集成，以及将业务运作转交给第四方物流的项目运作小组。项目实施过程中应该对组织变革多加小心，因为"人"的因素往往是将业务转给第四方物流管理的成败关键。最大的目标是避免把一个设计得非常好的策略和流程实施得非常无效，因而削弱了方案的有效性，影响了项目的预期成果。

5. 执行、承担多个供应链职能和流程的运作

第四方物流承接多个供应链职能和流程的运作责任，其工作范围远远超越了传统第三方物流的运输管理和仓库管理的运作，包括制造、采购、库存管理、供应链信息技术、需求预测、网络管理、客户服务管理和行政管理。尽管一家公司可以把所有的供应链活动外包给第四方，但通常第四方只是从事供应链功能和流程的一些关键部分。

6. 第四方物流通过其对整个供应链产生影响的能力来增加价值

第四方充分利用了一批服务提供商的能力，包括第三方、信息技术供应商、合同物流供应商、呼叫中心、电信增值服务商等，再加上客户的能力和第四方物流自身的能力。总之，第四方通过提供一个全方位的供应链解决方案来满足公司所面临的广泛而又复杂的需求。这个方案关注供应链管理的各个方面，既提供持续更新和优化的技术方案，又能满足客户的独特需求。

(三) 第四方物流发展过程中的问题与风险控制

第四方物流是当今物流发展的趋势，它是现代物流、供应链管理高度发展的产物，体现了企业在竞争日益激烈的环境中系统控制成本和管理运作的努力，代表了未来物流发展的方向。但是，这并不意味着第四方物流在目前的状况下能够马上取代第三方物流，成为主导型的物流服务主体，并且在全球范围内广泛开展、普遍接受。从某种意义上讲，第四方物流目前只是处于探索、试验的阶段。

1. 第四方物流的形成需要极强的物流经营管理能力

第四方物流目前尚不具备广泛开展的条件，其主要原因是第四方物流是一种综合供应链服务提供商，它为行业中的企业提供全面、综合的管理解决方案和运作服务，进入门槛很高。美国和欧洲的经验表明，要想进入第四方物流领域，企业必须在某一个或某几个方面已经具备很强的核心能力，并且有能力通过战略合作伙伴关系很容易地进入其他领域。欧美物流专家的研究表明，成为第四方物流的前提条件有：世界水平的供应链策略制定、业务流程再造、技术集成和人力资源管理能力；在集成供应链技术和外包能力方面处于领先地位；在业务流程管理和外包的实施方面有一大批富有经验的供应链管理专业人员；能够同时管理多个不同的供应商；具有良好的关系管理和组织能力；全球化的地域覆盖能力和支持能力；对组织变革问题的深刻理解和管理能力。第四方物流不仅控制和管理特定的物流服务，而且对整个物流过程提出策划方案，并通过电子商务将这个过程集成起来，但这不是今天大多数企业所能立刻实现的。

2. 第四方物流组建时遇到的阻碍和风险控制

第四方物流的组织结构中大多包含了行业的主要委托客户企业，只有这样第四方物流才能更有效地将物流内外资源进行整合。但是，这阻碍了第四方物流的发展。大多数企业不愿与自己的竞争者或者其他企业成立合资形式的机构来实施物流管理和服务，因为这种形式潜伏着企业内部管理运作的机密泄露给外部，或者让外部企业渗透到企业内部运作管理的风险。正因为如此，大多数企业宁可选择彻底的外包或内部物流来组织物流供应链服务，也不愿意选择第四方物流来管理其全部业务。在这种情况下，第四方物流企业只有在成立的过程中合理地设计组织结构、流程、规章制度形式以及协调性的企业关系体系，建立起有效的"防火墙"机制，以确保任何委托企业物流运作的机密不会泄露，如建立独立、完全保密的物流供应链信息系统，才有可能为进一步发展奠定基础。

第四方物流形成遇到的第二个很大的障碍来自于委托客户与第四方签订的

长期合作协议。尽管从理论上讲，只有确立长期、持续的交易关系，才能保证系统、综合的供应链管理和物流服务，但是对于委托客户企业而言，也隐藏着高转换成本的风险。由于很多具体的物流运作和管理是由第三方代理提供，所以一旦客户对部分业务产生不满，想寻求更高绩效的物流服务提供商时，这种契约就将成为委托企业最大的阻碍。当然，要避免这种情况出现，只有第四方在当初组建时就已经将行业中最强的第三方资源整合进来，并且对各第三方的作用和贡献做出明确，同时参与的第三方也要做出明确的承诺，第四方也能有效地加以监控和管理，这样才能使长期契约成为发挥供应链管理绩效的有力工具。

第四方物流发展的另一个障碍要素是行业性质的差异和变迁。从一定意义上讲，第四方是行业供应链集成商，它是在结合行业已有的环境、条件和状况下，通过整合各种不同的管理资源来优化行业运作绩效。所以，第四方应当是行业经营和管理的专家，对所在行业有深刻的理解和把握能力。但是，不同的行业性质和结构大相径庭，这就要求第四方能根据各行业的不同提供相应的解决方案和组织管理资源，并且能够随时根据行业的变迁程度和情况及时进行调整。所以第四方物流形成的前提条件非常复杂，既要具备行业经营的能力，又要具备柔性化经营的能力。

3. 第四方物流运作过程中存在的问题

在第四方物流为委托客户企业提供服务的过程中，有两个问题是需要高度关注的：一是由于第四方重新整合委托企业内外的管理资源和物流活动，因此，涉及业务流程的再造和重组，这样就有可能在一段时间内造成委托客户企业物流运作的震荡和波动。而这种震荡和波动的幅度越大，对第四方企业也就越不利。所以，在第四方物流为委托客户企业提供解决方案和管理的过程中，必须有非常细致、周到的转变计划和实施计划，同时建立起与委托客户企业长期持续、有效的沟通机制。只有这样，才能在充分发挥物流运作绩效的基础上，使委托企业真正认同第四方物流的作用。

二是组织的独立性问题。在第四方形成的过程中，虽然为了对特定客户的内外资源进行整合而出现与委托企业合资的状况，但是这并不意味着第四方是从属于委托客户企业的。第四方处于内部物流与外包的中间状态，这是为了充分发挥两种形态的优点，同时克服相应的缺点，如果出现了组织地位的倾斜，就会使原有的优势不复存在。除此之外，作为第四方物流，它不仅仅是为一家企业服务，而是为几家企业共同服务。正因为如此，如果第四方难以保证自己企业的独立性，那么就很难吸引其他客户企业进入，第四方自身发展的空间就会受到极大的限制。所以，这是第四方在合资组建和运作过程中最大的难题。

4. 第四方物流应用发展的主要行业

从第四方物流发展的前景和可能性来看，第四方物流可能孕育的行业主要是行业集中度较低、边际利润较小、物流管理为企业非核心业务的行业。只有行业集中度较低，行业中分布的企业分散，通过第四方物流整合的意义才更大，发挥出来的绩效才更为明显，规模效益表现得也就更强。边际利润较小，意味着企业的成本压力更大，竞争的紧迫性更明显，而在这种状况下靠单个企业的力量来实现成本降低是不太可能的，只有通过综合各种业务、实施全程的供应链管理，才有可能通过系统成本和交易成本的降低，最终实现企业的目标，而这些正是只有第四方物流才能发挥出来的作用。物流业务非主导性是第四方物流生存的前提，因为只有在这种情况下委托客户才会把全部物流供应链业务交给相对独立的第四方，否则只会存在完善的企业内物流，或者部分非关键业务的第三方外包，而不可能有第四方的存在。

综合以上所有因素可知，第四方物流的发展需要一些早期领先者的探索和试点运行，需要市场上的信誉核心系统的高度透明才能够实现。目前，供应链管理技术尚未发育成熟，供应链/物流管理专业人才稀缺，企业组织变革管理的能力较差，同时整个物流的基础设施落后，客户规模较小，还承担不起第四方物流的服务。因此，第四方物流的发展必须在第三方物流行业高度发达和企业供应链业务外包极为流行的基础之上才能够发展起来。无论如何，正如电子商务的潮起潮落所带给人们的教训，新概念不会解决物流的瓶颈，只有实实在在的运作和对行业扎实深厚的功底，才能推动整个物流产业的发展和促进流通行业的变革。

二、第三方物流的其他发展趋势

第四方物流是在第三方物流基础上发展起来的，但第四方物流并非是第三方物流唯一的发展方向。当然，第三方物流会向更高层次发展，提供更多的功能和更周到的服务。根据国外的经验，第三方物流将向下列趋势发展。

1. 全球化

虽然许多第三方物流通过收购或建立伙伴关系已经获得了国际化的运作能力，但本质上并不代表它们已经是一个全球化的公司。一个全球化的第三方物流公司应当能够在世界上的任何地方为客户提供无缝的供应链服务，还应当了解供应链服务市场在世界各地存在的细微差异和服务限制条件。

2. 执行的和增值的供应链服务

未来的第三方物流所提供的服务将远远超过传统运输和仓储外包的范畴。实际上，它们所提供的服务必须包括国际贸易（报关和制单）服务、完全合规性服务和多层次的执行（需求捕捉、订单管理、货运可见性和直达交货）服务。

3. 降低成本

说到降低成本，第三方物流公司并不总是能够兑现承诺。事实上，根据美国佐治亚工学院在2002年联合进行的研究，客户不使用第三方物流的原因是认为使用第三方物流时成本不会降低。客户希望从第三方物流处获得专业技能和规模经济性。可是，经常发生的情况是，在第三方物流接手客户的物流运作以后，要么就是没有多少变化，要么就是先安装应用软件，然后试图让技术系统与商务过程相匹配。根据同一项研究，有70%的客户把获得合适的IT功能作为与第三方物流合作成功的关键因素，但只有25%的客户对他们现在使用的第三方物流的IT功能感到满意。

4. 可靠的、始终如一的服务水平

始终如一地保持准时和完整的订货交付对每一个分销公司来说都是一个"紧箍咒"。要追求无缺陷交货，就必须懂得很好地执行一个不完美的计划要胜过制订一个全面的计划而没有很好地执行它。执行是关键，不可预知的事情总是会发生的。第三方物流成败的关键就在于为客户做正确的事情时如何及时地对意外事件做出应对。

5. 组合式的、柔性的、可共享的方法，加上最先进的技术

全球化的、多模式的新一代第三方物流将根据所在地区和运营模式使用最先进的技术。那时，地区性的指挥中心将使用最先进的TMS应用软件、海运和空运舱位预留系统、需求计划和预测系统等技术，而所有这些技术系统全部通过顶级执行与可见性应用软件连接在一起。

要赢得客户并使客户满意，第三方物流就需要创建一个柔性的和能够快速传递价值的环境。第三方物流除了继续把工作重点放在操作层面上的供应链执行外，还需要制订一个与公司战略相适应的完整的战略IT计划。如果在这两个方面有所偏废的话，则可能危及公司的生存，特别是不断增加的IT系统维护费用和雇员流失风险将导致公司运营成本的增加与客户不满意的增加。可以说，IT技术正沿着从总体上协调战略、战术和操作的路线，向智慧物流的方向发展。

6. 可能导致最低成本结构的外包

既然第三方物流的经营模式有助于帮助客户强化核心竞争力，那么第三方物流就应当实践它所倡导的事情，即第三方物流也应该只关注自己的核心竞争力，并把其余的非核心竞争力都外包出去。换句话说，未来第三方物流的核心竞争力就在于对客户供应链过程的执行，当然同时要保证客户充分的知情权和控制权。至于第三方物流的支持功能都可以外包出去，包括IT部门。实际上，如果未来的第三方物流要自己投资建立IT基础设施的话，可能并不是最经济的选择。所以，当未来的第三方物流通过地区性指挥中心来管理信息和执行流程时，它实际上并不一定要拥有必要的IT基础设施。相反，它们会采用具有全部所需支持功能和冗余度的主机服务模式。这种方法不仅更易管理和预测，而且使新一代第三方物流能够在供应链服务全生命周期过程中更好地调节成本结构。美国Unisys公司认为，客户将供应链执行外包可以获得双赢的效果。

思考与讨论题

（1）企业为何要采用第三方物流方式？它与传统的自营物流有何异同？
（2）企业是如何选定第三方物流供应商的？
（3）什么是第四方物流？它有何特点？
（4）第四方物流运作过程中存在哪些问题？
（5）第四方物流如何进行风险控制？

案例分析

宝供从幼稚走向成熟

宝供在短短的五六年内取得了傲人的成绩，如第一个提供全程物流服务、第一个建立覆盖全国的物流运作网、第一个引入GMP质量保证思想、第一个建立物流信息系统、第一个举办国际性物流研讨会、第一个创办物流奖励基金、第一个在中国创立物流企业集团。这些成绩的获得既没有高人的指点，也没有捷径可走。宝供是摸着石头过来的，初期的发展更是在被动的情况下前行的。准确地讲，宝供的前两次发展都是靠客户的推动，或者说是在形势的逼迫下，经过不断地战略调整和修正才发展到今天的。

在宝供发展初期，中国的物流理念和环境都还相当不成熟，许多物流企业都没有明确的发展方向和市场定位，更没有一个现成的发展模式。同样，初期的宝供也没有明确的发展目标，在战略上存在模糊性和不确定性。所以宝供的发展过程是不断地发现市场需求并适应市场变化，不断地修正战略目标和市场定位，不断地改进服务水平和标准，不断地解决客户提出的新问题，最终达到新老顾客都满意和信任的过程。

一、大胆承诺赢得第一个客户

1994年，宝洁进入中国。在当时，国内根本没有严格意义上的物流机构，更不用说拥有一流服务水准的现代物流企业了，就连"第三方物流"的概念也仅局限在学术讨论上，所以宝洁只得将业务委托给国营储运公司，但在合作后不久发现，这些服务单一、散漫、僵化的国企作风根本达不到宝洁预期的要求。

这时，刘武正好承包着广州的一个小铁路货运站，缺少业务的他只身来到了宝洁的办公室，毛遂自荐，并以"24小时提供服务和绝对保证质量"的大胆承诺赢得了宝洁的信任，于是宝洁便成了宝供的第一个创业客户，也是最大、要求最高的外资客户。为了自身的利益，宝洁一直非常关心宝供的服务水平和管理标准，后来宝洁干脆用自己的仓库管理标准GMP要求刘武。非常难能可贵的是，宝供从不埋怨，总能想方设法使其达到客户的要求。此后虽然还经过一次次的检查和考核，但没想到的是，刘武简易的仓库竟然获得了三年的免检资格。从此，宝供与宝洁之间的合作关系如同"兄弟"，虽有矛盾但也能内部解决。正因如此，宝供被外界误以为是宝洁下属的一家公司。

二、宝供毅然选择信息化之路

中国物流业起步较晚，即使当时也有一些先知先觉的物流前辈在锐意开拓，为中国的物流业发展做出了不少贡献，但无论是从思想观念上还是硬件设施上都非常落后，还处在原始作业状态。因此，效率低下、管理混乱、反应慢是当时物流行业的一个通病。这在宝供企业里也同样存在，并直接导致了宝洁在1996年向刘武的投诉。另外，随着客户和业务的增多，不同的客户有各自不同的要求，并且要求越来越高，不仅要求提供安全、准确、及时、可靠的物流服务，而且还要求提供及时准确的货运信息查询、追踪、管理等延伸服务。由于信息化程度低，信息化建设与业务发展严重脱节，严重阻碍了宝供的进一步发展。

为了解决企业面临的一系列内外部问题，宝供毅然选择了信息化之路。

1995年，宝供率先采用价值2万元一台的电脑办公。

1997年，宝供实施了一套基于互联网的物流信息管理系统。

1998年，宝供推出了物流信息实时跟踪系统、运输报表自动生成系统。

1999年，宝供应用了基于互联网的仓储信息管理系统，建立了业务成本核算系统。

2000年，宝供IT部开发了数据导出程序，将宝洁系统进出仓数据自动导入。

如今宝供已开始试验应用RFID技术及物流移动定位技术，力求通过移动信息化，进一步提高其核心竞争力，为不久的将来与国外物流巨头进行近距离的博弈增加胜算。与国外大型物流集团公司相比，宝供既有明显的优势，也有难以弥补的劣势。

三、宝供的优势与劣势

1. 宝供的优势

第一，宝供已经在中国运作了十几年，对中国的物流情况非常了解，对整个业务运作的环境、条件相当熟悉。第二，宝供与现有的客户之间已建立起了长期稳定的伙伴关系，同时，也与物流服务合作伙伴通过长期磨合达成了默契，双方都较清楚各自的运作标准及要求。第三，宝供的业务运作网络及其规范化、标准化管理体系也有很强的竞争优势。

2. 宝供的劣势

宝供的许多大客户都是全球500强中的企业，而全球500强企业基本都是国外企业，这些国外企业在世界范围内的物流合作伙伴自然不是宝供（宝供只是中国市场的合作伙伴），从全球的角度来说，跨国物流企业要比宝供更有合作的优势。这是宝供唯一无法在短期内弥补，却又是最大的劣势所在。如国外一些大型物流集团公司可能在客户的总部（欧美地区）就签署一份全球（包括中国）的合同。

随着物流领域的对外开放，国际物流企业即将纷至沓来。面对这样的竞争形势，宝供要巩固和拓展新的业务，必须做好防守反击的准备。这一点宝供人也很清楚，既然自身的劣势已经难以弥补，那就继续扩大自己的优势，让优势来弥补自己的不足。因此，宝供不再犹豫，不再被动，开始排兵布阵，四面出击，主动迎接竞争的到来。

四、不断拓展市场

宝供集团已在全国40多个经济发达城市投资建设了基于支持全球需求链

一体化的综合性物流基地，形成了一个以现代化物流基地为节点的运作网络。目前，宝供的基地建设进展顺利，已完成了广州、苏州、合肥的一期工程，此外，顺德、上海、北京、南京、沈阳、天津、苏州二期工程即将启动，在2006年东北等物流基地也在建设和规划当中。

宝供将通过这样的基地建设形成一种基于全球需求链的物流服务平台，为国内外大型工商企业提供原材料、产成品的储存、分拨、配送、加工、展示、贸易集散、金融结算、信息处理等服务，并借此拓展国际业务。

五、新形势与新战略

宝供的策略是"两条腿走路"：一方面，在现有业务的基础上，依靠自身能力的挖掘和提高，不断提升业务能力；另一方面，通过合资、合并、兼并、收购方式争取企业实力的扩张。与有国际运作经验、有跨国网络核心竞争力的国际公司进行多层面的合作，是宝供今后开展对外国际合作的一条既定原则。对国内有资源无资金、有网络无业务的中小型物流公司进行收购或兼并，是宝供今后开展对内扩张的一个既定策略。

宝供耗费巨资在物流IT系统和网络技术开发以及现代物流基地建设上，无疑是一种未雨绸缪的做法，同时也是其国际化战略的一个重要组成部分。

资料来源：中国物流采购网。

思考题

（1）与国外大型物流集团相比，宝供的优势和劣势表现在哪里？
（2）物流信息化建设是如何提高宝供的竞争力的？
（3）宝供应该如何面对今后的挑战？

第八章　物流信息及信息技术

第一节　物流信息与物流信息化概述

近年来，我国的国民经济信息化系统工程建设取得了长足的进展，信息化建设已经全面铺开，而信息技术革命同样给物流领域发生深刻变革提供了可能。物流系统作为一个包括企业物资投入、转换、产出全过程的系统，在企业管理中发挥着无可争议的作用。在信息技术飞速发展的今天，物流信息化的重要性也越来越为人们所认识。

一、物流信息的概念

2001年8月1日，我国实施的国家标准《物流术语》中，对物流信息的定义是："反映物流各种活动内容的知识、资料、图像、数据、文件的总称。"从这个定义来看，物流信息涉及的面很广，物流信息的来源也很宽泛。

商流、物流和信息流是从商品流通内部结构描述商品流通过程提出的概念，称为商品流通过程的"三流"。"三流"之间联系紧密，缺一不可；同时相互独立，各有其特殊性和自身的运动规律。商品流通过程的信息流，按其信息载体及服务对象，可以分为物流信息和商流信息两类。在这两类信息中，有一些是交叉的、共同的，又有许多是商流和物流各自特有的、非共同的。商流信息主要包括与市场交易有关的信息，如货源、物价、市场、合同、付款结算信息等；物流信息则主要是物流数量、区域、费用等信息。商流中的交易、合同等信息，既是市场交易的结果，也是物流的依据；而物流中的库存量信息等，既是物流的结果，又是商流的依据。物流信息自身又可分为物流活动产生的信息（或称系统内部信息）和供物流使用的其他信息源产生的信息（或称环境信息)。一般来说,在物流信息工作中,前一类信息是物流信息的主要信息源,并构成社会经济信息的组成部分;后一类信息则是信息工作收集的对象,主要用于指导物流。

二、物流信息的分类

1. 战略型物流信息

战略型物流信息主要作为制定企业经营战略的参考。企业的经营战略多种多样、复杂多变,企业的战略型物流信息在企业经营中具有重要地位,特别是在商品销售竞争激烈,消费者需求个性化、多样化的时代,物流信息显得更为重要,甚至关系到企业的生存和发展。

2. 经营决策型物流信息

企业的经营决策型物流信息的内容有:企业物流发展规划、企业物流机构设置、企业物流人员配备、企业物流投资比重、企业物流网络构筑、企业物流设施建设、企业物流经营策略、企业物流合理化措施等。

3. 管理型物流信息

与战略型物流信息和经营决策型物流信息相比,管理型物流信息更具体、更细致一些。管理型物流信息的运用目的是更好地提高物流作业效率,最大限度地发挥物流系统的整体功能。其侧重点在于通过管理使所有相关环节协调化、整合化、最优化,同时,使物流与商流、资金流同步。

三、物流信息的特征

同其他领域的信息相比较,物流信息的主要特征是:

(1) 物流是一个大范围内的活动,信息源点多、分布广、信息量大。

(2) 动态性强。信息的价值衰减速度快,及时性要求高。这意味着物流信息的收集、加工、处理速度要快。

(3) 种类繁多。不仅物流系统内部各个环节有不同种类的信息,而且由于物流系统与其他系统,如生产系统、销售系统、供应系统、消费系统等密切相关,因而还必须收集这些类别的信息。这就使物流信息工作的难度增大。

(4) 客户与物流业者及有关企业之间,或者在企业内部物流部门与其他部门之间,物流信息大致相同,各连接点的信息再输入情况较多。因此,物流信息贯穿于整个供应链的全过程。

此外,不同类别的物流信息还有一些不同的特点,例如,物流系统自身的信息要求全面、完整地收集,而对其他系统信息的收集,则需根据物流要求予以选择。

四、物流信息化的特征

对物流信息化的特征，不同的学者有不同的概括。主要表现在弹性化、网络化、虚拟化、柔性化、智能化等方面。

归纳起来，物流信息化具备以下六个方面的特征：

1. 信息化与数字化

信息化物流系统中的信息不再是以文件、账本、单据的形式堆积成山，事实上众多的信息只需要输入电脑就可以得到有序安全的管理。但是计算机只能识别二进制码，因此信息都需要数字化。

2. 服务柔性化

为了能够适应多变的市场，并拥有较强的竞争实力，管理学界提出了"柔性化生产"（Flexibility）的思想。在实践中也出现了 CNC、CAD/CAM、FMS、MRP 等生产方式。对于物流企业，可通过及时地获取市场信息，合理地组织生产，即按订单生产，提供个性化服务，使生产过程有序、生产节奏平稳，同时保证高效率、低成本的优势。

3. 组织弹性化

与企业生产系统一样，信息化的组织也不再是在大与小之间进行选择，而是灵活地适应生存环境，根据市场需求，实时调整企业组织规模，将管理重心下移，减少中间环节，降低成本，从而建立扁平化、网络化的组织机构，加强组织的横向联系。各种信息系统在思想上都要求信息的及时反馈，这只有对组织结构进行相应的调整才能实现。因此，弹性化是信息物流的组织特征。

4. 管理一体化

管理一体化是指在内部网络和信息系统建设的基础上，从科学、及时决策和最优控制的高度将信息作为战略资源加以开发和利用，并根据战略的需要把诸多现代科学管理方法和手段有机地集成，实现企业内人、资金、物质、信息要素的综合优化管理。

5. 经营虚拟化

伴随信息化的发展出现了一种新的企业组织形式——"虚拟企业"，这是一种基于互联网与其他企业能力共享的一种全新的企业组织。其形式可能只是某一台电脑，甚至只是一个网址，但其组织却是动态的组合或分解。通过国际、国内的各种计算机网络，就可以获取订单、组织生产、办理财务业务等，于是敲动一下键盘就可完成一笔交易。但是信息化物流的虚拟化经营要以信息处理、传输速度及安全性为基础。

6. 管理人本化

信息社会中企业内部和外部信息网络的建立，大大降低了企业获取有形资源的信息成本，因而资金和其他资源相对丰裕，不再是稀缺的了。与此同时，信息人却成为十分稀缺的资源。相应地，其管理的重点也由物的管理转向网的管理，其本质是对信息人的管理，特别是注重信息人力资源的开发，真正做到人尽其才。

五、企业物流信息化存在的几个问题

在我国的企业管理中，人事管理和财务管理的信息化都已得到普及，许多企业信息化工作的第一步就是实现人事管理的计算机管理。虽然许多大中型企业都实现了对物流管理一些主要环节如仓库管理、销售管理等的计算机化，但是真正实现了物流信息化的企业却极少。这主要是以下几个原因造成的：

（1）企业对物流管理信息化虽然有迫切的要求，但是在实现过程中由于对物流管理信息化所需的财力、人力认识不足或者对企业经营环境的变化不适应，不能保证对信息化工作的投入，因此，物流管理信息化的工作往往半途而废。

（2）在实现物流管理信息化的初期，需要管理人员辅助完成大量的工作，花费精力熟悉新的工作系统，有时新系统还会触及某些人的既得利益，使一些管理人员存在抵触情绪，不愿意协助信息技术人员开发系统，甚至不愿意使用已经开发完成的物流信息系统。

（3）进行物流管理信息化的人员大部分为高校的科研人员或软件公司的系统设计人员，缺乏对物流管理专业知识的感性认识，如果企业人员不予配合，他们很难开发一个令企业管理人员满意的物流系统。

（4）物流管理信息化工作可能需要花费几年时间。由于计算机技术的飞速发展，前期开发的系统所使用的平台和后期开发的系统所使用的平台往往具有不一致性，如何使已经开发成功的物流管理信息系统和不同平台的新物流管理信息系统集成，是企业在发展、扩大物流管理信息化过程中存在的一个问题。

事实上，由于企业的物流管理一般较为规范，有章可循，建立企业的物流管理系统对企业信息化不仅是必须的，而且是可行的。新的管理技术、工程技术和信息技术的出现，改变了传统的物流过程，为物流信息化提供了条件。而物流信息化所带来的经济效益更使加强企业物流管理信息化成为企业管理现代化的重要内容。我国正在推行企业信息化，其目的是改变企业管理的落后面貌，增加企业效益，提高劳动生产率。在企业信息化过程中尽早实现物流信息化，改进物流管理工作，将会给企业带来极大的效益。

第二节　物流信息系统

一、信息系统的一般概念

大千世界存在着各种各样的系统，任何一个有生命力的系统，其内部都必有物质、能量、信息的流动，从而维持系统的生存与发展。管理就是对系统内部各种"流"的计划、组织、控制与协调过程。其中，信息流控制着其他流的流动，使系统更加有序。从系统的观点出发，信息流在整体上也构成一个系统，这就是信息系统。管理的现代化、科学化指的就是最有效地组织与控制信息流，使系统在时间上、经济上和效率上达到最佳状态。因此，信息系统对于现代企业的经营管理具有重要作用。

信息系统是一种由人、计算机（包括网络）和管理规则组成的集成化系统。该系统利用计算机软硬件，分析、计划、控制和决策用的模型、数据库，为一个企业或组织的作业、管理和决策提供信息支持。

实际上，信息系统是一个金字塔形的结构，它包括四个层次：第一层次是初级信息系统，它进行一般的事务数据处理，以改善人工数据处理；第二个层次是在计算机网络、数据的支持下，用于作业计划、决策制定和控制的信息系统；第三个层次是辅助战术计划和决策活动的信息系统；第四个层次是支持最高决策者进行战略决策的信息系统，这一层不仅要运用数据库、方法库和模型库，而且还要运用人工智能、专家系统的技术，所以这一层又称为智能化信息系统。信息系统的层次结构如图8-1所示。

二、物流信息系统的概念

物流信息系统是企业管理信息系统的一个重要的子系统，是通过对与企业物流相关的信息进行加工处理来实现对物流的有效控制和管理，并为物流管理人员及其他企业管理人员提供战略及运作决策支持的人机系统。物流信息系统是提高物流运作效率、降低物流总成本的重要基础设施，也是实现物流信息化管理的最重要的基础设施。

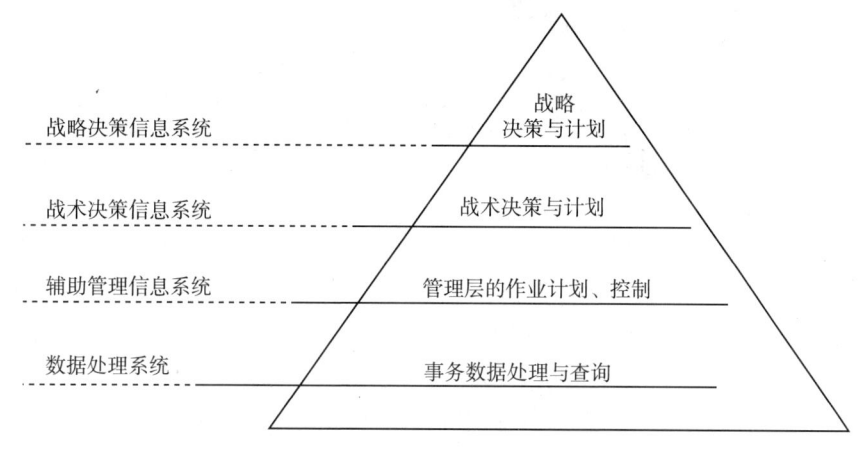

```
战略决策信息系统 ——— 战略决策与计划
战术决策信息系统 ——— 战术决策与计划
辅助管理信息系统 ——— 管理层的作业计划、控制
数据处理系统 ——— 事务数据处理与查询
```

图 8-1 信息系统的金字塔形结构

物流信息系统管理两类活动中的信息：调控活动和物流运作活动。调控活动包括企业总体的安排调度与需求计划，具体为战略计划、能力计划、物流计划、生产计划、采购计划等。物流运作活动包括订单的产生与跟踪、库存配置、产成品在分销设施之间和分销设施与顾客指定地点之间的运输以及采购等。

调控活动流程是整个物流系统构架的支柱。战略、能力、物流、生产、采购等计划指导企业资源在原材料采购到产成品送货过程中的分配与调度。上述计划在物流中的具体实施构成了企业主要的增值活动，而正是这些增值活动为企业带来了利润。

物流运作活动中的信息流主要包括顾客订单和企业采购订单的接收与发送、处理及相关的货物运输调控。主要的物流运作包括订单管理与订货处理、分销运作、库存管理、货物运输、采购等。

三、物流信息系统的作用

基于互联网和现代信息技术的物流信息系统，与其他信息系统一样，能够显著提高企业物流的运营效率和管理水平，越来越多的企业愿意采纳这项集管理和信息技术于一体的信息系统。一个典型的物流信息系统对企业的作用体现在以下几个方面：

（1）物流信息系统是物流企业及企业物流的神经中枢。如果没有先进的信息系统来支持，物流企业的功能就不能体现。物流企业面向社会服务，面对众多的企业和零售商甚至是客户，如此庞杂的服务只有在一个完善的信息系统基础上才可能实现。

（2）通过物流信息系统，企业可以及时地了解产品的市场销售信息和产品的销售渠道，有利于企业开拓市场和收集信息。

（3）通过物流信息系统，企业可以及时地掌握商品的库存流通情况，进而达到企业产销平衡。

（4）物流信息系统的建立可以有效地节约企业的运营成本。物流信息系统通过规模化、业务统一来管理和节约企业的物流运作成本，并可以完成企业的一系列活动，如报关、订单处理、库存管理、采购管理、需求计划、销售预测等。

（5）物流信息系统的建立使物流的服务功能大大拓展。一个完善的物流信息系统使企业把物流过程与企业内部管理系统有机地结合起来，如与ERP系统相结合，从而使企业管理更加有效。

（6）加快供应链的物流响应速度。通过建立物流信息系统，可以达到供应链全局库存、订单和运输状态的共享与可见性，从而降低供应链中的需求订单信息畸变现象。

四、物流信息系统的实施原则

要想让物流信息系统发挥应有的作用，必须遵循以下原则来满足管理的需要：

1. 可得性

物流信息系统必须具有容易而始终如一的可得性，迅速的可得性对于企业和客户做出反应以及改进管理决策是必需的。物流作业分散化的特性要求对信息具有储存和传递的能力，能从任何地方得到更新。这样，信息的可得性就能减少作业上和制订计划上的不确定性。

2. 精确性

物流信息系统必须精确地反映当前的物流活动状况。精确性可以解释为物流信息系统的报告与实物计数或实际状况相比所达到的程度。例如，平稳的物流作业要求实际的存货与物流信息系统报告的存货相吻合的精确性最好在99%以上。当实际存货水平和系统之间存在较低的一致性时，就有必要采取提高安全库存的方式来适应这种不确定性。正如信息可得性那样，增加信息的精确性也就减少了不确定性，并减少了库存量。

3. 及时性

物流信息系统必须及时地提供快速的管理信息反馈，以利于及时地管理控制。及时性是指一种活动发生时与该活动在信息系统内可见时之间的耽搁。例如，在某些情况下，系统要花费几个小时或几天才能将一种新订货看作实际需求，因为该订货并不始终直接进入现行的需求量数据库。结果，在认识实际需求量时就出现了耽搁，这种耽搁会使计划制订的有效性减弱，从而使存货量增加。

及时的管理控制是在还有时间采取正确的行动或损失减少到最低程度的时候提供信息。概括地说，及时的信息减少了不确定性并识别了各种问题，于是减少了存货需要量，增加了决策的精确性。

4. 灵活性

物流信息系统必须具有灵活性，以满足企业和客户两方面的需求。信息系统必须具有能提供满足特定顾客需要的数据。例如，有些顾客也许想将订货发货票跨越地理或部门界限进行汇总。特别是，零售商 A 也许想要每一个商店单独的发货票，而零售商 B 却只需要所有商店的总发货票。一个灵活的物流信息系统必须有能力适应这两类要求。

5. 适当格式化

物流报告应该具有适当的格式，这意味着信息系统的界面要用正确的结构和顺序显示正确的信息。例如，物流报告的显示界面应该向决策者提供决策所需的所有相关信息。

第三节　物流信息系统应用技术

一、条形码技术

条形码技术是现代物流系统中非常重要的技术之一。它可以进行快速信息采集，能适应物流大量化和高速化的要求，大幅度提高物流的效率。条形码技术、条形符号设计技术、快速识别技术和计算机管理技术，是实现计算机管理和电子数据交换不可缺少的开端技术。

现存许多不同的条形码符号，每种符号都有各自的字符编号、印制和译码要求及错误校验。不同的条形码表示数据的方式和所编码的数据类型都不同，有些仅对数字编码，有些则可以对数字、字母和标点符号编码，还有些可以对 ASCⅡ确定的128个字符甚至256个字符进行编码，甚至允许（通过冗余）重构数据以保证破损符号的阅读。现有256种条形码,但目前广泛使用的仅有少数几种。

(一) 条形码的概念与结构

1. 条形码的发展

条形码最早出现于20世纪40年代,美国的两位工程师开始研究用代码表示食品和相应的自动识别设备,并于1949年获得了美国专利。20世纪50年代,美国就有了关于铁路车辆采用条形码的报道。但是条形码技术得到普及应用和快速发展还是在电子技术及计算机技术迅速发展的最近20年。

美国统一代码委员会(Uniform Code Council, UCC)于1973年成立,并从若干条形码方案中选定了IBM公司提出的通用产品代码(Universal Product Code, UPC)作为美国产品的统一标识符号,从而为条形码的应用和推广奠定了基础。

1976年,美国和加拿大在超级市场上成功地使用了UPC系统。1977年,欧共体成立了欧洲物品编码协会(European Article Numbering Association, EAN),制定出,欧洲物品编制EAN码的通用规范。自此,条形码符号标识在商品流通领域以及物流系统中走向了实用化、标准化、国际化。到1981年,EAN组织发展成为一个国际性组织,被称为"国际物品编码协会",简称IAN。但是由于历史的原因和习惯,该组织至今仍被称为EAN。EAN为世界各国提供一个唯一的编码体系和标识方法,为世界各国贸易交换统一形式,从而大大促进了各国之间的贸易往来,为电子订货系统(Electronic Ordering System, EOS)和电子数据交换(Electronic Data Interchange, EDI)提供了标准化、国际通用的统一标识。

在亚洲,几乎所有国家和地区都成立了物品编码协会(或物品编码中心),并参加了EAN国际物品编码协会,加入了EAN系统。

中国条形码技术的研究始于20世纪70年代末80年代初,条形码应用系统是在80年代末建立的。中国物品编码中心于1988年12月28日成立,于1991年4月19日正式加入国际物品编码协会。国际物品编码协会分配给中国的前缀码为690、691和692。

中国物品编码中心于1990年开始制定中国的条形码标准。目前已推出的标准版本主要有:

《GB/T12905-2001:条形码术语》

《GB12904-2003:商品条形码》

《GB/T16829-1997:交叉二五码》

《GB/T16830-1997：储运单元条形码》
《GB/T15425-2002：EAN.UCC 系统 128 条形码》
《GB/T16828-1997：位置码》
《GB/T14257-2002：商品条形码符号位置》
《GB/T19686-1997：条形码应用标识》
《GB/T14258-93：条形码符号印刷质量的检测》

2. 条形码的定义

根据《GB/T12905-2001：条形码术语》，条形码是"由一组规则排列的条、空及其对应字符组成的标记，用以表示一定的信息"。如图8-2所示。

图8-2 条形码示意图

"条"指对光线反射率较低的部分，"空"指对光线反射率较高的部分。这些条和空组成的标记表达物品的各种信息，如名称、单价、规格等，并能够用特定的设备识读，转换成与计算机兼容的二进制和十进制信息。

3. 条形码使用的优越性

（1）可靠准确。根据有关资料，键盘输入平均每300个字符有一个错误，而条码输入平均每15000个字符有一个错误。如果加上校验位，出错率是千万分之一。

（2）数据输入速度快。使用键盘输入，一个每分钟打90个字的打字员1.5秒可输入1个字符或字符串，而使用条码，做同样的工作只需0.3秒，速度提高了5倍。

（3）经济便宜。与其他自动化识别技术相比，推广应用条码技术所需的费用较低。

（4）灵活、实用。条码符号作为一种识别手段可以单独使用，也可以与有关设备组成识别系统实现自动化识别，还可以与其他控制设备联系起来实现整个系统的自动化管理。同时，在没有自动识别设备时，也可实现手工键盘输入。

（5）自由度大。识别装置与条码标签相对位置的自由度大。条码通常只在一维方向上表达信息，而同一条码上所表示的信息完全相同并且连续，这样即使是标签有部分缺欠，仍可以从正常部分输入正确的信息。

（6）设备简单。条码符号识别设备的结构简单，操作容易，无须专门训练。

（7）易于制作。条码可印刷，被称为"可印刷的计算机语言"。条码标签易于制作，对印刷技术设备和材料无特殊要求。

4. 条形码的分类

（1）按码制分类。条形码的码制是指条形码符号的类型，每种类型的条形码符号都是由符合特定编码规则的条和空组合而成，都有固定的编码容量和条形码字符集。如UPC码是一种定长、连续型、没有自校验的数字式码制，其字符集为0~9。它采用四种单元宽度，每个条或空是1倍、2倍、3倍或4倍单位单元宽度。

条形码按码制一般分为九类：UPC条形码、EAN条形码、二五条形码、三九条形码、九三条形码、库德巴条形码、128条形码、11码和其他码制。

（2）按维数分为一维、二维和多维。

① 普通的一维条形码。普通的一维条形码自问世以来很快得到了普及和广泛应用。但由于一维条形码的信息容量小，如商品条形码仅能容纳13位数字，因而应用范围受到限制。

② 二维条形码的符号是在水平和垂直两个方向印刷标识，以"面"来储存信息的。除信息容量大外，还具有可靠性高、保密防伪性强、易于制作和成本低等优点。二维码制的条形码有四九条形码、16K条形码、417条形码、矩阵式二维条形码等。

（3）按使用目的分为商品条形码和物流条形码。

① 商品条形码。以直接向消费者销售的商品为对象、以单个商品为单位使用的条形码。它由13位数字组成，最前面的3位数字是前缀码，表示国家或地区的代码。第4位至第7位代表厂商，第8位至第12位代表商品品种，最后1位为校验码。例如，商品条形码6902952880041中690代表中国，2952代表贵州茅台酒厂，88004代表53%（V/V）106PROOF、500毫升的白酒。

② 物流条形码。物流过程中以商品为对象、以包装商品为单位使用的条形码。标准物流条形码由14位数字组成，除了第1位外，其他13位数字代表

的意义与商品条形码相同。物流条形码第1位数字表示物流识别代码。如物流识别代码中，"1"代表集合包装容器装6件商品、"2"代表装12件商品。如果装入同一容器的商品种类不一样，前缀的物流识别码用0或00标识，原第8位到第12位的商品代码用新的代码取代。

（二）物流条形码标识技术

1. 商品单元的基本术语

（1）消费单元：通过零售渠道直接销售给最终用户的商品包装单元。一般采用EAN-13、UPC-12代码。

（2）定量消费单元：按商品件数计价销售的消费单元。

（3）变量消费单元：按基本计量单位计价，以随机数量销售的消费单元。

（4）储运单元：为便于搬运、仓储、订货、运输等，由消费单元组成的商品包装单元。

（5）定量储运单元：由定量消费单元组成的储运单元。

（6）变量储运单元：由变量消费单元组成的储运单元。

（7）货运单元：在供应链上用于运输目的的所有商品单元。

2. 物流编码的内容

通用商品编码是由国际物品编码协会（EAN）和美国统一代码委员会（UCC）规定的、用于标识商品的一组数字，也称为商品标识代码，如EAN/UCC-13代码等。一般来说，物流活动应用的编码包括与商品有关的编码、与发货人和收货人有关的编码、与货物包装形状有关的编码、与物流业者有关的编码、与货物发送地和收货地有关的编码。

物流编码的内容可分为项目标识、动态项目标识、日期、度量、参考项目、位置码、特殊应用以及内容使用等几个方面。

（1）项目标识。对商品项目和货运单元项目的标识。其编码一般为13位或14位，如EAN/UCC-13、EAN/UCC-8和UCC-12代码。商品项目是按商品的基本特征而划分的群类。商品的基本特征包括商品名称、商标、种类、规格、数量、包装类型等。

（2）动态项目标识。对商品项目中每一个具体单元的标识，它是对系列货运箱的标识，其本身为系列号，即每一个货运包装箱具有不同的编码，其编码为18位。

（3）日期。对日期的标识为6位编码，依次表示年、月、日。主要有生产日期、包装日期、保质期、有效期等。

（4）度量。度量的内容比较多，不同度量的编码位数也不同。主要包括数量、重量、长、宽、高以及面积和体积等内容。

（5）参考项目。参考项目的内容也较多，包括客户购货订单代码，收货方邮政编码，卷状产品的长、宽、内径、方向、叠压层数等各种信息。

（6）位置码。位置码是对法律实体、功能实体、物理实体进行标识的代码。其中，法律实体是指合法存在的机构；功能实体是指法律实体内的具体部门；物理实体是指具体的地址，如建筑物的某个房间、交货地等。

（三）条形码技术在物流系统中的应用

1. 在交通运输中的应用

国际运输协会已做出规定，在货物运输中，物品的包装上必须贴上条形码符号，以利于对所运物品进行自动化统计管理。此外，铁路、公路的旅客车票自动化售票及检票系统，公路收票站的自动化，货运仓库、货栈的物流自动化管理等，都必须用条形码技术来实现采集数据。

2. 在库存中的应用

在库存物品上应用条形码技术，尤其是规格包装、集装、托盘货物。入库时自动扫描并输入计算机，由计算机处理后形成库存信息，并输出入库区位、货架、货位的指令。

3. 在分货拣选中的应用

无论是组装厂零部件的配送还是连锁分店的商品配送，都要采用分货、拣选方式，需要快速处理大量的货物。一般是配送中心接到若干配送订货要求，将若干订货成批后，按批发出拣货条形码标签，拣货人员到库中将标签贴于每件物品上，并取出用自动分拣机分货，分拣机终端的扫描器对处于运动状态分拣机上的货物进行扫描，一方面确认所拣货物是否正确，另一方面识读条形码上的用户标记，指令货物在确定的分支分流，到达各用户的配送货位，完成分货拣选作业。

4. 在商场 POS 系统中的应用

在商品上贴上条形码，通过光电扫描读取并将信息输入销售点信息系统（Point of Sale，POS），POS 可在商店层次上提供精确的存货控制，可以精确地跟踪每一个库存的单位销售数，有助于补充订货，因为实际的单位销售数能够迅速地传输到供应商处。实际销售跟踪可以减少不确定性，减少或去除缓冲库存。

5. 在生产物流中的应用

对生产厂家来说，采用条形码技术不仅能有效地掌握生产线上各工序元器件、部件、半成品数量以及成品和原材料的库存情况，而且可以通过计算机网络快速获得销售信息,及时有效地预测市场动向,建立产、供、销一体的高效运行机制。

6. 在海关管理中应用

条形码技术还可以在海关用于商品报关单管理和海关商品检验等。

二、RFID 技术

(一) RFID 概述

射频识别技术(Radio Frequency Identification,RFID)是利用无线电波对记录媒体进行读写的一种识别技术,是一种非接触式的自动识别技术,主要通过射频信号自动识别目标对象,获取相关数据,识别过程不需要人工干预,并且可以工作于各种恶劣的环境,可识别高速运动物体及同时识别多个标签,操作快捷方便。RFID 具有自动数据采集、高度数据集成、支持可读可写工作模式等技术优势,因而与条形码技术相比具有非常明显的优势。因此,RFID 技术可以减少供应链各节点信息传递和数据采集程序,其广泛应用对供应链管理将具有革命性的影响。国外,RFID 技术已被广泛应用于工业自动化、商业自动化、交通运输控制管理等众多领域。应用范围包括商品防伪、证件防伪、生产流水线管理、仓储管理、销售渠道管理、贵重物品管理、汽车防盗、航空包裹管理、电子票证等。

(二) RFID 系统的组成及基本原理

典型的 RFID 系统由电子标签 (Tag 或 Smart Label)、读写器以及数据交换、管理系统等组成。

电子标签也称为射频卡,是具有发射、接收无线信号功能并带有电可擦除只读存储器的小芯片。它具有智能读写及加密通信的能力。电子标签按工作方式分为无源(不带电池供电)和有源两种。无源电子标签工作的能量是由读写器发出的射频脉冲提供的。电子标签按读写方式分为只读标签与可读可写标签。只读标签的信息可以在标签制造过程中由制造商写入,也可以在标签开始使用时由使用者根据特定的应用目的写入特殊的编码信息。这种信息只能是一次写入,多次读出。可读可写标签可以实现对原有数据的擦除以及数据的重新写入。在条形码技术中,标准码制的号码或者混合编码都可以存储在标签中。

读写器由无线收发模块、无线控制模块及接口电路等组成。其基本功能是提供与标签进行数据传输的途径。此外,还提供信号状态控制、奇偶错误校验与更正功能等。标签上的信息按照一定的结构编制并按照特定的顺序向外发送。读写器将信息接收和译解后,通过特定的算法决定是否需要发射机重发或停止发信号。这样，即使在很短的时间、很小的空间阅读多个标签，也可以有效地防止"欺骗问题"的产生。

（三）RFID 物流系统的软硬件

随着对 RFID 技术构成的无线计算机局域网络（WLAN）需求的不断增长，国际电子电工工程协会（IEEE）组织于 1997 年 6 月正式公布了计算机无线网络通信标准——IEEE802.1X 标准。随着该标准的制定和推行，无线局域网的产品更加丰富，不同产品的兼容性将得到加强。

1. RFID 物流系统的硬件

RFID 物流系统的硬件主要由无线终端、无线网关与服务器构成。

（1）终端一般是一台手提电脑加条形码扫描器，具有无线通信功能。

（2）无线网关架在仓库或现场高处，与服务器通过 RJ45 与局域网线联接。

（3）网关与终端之间的有效通信半径为 150 米，半径大于 150 米，可多架网关使终端在其间漫游，就像移动电话网一样。

（4）终端与服务器之间通过网关交换信号。

由于条形码目前依然是最有效与成本低廉的识别手段，所以大部分物流系统是基于条形码技术之上的。

2. RFID 实时软件系统

RFID 实时软件系统是指装在终端与服务器上的程序。系统就像无所不在的"上帝"，而 RFID 技术保证"上帝"无处不在。

系统知道所有的规则和所有正确的操作，并且时刻指导着系统内的每一个操作和报告出准确的结果。

（四）RFID 技术在物流中的应用

1. 便携式数据终端 PDT，与电子标签配合应用

近年来，PDT 的应用比较广泛。PDT 一般包括一个扫描器、一个体积小但功能很强的带有存储器的计算机、一个显示器和供人工输入的键盘。在只读存储器中装有常驻内存的操作系统，用于控制数据的采集和传送。电子标签一般安装于仓库货架上。

（1）入库。各零件皆附随进货卡，入库作业员以连接于 PDT 的读码枪读取进货卡上的条形码，通过无线通信即时向现场控制电脑发送信息，电脑按照零件类别指示存放的货架区域。上架后，作业员读取货架上的电子标签，向电脑登记存放的格位。

（2）出库。现场控制电脑根据进度将所需要供给的零件，通过货架格位

上的电子标签指示出库作业员拿取。不必再使用取货表，并大幅减少了搜寻零件的时间。

2. RFID 技术在供应链中的应用①

如图 8-3 所示，从供应链的结构模型可以看出，供应链是一个网络结构，由围绕核心企业的供应商、供应商的供应商、用户、用户的用户组成。本书假设供应链上有供应商、制造商、销售商以及最终客户四个节点，并针对 RFID 技术在各个节点的应用展开讨论。

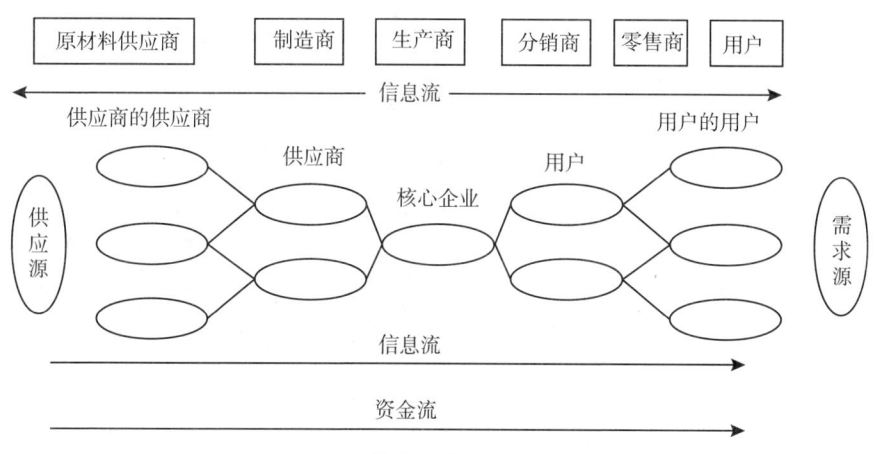

图 8-3 供应链的网络结构模型

（1）加强供应商管理，促进原材料的快速周转。在原材料供应环节，RFID 技术给原材料供应商和制造商提供了一个共享信息的平台。在传统环境下，在原材料入库检测时，制造商主要是通过仓库检测人员手持条形码扫描仪，贴近原材料包装箱，扫描条形码来获取相关物品信息，然后将数据传输到后台的仓库信息管理系统进行管理。由于条形码扫描需要靠近包装箱或物品，所以工作量大且易出错。相应地，采用 RFID 技术以后，带有 RFID 电子标签的原材料包装箱进入射频天线工作区时，电子标签将被激活，标签上的相关数据（如供应商、原材料名称、类型、数量等）都将被自动识别，可以实时地获取供应商及原材料的各种信息。因此，RFID 技术简化了原材料的卸货、检验及等待工序，加快了原材料的周转速度，提高了企业的自动化水平，同时也可以对供应商进行实时控制及考核。

---

① 张志坚，张诚. RFID 技术在供应链中的应用及风险分析 [J]. 企业经济，2012 (2).

(2) 优化采购管理，实现 JIT 生产。在制造环节，制造型企业采用 RFID 技术可以优化采购管理，实现 JIT 生产，并应用于从生产命令下达至产品完成的整个生产过程。RFID 技术可以实现自动化流水线操作，实现对原材料、零部件、半成品和成品的识别与跟踪，进行物料动态管理，并可以收集生产过程中的大量实时数据，随时根据现场实际变动情况调整整个车间的生产工序节拍，由此减少了人工处理的出错率，从而提高了工人的工作效率和企业整体的经济效益。特别是在采用 JIT 生产时，原材料、零部件及半成品必须准时送达生产工位。另外，采用 RFID 技术后，生产车间可预先设置物料预警点，企业调度员可以利用便携式数据终端调用后台数据资料，并读取生产区库存物品的 RFID 标签信息，决定是否补货，从而实现了流水线均衡生产，加强了对产品质量的控制与追踪。

(3) 提高销售商品的管理水平，提升商品的销售业绩。在商品销售环节，销售商应用 RFID 技术可以进行高效率的商品出入库、存储和销售信息管理，并可以用于商品防盗、货物有效监控等。现场管理人员只需将货物中来自不同企业的商品信息扫入 RFID 处理终端，并上传至后台信息系统数据库，就可以实时地监控商品的销售流动情况，及时更新商品的库存信息，并根据不同商品的销售数据统计分析畅销或滞销商品，对大量的数据进行数据挖掘，制定相应的销售策略。另外，RFID 电子标签可以有效监控商品的时效性，即当商品超过了保质期，电子标签及时地发出警报，并及时地提醒销售人员更新库存，以提高商品的库存周转率。

(4) 方便客户，维护消费者利益。在客户环节，消费者在超市购物时，挑选好商品后进行结算，此时只需将贴有 RFID 标签的商品通过 RFID 识读器过道，那么原来费时费力的结算就变得简单了，商品清点及统计也就自动完成了。这时消费者可以自由选择现金、信用卡付款，也可以使用带有 RFID 标签的结算卡进行结算。因此，在结算过程中，商家节省了人力资源，而消费者也不用为排队而苦恼，极大地提高了顾客满意度。另外，RFID 标签也可以防止商品的假冒伪劣现象。RFID 标签就像公民的身份证，从商品下线时，就赋予了商品身份，并一直跟踪商品的流动。因此，无论商品在哪个流动环节出了质量问题，制造商都无法推卸责任，由此切实维护了消费者的切身利益。

三、GPS 技术

(一) GPS 的概念

全球定位系统（Global Positioning System，GPS）利用若干颗导航定位卫星组成卫星导航系统，综合了传统天文导航定位和地面无线电导航定位的优点，相当于一个设置在太空的无线电导航台，可在任何时间、任何地点为用户确定其所在的地理经纬度和海拔高度。为满足军事和民用对连续实时与三维导航的迫切要求，1973年美国国防部开始组织陆海空三军，共同研究建立新一代卫星导航系统，这就是目前所称的"导航卫星授时测距/全球定位系统"（Navigation Satellite Timing and Ranging / Global Positioning System），简称全球定位系统。

1. GPS 的组成

GPS 系统包括三大部分：空间部分——GPS 卫星星座；地面控制部分——地面监控系统；用户设备部分——GPS 信号接收机。其工作原理如图8-4 所示。

图 8-4　GPS 工作原理

（1）GPS 卫星星座。空间部分主要由21颗工作卫星和3颗备用卫星构成。

按目前的方案，全球定位系统的空间部分由24颗高度约2.02万千米的卫星组成卫星星座。21+3颗卫星均为近圆形轨道，运行周期约为11小时58分。卫星的分布使在全球的任何地方、任何时间都可观测到4颗以上的卫星，并能保持良好定位解算精度的几何图形（DOP）。这就提供了在时间上连续的全球导航能力。

（2）地面监控系统。GPS 工作卫星的地面监控系统包括1个主控站、3个注入站和5个监测站。

监控站设有GPS用户接收机、原子钟、收集当地气象数据的传感器和进行数据初步处理的计算机。监控站的主要任务是取得卫星观测数据，并将这些数据传送至主控站。

主控站主要是对地面控制部分实行全面控制。主要任务是收集各监控站对GPS卫星的全部观测数据，利用这些数据计算每颗GPS卫星的轨道和卫星钟改正值。

上行注入站的任务主要是在每颗卫星运行至上空时把这类导航数据及主控站的指令注入卫星。这种注入对每颗GPS卫星每天进行一次，并在卫星离开注入站作用范围之前进行最后的注入。

地面监控系统的另一个重要作用是保持各颗卫星处于同一时间标准——GPS时间系统。这就需要地面站监测各颗卫星的时间，求出钟差，然后由地面注入站发给卫星，卫星再由导航电文发给用户设备。

（3）GPS信号接收机。用户设备部分接收GPS卫星发射的信号，以获得必要的导航和定位信息，经数据处理，完成导航和定位工作。

GPS接收机的硬件一般由主机、天线和电源组成。

GPS信号接收机的任务是，能够捕获到按一定卫星高度截止角所选择的待测卫星的信号，并跟踪这些卫星的运行；对所接收到的GPS信号进行变换、放大和处理，以便测量出GPS信号从卫星到接收机天线的传播时间，解译出GPS卫星所发送的导航电文，实时地计算出监测站的三维位置甚至三维速度和时间。

2. GPS系统的特点

GPS系统的特点是：高精度、全天候、高效率、多功能、操作简便、应用广泛等。

（1）全球、全天候工作。在任何时间、任何气候条件下，均可以进行GPS观测，大大方便了测量作业，有利于按时、高效地完成控制网的布设。

能为用户提供连续、实时的三维位置、三维速度和精密时间，不受任何天气的影响。目前，GPS观测可在一天24小时内的任何时间进行，不受阴天黑夜、起雾刮风、下雨下雪等气候的影响。

（2）定位精度高。单机定位精度优于10米，采用差分定位，精度可达厘米级和毫米级。

（3）功能多，应用广。随着人们对GPS认识的加深，GPS系统不仅可用于测量、导航，同时可用于测速、测时等方面，而且应用领域还将不断扩大。

例如，汽车自定位、跟踪高度、陆地救援、内河及远洋船对最佳航程和安全航线的实时调度等。

（4）抗干扰性能好，保密性强。GPS 最初主要用于军事领域和涉及国家重要利益的民用领域，可实现飞机舰船的导航、目标定位、部队调动、武器的精确制导等。

（5）可提供三维坐标。GPS 实施高精度三维定位。GPS 能连续为各类用户提供三维位置、三维速度和精确时间信息。

测量将平面与高程采用不同方法分别施测。GPS 可同时精确测定测站点的三维坐标。目前，GPS 水准可满足四等水准测量的精度。

（6）操作简便。随着 GPS 接收机的不断改进，自动化程度越来越高，有的已达"傻瓜化"的程度。接收机的体积越来越小，重量越来越小，极大地减轻了测量工作者的工作紧张程度和劳动强度，使野外工作变得轻松愉快。

（二）GPS 在物流中的应用

1. GPS 对物流的作用

GPS 为覆盖范围内的入网注册用户提供运输导航、货物定位、车辆通信、增值信息服务等。

主要作用如下：

（1）为集团用户提供入网和计费服务。

（2）为集团用户提供多种方式的接入任务，如 PSTN（公众电话网）、FR（帧中继）、DDN（专用数字网）、VSAT（卫星接入）等。

（3）为集团用户提供其下属终端用户的位置、短报文等信息服务。

（4）可将用户信息长期保存，用户通过 E-MAIL 等方式随时查询。

（5）为数据采集用户提供定位和数据传输服务。

（6）为物流公司提供信息咨询、货物管理等服务。

（7）同时具备定位与通信功能，无须其他通信系统支持。

（8）覆盖中国及周边国家和地区，24 小时全天候服务，无通信盲区。

（9）特别适合集团用户大范围监控与管理及数据采集用户数据传输应用。

（10）整合导航定位系统和卫星增强系统两大资源，提供更丰富的增值服务。

（11）自主系统、高强度加密设计，安全、可靠、稳定，适合关键部门应用。

2. GPS 在物流中的功能作用

（1）对车辆的实时监控。在监控中心的计算机上，结合电子地图和英迪

GPS-GIS 工作站软件，可实时显示所有管辖车辆当前的行驶轨迹，使管理人员可以及时了解所管辖车辆所处的地理方位。

按企业管理的需要，通过监控中心软件的设定，可以让 GPS 终端设备即时回报，也可以设定其回报的时间间隔、次数后，让 GPS 终端自动回报。例如，设定每隔 5 分钟、回报 100 次，该命令发送到 GPS 终端设备后，它就会每隔 5 分钟自动回报一次，总共上报 100 次。

（2）为车辆进行调度。通过英迪 GPS-GIS 工作站软件，管理人员可以发送调度命令给装有 GPS 终端设备的车辆，如"现在情况如何，请回复！""急货，请直接与客户联系！"等，所发的指令在 1~2 秒内即能在 GPS 终端的液晶屏上显示，司机可根据指令进行相应的工作。

车辆在作业的过程中，也可将作业相关的数据发往调度中心，如所提货物的箱号、提单号、出发时间、到达时间、重车、轻车等信息，从而实现实时调度的功能。

（3）方便司机响应与求助。GPS 终端设备有四个功能键，通常安装在驾驶室的面板上，一些简单的操作可直接通过按键完成，在紧急情况下，司机可按其中的报警按钮及时向监控中心进行求助。

GPS 终端设备还存有几十条预置消息，司机只需要通过按确认键，选择相应菜单，即可发送消息到监控中心。

（4）非实时监控。每次从 GPS 终端设备发上来的轨迹数据都保存在监控中心的数据库中，需要时可调出每辆车的轨迹数据，并结合公司的 GPS-GIS 工作站软件和电子地图，查看该车辆在某时间段内的运行路线，包括在某个具体位置时的速度、方向等。

（5）指定路线行驶。为适应某些用户严格监管车辆的需求，允许用户在电子地图上画好一条路线，当车辆在行驶过程中偏离该路线时，可自动报警。

四、GIS 技术

（一）GIS 技术概述

地理信息系统（Geographical Information System，GIS），是 20 世纪 60 年代开始迅速发展起来的地理学研究新成果，是多种学科交叉的产物，它以地理空间数据为基础，采用地理模型分析方法，适时地提供多种空间的和动态的地理信息，是一种为地理研究和地理决策服务的计算机技术系统。地理信息系统可定义为用于采集、模拟、处理、检索、分析和表达地理空间数据的计算机信息系统。它是有关空间数据管理和空间信息分析的计算机系统。地理信息系统将各种详细的地理资料（包括与地理空间有关的图形资料与属性资料）整合成系统的地理资料库，再通过应用软件工具，将各种相关信息以文字、数字、图表或电子地图的形式，提供给规划者及决策者使用。

（二）GIS 系统的组成

一个典型的 GIS 系统应包括三个基本部分：计算机系统、地理数据库系统、应用人员与组成机构。下面仅对前两个基本部分做介绍。

1. 计算机系统

计算机系统可分为硬件系统、软件系统。GIS 的硬件系统包括主机，保存数据和程序的存储设备，用于数据输入、显示和输出的外围设备等。其中大多数硬件是计算机技术的通用设备，如在 GIS 中，数字化仪、扫描仪等得到了广泛应用。

GIS 的软件系统由核心软件和应用软件组成。其中，核心软件包括数据处理、管理、地图模拟和空间分析等部分，而特殊的应用软件则紧紧地与核心模块相连，并面向一些特殊的应用问题，如网络分析、数字地形模型分析等。

2. 地理数据库系统

GIS 的地理数据分为空间数据和非空间数据，且 80% 以上的数据都具有空间属性。空间数据（几何数据）由点、线、面组成，它们的数据表达可采用栅格和矢量两种形式，表现了地理空间的位置、大小、形状、方向以及拓扑几何关系。

数据库管理系统（Data Base Management System，DBMS）将空间数据和非空间数据联系在一起，共同管理、分析和应用。它是 GIS 应用项目重要的资源和基础。

从系统中的数据处理看，地理信息处理系统主要由数据输入、数据存储与检索、数据处理与分析及输出四个子系统组成。

（1）数据输入子系统，负责数据的收集、预处理和数据转换等，保证 GIS 数据库中的数据在内容与空间上的完整性（即所谓的无隙数据库）、数据值逻辑一致无错等。

（2）数据存储与检索子系统，负责组织和管理数据库中的数据，以便数据查询、更新与编辑处理。

（3）数据处理与分析子系统，负责对系统中所存储的数据进行各种分析计算，如数据的集成与分析、参数估计、空间拓扑叠加、网络分析等。空间分析是 GIS 的核心功能，也是 GIS 与其他计算机系统的根本区别。

（4）输出子系统，GIS 为用户提供了许多用于显示地理数据的工具，其表达形式既可以是计算机屏幕显示，也可以是报告、表格、地图等硬拷贝图件。

（三）GIS 技术在物流领域中的应用

GIS 已广泛应用于土地管理、资源管理、环境监测、交通运输、经济建设、城市规划、工程设计和规划以及政府行政管理等。

1. GIS 在物流分析中的应用

主要是指利用 GIS 强大的地理数据功能来完善物流分析技术。国外企业已经开发出利用 GIS 为物流分析提供专门分析的工具软件。完整的 GIS 物流分析软件集成了运输路线模型、最短路径模型、网络物流模型、分配集合模型和设施定位模型等。

（1）运输路线模型。用于解决一个起始点、多个终点的货物运输中如何降低物流作业费用，并保证服务质量的问题。包括决定使用多少运输工具，每个运输工具的行驶路线等。

（2）网络物流模型。用于解决寻求最有效分配货物路径的问题，也就是物流网点布局问题。如将货物从 N 个仓库送到 M 个商店，每个商店都有固定的需求量，因此需要确定由哪个仓库提货给哪个商店，使所耗的运输代价最小。

（3）分配集合模型。可以根据各个要素的相似点把同一层上的所有或部分要素分为几个组，可以解决确定服务范围的销售市场范围等问题。如某一公司要设立 X 个分销点，要求这些分销点覆盖某一地区，而且使每个分销点的顾客数目大致相等。

（4）设施定位模型。用于确定一个或多个设施的位置。在物流系统中，仓库和运输线共同组成了物流网络，仓库处于网络的节点上，节点决定着线路。如何根据供求的实际需要并结合经济效益等原则，确定在既定区域内设立多少个仓库，每个仓库的位置、规模，以及仓库之间的物流关系等，运用此模型均能很容易地予以解决。

2. GIS 在物流信息系统中的应用

（1）GIS 在配送中心信息系统中的应用。通过客户邮编和详细地址字符串，自动确定客户的地理位置（经纬度）和客户所在的区站、分站与投递段。基于 GIS 的查询、地图表现的辅助决策，实现对投递路线的合理调度并安排客户投递顺序。

（2）GIS 在客户服务端中的应用。客户通过物流信息系统调用数据库查询，查询结果能够实现可视化功能，如地图或图表显示，还可实现分析功能，如计算两地间的距离。

(3) GIS 在查询货物动态情况中的应用。如汽车安装了 GPS（全球卫星定位系统），物流企业或客户可通过对物流业务系统的调用，随时查询在途货物的动态情况。如果没有 GPS，则要求司机每隔一定的时间用手机向总部汇报目前所在的位置。

3. GIS 在物流电子商务中的应用

当 GIS 与互联网以及无线通信相连时，所发挥的作用就更大了。通过运用位置信息技术，进一步提高了企业电子商务的竞争实力。针对业务在地理信息方面的需求，以业务数据图形化管理和业务机构、业务对象图形化编辑为核心，从客户、产品、业务结构三个管理层面上实现业务的全面图形化管理。通过客户邮编和详细地址字符串，自动确定客户的地理位置（经纬度）和客户所在的区站、分站与投递段。基于地理信息系统的查询、地图表现的辅助决策，实现对投递路线的合理编辑（如创建、删除、修改）并安排客户投递排序。用特定的地图符号在地图上表示客户的地理位置，不同类型的客户（如普通客户和会员客户、单位客户和个人客户等）采用不同的符号表示。通过地理信息系统的查询功能或在地图上点击客户符号，显示此客户符号的属性信息，并可以编辑属性。通过业务系统调用地理信息系统，以图形的方式显示业务系统的各种相关操作结果的数值信息。由上级机构基于综合评估模型和地理信息系统的查询，实现对下级机构区域的拆分、合并。

五、EDI 技术

（一）EDI 的概述

电子数据交换（Electronic Data Interchange，EDI）开始于 20 世纪 60 年代。EDI 的含义是指商业贸易伙伴之间，将按标准、协议规范化和格式化的经济信息通过电子数据网络，在单位的计算机系统之间进行自动交换和处理，即将商业文件按统一的标准编制成计算机能识别和处理的数据格式，在计算机之间进行传输，它是电子商业贸易的一种工具。

1. EDI 的定义

国际标准化组织（ISO）于 1994 年确认了电子数据交换（EDI）的技术定义："根据商定的交易或电文数据的结构标准实施商业或行政交易从计算机到计算机的电子传输。"这表明 EDI 应用具有特定的含义和条件，即

（1）使用 EDI 的是交易的双方，是企业之间的文件传递，而非同一组织内的不同部门。

（2）交易双方传递的文件是特定的格式，采用的是报文标准，现在是联

合国的 UN/EDIFACT。

（3）双方各有自己的计算机（或计算机信息系统）。

（4）双方的计算机（或计算机系统）能发送、接收并处理符合约定标准的交易电文的数据信息。

双方计算机之间有网络通信系统，信息传输是通过该网络通信系统自动实现的，无须人工干预和人为介入。

这里所说的数据或信息是指交易双方互相传递的具备法律效力的文件资料，可以是各种商业单证，如订单、回执、发货通知、运单、装箱单、收据发票、保险单、进出口申报单、报税单、缴款单等，也可以是各种凭证，如进出口许可证、信用证、配额证、检疫证、商检证等。与其说 EDI 是一项技术，不如说是一种严谨的规范与作业流程。这项流程的完成需要计算机及企业和企业、银行各部门的配合来完成数据传输的作业流程。

2. EDI 系统的基本结构

EDI 数据标准化、EDI 软件及硬件、通信网络是构成 EDI 系统的三要素。

（1）标准化是整个 EDI 最关键的部分。由于 EDI 是以事先商定的报文格式进行数据传输和信息交换，因此，制定统一的 EDI 标准至关重要。EDI 标准主要分为以下几个方面：

① 网络通信标准：解决 EDI 通信网络的协议，以保证各类 EDI 用户系统的关联。

② 处理标准：是不同地域、不同行业各种 EDI 报文相互共有的"公共元素报文"的处理标准。

③ 联系标准：解决 EDI 用户所属的管理信息系统或数据库与 EDI 系统之间的接口。

④ 语义语法标准：是国际网络和各系统之间传递报文的标准协议。联合国等国际组织确定：UN/EDIFACT 是适用于行政、商业、运输等部门的电子数据交换的联合国规则。

通俗地说，EDI 标准就是国际社会共同制定的一种用于在电子邮件中书写商业报文的规范和国际标准。制定这个标准的主要目的是消除各国语言、商务规定以及表达与理解上的歧义性，为国际贸易实务操作中的各种单据交换搭建一座电子通信的桥梁。

在这些标准中，最首要的是实现单证标准化，包括单证格式的标准化、所记载信息的标准化以及信息描述的标准化。

单证格式的标准化是按照国际贸易基本单证格式设计各种商务往来的单证

样式。在单证上利用代码表示信息时，应采用标准化代码。目前，我国已制定的单证标准有中华人民共和国进出口许可证、原产地证书、装箱单、装运声明等。

信息内容的标准化涉及单证上哪些内容是必需的，哪些内容不一定是必需的。例如，在不同的业务领域，同样的单证上所记载的内容项目不完全一致。

信息描述的标准化指单证所记载信息的表示必须符合国际或国家标准，否则势必无法与外界交换信息。

（2）EDI 软件及硬件。

① EDI 软件包括转换软件和翻译软件。转换软件（也称为映射）的作用是尽管有了 EDI 标准，但不同的企业往往还要根据它们自己的需要对标准进行一定的选择，去掉一些它们根本不使用的部分。转换软件就是将用户的信息转换成中间文件（也称为平面文件），它符合翻译软件的输入格式。

翻译软件的作用是将中间文件翻译成 EDI 标准格式文件。

② EDI 硬件系统大致有计算机、网络联接设备及通信线路。

a. 计算机。企业现有的 PC 机、工作站、小型机、主机等均可被应用到 EDI 系统，不必特地为应用 EDI 而购买新的设备。

b. 网络联接设备。可根据企业的不同需求，采用电话拨号上网、ISDN 窄带网、ADSL 宽带网或专线局域网等形式。不同的形式使用不同的网络联接设备。

c. 通信线路。一般拨号上网或 ISDN 和 ADSL 可使用电话线路。如果对传输的时效及资料传输量有较高的要求，可采用 X.25 分组交换网或租用专线。

（3）EDI 通信网络。为了实现信息传输，必须有一个覆盖面广、高效安全的数据通信网络作为基本的技术支撑环境。由于 EDI 传输的是具有标准格式的商业或行政有价文件信息，因此除了要求通信网络具有一般的数据传输和交换功能之外，还必须具有格式校验、确认、跟踪、电子签名、文件归档等一系列安全保密功能，并且在用户间出现法律纠纷时能够提供证据。

实现 EDI 通信主要有以下三种方式：①早期采用的点对点方式（PTP）；②利用已有的通信设备采用的增值网方式（VAN）；③国际间电子邮件服务系统方式（MHS），目前国际上主要采用这种处理系统。

3. EDI 系统的工作流程

为了理解 EDI 如何工作，我们不妨来跟踪一个简单的 EDI 应用过程。以订单与订单回复为例：

（1）制作订单。购买方根据自己的需求在计算机订单处理系统上制作出一份订单，并将所有必要的信息以电子传输的格式存储下来，现时产生一份电子订单。

（2）发送订单。购买方将此电子订单通过 EDI 系统传送给供货商，此订单实际上是发向供货商的电子邮箱，它先存放在 EDI 交换中心上，等待来自供货商的接收指令。

（3）接收订单。供货商使用邮箱接收指令，从 EDI 交换中心自己的电子信箱中收取全部邮件，其中包括来自购买方的订单。

（4）签发回执。供货商在收妥订单后，使用自己计算机上的订单处理系统，为来自购买方的电子订单自动产生一份回执，经供货商确认后，此电子订单回执被发送到网络，再经由 EDI 交换中心存放在购买方的电子信箱中。

（5）接收回执。购买方使用邮箱接收指令，从 EDI 交换中心自己的电子信箱中收取全部邮件，其中包括供货商发来的订单回执。整个订货过程至此完成，供货商收到订单，客户（购买方）收到回执。

总之，EDI 的工作流程可以划分为三个部分：

（1）文件的结构化和标准化处理。用户首先将原始的纸面商业和行政文件，经计算机处理，形成符合 EDI 标准的、具有标准格式的 EDI 数据文件。

（2）传输和交换。用户用自己的本地计算机系统将形成的标准数据文件，经由 EDI 数据通信和交换网，传送到登录的 EDI 服务中心，继而转发到对方的计算机系统。

（3）文件的接收和自动处理。对方计算机系统收到由 EDI 服务中心发来的报文后，立即按照特定的程序自动进行处理。自动化程度越高的系统，人的干预就越少。

（二）EDI 在供应链管理过程中的应用

在商业贸易活动中，每个贸易伙伴每天都要与供应链中的供应商、生产商、批发商、零售商以及其他商业组织进行通信、交换数据，每天都会产生大量的纸张文档，包括订购单、发票、产品目录和销售报告等。纸张文档是商业贸易中至关重要的信息源，信息流一旦中断，供应链将不通畅，从而导致重大的经济损失。现代信息技术奠定了信息时代发展的基础，使各行业产业结构甚至整个社会供应链体系发生深刻的变化。EDI 是一种信息管理或处理的有效手段，它是对供应链上的信息流进行协作的有效方法。EDI 的目的是充分利用现有计算机及通信网络资源，提高贸易伙伴间通信的效益，降低成本。EDI 是供应链管理的主要信息手段之一，通过一致的交换标准使复杂的数据交换成为可能。最新开发的软件包、远程通信技术使 EDI 更为通用。EDI 技术的应用使供应链变得更加集成化，使供应链中的"三流"（物流、资金流、信息流）变得更加通畅、及时（见图8-5）。

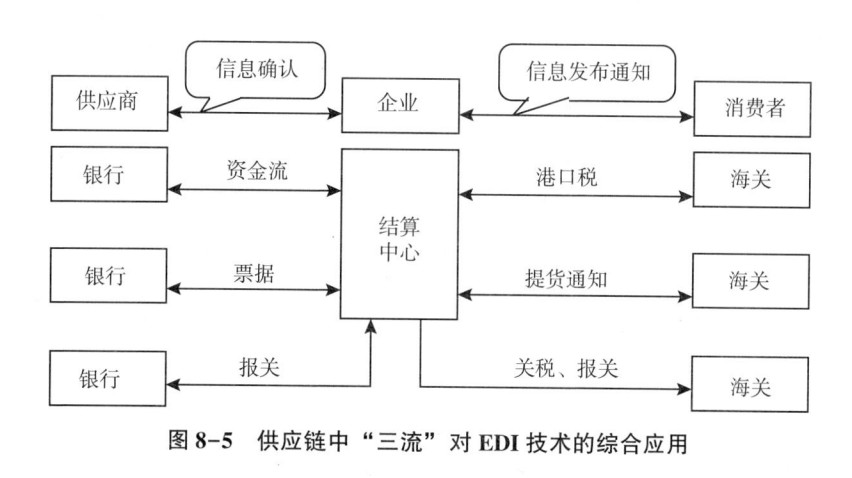

图 8-5 供应链中"三流"对 EDI 技术的综合应用

第四节 物流信息技术在物流发展中的应用

一、物流科技在现代物流业中的应用

目前，越来越多的物流科技应用于现代物流业，这对于传统物流业向现代物流业转型升级起着关键作用。物流科技改变了物流经营者的经营理念和物流企业的经营模式，改变了物流企业与客户之间的沟通方式，提高了物流企业的工作效率，节省了物流成本，增加了经营效益，增强了企业的竞争力。

1. 物流管理信息系统

物流管理信息系统是现代物流企业实现现代化管理的重要工具。主要是利用信息技术将各种物流活动集成起来，对各项物流活动进行实时跟踪与控制。同时，企业可以与客户通过信息系统进行信息交流，让客户随时了解物流活动的动态，对物流进行科学管理，提高客户满意度。物流企业可以通过物流管理信息系统处理各种物流业务，从而提高工作效率；通过统计及分析客户业务数据，实现与客户的信息共享，为客户增值服务提供依据。

2. 电子数据交换技术

电子数据交换技术（EDI）是目前国际上比较通用的商务文件处理方式。EDI 主要是通过国际公认的标准格式，将各行业的信息形成一种标准报文数据，如银行、保险、运输、国际贸易和海关等，然后通过互联网或增值网进行各种商业数据的交换与处理，并完成以贸易为中心的全部业务过程。

EDI 在物流中的广泛运用，可以使货主（生产厂商、批发商、贸易商等）、承运人（独立的物流企业）、实际运送货物的运输企业（铁路、水运、航空等运输企业）以及相关协助单位（政府相关部门、银行等金融企业）通过电子数据交换系统进行快速、方便的信息传递。由于信息交流均是通过 EDI，所以 EDI 技术可以实现无纸化办公，从而达到提高工作效率、节省运作成本的效果。

3. 条形码技术

条形码技术是目前运用最广泛的数据自动采集技术，可以进行数据自动识别、自动录入和自动处理。条形码技术能够对物流中的物品进行识别，具有数据采集速度快、信息量大、可靠性高、操作简单等特点，所以被物流信息系统所包含，广泛地在现代物流业得到应用。

例如，条形码在超市中的应用。超市收货作业的，收货人员通过扫描商品条形码，确认商品种类及数量，与订单进行核对。入库作业的，首先根据商品特征进行货位安排，然后扫描商品条形码，再扫描货位上表示位置的条形码，将商品与货位进行关联。出库作业时，通过扫描商品条形码，确认出库信息及更改商品库存状态。销售商品时，收银员通过 POS 系统识别商品条形码，利用扫描器读取商品信息，将信息输入信息系统及收款机；收银员收到货款后开具发票，然后信息系统进行数据处理，了解商品采购、销售、库存信息。另外，使用条形码对供应商进行管理主要是要求供应商的供应货物必须有条形码，以便进行货物的追踪服务。

4. 射频识别技术

射频识别技术（Radio Frequency Identification，RFID）主要通过无线电信号对特定目标进行识别，自动读写标签数据，在识别系统与特定目标之间不需要直接接触。

目前，许多行业都运用了射频识别技术。在汽车制造行业，生产车间在一辆正处于生产状态的汽车上贴一个标签，通过标签上的数据，现场管理人员可以追踪该车的制造进度，并适时地补充原材料。在药品安全管理方面，在药品生产和流通的各个环节赋予其一个身份标签，可以实时跟踪状态。射频识别技术还被广泛应用于其他领域，如沃尔玛连锁超市、新加坡地铁系统。

5. 地理信息系统技术

地理信息系统（GIS）是一种高新技术，主要用于存储和处理空间信息。首先将地理位置和相关属性进行有机结合，然后按照用户的不同要求将所表示的空间信息及属性信息真实、清晰地输出给用户，并可以借助其空间分析、可视化表达功能，在城市规划、企业管理领域进行各种辅助决策。

GIS可以很好地应用于物流系统中。在运输路径优化、仓库选址等方面，需要处理大量空间数据和属性数据，这就可以利用GIS进行优化和选址，达到节省时间、降低物流成本的目的。在物流配送方面，对整个配送过程实施控制和管理，实现高效率和高质量的服务，更好地处理货物配送的各个环节，并对配送路线优化、仓库选址、配送车辆调度等进行管理和决策分析。

6. 全球定位系统技术

全球定位系统（GPS）主要利用GPS定位卫星，在全球范围内实时进行定位和导航。GPS系统可以实现对物流运输过程的掌控。GPS客户可以实时掌握货物在途状态、到达时间，真正做到运输过程透明化。同时，该系统还可以处理物流调度存在的问题，通过对运输路线进行设计，将货物和车辆的在途状态发回到监控中心，客户可以实时监控货物的状态。物流企业还可以在电子地图上观察，如果运输车辆偏移了预先设计的线路，系统可以自动报警，同时全程记录下行程轨迹，从而避免了公车私用、拉私活等情况的发生，是物流企业管理司机的好帮手。

7. 物联网技术

物联网（Internet of Things）是事物与事物之间相连的互联网。在物流领域应用中，物联网技术提高了物流设施设备的信息化与自动化，促进了物流管理过程的智能化。在物联网时代，将RFID电子标签嵌入物流设施设备，如运输配送车辆、装卸搬运设备、物流中心的门禁系统、托盘、货架等，嵌入的标签中记录的信息可以实时地掌控各项物流活动，为管理者进行决策提供依据。因此，物联网技术使物流管理高度信息化、智能化，将有助于物流企业提高物流效率，降低物流成本。

二、现代物流业科技应用存在的问题

1. 物流科技意识薄弱

目前，很多物流企业对现代物流的概念及内涵理解不深，认为现代物流只是简单的运输和仓储，忽略了现代物流管理的重要目标，即最大限度地满足客户要求，提高企业经济效益。由于市场环境瞬息万变和客户需求个性化，客户越来越追求个性化与专业化的服务。现代物流业的一个重要特征就是物流科技化，但是现代物流业的市场发展还不够完善，物流科技在物流行业内未得到广泛应用，物流企业引进物流科学技术的意识较弱，这也是目前国内物流业发展水平比较低的原因。

2. 信息化水平落后，信息不能集成和共享

国内物流企业信息化程度相对比较低，很多信息技术没有得到普及。如GPS、GIS、条形码技术、射频识别技术、EDI和物联网技术等。很多运输企业对于GPS车载导航系统没有进行大规模使用，究其原因是运用成本太高。因为除了每台车需要配备一套GPS系统之外，还需要相应的信息系统收集数据、传递数据，需要投入的成本太高。

越来越多的物流企业意识到信息化的重要性，开始投资进行信息化建设，并取得了一定的成绩。但是对于一部分物流企业来讲，还没有实现真正的信息化。如仓储企业没有实现真正意义上的信息集成共享；有些企业只能实现部分功能的自动传递，如业务信息和财务信息，但是不能实时监控和管理物流系统，没有实现物流部门与其他部门的物流信息共享；多套信息系统同时运行，不能共享数据库，无形中造成了"信息孤岛"的存在。

3. 物流科技基础研究力量薄弱，科技转化率低

目前，我国物流科技基础研究力量相对比较薄弱。大多数物流设备制造商是从别的产业转变过来的，始终坚持从事物流科技研发的企业较少。科研机构和高等院校从事物流科研的任务较多且技术性强，但是由于科研机构和高等院校的科研人员与企业实践脱节严重，容易导致科研成果的产出与市场实际需求不符，即物流科研成果得不到应用，从而浪费资金。另外，物流企业属于粗放式经营，物流科技意识差，所以更不愿将资金投入物流科技研发及应用方面。

4. 专业化物流人才缺乏

加快物流业转型升级，专业化物流人才是根本。目前，物流人才培养达不到现代物流业的发展要求。从事物流业的人员对物流的概念缺乏深入了解，对物流业的岗位需求认识不清。如很多大型物流中心缺乏大量物流专业人才，但是大部分毕业生对物流仓储岗位存在歧视，觉得这个岗位比较低级，没有科技含量。现代物流业要得到长久发展，需要从事物流管理和作业的从业人员具备较扎实的物流专业知识与较丰富的管理经验。

5. 物流信息平台建设落后，标准不统一

目前，全国和行业物流信息公共平台建设还比较落后。虽然各省市及一些行业物流公共信息平台已经启动使用，但利用率相对较低。有些地区的物流公共信息平台建设落后，有些地区的物流公共信息平台还没有规划建设。造成目前这种情况的原因主要有：一是信息平台建设主体不清。目前，国内物流公共信息平台建设主体有政府部门、行业协会及第三方物流平台，造成对物流信息公共平台的定位不清晰；二是物流信息公共平台建设涉及各种信息技术，以及平台的管理。目前，各地政府或行业协会在物流信息平台建设过程中采用的信息技术不统一、接口标准不统一、业务和操作流程不统一，因此造成资源浪费，信息得不到共享。

三、科技进步环境下现代物流业发展对策

1. 提高物流科技意识，推进物流科技的应用

政府部门必须能够把握物流行业的科技需求，确定物流科技创新的重点方向和重点领域，指明高等院校和科研机构物流科技的研发方向；行业协会鼓励物流企业利用物流科技，宣传物流科技在现代物流业转型升级中的重要意义；物流企业提高物流科技意识，厘清物流科技投入和效益产出的关系，加快物流科学技术的进步，做到科学、合理的物流产业科技投入，使物流科技更好地发挥积极作用。

2. 加强物流信息技术的应用，提高物流业的信息化

物流信息技术的应用是提高物流效率和服务质量的重要手段，企业可以通过对物流信息技术的应用，完善物流经营战略系统，快速处理物流作业或者业务。通过车载 GPS 导航系统的使用，物流企业管理层可以了解司机的动态，合理地安排资源，货主可以准确地掌握货物的实时动向。通过 EDI 技术，企业之间可以实现准确快速的信息传递。应用 GIS 技术可以进行物流中心、配送中心的选址。另外，通过物流信息系统的应用，可以收集数据，共享信息，并进行预测分析，以信息流代替库存，减少资金占用，缩短物流周期，控制物流成本。

3. 加强物流科技成果的转化

物流科技创新的最终目的是将物流科技成果转化成实际生产力，为现代物流业发展做出贡献。加强物流科技成果转化，需要充分重视物流基础技术研究，充分发挥高等院校、科研机构及相关企业的作用，有效组织物流科技攻关项目。加强对物流科技成果的推广和应用，只有物流科技成果得到广泛的应

用，才能更好地发挥作用。完善企业主导物流产业科学技术研发创新的机制。由于企业对物流设施设备和高新技术等方面的科技创新比较敏感，从而使企业主导的科技创新能够真正实现成果产业化。

4. 注重物流人才培养，完善人才培养体系

完善物流人才培养体系需要多方努力才能实现，包括政府相关部门、高等院校、企业等，逐步形成政府、院校和企业共同参与的人才培训与教育机制。政府相关部门制定鼓励政策，组织高等院校到企业进行调研，引导高等院校与企业进行科研合作，进一步提高物流教育师资力量；高等院校根据企业需求设置物流管理和物流工程等相关专业，培养既懂得物流业务、物流技术，又掌握物流信息系统的综合性物流人才；企业可以根据经营发展战略和企业资源，对企业的组织机构和人员结构进行规划，制定定期培训制度，使物流相关从业人员掌握理论及业务等方面的专业知识。

5. 完善物流公共信息平台建设

目前，国内的物流公共信息平台建设还不完善，覆盖面还不够广，服务功能在国内发展不平衡，信息更新速度不够及时，常有信息沟通不畅、堵塞等问题出现，影响了物流信息的共享。因此，应进一步发展完善物流信息平台，提高物流作业的运作效率，实现物流信息的共享。

首先，建立诸如公路货运、航空货运等行业性较强的全国公共信息平台，以及其他区域性的公共信息平台。其次，建设物流公共信息平台。由物流行业协会牵头，统一建设标准，逐步向相关企业推广现代信息管理技术，全面提升企业的信息管理水平，并在此基础上推广 GPS、GIS 等技术的应用，进而建立物流公共信息平台，运用现代的技术手段实现物流企业联网。此外，还要将商业、交通运输、工业、邮政通信等相关政府部门逐步纳入，建设物流配送信息网络中心。同时，还可以以公共信息平台为媒介，提供信息共享、物流信息服务、在线咨询和物流业务合作，推动物流企业合作、信息交流，实现资源共享。

思考与讨论题

(1) 目前，我国企业物流信息化存在哪些主要问题？
(2) 试论述条形码技术在我国企业物流中的应用。
(3) 试论述 GIS 技术在物流领域中的应用。

案例分析

信息技术支撑着南航飞跃

一、南航简介

中国南方航空股份有限公司（以下简称南航）是中国最大的航空公司之一，在旅客运输量、航班数量、飞行小时、航线数目、机队规模等方面在中国航空公司中排名第一。

截至2006年5月底，南航经营包括波音777、747、757、737，空客A330、A321、A320、A319、A300在内的客货运输飞机259架。目前，国际国内航线600余条，通往全球142个大中城市。形成了以广州、北京为中心枢纽，密集覆盖国内，全面辐射亚洲，连接欧、美、澳洲的强大航线网络。2005年，南航旅客运输量4412万人次，连续27年居中国各航空公司之首。南航总部位于广州，有新疆、北京、深圳、海南有限公司、黑龙江、吉林、大连、河南、湖北、湖南、海南、珠海直升机13个分公司和厦门、广西、汕头、贵州、珠海5家控股子公司；在广州、北京、上海等地共设有17个国内营业部，在新加坡、东京、首尔、阿姆斯特丹、洛杉矶、悉尼、巴黎、沙迦等地设有38个国外办事处。

南航发展迅速。2000~2004年，运输周转量、客运量分别年均增长16.7%、14.2%。1997年，南航分别在纽约和香港同步上市，2003年在国内成功上市。先后联合重组、控股参股多家国内航空公司。在国内率先引进波音737、757、777，空客A330、A380等先进客机；首家推出计算机订座、电子客票等业务；引进开发了收益管理系统、运行控制系统、财务管理系统、人力资源系统、货运系统、办公自动化系统等广泛覆盖各流程的信息系统，信息化优势明显；建有国内第一、全球第三的超级货站，以及国内最大的航空配餐中心等设施。2004年8月，与全球著名的航空联盟——"天合联盟"签署了加盟意向书。2005年1月，南航与空客公司签约，一举订购的5架空客A380超大型飞机将落户南航北京分公司。2005年8月30日，南航与波音公司签约，购买10架波音787-8型"梦想"飞机，成为中国购买此型号飞机最多的航空公司。

二、南航重视信息化建设

由于民航运输业的激烈竞争，也由于行业的特殊性和复杂性，信息技术在国际民航业的应用十分深入。尤其是在国际先进的航空公司，信息技术已经成为支撑航空公司业务发展不可或缺的工具。

正是由于清醒地认识到信息技术对航空运输业的巨大作用，南航多年来一直高度重视信息系统建设，使南航信息系统真正作为"一把手工程"得以实施。经过十几年的建设，南航在信息系统、基础通信网络等方面取得了长足的进展。目前，航空公司经营管理的各方面，包括航空公司航务、机务、商务、财务和内务管理，都得益于一批高性能、高效率、运行稳定的计算机系统的支持。无论是从南航信息化管理的深度和广度来看，还是从信息系统应用的层次和质量来看，南航的信息化建设在国内航空公司之中堪称翘楚，成为中国民航信息化的"排头兵"。

南航的信息化建设从1984年正式起步，其建设历程可以大致划分为初始、起步、发展、集成及数据管理四个阶段。

1. 初始阶段（1984~1992年）

1984年，计算机办公室成立。1987年，计算机中心成立。1987年7月，与民航信息中心一起，参加了中国民航订座系统的初建。同年租用该系统，全面取代了原有的手工订票业务。

2. 起步阶段（1993~1997年）

1993~1997年，信息化建设由订座和国内票证结算，逐步向飞行运行控制、财务管理、发动机监控、效益管理与分析、货运业务等方面扩展与发展，自主开发或引进了财务总账（EASY）、发动机监控、航线航班统计、飞行小时统计等系统。

在使用方式上，除初步建立了总部的局域网外，还实现了与几个分公司的广域网连接，使航材管理系统、财务系统能在网络环境下运行。与此同时，SOC系统正在加紧开发。

3. 发展阶段（1998~2001年）

1998~2001年是南航信息化建设的一个新时期。这一时期，南航自主投资建成并投入使用的系统较多，而且具有一定的先进性和一定的规模，使南航信息化建设基本形成体系。

客运方面，推出了常客管理系统、收益管理系统、电子客票、网上订票。

货运方面，推出了货运5000和网上订舱。

航务和运行控制方面，SOC系统全面投产。

机务维修方面，TDMS第一期投入生产。

财务管理方面，新建的财务管理系统全面取代了旧系统。

内部管理方面，推出了以人力资源管理系统为核心的一套管理软件。

网络建设方面，在总部，已经建成了覆盖各部门的局域网；在中国，也有了连接各分、子公司、各营业部和办事处的广域网，规模在不断扩展，性能也在不断优化。

4. 集成及数据管理阶段（2002年至今）

目前，通过数据仓库收集SOC、M&E、FMS、人劳、商务等系统的公共数据形成数据共享池，既可以支持数据分析辅助决策，又可以为其他系统提供生产数据支持，增加生产系统的数据共享和交互，向数据源单点录入发展。

三、南航信息化的组织

南航计算机中心是南方航空公司信息系统规划和实施的机构。南航所有的股份公司和分公司都有各自的信息部门，主要职能是支持各公司信息系统的日常运作和维护，并协助南航计算机中心推广各类企业级的应用。南航计算机中心对各分、子公司IT部门实行行业管理。

南航信息化管理机构由南航信息化领导小组和计算机中心组成。信息化领导小组作为南航信息化的领导机构，负责制定南航信息化的发展方向，领导和推进南航信息化的建设，审批和调整南航信息化战略，审批南航年度投资计划和具体项目投资计划等。计算机中心作为南航信息化的具体职能部门，负责南航信息化的具体实施工作，包括系统建设、系统运行维护和推广、人员的培训和管理等。

四、南航网络的布局

南航网络系统是南航自建、独立运作的企业内部网络，已经形成了以广州为核心，分、子公司为区域中心的辐射结构，范围覆盖国内外39个城市的43个分支机构；拥有各级路由节点77个，利用电信链路总带宽50Mbps；同时，南航网络具有高速国际互联网络出口，还为南航提供电子邮件、IP电话、漫游拨号、视频电话会议等服务。南航网络为南航各应用系统的成功运作、信息沟通、数据共享提供了强大的基础平台。

南航信息网络具有典型的星型分级网络结构的特点，广州计算机中心三楼网络机房是整个网络的核心，伴随在其旁边的是南航数据处理中心（各应用服务器群）。广州网络中心既是全网的中心，也是广州园区网络的中心、南航网络与国际互联网及其他网络的接口中心。在各地，南航网络分布了众多的二、三、四级网络路由节点和交换节点。

五、南航的发展得益于信息化建设

多年来，南航采取自主开发、合作开发、引进等多种形式，从生产实际需求出发，对航空公司五大业务（商务、航务、机务、内务、财务）都建设了相应的计算机应用系统，企业内部网日趋完善，数据中心初具规模。可以说，南航信息系统构架已经基本搭建，系统集成和数据共享具备一定水平。

计算机系统在南航的普遍应用，大大提高了南航日常运行、指挥、控制的自动化水平，改进了南航的服务质量，对提升南航的市场竞争力、树立良好的社会形象、创造更好的经济和社会效益提供了有力保障。

资料来源：《中国物流百强案例（全球物流经典案例丛书）》。

思考题

(1) 如何认识信息技术在南航的运用？
(2) 信息化技术运用后，南航取得了哪些成绩？
(3) 南航的网络是如何布局的？

第九章 供应链管理与顾客价值

在当前激烈竞争的市场环境中,供应链重组作为一种有效手段,可以改善企业业绩。但并非重组的企业就一定能获得成功或提升市场业绩,正如 Hammer&Co. 公司的总裁哈默所说,供应链是"处在重组的刃口上"。对于大多数一般企业而言,供应链重组的最初目标是在成本、质量、服务、速度等企业内部绩效上获得显著改善,而不是通过实行以客户为导向的供应链战略重组来增强核心竞争力。对于未来而言,以"顾客价值"为目标的供应链管理才是获取长期竞争优势、保证可持续发展的最佳工具。

第一节 顾客价值与供应链管理概述

一、什么是顾客价值

顾客价值是供应商以一定的方式参与到顾客的生产经营活动过程中而能够为顾客带来的利益,即顾客通过购买商品所得到的收益和顾客花费的代价(购买成本和购后成本)的差额。在市场竞争中,顾客代表着市场份额,顾客是利润的源泉,顾客更是企业获取持续竞争优势的核心资源,如何获取顾客,必须以"顾客价值"作为导向。

在此后的顾客价值(Customer Value)研究中,不同的学者从不同的角度对其进行了定义:

(1)从单个情景的角度,顾客价值是基于感知利得与感知利失的权衡或对产品效用的综合评价。

(2)从关系角度出发,重点强调关系对顾客价值的影响,将顾客价值定义为:整个过程的价值=(单个情景的利得+关系的利得)/(单个情景的利失+

关系的利失），认为利得和利失之间的权衡不能仅仅局限在单个情景上，而应该扩展到对整个关系持续过程的价值衡量上。

（3）强调顾客价值的产生来源于购买和使用产品后发现产品的额外价值，从而与供应商之间建立起感情纽带。

（4）大多数学者比较认同 Woodruff 对顾客价值的定义，并在其定义基础上进行了很多相关研究。Woodruff 通过对顾客如何看待价值的实证研究，提出顾客价值是顾客对特定使用情景下有助于（有碍于）实现自己目标和目的的产品属性、这些属性的实效以及使用的结果所感知的偏好与评价。该定义强调顾客价值来源于顾客通过学习得到的感知、偏好和评价，并将产品、使用情景和潜在的顾客所经历的相关结果相联系。

一般认为，顾客价值是指顾客对于公司绩效在整个业界的竞争地位的相对性评估，具有以下不同的意义：①感知价值：顾客以他们从产品或服务中所获得的核心利益来定义价值，也就是说，顾客以自己从产品或服务那里获得的满足感大小来主观地判别其价值高低。②成本价值：用获得成本来认定他们所获得的价值。顾客认为如果可以用较低的金钱成本和时间成本买到相同的产品，则所获得的价值较高。③还要考虑顾客价值的动态性，经济发展水平、顾客消费文化均会影响顾客价值。例如，电商企业不得不考虑顾客对产品快速送达的要求，同时还不能提高价格。

二、顾客价值和供应链之间的关系

从定义上看，顾客价值包括两个方面，一个是顾客获得的"收益"，另一个是顾客花费的"代价"，相对应的分别是供应链前端的研发、产品创新、产品质量以及生产成本、物流销售成本、售后服务成本等。因此，现代市场环境下的竞争，是围绕顾客价值在整个供应链上的竞争。提升顾客价值的途径与供应管理是分不开的，通过供应管理可以让顾客花费最低的时间成本和货币成本。通过提供个性化的产品或服务，可以提升顾客的感知价值。

但是，提升客户总价值和降低供应链成本之间不可避免地存在冲突。没有任何的体系可以在最小化成本的同时最大化服务能力。因为最大化客户服务意味着过高的采购成本、需要巨大的库存、超额的配送以及多重的仓库，而这一切都在增加成本。因此，供应链管理需要从一个体系的整体出发，制定各种决策，综合考虑各方面的因素。首先的出发点是研究客户需要什么以及竞争者提供了什么，接下来要研究所提供的各种服务、产品的相对重要性，同时还必须综合考虑提高服务水平所增加的成本。因此，供应链管理的目标就是将满足目标客户服务水平所需要的成本（包括采购、运输、仓储等）最小化。

基于顾客价值的供应链问题：

1. 企业应生产快速变化的产品，还是需求相对稳定的产品

快速变化的产品和需求相对稳定的产品，其顾客价值的内容是不一样的。顾客对快速变化的产品的要求体现在质量、速度（时尚）、技术先进、品牌等方面，对价格并不敏感；而需求稳定的产品对质量、价格和便捷的获得性要求比较高。

2. 是否应针对不同的细分市场建立不同的供应链

从实际运作的角度看，市场细分必须能够有效地区隔不同的客户需求，同时在公司运作方面能够支持这种细分，当然最后细分的结果是确保公司在市场中占有一定的优势。如果一种市场细分不能区隔客户需求，而且在公司运作实施上要付出成本高昂的代价，最终细分不能确保公司的优势地位，那么这样的细分就是无效的。针对高端的用户可能更注重的是体验，而低端用户更多注重价格，如高档品牌一般选择专卖店的模式进行销售。

3. 销售和市场信息是否影响供应链决策

这里要解决的是销售信息系统的完善性、客观性问题。有时，销售部门出于自身利益的需要，会高报或低报销售预测，销售预测往往与实际下单的情况不相符，这种人为因素干扰了供应链的信息可得性，使供应链反应滞后或库存积压。因此，建立基于POS的电商数据平台显得非常重要。

4. 供应链运作是否有足够的效率完成配送

供应链的运作是公司的核心部门，在很多情况下，又不仅仅是本公司内的问题，如上游的供应商是否能按时发货、库存是否合理等，因此，供应链管理部门的协调能力变得至关重要。迅捷及时的交货服务并不仅仅是为了取悦客户，通过快速交货，可以使订单完成的提前期得到缩短，从而缩短了库存供应天数，加速了现金流转，这对公司财务指标也有直接的贡献。

5. 供应链的整体成本是否合理

例如，服装生产和分销体系的总体成本，虽然大批量的服装生产降低了生产成大，但同时产生了大量的库存服装。如果实现定制必然会提高生产成本，但库存成本会大大下降，同时提升顾客体验，这种供应链流程的再造也是提升顾客价值的途径之一。

只有将这些问题回答得很清楚，企业的供应链部门才能对营销战略有清晰透彻的理解，从而在运作上给予高效的配合，提升顾客价值。供应链的运营战略是建立在对企业营销战略充分理解之上的，它回答企业如何生产产品和提供

服务的问题。厂商要决定是选择按库存生产（Build to Stock）还是按计划生产（Build to Plan），是按订单生产（Build to Order）还是按订单定制（Configure to Order）的方式，或者是这几种方式的组合。在实际运作中，如何确定哪些产品要按订单生产、哪些产品要按计划生产是一个难点。我们有必要用顾客价值的理念对此进行分析。

三、基于顾客价值的供应链优化

供应链重组始于公司内部的业务流程再造，最典型的是重组完成订单以及制造和采购的业务流程，如今，这项重组工作已经向前方和后方进行了集成，即将重组延伸到供应链的上、下游企业。而所有这些流程和节点都必须围绕"顾客价值"展开，一方面提高顾客满意度和附加价值，另一方面降低流程成本，减少过程浪费，即以顾客需求的信息流来拉动实物流和资金流，实现供应链效益最大化。随着信息技术和物联网的高速发展，越来越多的企业开始重视并尝试进行供应链的优化，虽然每家企业所处的环境和存在的问题不尽相同，但它们的共同目标却是一致的，那就是创造新的"顾客价值"。

1. 信息系统的整合

首先，供应链上存在多家公司，即便在一家公司内部，不同部门、不同地区之间也有不同的计划、执行时间表和流程。如果没有协同一致的流程，在经营活动过程中就会有各自为政甚至相互冲突的目标。应该把信息系统整合放在首要的地位，把各个区域所有与供应链相关的数据，如销售、库存等整合到可以共享的数据库中，提高整个供应链的数据可视化水平。当然，在这方面的投资是巨大的，而且需要供应链和其他功能部门的密切配合。但是，如果没有这项投入，很多决策就如同盲人摸象，公司整体运作的效率和准确性就会有问题。

最好的解决办法是所有供应商、生产商、零售商共享各自的流程，并且要对订货模式进行改变。如家电制造厂商与供应商之间的购销协作关系可以通过流程的重组来进行优化，即采用共享数据库等信息技术，将生产的经营活动与供应商的经营活动连接起来。供应商通过制造厂商的数据库了解其生产进度，拟订自己的生产、采购和发货计划。通过计算机将发货信息传给制造厂商，而收货员在扫描条形码确认收到货物的同时，自动向供应商付款。这样，供应商的运转和下游制造厂商的运转密切联系起来，实现了供应链的有效性，简化了工厂的流程，缩短了生产、订货周期，并降低了库存。

2. 简化供应流程

通过一些资料发现，低效的工作流程极大地制约了大部分企业供应链的有效运作。这里要考虑两个原则：第一，有没有规模效益。建立配送中心就是典型的例子。配送中心的实质就是将运作中有共同作业流程的行为集中到某一个或者少数几个地点统一实施，从而提高了作业效率。第二，减少不必要的实体流转环节。例如，批发商的职能变化，批发商只负责商流，制造企业不管是不是直销，都可以把货物直接送到客户手中，从而缩短了货物在途时间。

3. 提高需求预测能力

对于很多企业而言，最难把握的运作问题之一就是需求预测。多年以来，人们习惯于盯着财务数字而不是产品数字，盯着预销量而不是具体的销售额。本质上讲，这种思维模式会导致员工盯着"公司要生产什么"，而不去考虑客户真正需要什么，从而严重偏离了以顾客价值为核心的供应链管理目标。因此，增强销售预测的准确性（包括产品种类、数量、到货时间）是另一个改进的方向。首先，要确定计划部门的核心地位，将订单化整为零，及时地衔接销售和生产，并根据市场变化及时调整；其次，建立销售预测的统计和分析模型，不断增强预测的准确性；最后，统一产品数量和财务金额的口径问题，防止由于价格波动或其他因素导致数量和金额的不一致。

4. 提高产品供应能力

当前市场日益呈现产品多样化的竞争趋势，企业应该有更多的供应弹性，以更好地适应市场的变化。首先，实施小批量定制化生产模式，增强生产柔性；其次，建立科学合理的安全库存标准，而非凭经验确定；最后，建立客户数据库，并为客户制定统一的数据标准。

5. 重组供应链结构

一个很典型的实践就是建立供应商管理库存（VMI），要求主要部件的供应商在企业的总装厂周边建立仓库，可以随时对原材料进行补货，这样不仅缩短了供应商的供货周期，还大大提高了供应柔性。有的供应商可能基于成本考虑不愿意建立VMI，这时可以考虑引进第三方的合作伙伴来做。推动供应商改进流程，实际上是延展了供应链管理的覆盖面，强化了与供应商的合作，将供应商纳入公司的核心运作体系。这对于提高企业的综合竞争实力是十分有益的。

顾客价值是供应链管理的起点，也是供应链管理的核心目标。把这些工作做扎实了，公司的成本优势才能够凸显出来，公司的服务水平才能够为客户所感知。在互联网时代，市场信息越来越透明，信息量越来越大，商家的竞争也越来越激烈，买方可以容易地获取所需要的信息，同时也越来越没有耐心等待，所以，品牌可以让买方很快地建立对公司及产品的信任，而快速的交货可以很快地抓住机会，实现销售。从这个意义上看，供应链也是品牌价值实现的重要工具。

第二节　基于顾客价值的供应链管理方法

快速反应、有效客户响应、价值链分析等现代供应链管理方法的应用，大大提高了需求预测的精度，加快了商品和资金周转速度，改善了供应链绩效，提升了顾客价值。本节从产生背景和发展历程、基本概念和内涵、方法原理和应用、实施案例分析等几个方面对上述几种供应链管理方法进行系统介绍。

一、快速反应

（一）快速反应的概念

快速反应（Quick Response，QR）是一个零售商和生产厂家建立（战略）伙伴关系，利用 EDI 等信息技术，进行销售实时信息交换以及订货补充等其他经营信息的交换，用多频度、小数量的配送方式连续补充商品，以缩短交货周期、减少库存、提高顾客服务水平和企业竞争力为目的的供应链管理。美国学者 Jamie Bolton 认为，QR 是及时生产方式（Just-In-Time）在零售行业中的一种应用。

从 20 世纪 70 年代后期开始，美国纺织服装的进口量急剧增加；到 80 年代初期，进口商品大约占到纺织服装行业总销售量的 40%。针对这种情况，美国纺织服装企业一方面要求政府和国会采取措施阻止纺织品的大量进口，另一方面进行设备投资来提高企业的生产率。但是，即使这样，价廉进口纺织品的市场占有率仍在不断上升。为此，一些主要的经销商成立了"用国货为荣委员会"，一方面，通过媒体宣传国产纺织品的优点，采取销售促进活动；另一方面，委托零售业咨询公司 Kurt Salmon 从事提高竞争力的调查。Kurt Salmon 在经过了大量充分的调查后指出，虽然纺织品产业供应链各环节的企业都十分注重提高各自的经营效率，但是供应链整体的效率却并不高。为此，Kurt Salmon 公司建议零售业者与纺织服装生产厂家合作，共享信息资源，建立一个快速供应系统来实现销售额增长、顾客服务最大化以及库存量、商品缺货、商品风险和减价最小化的目标。1985 年以后，QR 概念开始在纺织服装等行业普及。

（二）快速反应的方法及应用

1. 快速反应的成功条件

Blackburn（1991）在对美国纺织服装业 QR 进行研究的基础上，总结出 QR 成功的五个条件：

（1）必须改变传统的经营方式，革新企业的经营意识和组织。具体表现在以下五个方面：①企业不能局限于依靠本企业独自的力量来提高经营效率的传统经营意识，要树立通过与供应链各方建立合作伙伴关系，努力利用各方资源来提高经营效率的现代经营意识。②零售商在垂直型 QR 系统中起主导作用，零售店铺是垂直型 QR 系统的起始点。③在垂直型 QR 系统内部，要通过 POS 数据等销售信息和成本信息的相互公开与交换，来提高各个企业的经营效率。④明确垂直型 QR 系统内各个企业之间的分工协作范围和形式，消除重复作业，建立有效的分工协作框架。⑤必须改变传统的事务作业方式，通过利用信息技术实现事务作业的无纸化和自动化。

（2）必须开发和应用现代信息处理技术，这是成功进行 QR 活动的前提条件。这些信息技术有商品条形码技术、物流条形码技术（SCM）、电子订货系统（EOS）、POS 数据读取系统、EDI 系统、预先发货清单技术（ASN）、电子支付系统（EFT）、生产厂家管理的库存方式（VMI）、连续补充库存方式（CRP）等。

（3）必须与供应链各方建立（战略）伙伴关系。具体内容包括以下两个方面：一是积极寻找和发现战略合作伙伴；二是在合作伙伴之间建立分工和协作关系。合作的目标定为削减库存，避免缺货现象的发生，降低商品风险，避免大幅度降价现象发生，减少作业人员和简化事务性作业等。

（4）必须改变传统的对企业商业信息保密的做法。将销售信息、库存信息、生产信息、成本信息等与合作伙伴交流分享，并在此基础上共同发现问题、分析问题和解决问题。

（5）供应方必须缩短生产周期，降低商品库存。具体来说，供应方应努力做到：缩短商品的生产周期；进行多品种、少批量生产和多频度、小数量配送，降低零售商的库存水平，提高顾客服务水平；在商品实际需要将要发生时采用 JIT 生产方式组织生产，减少供应商自身的库存水平。

2. 快速反应的实施方法

下面以美国零售业的著名企业沃尔玛公司、服装制造企业 Seminole 公司以及面料生产企业 Milliken 公司合作建立的 QR 系统为例，说明 QR 的发展过程。

该系统的建立过程可分为三个阶段：

（1）QR 的初期阶段。沃尔玛公司 1983 年开始采用 POS 系统；1985 年开始建立 EDI 系统；1986 年与 Seminole 公司和 Milliken 公司在服装商品方面展开合作，开始建立垂直型的 QR 系统。当时合作的领域是订货业务和付款通知业务，通过电子数据交换系统发出订货明细清单和受理付款通知，从而提高订货速度和准确性，节约相关事务的作业成本。

（2）QR 的发展阶段。为了促进行业内电子化商务的发展，沃尔玛与行业内的其他商家一起成立了 VICS 委员会（Voluntary Inter-Industry Communications Standards Committee）。VICS 委员会制定了行业统一的 EDI 标准，并确定商品识别标准采用 UPC 商品识别码。沃尔玛公司基于行业统一标准设计出 POS 数据的输送格式，通过 EDI 系统向供应方传送 POS 数据。供应方根据沃尔玛传送来的 POS 信息，可及时了解沃尔玛的商品销售状况，把握商品的需求动向，并及时调整生产计划和材料采购计划。供应方利用 EDI 系统在发货之前向沃尔玛传送预先发货清单（Advanced Shipping Notice，ASN）。这样，沃尔玛事前可以做好进货准备工作，同时可以省去货物数据的输入作业，使商品检验作业效率化。沃尔玛在接收货物时，用扫描读取机器读取包装箱上的物流条形码（Shipping Carton Marking，SCM），把扫描读取机器读取的信息与预先储存在计算机内的发货清单进行核对，判断到货和发货清单是否一致，从而简化了检验作业。在此基础上，利用电子支付系统 EFT 向供应方支付货款。同时只要把 ASN 数据和 POS 数据比较，就能迅速知道商品库存的信息。这样做使沃尔玛不仅节约了大量事务性作业成本，而且压缩了库存，提高了商品周转率。在此阶段，沃尔玛公司开始把 QR 的应用范围扩大至其他商品和供应商。

（3）QR 的成熟阶段。沃尔玛把零售店商品的进货和库存管理的职能转移给供应方（生产厂家），由生产厂家对沃尔玛的流通库存进行管理和控制，即采用生产厂家管理的库存方式（Vendor Managed Inventories，VMI）。沃尔玛让供应方与其共同管理运营沃尔玛的流通中心。在流通中心保管的商品所有权属于供应方。供应方对 POS 信息和 ASN 信息进行分析，把握商品的销售和沃尔玛的库存动向，并在此基础上决定在什么时间把什么类型的商品以什么方式向什么店铺发货。发货的信息预先以 ASN 形式传送给沃尔玛，以多频度、小数量进行连续库存补充，即采用连续补充库存方式（Continuous Replenishment Program，CRP）。由于采用 VMI 和 CRP，不仅使供应方减少了库存，还减少沃尔玛的库存，实现了整个供应链库存水平的最小化。另外，对沃尔玛来说，这样做省去了商品进货的业务，节约了成本，同时能集中精力在销售活动上。并且，沃尔玛事先能得知供应方的商品促销计划和商品生产计划，能够以较低的价格进货。这些为沃尔玛进行价格竞争提供了条件。

3. 快速反应的实施效果

Blaokburn（1991）的研究结果显示，零售商在应用 QR 系统后，销售额大幅度增加，商品周转率大幅度提高，需求预测误差大幅度下降。应用 QR 系统后之所以有这样的效果，其原因有：

（1）销售额大幅度增加。可以降低经营成本，从而降低销售价格，增加销售。伴随着商品库存风险的减少，商品以低价位定价，增加了销售。可以避免缺货现象，从而避免销售的机会损失。易于确定畅销商品，能保证畅销品的品种齐全、连续供应，从而增加销售。

（2）商品周转率大幅度提高。应用 QR 系统可以减少商品库存量，并保证畅销商品的正常库存量，加快商品周转。

（3）需求预测误差大幅度减少。根据库存周期长短与预测误差的关系，如果在销售季节开始之前的 26 周进货（即基于预测提前 26 周进货），则需求预测误差（缺货或积压）达 40%左右；如果在季节开始之前的 16 周进货，则需求预测误差为 20%左右；如果在很靠近季节开始时进货，则需求预测误差只有 10%左右。应用 QR 系统可以及时获得销售信息，把握畅销商品和滞销商品，同时通过多频度、小数量的送货方式，实现实需型进货（在零售店需要的时候才进货），从而使需求预测误差减少到 10%左右。

二、有效客户响应

1. 有效客户响应的概念

有效客户响应（Efficient Consumer Response，ECR）是生产厂家、批发商和零售商等供应链组成各方相互协调和合作，更好、更快并以更低的成本满足消费者需要的供应链管理系统。它是一种把以前处于分离状态的供应链各方联系在一起来满足消费者需要的工具。

ECR 的最终目标是建立一个具有高效反应能力和以客户需求为基础的系统，使零售商和供应商以业务伙伴的方式合作，提高整个供应链而不是单个环节的效率，从而大大降低整个供应链体系的运作成本、库存和物资储备，同时为客户提供更好的服务。ECR 的优势在于供应链各方为了提高消费者满意度这个共同的目标进行合作，分享信息和诀窍。ECR 概念的提出者认为，ECR 活动是一个过程，这个过程主要由贯穿供应链各方的四个核心过程组成。因此，ECR 的战略主要集中在以下四个领域：效率的店铺空间安排、效率的商品补充、效率的促销活动和效率的新商品开发与市场投入。

2. 有效客户响应的特点

ECR 的特点主要表现在三个方面：

（1）管理意识的创新。传统产销双方的交易关系是一种此消彼长的对立型关系，即交易各方以对自己有利的买卖条件进行交易，简单地说，是一种赢输（Win Lose）关系。ECR 要求产销双方的交易关系是一种合作伙伴关系，即交易各方通过相互协调合作，实现以低的成本向消费者提供更高价值服务的目标，在此基础上追求双方的利益，简单地说，是一种双赢（Win Win）关系。

（2）供应链整体协调。传统流通活动缺乏效率的主要原因在于厂家、批发商和零售商之间的联系存在非效率性，且企业内采购、生产、销售和物流等部门或职能以各自的效益最大化为目标。这样虽然能够提高各个部门或职能的效率，但容易引起部门或职能之间的摩擦。同样，传统的业务流程中各个企业以各自企业的效益最大化为目标，这样虽然能够提高各个企业的经营效率，但容易引起企业间的利益摩擦。ECR 要求各部门、各职能以及各企业之间消除隔阂，进行跨部门、跨职能和跨企业的管理与协调，使商品流和信息流在企业内与供应链内顺畅地流动。

（3）涉及范围广。既然 ECR 要求对供应链整体进行管理和协调，那么，ECR 所涉及的范围必然包括零售业、批发业和制造业等相关的多个行业。为了最大限度地发挥 ECR 所具有的优势，必须对关联的行业进行分析研究，对组成供应链的各类企业进行管理和协调。

3. 有效客户响应出现的背景

在 20 世纪六七十年代，美国日杂百货业的竞争主要是在生产厂商之间展开。竞争的重心是品牌、商品、经销渠道和大量的广告与促销。在零售商和生产厂家的交易关系中，生产厂家占据支配地位。进入 80 年代，特别是到了 90 年代以后，在零售商和生产厂家的交易关系中，零售商开始占据主导地位，竞争的重心转向流通中心、商家自有品牌、供应链效率和 POS 系统。同时在供应链内部，零售商和生产厂家之间为取得对供应链主导权的控制，同时商家自有品牌和厂家品牌（NB）为占据零售店铺货架空间的份额展开着激烈的竞争。这种竞争使在供应链各个环节间的成本不断转移，导致供应链整体的成本上升，而且容易牺牲力量较弱一方的利益。

在这期间，从零售商的角度来看，随着新的零售业形态（如仓储商店、折扣店）的大量涌现，零售竞争更趋激烈，这种状况迫使许多超市寻找新的管理方法。从生产厂商的角度来看，由于百货日杂技术含量不高，大量无实质差别的商品投入市场，使厂家竞争趋同化，只能直接或间接以降价方式向零售商促销，但这样做会大量牺牲厂家的自身利益。因此，聪明的生产厂商希望通过与零售商结成联盟的形式来获得竞争优势。从消费者的角度来看，过度竞争导致忽视消费者需求，给消费者造成损害，这要求企业真正从消费者的利益出发提供满意的服务。

在上述背景下，美国食品市场营销协会（US Food Marketing Institute，FMI）包括 COCA COLA、G、Safe WayStore 在内的 16 家企业，与流通咨询企业 Kurt Salmon Assosiates 公司一起组成研究小组，对食品业的供应链进行调查分析，于 1993 年 1 月提出了改进该行业供应链管理的详细报告。该报告系统地提出了有效客户响应的概念和体系。经过美国食品市场营销协会的大力宣传，ECR 概念为零售商和制造商所接纳，并被广泛地应用于实践。

4. 有效客户响应的方法及应用

（1）有效客户响应的实施要求。

① ECR 的目的是以低成本向消费者提供高价值服务。这种高价值服务表现在更好的商品功能、更高的商品质量、齐全的商品种类、更好的便利性等方面。ECR 通过整个供应链整体的协调和合作，来实现以低的成本向消费者提供更高价值服务的目标。

② ECR 要求供需双方关系必须从传统的赢输型交易关系向双赢型联盟伙伴关系转化，需要企业的最高管理层对本企业的组织文化和经营习惯进行改革，为供需双方关系转化为双赢型联盟伙伴关系提供可能。

③ 及时准确的信息在有效地进行市场营销、生产制造、物流运送等决策中起着重要作用。ECR 要求利用行业 EDI 系统在组成供应链的企业间交换和分享信息。

④ ECR 要求从生产线末端的包装作业开始到消费者获得商品为止的整个商品移动过程产生最大的附加价值，使消费者在需要时能及时获得所需要的商品。

⑤ 为了提高供应链整体的效果（如降低成本、减少库存、提高商品的价值等），ECR 要求建立共同的成果评价体系，要求在供应链范围内进行公平的利益分配。

总之，ECR 是供应链各方推进真诚合作来实现消费者满意和基于各方利益的整体效益最大化的过程。

（2）有效客户响应的实施方法。ECR 的实施大致分为以下八个步骤：

① 寻找合作伙伴。拜访下游零售商的高层决策主管。

② 确定合作对象。获得高层决策主管的合作共识。

③ 双方分别组成公司内部的 ECR 小组。

　　a. 小组负责人：由高层决策主管亲自或授权他人担任，负责小组的运作。

　　b. 小组成员：由各部门主管参与，如信息应用、物流配送、业务或采购等相关部门。

④ 制订合作计划。合作计划包括：a. 合作产品项目，初期以较少种类的产品作为示范；b. 计划实施进度表；c. 双方合作人员。

⑤ 实施计划，不定期召开会议，检查进度。

⑥ 完成合作计划效益分析报告。合作计划效益分析报告包括：a. 销售业绩；b. 运作成本；c. 缺货率；d. 库存天数；e. 库存量；f. 库存回转率。

⑦ 推广至其他合作产品。

⑧ 推广至其他合作伙伴。

5. ECR 的实施效益

根据欧洲供应链管理委员会的调查报告，在接受调查的 392 家公司中，制造商实施 ECR 后，预期销售额增加 5.3%，制造费用减少 2.3%，销售费用减少 1.1%，仓储费用减少 1.3%，总盈利增加 5.5%；而批发商及零售商也有相似的收益，销售额增加 5.4%，毛利增加 3.4%，仓储费用减少 5.9%，平均库存减少 13.1%，每平方米的销售额增加 5.3%。

由于在流通环节中缩减了不必要的成本，零售商和批发商之间的价格差异也随之降低，这些节约了的成本最终将使消费者受益。除了这些有形的好处以外，还有一些对消费者、分销商和供应商重要的无形利益。对消费者而言，可以增加选择和购物的方便，减少缺货单品，使获得的产品更新鲜；对分销商而言，可以加强对顾客的了解，增加消费者的信任，改善与供应商的关系；对供应商而言，可以减少缺货，增加品牌信誉，改善与分销商的关系。

6. QR 与 ECR 的差异

（1）差异。ECR 主要以食品行业为对象，其主要目标是降低供应链各环节的成本，提高效率。QR 主要集中在一般商品和纺织行业，其主要目标是对客户的需求做出快速反应，并快速补货。

这是因为食品杂货业与纺织服装行业所经营产品的特点不同：杂货业经营的产品多是一些功能型产品，每一种产品的寿命相对较长（生鲜食品除外），因此，订购数量过多（或过少）的损失相对较小。纺织服装业经营的产品多属于创新型产品，每一种产品的寿命相对较短，因此，订购数量过多（或过少）造成的损失相对较大。

① 侧重点不同。QR 侧重于缩短交货提前期，快速响应客户需求；ECR 侧重于减少和消除供应链的浪费，提高供应链运行的有效性。

② 管理方法的差别。QR 主要借助信息技术实现快速补货，通过产品联合开发缩短产品上市时间；ECR 除快速有效引入新产品外，还实行有效的商品管理。

③ 适用的行业不同。QR 适用于单位价值高、季节性强、可替代性差、购买频率低的行业；ECR 适用于产品单位价值低、库存周转率高、毛利少、可替代性强、购买频率高的行业。

④ 改革的重点不同。QR 改革的重点是补货和订货的速度，目的是最大限度地消除缺货，并且只在有商品需求时才去采购，ECR 改革的重点是效率和成本。

（2）共同特征。表现为超越企业之间的界限，通过合作追求物流效率化。具体表现在以下三个方面：

① 贸易伙伴间商业信息的共享。

② 商品供应方进一步涉足零售业，提供高质量的物流服务。

③ 企业间订货、发货业务全部通过 EDI 来进行，实现订货数据或出货数据传送的无纸化。

三、价值链分析

（一）价值链分析的概念

价值链分析（Value Chain Analysis，VCA）是由迈克尔·波特在 1985 年于《竞争优势》一书中提出的。价值链的含义可以概括为：第一，企业各项活动之间都有密切联系，如原材料供应的计划性、及时性和协调性与企业的生产制造有密切的联系；第二，每项活动都能给企业带来有形或无形的价值，例如，如果企业密切注意顾客所需或做好售后服务，就可以提高企业的信誉，从而带来无形价值；第三，价值链不仅包括企业内部的各链式活动，而且更重要的是，还包括企业外部活动，如与供应商之间的关系、与顾客之间的关系等。价值链思想认为，按照经济和技术的相对独立性，企业的价值增值过程可以分为既相互独立又相互联系的多个价值活动，这些价值活动形成一个独特的价值链。价值活动是企业所从事的物质上和技术上的各项活动，不同企业的价值活动划分与构成不同，价值链也不同。对制造业来说，价值链的基本活动包括内部后勤、外部后勤、市场营销、服务；辅助活动包括企业基础设施（企业运营中各种保证措施的总称）、人力资源管理、技术开发、采购。每一个活动都包括直接创造价值的活动、间接创造价值的活动、质量保证活动三部分。企业内部某一个活动是否创造价值，要看它是否提供了后续活动所需要的东西，是否降低了后续活动的成本，是否改善了后续活动的质量。

波特提出的价值链理论把企业看成一系列价值活动的集合，该理论是对企业及其相关方面的"过程"的一种颇具特色的解释。人们将波特的价值链理论进一步拓展，把企业的价值链分为内部价值链和外部价值链。企业内部价值链就是指企业内部为顾客创造价值的主要活动及相关支持活动。企业外部价值链是指与企业具有紧密联系的外部行为主体的价值活动，主要包括供应商价值链、购买商价值链以及竞争对手价值链。内部价值链其实是一种初级的过程思想，它主要针对企业内部业务过程，以消除浪费、降低产品成本为目的。而外部价值链则是一种进化了的过程思想，它把一种超越企业自身的、全面的作业链导入业务过程，是一种高级的、战略性的过程思想。

（二）价值链分析的特点

企业价值链分析具有以下特点：

1. 价值链分析的基础是价值，各种价值活动构成价值链

价值是买方愿意为产品所支付的价格，也代表着顾客需求的实现。价值活动是企业所从事的物质上和技术上的界限分明的各项活动，这些活动是企业制造对买方有价值的产品的基石。

2. 价值活动可分为基本活动和辅助活动

基本活动是涉及产品的物质创造、销售、转移给买方和售后服务的各种活动。辅助活动通过提供外购投入、技术、人力资源以及各种公司范围的职能以支持基本活动。

3. 价值链显示了总价值

价值链除包括价值活动外，还包括利润。利润是总价值与从事各种价值活动的总成本之差。

4. 价值链的整体性

企业的价值链体现在更广泛的价值系统中。供应商拥有外购输入的价值链（上游价值），许多产品通过渠道价值链（渠道价值）到达买方手中，企业产品最终成为买方价值链的一部分，这些价值链都在影响企业的价值链。因此，获取并保持竞争优势不仅要理解企业自身的价值链，而且要理解企业价值链所处的价值系统。

5. 价值链的异质性

不同的产业具有不同的价值链。在同一产业中，不同企业的价值链也不同。这反映了它们各自的历史、战略以及战略实施途径等方面的不同，同时也代表着企业竞争优势的潜在来源。

(三) 价值链分析的方法及应用

1. 价值链分析的原理

价值链列示了总价值，并且包括价值活动和利润。价值活动是企业所从事的物质上和技术上的界限分明的各项活动，这些活动是企业制造对买方有价值的产品的基石。利润是总价值与从事各种价值活动的总成本之差。

价值活动分为两大类：基本活动和辅助活动。在不同的企业参与的价值活动中，并不是每个环节都创造价值，实际上只有某些特定的价值活动才真正创造价值，这些真正创造价值的经营活动就是价值链上的"战略环节"。企业要保持的竞争优势，实际上就是企业在价值链某些特定战略环节上的优势。运用价值链的分析方法来确定核心竞争力，就是要求企业密切关注组织的资源状态，在价值链的关键环节上获得重要的核心竞争力，以形成和巩固企业在行业内的竞争优势。企业的优势既可以来源于价值活动所涉及的市场范围的调整，也可以来源于企业间协调或合用价值链所带来的最优化效益。

2. 价值链分析的内容

价值链分析包括以下几方面内容：

(1) 识别价值活动。识别价值活动要求在技术上和战略上有显著差别的多种活动相互独立。如前所述，价值活动有两类：基本活动和辅助活动。

(2) 确立活动类型。在每类基本活动和辅助活动中，都有三种不同类型。

① 直接活动，涉及直接为买方创造价值的各种活动，如零部件加工、安装、产品设计、销售、人员招聘等。

② 间接活动，指那些使直接活动持续进行成为可能的各种活动，如设备维修与管理、工具制造、原材料供应与储存、新产品开发等。

③ 质量保证，指保证其他活动质量的各种活动，如监督、视察、检测、核对、调整和返工等。

这些活动有着完全不同的经济效果，对竞争优势的确立起着不同的作用，应该加以区分，权衡取舍，以确定核心和非核心活动。

四、敏捷制造

敏捷制造是指制造企业采用现代通信手段，通过快速配置各种资源（包括技术、管理和人），以有效和协调的方式响应用户需求，实现制造的敏捷性。敏捷性是核心，它是企业在不断变化、不可预测的经营环境中善于应变的能力，是企业在市场中生存和领先能力的综合表现，具体表现在产品的需求、设计和制造具有敏捷性。

（一）敏捷制造的背景

20世纪90年代，信息技术突飞猛进，信息化的浪潮汹涌而来，许多国家制订了旨在提高本国在未来世界中的竞争地位、培养竞争优势的先进的制造计划。在这一浪潮中，美国走在了世界的前列，给美国制造业改变生产方式提供了强有力的支持。在这种背景下，一种面向21世纪的新型生产方式——敏捷制造（Agile Manufacturing）的设想诞生了。

敏捷制造是美国国防部为了促进21世纪制造业发展而制订的一项研究计划。该计划始于1991年，有100多家公司参加，由通用汽车公司、波音公司、IBM、德州仪器公司、AT&T、摩托罗拉等15家著名大公司和国防部代表共20人组成了核心研究队伍。此项研究历时三年，于1994年底提出了《21世纪制造企业战略》。在这份报告中，提出了既能体现国防部与工业界各自的特殊利益，又能体现共同利益的一种新的生产方式，即敏捷制造。

敏捷制造是在具有创新精神的组织和管理结构、先进制造技术（以信息技术和柔性智能技术为主导）、有技术和知识的管理人员三大类支柱资源的支撑下得以实施的，也就是将柔性生产技术、有技术和知识的劳动力与能够促进企业内部和企业之间合作的灵活管理集中在一起，通过所建立的共同基础结构，对迅速改变的市场需求和市场进度做出快速响应。敏捷制造比起其他制造方式具有更灵敏、更快捷的反应能力。

敏捷制造实际上主要包括三个要素：生产技术、管理技术和人力资源。

1. 生产技术

敏捷性是通过将技术、管理和人员三种资源集成为一个协调的、相互关联的系统来实现的。首先，具有高度柔性的生产设备是创建敏捷制造企业的必要条件（但不是充分条件）。所必需的生产技术在设备上的具体体现是：由可改变结构、可测量的模块化制造单元构成的可编程的柔性机床组；"智能"制造过程控制装置；用传感器、采样器、分析仪与智能诊断软件相配合，对制造过程进行闭环监视；等等。

其次，在产品开发和制造过程中，能运用计算机能力和制造过程的知识基础，用数字计算方法设计复杂产品；可靠地模拟产品的特性和状态，精确地模拟产品制造过程。各项工作是同时进行的，而不是按顺序进行的。同时开发新产品，编制生产工艺规程，进行产品销售。设计工作不仅属于工程领域，也不只是工程与制造的结合。在用材料制造成产品到产品最终报废的整个生命周期内，每一个阶段的代表都要参加产品设计。技术在缩短新产品的开发与生产周期上可以充分发挥作用。

再次，敏捷制造企业是一种高度集成的组织。信息在制造、工程、市场研究、采购、财务、仓储、销售、研究等部门之间连续地流动，而且还要在敏捷制造企业与其供应厂家之间连续流动。在敏捷制造系统中，用户和供应厂家在产品设计与开发中都应起到积极作用。每一个产品都可能要使用具有高度交互性的网络。同一家公司的、在实际上分散、在组织上分离的人员可以彼此合作，并且可以与其他公司的人员合作。

最后，把企业中分散的各个部门集中在一起，靠的是严密的通用数据交换标准、坚固的"组件"（许多人能够同时使用同一文件的软件）、宽带通信信道（传递需要交换的大量信息）。把所有这些技术综合到现有的企业集成软件和硬件中去，标志着敏捷制造时代的开始。敏捷制造企业将普遍使用可靠的集成技术，进行可靠的、不中断系统运行的大规模的软件更换，这些都将成为正常现象。

2. 管理技术

首先，敏捷制造在管理上所提出的最创新的思想之一是"虚拟公司"。敏捷制造认为，新产品投放市场的速度是当今最重要的竞争优势。推出新产品最快的办法是利用不同公司的资源，使分布在不同公司内的人力资源和物资资源随意互换，然后把它们综合成单一的靠电子手段联系的经营实体——虚拟公司，以完成特定的任务。也就是说，虚拟公司就像专门完成特定计划的一家公司一样，只要市场机会存在，虚拟公司就存在；该计划完成了，市场机会消失了，虚拟公司就解体。可见，能够经常形成虚拟公司的能力将成为企业一种强有力的竞争武器。

只要能把分布在不同地方的企业资源集中起来，敏捷制造企业就能随时构成虚拟公司。在美国，虚拟公司将运用国家工业网络——全美工厂网络，把综合性工业数据库与服务结合起来，以便能够使公司集团创建并运作虚拟公司，排除多企业合作和建立标准合法模型的法律障碍。这样，组建虚拟公司就像成立一个公司那样简单。

有些公司总觉得独立生产比合作要好，这种观念必须要破除。应当将克服与其他公司合作的组织障碍作为首要任务，而不是作为最后的任务。此外，解决因为合作而产生的知识产权问题，需要调动人员工作主动性的技术，寻找建立与管理项目组的方法，以及建立衡量项目组绩效的标准，这些都是艰巨的任务。

其次，敏捷制造企业应具有组织上的柔性。这是因为，先进工业产品及服务的激烈竞争环境已经开始形成，越来越多的产品要投入瞬息万变的世界市场中去参与竞争。产品的设计、制造、分配、服务将用分布在世界各地的资源（公司、人才、设备、物料等）来完成。制造公司日益需要满足各个地区的客观条件。这些客观条件不仅反映社会、政治和经济价值，而且反映人们对环境安全、能源供应能力等问题的关心。在这种环境中，采用传统的纵向集成形式，企图"关起门来"什么都自己做，是注定要失败的，必须采用具有高度柔性的动态组织结构。根据工作任务的不同，有时可以采取内部多功能团队的形式，请供应者和用户参加团队；有时可以采用与其他公司合作的形式；有时可以采取虚拟公司的形式。有效地运用这些手段，才能充分利用公司的资源。

3. 人力资源

敏捷制造在人力资源上的基本思想是，在动态竞争的环境中，关键的因素是人员。柔性生产技术和柔性管理要使敏捷制造企业的人员能够实现他们自己提出的发明和合理化建议。没有一个一成不变的原则来指导此类企业的运行，唯一可行的长期指导原则是提供必要的物质资源和组织资源，支持人员的创造性和主动性。

在敏捷制造时代，产品和服务的不断创新与发展，制造过程的不断改进，是竞争优势的同义语。敏捷制造企业能够最大限度地发挥人的主动性。有知识的人员是敏捷制造企业中最宝贵的财富。因此，不断对人员进行教育，不断提高人员的素质，是企业管理层应该积极支持的一项长期投资。每一个雇员消化吸收信息、对信息中提供的可能性做出创造性响应的能力越强，企业可能取得的成功就越大。对于管理人员和生产线上具有技术专长的工人来说都是如此。科学家和工程师参加战略规划与业务活动，对敏捷制造企业来说是具有决定性的因素。在制造过程的科技知识与产品研究开发的各个阶段，工程专家的协作是一种重要资源。

敏捷制造企业中的每一个人都应该认识到柔性可以使企业转变为一种通用工具，这种工具的应用仅仅取决于人们对于使用这种工具进行工作的想象力。大规模生产企业的生产设施是专用的，因此，这类企业是一种专用工具。与此相反，敏捷制造企业是连续发展的制造系统，该系统的能力仅受人员的想象力、创造性和技能的限制，而不受设备的限制。敏捷制造企业的特性决定着它在人员管理上持有完全不同于大量生产企业的态度。管理者与雇员之间的敌对关系是不能容忍的,这种敌对关系限制了雇员接触有关企业运行状态的信息。信息必须完全公开,管理者与雇员之间必须建立相互信赖的关系。工作场所不仅要完全,而且对在企业的每一个层次上从事脑力创造性活动的人员都要有一定的吸引力。

(二)敏捷制造的特点

1. 从产品开发到产品生产周期的全过程满足要求

敏捷制造采用柔性化、模块化的产品设计方法和可重组的工艺设备,使产品的功能和性能可根据用户的具体需要进行改变,并可以借助仿真技术让用户很方便地参与设计,从而很快地生产出满足用户需要的产品。它对产品质量的概念是,保证在整个产品生产周期内达到用户满意;企业的质量跟踪将持续到产品报废,甚至到产品的更新换代。

2. 采用多变的动态组织结构

21世纪衡量竞争优势的准则在于企业对市场反应的速度和满足用户的能力。而要提高这种速度和能力,必须以最快的速度把企业内部的优势和企业外部不同公司的优势集中在一起,组成灵活的经营实体,即虚拟公司。

虚拟公司这种动态组织结构大大缩短了产品上市时间,加速了产品的改进发展,使产品质量不断提高,并大大降低了公司开支,增加了收益。虚拟公司已被认为是企业重新建造自己生产经营过程的一个步骤,预计10~20年以后,虚拟公司的数目会急剧增加。

3. 战略着眼点在于长期获取经济效益

传统的大批量生产企业,其竞争优势在于规模生产,即依靠大量生产同一产品,减少每个产品所分摊的制造费用和人工费用,从而降低产品的成本。敏捷制造是采用先进制造技术和具有高度柔性的设备进行生产,这些具有高柔性、可重组的设备可用于多种产品,不需要像大批量生产那样要求在短期内回收专用设备及工本等费用。而且变换容易,可在一段较长的时间内获取经济效益,所以它可以使生产成本与批量无关,做到完全按订单生产,充分把握市场中的每一个获利时机,使企业长期获取经济效益。

4. 建立新型的标准基础结构,实现技术、管理和人的集成

敏捷制造企业需要充分利用分布在各地的各种资源,要把这些资源集中在一起,以及把企业中的生产技术、管理和人集成到一个相互协调的系统中。为此,必须建立新的标准结构来支持这一集成。这些标准结构包括大范围的通信基础结构、信息交换标准等硬件和软件。

5. 最大限度地调动、发挥人的作用

敏捷制造提倡以"人"为中心的管理。强调用分散决策代替集中控制，用协商机制代替递阶控制机制。它的基础组织是"多决策群体"（Multi-Decision Team），是以任务为中心的一种动态组合。也就是把权力下放到项目组，提倡统观全局的管理模式，要求各个项目组都能了解全局的远景，明确工作目标和任务的时间要求，但完成任务的中间过程则由项目组自主决定，以此来发挥人的主动性和积极性。

显然，敏捷制造方式把企业生产与管理的集成提高到一个更高的发展阶段。它把有关生产过程的各种功能和信息集成扩展到企业与企业之间的不同系统集成。当然，这种集成将在很大程度上依赖于国家和全球信息基础设施。

（三）敏捷制造的组织方式

敏捷制造认为，新产品投放市场的速度是当今最重要的竞争优势。推出新产品最快的办法是利用不同公司的资源和公司内部的各种资源。这就需要企业内部组织的柔性化和企业间组织的动态联盟，即敏捷型供应链。虚拟公司是最为理想的一种形式。虚拟公司就像专门完成特定计划的一家公司一样，只要市场机会存在，虚拟公司就存在；市场机会消失了，虚拟公司也随之解体。能够经常形成虚拟公司的能力将成为企业一种强有力的竞争武器。

只要能把分布在不同地方的企业资源集中起来，敏捷制造企业就能随时构成虚拟公司。在美国，虚拟公司将运用国家的工业网络——全美工业网络，把综合性工业数据库与服务结合起来，以便能够使公司集团创建并运作虚拟公司。

敏捷制造企业必须具有高度柔性的动态组织结构。根据产品的不同，采取内部团队、外部团队（供应商，用户均可参与）与其他企业合作或建立虚拟公司等不同的形式，保证企业内部信息达到瞬时沟通，并保证迅速抓住企业外部的市场，进一步做出灵敏反应。

五、大规模定制

大规模定制（Mass Customization，MC）是一种集企业、客户、供应商、员工和环境于一体，在系统思想指导下，用整体优化的观点，充分利用企业已有的各种资源，在标准技术、现代设计方法、信息技术和先进制造技术的支持下，根据客户的个性化需求，以大批量生产的低成本、高质量和效率提供定制产品和服务的生产方式。

在新的市场环境中，企业迫切需要一种新的生产模式，大规模定制由此产生。1970年美国未来学家阿尔文·托夫（Alvin Toffler）在 *Future Shock* 一书中提出了一种全新的生产方式设想：以类似于标准化和大规模生产的成本与时间，提供满足客户特定需求的产品和服务。1987年，斯坦·戴维斯（Start Davis）在 *Future Perfect* 一书中首次将这种生产方式称为"Mass Customization"，即大规模定制。1993年B.约瑟夫·派恩（B. Joseph Pine Ⅱ）在《大规模定制：企业竞争的新前沿》一书中写道："大规模定制的核心是产品品种的多样化和定制化急剧增加，而不相应增加成本；其范畴是个性化定制产品和服务的大规模生产；其最大的优点是提供战略优势和经济价值。"

（一）大规模定制的基本思想

大规模定制的基本思想在于通过产品结构和制造流程的重构，运用现代化的信息技术、新材料技术、柔性制造技术等一系列高新技术，把产品的定制生产问题全部或者部分转化为批量生产，以大规模生产的成本和速度，为单个客户或小批量、多品种市场定制任意数量的产品（Pine、Victor 和 Boyton，1993）。

（二）大规模定制的策略

1. 服务

完全标准化的产品在被销售或在交货人员送到客户那里以前，仍然可以被定制。因为这种方法是在企业价值链的最后两个环节完成，并不影响开发和生产，所以它是最简单、最常用的着眼点。销售和分销可以改变产品，增加其特征，与其他的产品（包括与其他企业生产的产品）组合在一起，并提供大量的服务，使每一个客户都能得到他所期望的和应当得到的个别关注。企业围绕标准化的产品或服务来定制服务，可以展示企业在大规模定制方面所固有的巨大潜力，进一步使企业通过其他技术取得进展。

2. 产品

改变产品以适应客户特殊需要的定制不仅是服务收入的来源，还是使企业扩展产品并进一步加强定制化思想的源泉。与在交付功能中的定制服务相反的策略是，在开发功能中建立基本上是大规模生产的产品和服务。虽然就生产和交付过程而言，两者之间没有什么区别，但的确是针对每一个客户并且经常是由客户定制的。创建可定制的产品或服务一般不需要对公司的价值链做剧烈的变革，但它已经开始改变人们关于定制化概念的认识。

（三）定制与顾客价值

1. 提供交货

要确切知道客户想要什么只有一个办法：在销售地点让客户告诉你或者让

他们说出其真实想法。立即提供客户想要的东西只有一个办法：在销售或交货点生产产品，或至少在当时当地完成最后的定制生产工序。对于交货点定制，除了生产的最后工序转向客户外，还可以把整个生产过程移到交货点，以此改造整个企业的业务和潜在利润。当把所有生产转向客户时，生产与交付必须相结合，而且开发时必须考虑到新产品或服务要在交货点被定制，此时就需要企业有重大创新和经常性发明。

2. 影响

对客户需求提供快速甚至即时响应是推动企业走上大规模定制之路的好办法。因为它以尽快满足顾客需要为中心，以较低的成本生产较多的品种。使交付功能快速满足客户需求会引起连锁反应，从交货点开始反过来依次作用于分销和销售过程、生产过程，直至开发过程。整个企业价值链的每一个环节本身都将发生巨大的变化：缩短周期时间、增加产品多样性、在客户需要时向他们提供任何想要的产品或服务。而整个价值链的快速响应即基于时间的策略不是孤立的，它是与市场分化、品种增加、个性化定制结合在一起的。在某种程度上，从价值链的哪一个环节开始减少时间并不重要，如果过程中某一部分的成功会得到其余部分的支持和模仿，将会使公司脱离大规模生产模式并走向大规模定制模式。

3. 构件模块化，以定制最终产品和服务

实现大规模定制是建立在能配置成多种最终产品或服务的模块化构件之上的。提供标准化零部件实现的定制化不仅能增加产品多样化，也能降低制造成本，使进行全新设计的产品开发和增加品种的变型设计速度更快。利用模块化构件的方法有很多，如共享构件模块化、互换构件模块化、"量体裁衣"模块化、混合模块化、总线模块化、可组合模块化。通过这些方法，可以将模块化构件组合并匹配成可定制的最终产品或服务。

（四）大规模定制的核心能力

1. 核心能力的表现

在满足客户个性化需求上，传统的定制企业完全做得到，但传统的定制生产模式除小型工艺品外，只能生产有限品种的产品，企业的产品定位建立在有限数量的极个别的顾客需求上。因此，传统定制企业存在规模相对较小、产品有限、生产周期长、成品成本高、质量不稳定等一系列问题。与传统的定制生产相比，大规模生产为顾客低成本、高效率地提供了大量的商品，但对顾客日益扩大的多样化、个性化需求不能适应。经济、科技的发展，社会的进步，基本商品的充盈，催生了顾客的个性化需求。商品基本功能的满足已不再是顾客的第一需求，张扬个性的需要成为制约商品选择的重要因素，因此，大规模生产的理念和规范化产品的定位难以适应市场环境的这种变化。与传统的定制企业或大规模生产企业相比，大规模定制企业的核心能力表现在其能够低成本、高效率地为顾客提供充分的商品空间，从而最终满足顾客的个性化需求。

2. 能力提升

（1）准确获取顾客需求的能力。在科学技术尤其是信息技术高度发达的今天，企业的经营环境发生了根本性的变化。客户对企业的产品和服务满意与否将是企业生存与发展的关键因素，客户的满意将是企业获益的源泉。

准确地获取客户需求信息是满足客户需求的前提条件。大规模定制企业要提供定制的产品和服务，满足每个客户个性化的需求，则准确获取顾客需求的能力至关重要。大规模定制企业通过电子商务、客户关系管理及一对一营销的有效整合来提升其准确获取顾客需求的能力。电子商务使大规模定制企业跨越中间环节，实现直销，不但降低了产品的流通成本，而且有助于企业及时准确地获取客户需求信息。另外，电子商务系统提供了制造商与客户、制造商与合作伙伴快速沟通的平台，这个平台是大规模定制企业理解和引导客户需求、与顾客和合作伙伴一起进行定制产品设计的基础条件。客户关系管理（Customer Relationship Management，CRM）以客户为中心，通过对企业业务流程的优化整合，对客户资源进行研究和管理，从而提高客户的满意度和忠诚度，提高企业的运行效率和利润。CRM以客户为中心的思想与大规模定制是一致的，大规模定制的企业通过CRM实施一对一营销，能够系统、全面、准确地获取客户个性化的需求，使客户需求定制信息在各部门传递共享，然后针对这些定制的信息安排设计、生产，为客户提供满意的定制产品。目前，比较流行的在线顾客需求提取方法是产品配置系统（Product Configurator），又称选择面板（Choice Boards），设计系统（Design Systems）或协同设计平台（Co-design Platforms）等。产品配置系统是实现企业与客户交互，体现企业多样化产品和获取客户个性化需求的重要途径。目前，在线产品配置系统已经在工业界被广泛利用，如戴尔、耐克、阿迪达斯等。

（2）面向大规模定制的敏捷产品开发设计能力。大规模定制企业要以多样化、个性化的产品来满足多样化和个性化的客户需求，因此企业必须具备敏捷的产品开发设计能力。敏捷的产品开发设计能力是指企业以快速响应市场变化和市场机遇为目标，结合先进的管理思想和产品开发方法，采用设计产品族和统一并行的开发方式，对零件、工艺进行通用化，对产品进行模块化设计以减少重复设计，从而使新产品快速上市的能力。大规模定制企业通过面向产品族的设计能力、模块化设计能力、并行工程、质量功能配置能力和产品配置设计能力的有效整合，来构建和提升大规模定制企业的敏捷产品开发设计能力。大规模定制的产品设计不再是针对单一产品进行，而是面向产品族进行。它的基本思想是开发一个通用的产品平台，利用它能够高效地创造和产生一系列派生产品，使产品设计和制造过程的重用能力得以优化，有利于降低成本，缩短产品上市时间，还可以实现零部件和原材料的规模经济效应。模块化设计是在对产品进行市场预测、功能分析的基础上，划分并设计出一系列通用的功能模块，然后根据客户的要求选择和组合不同的模块，从而生成具有不同功能、性能或规格的产品。模块化设计把产品的多样化与零部件的标准化有效地结合起来，充分利用了规模经济和范围经济效应。并行工程是集成地、并行地设计产品及其相关的各种过程（包括制造过程和支持过程）的系统方法。这种方法要求产品开发人员从一开始就考虑产品整个生命周期中从概念形成到产品报废处理的所有因素，包括质量、成本、进度计划和用户的要求。并行工程是基于时间的竞争提出的设计方法，可大大缩短产品的开发时间，充分考虑到了产品的可制造性、可装配性，是大规模定制所需要的设计能力。质量功能配置能力是在产品族规划中常采用到质量功能展开技术，它从质量保证的角度出发，通过一定的市场调查方法获取客户需求，采用矩阵图解法将客户需求的实现过程分解到产品开发的各个过程和各职能部门，通过协调各部门的工作以保证产品的最终质量，使设计和制造的产品能真正满足客户的需求。产品配置设计能力是根据客户需求确定产品结构和物料清单（BOM），配置出相应的定制产品。在大规模定制模式下，产品品种繁多，如果没有一个有效的方法进行配置，则大规模定制将变为大规模混淆，客户可能因为无法选择而放弃。产品配置设计可以方便地配置出满足客户需求的产品，实现设计的快速响应，缩短订单响应时间。

（3）柔性的生产制造能力。多样化和定制化的产品对企业的生产制造能力提出了更高的要求。传统的刚性生产线是专门为一种产品设计的，因此不能满足多样化和个性化的制造要求。大规模定制要求企业具备柔性的生产制造能力。它主要通过企业柔性制造系统（Flexible Manufacturing System，FMS）与网络化制造的有效整合及采用柔性管理来构筑、提升其柔性生产制造能力。FMS是由数控加工设备、物料运储装置和计算机控制系统等组成的自动化制造系统。FMS是一种高效率、高精度和高柔性的加工系统，能根据加工任务或生产环境的变化迅速进行调整，适宜于多品种、中小批量生产。

网络化制造是一种基于互联网的企业联盟式的制造模式。网络化制造通过改变企业的组织结构形式和工作方式,提高企业的工作效率、缩短产品的开发周期及提升企业的柔性制造能力。大规模定制生产企业通过 FMS 与网络化制造的有效整合所形成的柔性生产是一种市场导向型的按需生产。其优势是增强大规模定制企业的灵活性和应变能力,缩短产品的生产周期,提高设备的利用率,改善产品的质量。企业要形成柔性的生产制造能力需要实施与之相应的柔性管理。柔性管理即在动荡变化的环境下针对市场的复杂多变性、消费需求的个性偏好,实施富有弹性的快速反应的动态管理。

(五) 定制分类

把大规模定制分为按订单销售 (Sale to Order)、按订单装配 (Assemble to Order)、按订单制造 (Make to Order) 和按订单设计 (Engineer to Order) 四种类型 (见图 9-1),这种分类方法已经被学术界和企业界普遍接受与采用。

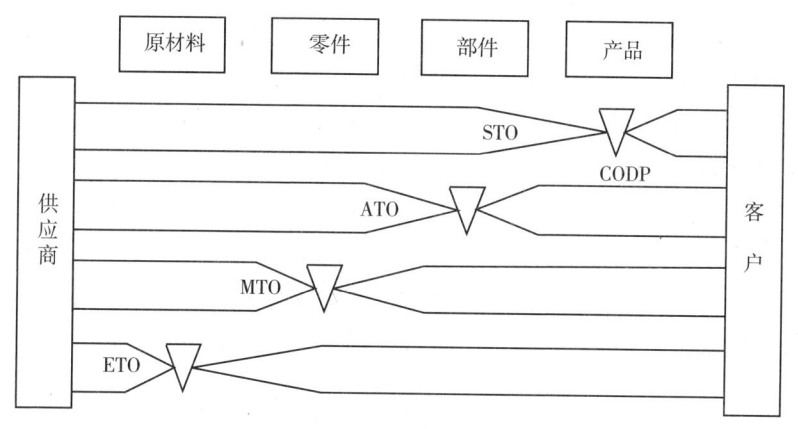

图 9-1 大规模定制的分类

按订单销售又可称为按库存生产 (Make to Stock),是一种大批量生产方式。在这种生产方式中,只有销售活动是由客户订货驱动的,企业通过客户订单分离点 (CODP) 位置往后移动而减少现有产品的成品库存。

按订单装配是企业接到客户订单后,将企业中已有的零部件经过再配置后向客户提供定制产品的生产方式,如模块化的汽车、个人计算机等。在这种生产方式中,装配活动及其下游的活动是由客户订货驱动的,企业通过客户订单分离点 (CODP) 位置往后移动而减少现有产品零部件和模块库存。

按订单制造是接到客户订单后,在已有零部件的基础上进行变型设计、制造和装配,最终向客户提供定制产品的生产方式,大部分机械产品属于此类生产方式。在这种生产方式中，客户订单分离点（CODP）位于产品的生产阶段，变型设计及其下游的活动是由客户订货驱动的。

按订单设计是指根据客户订单中的特殊需求，重新设计能满足特殊需求的新零部件或整个产品。客户订单分离点（CODP）位于产品的开发设计阶段。较少的通用原材料和零部件不受客户订单的影响，产品的开发设计及原材料供应、生产、运输都由客户订单驱动。企业在接到客户订单后，按照订单的具体要求设计能够满足客户特殊要求的定制化产品，供应商的选择、原材料的要求、设计过程、制造过程以及成品交付等都由客户订单决定。

（六）大规模定制的实施途径

大规模定制有助于企业进入新的市场，吸引个性化需求不能被标准产品所满足的顾客。然而，原始的大规模定制既浪费成本又没有效率。如果定制的产品在时间和成本上超过了顾客的预期，只会失去现有的顾客。当然，如果无法履行大规模定制的承诺，这对于企业来说也是一种损失。因此，如果没有与之相应的低成本且高效率的供应链，大规模定制是难以实现的。

1. 实施的有效条件

建立灵活的员工和组织结构是大规模定制的必备条件。另外，还需要其他方法予以协助，如减少循环周期的时间，加强生产制造的反应度。例如，电子数据交换和计算机辅助订单的运用能够大量减少传送与处理客户订单的时间，而飞机运输又能够大大缩短从订货到交货的时间。又如，柔性制造系统这样的技术不但可以缩短周期时间，而且还能提高对特定工厂多种产品组合的反应灵敏度。另外，最近发展起来的电子商务加强了沟通联系，并且能够提高企业在供应链运作方面的决策能力。

2. 延迟制造

无论是物流的改善、信息流的改进、循环周期的缩短，还是灵活的生产，都不能使企业在未来的市场上进行有效的竞争，但产品和流程设计却有很大的潜力。事实上，人们普遍认为产品80%的制造成本是由产品设计所决定的。机会就在产品设计与供应链的整合中。作为一种进行大规模定制的手段，一些具有开拓性的企业已经运用了产品设计与供应链重建。其思想就是要设计产品并且重组制造活动和供应链中的分发配送活动，从而使产生多种产品的定制化步骤发生在供应链中最有效率的环节，同时使供应链总成本降到最低。使供应链总成本降到最低，并使供应链效率最优化的产品和流程设计的最根本原则就是"延迟"。延迟就是要推迟关键流程的时间，在这些关键的流程中，最终产品将形成它们特定的功能、特点、标志，或者个性特色。所以，在有效支持产品多样化的同时保持规模经济的唯一方法就是运用延迟制造。

延迟制造的核心内容是：制造商事先只生产通用化或可模块化的部件，尽量使产品保持中间状态，以实现规模化生产，并且通过集中库存减少库存成本，从而缩短提前期，增强应对顾客个性化需求的灵活性。其目标是使恰当的产品在恰当的时间到达恰当的位置（3R）。延迟化策略的基本思想是：表面上的延迟实质上是为了更快速地对市场需求做出反应，即通过定制需求或个性化需求在时间和空间上的延迟，实现供求协调生产模式。

3. 产品设计模块化

21世纪的制造业必将以产品创新和技术创新占领市场，企业是否能根据用户的当前需求和潜在需求快速抢先提供产品，成为企业成败的关键。产品结构和功能的模块化、通用化和标准化，是企业推陈出新、快速更新产品的基础。模块化产品便于按不同要求快速重组，任何产品的更新换代都不是将原有的产品全部推翻重新设计和制造的。更新一个模块，在主要功能模块中融入新技术，就能使产品登上一个新台阶，甚至成为换代产品，而多数模块是不需要重新设计和制造的。因此，在敏捷制造中，模块化产品的发展已成为制造企业普遍重视的课题。此外，模块化产品便于分散制造和寻找合作伙伴，开发新产品的主干（核心）企业主要是不断做好产品的创新研究、设计和市场开拓工作，产品的制造可以分散给专业化制造企业协作生产，主干企业将从传统的"大而全、小而全"的橄榄型模式中解脱出来，转换成只抓产品设计研究和市场开拓的哑铃型企业。模块式产品的另一个突出优点在于用户只需更新个别模块即能满足新的要求，不需要重新购买一种新产品。这既节省了用户的开支，又能节约原材料并减少废弃物，这在自然资源越来越紧张和环境污染越来越严重的今天，无疑是非常重要的。

4. 产品制造专业化

在一般机械类产品中，有70%的功能部件存在着结构和功能的相似性，如果打破行业界限，按成组技术原理（GT原理）将功能相似的部件和零件分类并集中起来，完全有可能形成足以组织大批量生产的专业化企业的生产批量，这些专业化制造企业承接主干企业开发的产品中各种相似部件、零件的制造任务，并能在成组技术的基础上采用大批量生产模式进行生产。当然，在现代制造技术的支持下，这种大批量生产模式已克服了传统的刚性自动线的缺点，在一定范围内具有柔性（可调性或可重构性），能完成较大批量的相似件制造，协助主干企业用大批量生产方式快速提供个性化商品。

5. 生产组织和管理网络化

互联网的普及和应用给 21 世纪制造业提供了快速组成虚拟公司进行敏捷制造的条件。负责开发新产品的主干企业可以利用互联网发布自己产品的结构及寻找合作伙伴的各项条件，而各专业化制造企业可以在网上发布自己所具备的条件及合作意图。主干企业将据此寻找合伙者，本着共担风险和达到双赢的战略目标进行合作开发和生产新产品。这样的联合是动态的，组成的虚拟公司是"有限生命公司"，它只为某种产品而结盟，其生命周期将随产品生命周期的结束而结束，或在另一种产品的基础上调整成新的联合。通过互联网，系统构建虚拟企业，可实现产品开发、设计、制造、装配、销售和服务的全过程，通过社会供应链管理系统将合作企业连接起来，按大规模定制生产模式实行有效的控制与管理。随着全球制造业的发展，供应链理论已发展成为全球供应链管理理论。通过供应链实现大规模定制生产过程的网络化组织和管理，产品从开发到销售的全过程将得到优化，生产效率的提高和生产成本的降低是不言而喻的。

6. 企业间的合作关系伙伴化

在传统的供求关系管理模式下，制造商与供应商之间只保持一般的合同关系，供应链只是制造企业中的一个内部过程，将利用通过合同采购的原材料和零部件进行生产，转换成产品并销售给用户，整个过程均局限于企业内部操作。制造商为了减少对供应商的依赖，彼此间经常讨价还价，这种管理模式的特征是信任度和协作度低，合作期短。但大规模定制生产是以新产品开发，企业与专业化制造企业有效合作、互相依存为前提的，构成的网络化虚拟公司的盟主企业与盟员企业间应该能达到双赢的合作关系。

(七) 大规模定制支撑技术

1. 制造系统模块化

与模块化的产品设计相似，模块化的生产单元具有标准的接口，具有良好的可替换性，当用户需求发生变化或出现意外故障时，可以通过模块间的替换满足动态的需求变化，使制造系统具有柔性和快速响应能力，从而满足大规模定制的要求。根据企业的产品种类情况，由某些通用模块构建生产线平台，通过改变某些面向特定客户和应用的模块来调整生产线的产品范围。模块化制造系统的关键问题是模块之间的接口，包括硬件接口和信息接口。如果模块之间的接口是标准的，那么生产工程师就可以把来自不同供应商的设备集成到一个制造系统中。模块化系统的优点在于它提高了系统的可重组性和可扩展性。当产品类型发生变化时，可通过更换相应的工艺模块来调节系统的适应能力。当产品需求量发生变化时，可通过增加（减少）某些关键模块单元或提高（降低）系统自动化程度来增加（减少）产量，同时保证一定的经济性。另外，模块化的生产线也可以使管理简化。

2. 动态组合的布局方式

传统制造系统规划的一个重要方面是合理安排车间、制造单元的布局，以加快工件的流动，减少排队等待时间、运输时间等。大规模定制制造系统规划的目标除了包括传统的制造系统规划目标外，更重要的是要保证制造系统的动态组合和调整能力，以形成大规模定制所要求的柔性和快速响应能力。

3. 柔性物流系统

大规模定制对物流系统的期望可以归纳为：可以传输任何体积、重量、形状的物品，不需要轨道，没有路线的约束，提高传输速度，减少安装时间，增加智能化向导能力和自恢复能力。传统的一体化传送带、吊车、有导轨的自动导引车（AGV）等物料传输系统已经不能满足柔性物流的要求了。目前，一些物料运输系统和装置在柔性与可重组性方面都进行了一定的考虑。模块化的传送带将传送带模块分为线性传送带模块和连接传送带模块。通过这些模块的组合，可以形成不同形式的传送带，通过改变模块的方向和位置可以快速调整传输路线，而且通过二维传送带和三维传送带的组合可以形成各种类型的空间运输路线。

4. 动态响应的控制结构

到目前为止，制造系统基本上有三种控制结构：集中控制结构、递阶控制结构和异构控制结构。其中，异构控制结构将系统分解成近似独立的实体，实体通过预先定义的通信接口进行合作。实体之间消除主从关系，具有局部自治性，系统构成对实体是透明的，实体需要与其他实体合作。在异构控制结构中，每一个实体具有高度的自治性，可以快速响应环境变化。大规模定制生产由于其订单到来的随机性，要求控制系统具有动态响应的特点，所以异构控制结构是大规模定制制造系统应该借鉴的结构。

5. 减少生产准备工作

安德森（Anderson）教授认为，大规模定制生产仍然需要依靠流水式生产。在大批量生产模式下，制造商通过增加批量，将生产准备时间和成本分摊到尽可能多的产品中。大规模定制的极端情况是，每种产品的批量为一，批量为一的能力依赖于生产准备工作的减少。如果生产准备工作能够减少，那么制造商就可以做到按订单生产。生产准备工作的减少是大规模定制生产的重要前提。

案例分析

"戴尔"面向大规模定制供应链管理的应用分析

一、实施的背景

1. 戴尔公司简介

总部设在美国得克萨斯州奥斯汀的戴尔公司是全球领先的IT产品及服务提供商。戴尔公司于1984年由迈克尔·戴尔创立。戴尔公司是全球IT界发展最快的公司之一，1996年开始通过网站采用直销手段销售戴尔计算机产品，2004年5月，戴尔公司在全球电脑市场的占有率排名第一，成为世界领先的电脑系统厂商。戴尔公司在20年的时间里从一个电脑零配件组装店发展成为世界500强的大公司，其直线定购模式以及高效的供应链管理是实现高速发展的保证。

2. 戴尔实施大规模定制供应链管理的原因

戴尔公司创立之初是给客户提供电脑组装服务，先天在研发能力和核心技术方面与业界的IBM、惠普等公司有着一定的差距，要想在市场竞争中占据一席之地，必须争取进一步分拆计算机价值链的机会，依靠管理创新获取成本优势。因此，戴尔在发展过程中虽有业务和营销模式的革新，但把重点放在成本控制和制造流程优化等方面，尤其是创造了直销模式，这可以减少中间渠道，直接面对最终消费者，达到降低成本的目的，而实施面向大规模定制的供应链管理更能帮助戴尔与供应商有效合作和实现虚拟整合，降低库存周期及成本，从而获取高效率、低成本的优势，这也正是其核心竞争力所在。

二、实施基础

1. 零部件标准化

产品的模块化设计、零部件的标准化和通用化是大规模定制的基础所在。对产品按照其功能进行划分而进行模块化设计，建立产品族和零部件族，设计出一系列功能模块，通过模块的选择和组合构成不同的产品，这样，模块化产品便可以按不同的要求快速重组，把产品的多变性和零部件的标准化有效地结合在起来，从而有助于将定制产品的生产转化为批量生产。也就是说，人们对产品功能的需求尽管有差别，但也有共性，大规模定制并非100%定制。因此，实行大规模定制的关键在于真正从本质上了解顾客的个性化需求和共性需求，然后对顾客的个性化需求和共性需求分别进行总体规划，按不同的供应链来组织生产和供应，以确保定制产品的高质量、低成本和快速交货。戴尔产品最大的特点是完全标准化，从戴尔近几年的发展来看，它虽然不断扩充自己的产品线，但是所有产品都是标准化的产品。它的主要产品PC、笔记本、服务器，包括EMC的存储系列、Brocade的交换机系列等，都是兼容性、开放性极强的标准化产品。

2. 按订单装配

参照大规模定制的四种分类，戴尔公司属于按订单装配（Assemble to Order）的典型代表。基于以下几个原因，按订单装配的模式特别适合个人电脑：产品更新快和配件价格下降快使售后库存成本很高；由于PC的模块化设计使装配十分简单快捷，所以劳动力成本只占PC成本的很小部分；顾客关注的是产品价格和服务，不太在意等待时间和独特设计。按订单装配的生产模式着眼于满足个性化需求，实现这一宗旨的前提是对市场需求信息及时、准确地获取、处理。戴尔依托其现代化的信息平台，通过信息资源的共享，增强了供应链中各方获得信息的能力，可以准确、及时地捕捉需求信息，实现了企业响应能力的提高，使供应链管理成为差别化竞争优势的重要来源。

3. 信息技术的发展

随着互联网的发展和电子商务的普及，电子商务平台已经部分地取代了分销商和零售商的职能。客户通过电子商务平台向主体企业提出定制要求，主体企业通过数据挖掘等技术从中进行信息的采集和整理，然后通过客户关系管理对客户的订单进行分解。分解后的订单信息成为企业进行采购的依据，而通过采购也使主体企业与其供应商和制造商联系在一起。信息技术和电子工具的广泛应用帮助戴尔实现了以上要求，戴尔电子化的供应链系统为处于链条两端的用户和供应商提供了网上交易的虚拟平台。戴尔有90%以上的采购程序通过互联网完成。通过与供应商的紧密沟通，工厂只需要保持2小时的库存即可应付生产。除此之外，戴尔还推出了一个名为valuechain.dell的企业内联网，所有供应商都可以在网站看到专属其公司的材料报告，随时掌握材料品质、绩效评估、成本预算以及制造流程变更等信息。不仅如此，电子化还贯穿了从供应商管理、产品开发、物料采购一直到生产、销售乃至客户关系管理的全过程，成为戴尔面向大规模定制实施供应链管理的基础。

三、供应链总体模型

为了适应客户驱动生产和企业联盟的需要，戴尔通过电子商务平台或电话的方式直接与客户联系，了解客户需求，并且采用直线销售模式直接把产品送达客户。这种模式的核心是包括采购、生产、配送等环节在内的供应链的快速反应能力，利用先进的信息手段与客户保持信息的畅通和互动，了解每一个客户的个性化需求。可见，戴尔的直销模式是以直线定购为手段，凭借其高效的供应链管理对市场快速做出反应，为顾客提供多样化的产品和服务。这种模式也使分销商、零售商的作用不断减弱甚至消失，导致供应链的结构逐渐转变为由原材料供应商、制造商、主体企业和客户组成的开放式的网络结构。

随着互联网的发展和电子商务的普及，电子商务平台已经取代了分销商和零售商成为戴尔和客户联系的桥梁。客户通过电子商务平台向戴尔提出定制要求，戴尔通过数据挖掘等先进技术从中进行信息采集和整理，然后通过客户关系管理对客户订单进行分解。分解后的订单信息成为企业采购的重要依据，而通过采购也使戴尔与零部件制造商和原材料供应商紧密联系在一起。由于供应商和零部件制造商在一开始是以需求预测来决定其库存的，因此戴尔应将通过电子商务平台采集到的客户信息及时传递给供应商和制造商，以使它们的库存尽可能地降低。另外，当戴尔将客户的定制产品送交客户手中后，还应将客户的反馈信息传递到客户关系管理系统中，以更好地与客户进行沟通。

四、供应链管理的特点

1. 严格挑选供应商，与供应商虚拟组合，建立合作伙伴关系

戴尔拥有一整套的供应商遴选与认证制度，对供应商的考核标准主要是看其能否源源不断地提供没有瑕疵的产品。考核的对象不仅包括产品，还涵盖了整个产品生产过程，即要求供应商具有符合标准的质量控制体系。要想成为戴尔的供应商，企业必须证明其在成本、技术、服务和持续供应能力四个方面具有综合的比较优势，特别是供应能力必须长期稳定，以防由于供应不稳定而影响戴尔对最终用户的承诺。在对供应商考核时，戴尔采取了安全量产投放（Safe Launch）的办法，根据对供应商的考核结果，分阶段地逐步扩大采购其产品的规模，以降低新入选企业供应能力不稳定的风险。与供应商虚拟组合是区别于传统经营的一种新型模式，它突破了组织的有形界限，仅保留组织中能代表企业特征的关键性功能，按照比较优势理论和核心竞争力原理，将组织中的非核心业务外包给擅长于这些功能的专业性企业来经营。因为顾客的需求时刻都会发生变化，所以产品零部件的生产也必须紧跟市场，如果戴尔自己生产零部件，那不仅需要大量的资金与技术投入，还要有强有力的研发能力来保持零部件与市场需求的同步，这将大幅度增加成本，况且戴尔也确实没有其他供

应商专业，于是把零部件的生产外包给那些实力雄厚的大型供应商，与对方结成联盟，共同满足顾客需求。

2. 高效库存管理——物料的低库存与成品的零库存

在库存数量管理方面，戴尔一直以物料的低库存与成品的零库存著称，其平均物料库存仅为 5 天，而在 IT 业界，与戴尔最接近的竞争对手也有 10 天以上的库存，业内的其他企业平均库存大多达到 50 天左右。因材料成本每周都会有 1% 的贬值，故库存天数对产品成本有很大的影响，仅低库存这一项，就使戴尔产品比其他竞争对手拥有 8% 以上的价格优势。客户订单经戴尔的数据中心传到供应商公共仓库，再由戴尔的全球伙伴第三方物流公司伯灵顿公司管理。而伯灵顿在接到戴尔的清单后 1 小时内就能把货迅速配好，不到 20 分钟就能把货送达。戴尔的库存管理并非仅仅着眼于"低"，而是通过对其供应链的双向管理，全盘考虑用户的需求与供应商的供货能力，使两者的配合达到最佳平衡点，进而实现"动态库存平衡"，这便是戴尔库存管理的最终目标。

3. 有效的客户关系管理（CRM）

戴尔通过对关键客户的"一对一"营销，能准确快速地把握客户的个性化需求。在大规模定制模式中，企业和客户的关系是一种协调互动的关系，完全超越了企业通常收集信息、满足客户需求的内涵。生产者与消费者不再是传统意义上的供求关系。生产企业不再仅仅是为争取客户满意，为使客户忠诚而主动提供产品（服务）的一方；消费者也不仅仅是传统的商品被动接受方。面向大规模定制的客户关系管理要求生产企业和消费客户互动，相互融合。当顾客在戴尔的帮助下确定了自己的需求后，销售人员便根据顾客的要求为其提供所需的产品。产品售出后，对顾客的了解并没有结束，销售人员还会通过电话、互联网或者面对面的交流方式建立顾客的信息档案，进行质量跟踪服务，继续发掘顾客的新需求。戴尔公司认为，了解顾客与了解自己同等重要，要为顾客创造完整的消费体验，公司应该立足于顾客的角度去研发新产品，为顾客量身定做，实现"互动效应"。

五、供应链管理的弊端

再优秀的企业也有其不足之处。戴尔公司在经历了迅猛发展直至成为 PC 行业霸主以后，也开始遭遇到业绩下滑和产品质量投诉等一系列问题。这说明随着市场的激烈竞争和顾客需求的变化，固有的模式必须不断地创新和完善。戴尔追求标准化，满足最大多数人最常用的需求，以致采购成本过低，难免出现产品质量问题。虽然大多是些小毛病，靠戴尔的售后服务可以弥补和解决，但毕竟影响了客户体验价值的实现。由于戴尔采用按订单装配的生产模式，这虽然能保证标准化的零部件以大规模生产，但在客户定制方面，却由于客户订单分离点（CODP）的靠后，使只有装配活动及其下游活动是由客户订货驱动的。在顾客需求越来越强调个性化的环境下，顾客也许不满足于自己只能选择不同规格的零部件来实现定制，而是要求产品从外观到功能全方位实现定制。

六、结论与启示

戴尔通过按订单装配的大规模定制生产模式，利用现代化的网络技术，将批量生产的低成本优势与个性化定制生产的高附加值优势完美地结合起来，不仅降低了其库存成本，收集到了顾客的需求信息，而且大大提高了顾客的满意度。戴尔通过超高效的供应链和生产流程管理，实现了即时生产和零库存，并且与供应商虚拟整合，构建了核心竞争力，而这一切都依赖于标准化的产品零部件设计和先进的信息技术平台。戴尔正在逐步转向全球范围的综合供应链管理，这样各生产工厂和供应商之间就形成了巨大的供应链体系，在全球范围内有效地实现了整合，使资源配置更加高效合理。

面对竞争日益激烈的市场，企业要想在市场竞争中占得先机并持续发展，生产模式和管理思想的革新势在必行。戴尔公司面向大规模定制的供应链管理模式，对于国内企业来说是有一定借鉴意义的。企业实施面向大规模定制的供应链管理必须解决三个问题：一是要实现企业内部资源的有效整合。企业必须认识到现有产品的合理化、零部件的标准化是面向大规模定制实施供应链管理的基础，应注重延迟策略的应用与信息平台的搭建及信息技术的应用，并确保灵活的组织结构以发挥供应链优势。二是要建立战略合作的外部协作关系，快速整合企业外部资源，确保组织能够快速供应，并且应对所有供应商的制造资源进行统一调配与集成，有效地对供应商进行整体评价，与供应商建立战略合作同盟。三是要准确快速地把握客户需求，建立以顾客为中心的客户关系管理。建立并管理客户数据库系统，开展"一对一"营销，建立网络营销平台，确保面向大规模定制的供应链管理获得成功。

资料来源：《经济与管理》2017年第21卷第7期，第42~46页。

思考题

（1）什么是大规模定制，戴尔是如何实现的？

（2）戴尔的供应链管理有哪些特征？对我国企业的供应链管理有何启示？

第十章 供给与需求的匹配（CPFR 模式）

第一节 传统库存管理与供应链库存管理

在传统的库存管理中，企业只关心本企业的库存水平，通过保持一定的库存来避免缺货，保证一定的顾客服务水平，使生产顺利进行，实现成本的最优化。企业在经营活动中常常会遇到这样的情况：从原材料到产成品需要数天甚至数月时间，而制造时间仅仅是几分钟、几个小时；零售商的库存一般在10周左右，而制造商具有每周的制造能力；经营者往往习惯于去评价生产的价值，而不是着力于满足客户的需求，总是觉得需求不准确、需求与供给不匹配等。随着市场竞争日趋激烈，企业开始面临着降低库存量和提高顾客服务水平的双重压力。但是降低库存量会大大增加原材料缺货的风险，从而降低顾客服务水平。如何解决这两个看似矛盾的目标成为企业的重要任务，供应链库存管理的概念也就应运而生了。

随着全球经济的一体化，人们发现在全球化大市场的竞争环境下，任何一个企业都不可能在所有业务上成为最杰出者，必须联合行业中其他上、下游企业，建立一条经济利益相连、业务关系紧密的供应链，实现优势互补，充分利用一切可利用的资源来适应社会化大生产的竞争环境，共同增强市场竞争实力。因此，面向企业内部的企业管理延伸和发展为面向全行业的产业链管理，管理的资源从企业内部扩展到了企业外部。企业不仅要管理自己的库存，还要关心供应链上其他企业的库存。在供应链统一的计划下，所有上游企业的产品能够准确、及时地到达下游企业，使上、下游企业最大限度地减少库存，这样既加快了供应链上的物流速度，又减少了各企业的库存量和资金占用，还可以使各企业及时地获得最终消费市场的需求信息。

供应链库存管理可以降低供应链总成本，降低供应链上的库存，增强信息共享水平，改善相互之间的交流，保持战略伙伴相互之间操作的一贯性，产生更大的竞争优势，进而实现供应链节点企业财务状况、质量、产量、交货、用户满意度以及业绩的改善和提高。市场领先者由于敢于创新其供应链，正以极快的速度跑到了竞争者的前面。它们意识到，与合作伙伴的关系越好，就越能够比竞争者拥有更大的竞争优势。

供应链库存管理旨在实现物流、信息流、资金流、工作流和组织流的集成，它改变了企业间的合作模式，与传统的企业合作关系模式有着很大的区别。

供应链库存管理的实质就是合作，它使供应商、制造商、分销商、客户多方受益。通过供应链库存管理，可实现以下转变：

（1）从功能管理向过程管理转变。企业内部以及企业外部供应链上游、下游各个合作伙伴的业务活动都将实现此转变。

（2）从利润管理向赢利性管理转变。赢利性建立在"共赢"的基础上，只有供应链各方均具有较好的赢利性，企业自身的赢利性才能得到保证。

（3）从产品管理向顾客管理转变。顾客是供应链上重要的一环，供应链的中心由生产者向消费者倾斜，顾客管理成为供应链管理的重要内容。

（4）从交易管理向关系管理转变。以协调的供应链关系为基础进行交易，使供应链整体交易成本实现最小化，而收益实现最大化。

（5）从库存管理向信息管理转变。用信息代替库存，即企业持有的是"虚拟库存"而不是实物库存，在供应链的最后一个环节交付实物库存，大大降低了企业持有库存的风险。

在供应链环境下，库存管理面临以下挑战：

1. 供应链库存管理的协调

供应链管理的目标是通过贸易伙伴间的密切合作，以最小的成本提供最大的客户价值，这就要求供应链上各环节企业的活动应该是同步进行的。然而，供应链各成员企业以及企业内部各个部门都是各自独立的单元，都有自己的库存管理目标和相应的库存管理策略，有些目标与供应链的整体目标是不相干的，更有可能是冲突的，以致单独一个企业或部门的杰出库存绩效可能对整个供应链库存绩效产生负面影响。因此，如何对供应链各成员企业的库存管理目标进行必要的整合，以满足供应链运作的同步性要求是供应链库存管理必须解决的问题。

2. 供应链库存管理信息的共享

供应链各成员企业之间的需求预测、库存状态、生产计划等都是供应链库存管理的重要数据，它们分布在不同的供应链组织之中。要做到有效地快速响应用户需求，必须准确而实时地传递这些数据，为此需要对供应链的信息系统模型做相应的改变，对供应链各成员企业的管理信息系统进行集成。然而，目前许多企业的信息系统相容性很差，无法很好地集成起来，当供应商需要了解用户的需求信息时，得到的常常是延迟的信息和不准确的信息。因此，如何有效传递供应链库存管理信息是提高供应链库存管理绩效亟待解决的问题。

3. 供应链库存信息传递过程中的扭曲

在供应链管理中，"牛鞭效应"对于供应链系统的运营影响很大。其基本含义是，当供应链的各节点企业只根据其相邻下级企业的需求信息进行生产或供应决策时，如果最初的需求信息不准确或不真实，则这些错误将沿着供应链逆流而上，逐级放大，当这些信息传递给源头的供应商时，其获得的需求信息与实际消费市场中的顾客需求信息有很大的偏差，需求变异系数比批发商和零售商的需求变异系数大得多。由于这种需求放大效应的影响，上游供应商往往比下游供应商维持更高的库存水平。如何消除或减轻这种效应，是供应链库存管理所面临的最大挑战。

4. 供应链库存系统结构越来越复杂

供应链涉及各个成员企业的供、产、销全过程，包括供应商、制造商、分销商、零售商、顾客等一系列对象，覆盖面广，行业跨度大。一般来说，供应链上游企业的产出就是下游企业的投入，且经过下游企业的生产加工或服务又变成产出，如此一环紧扣一环，衔接紧密，关系复杂，影响面广。与之相对应，供应链库存涉及供应商库存、制造商库存、批发商库存和零售商库存，表现为多级库存系统，有多种网络结构形式。而对这样一个多级库存系统的协调管理要比传统企业库存管理复杂得多，也困难得多，这给供应链库存系统的协调管理带来了很大的挑战。

5. 供应链库存管理中的不确定性

供应链库存的形成原因可分为两类：一类是出于生产运作的需要；另一类则是由供应链上的不确定因素造成的。物流的运动是在信息的引导下进行的，企业内部这种信息流体现的是企业的计划，而在企业之间体现的是相互间的合同和约定。不确定因素的作用使物流的运动偏离了信息流的引导，此时库存就产生了。显然，企业的计划无法顾及那些无法预知的因素，如市场变化引起的需求波动、供应商的意外变故导致的缺货、企业内突发事件引起的生产中断等。这些不确定因素才是形成库存的主要原因。因此，如何研究和追踪这种不确定性的变化是对供应链库存管理的又一挑战。

6. 供应链库存管理技术方法的改进

供应链是由一个或更多的链接组成的，产品只是经过原材料地到顾客的单向流动。产品流动受控于顾客、分销商、制造商、供应商等之间供需交易信息来回的双向流动。因此，供应链实际由两种基本功能流组成：交易信息流及材料和产品流。传统的供应链解决方案，如物料需求计划（MRP）、企业资源计划（ERP）以及库存控制等，注重实施更快速而有效的系统以减少任意供应链库存链接间的信息交换时间和成本，而没有从整个供应链的角度出发对每一库存项目的材料、成本和工作量的总投资进行优化。因此，需要利用科学的管理技术方法对供需进行平衡，使库存链接中的每一项目都有最小的每年总成本、最小的库存水平和最小的工作量。

第二节　供应链管理环境下的库存控制策略

为了适应供应链管理的要求，解决供应链环境下的库存问题，对库存控制方法必须做相应的改变。在国内外企业实践经验及理论研究成果的基础上，出现了几种先进的供应链库存控制技术与方法，包括联合库存管理、供应商管理库存、协同式库存管理等。

一、联合库存管理

（一）联合库存管理的概念

联合库存管理（Joint Managed Inventory，JMI）是一种风险分担的库存管理模式，体现了战略供应商联盟的新型企业合作关系。联合库存管理是解决供应链系统中由于各节点企业的相互独立库存运作模式导致的需求放大现象，提高供应链同步化程度的一种有效方法。联合库存管理和供应商管理库存不同，它强调双方同时参与，共同制订库存计划，使供应链过程中的每个库存管理者都从相互之间的协调性考虑，使其对需求的预期保持一致，从而消除需求变异放大的现象。任何相邻节点需求的确定都是供需双方协调的结果，库存管理不再是各自为政的独立运作过程，而是工序连接的纽带和协调中心。

（二）联合库存管理的实施方法

1. 联合库存管理模式有效运作的前提

（1）建立清晰而有效的责任与风险分摊机制，明确生产厂商、代理商以及专卖店的库存责任，并达成具体的风险分担条款。

（2）建立有效的沟通机制，明确供应链各个节点间的沟通渠道。

（3）如果可能，在建立第三方物流中心的前提下，充分发挥第三方物流公司对库存的协调作用。

（4）建立完整而精确的库存数据收集系统，由生产厂商控制供应链各个节点的库存情况，并根据此随时调整生产与配送计划，这是最重要的一点。

（5）在生产组织方面，根据销售预测，在拥有一定成品库存的前提下，严格执行 JIT 生产，不生产任何一点多余的库存。

2. 联合库存管理的数据采集模式

联合库存管理的数据采集系统可以建立在 WEB 的基础上，也可以单独开发自己的 Intranet 系统，还可以通过传真或电子邮件来实现。但是，数据的及时性和准确性是前提，库存数据的准确性建立在有效编码的基础上。

（三）联合库存管理的优缺点

1. 联合库存管理的优点

基于协调中心的库存管理和传统的库存管理模式相比有以下几个方面的优点：

（1）为实现供应链的同步化运作提供了条件和保证。

（2）减少了供应链中的需求扭曲现象，降低了库存的不确定性，提高了供应链的稳定性。

（3）库存作为供需双方信息交流和协调的纽带，可以暴露供应链管理中的缺陷，为改进供应链管理水平提供依据。

（4）为实现零库存管理、准时采购以及精细供应链管理创造了条件。

（5）进一步体现了供应链管理资源共享和风险分担的原则。

联合库存管理系统把供应链系统管理进一步集成为上游和下游两个协调管理中心，从而部分消除了由供应链环节之间的不确定性和需求信息扭曲现象导致的供应链库存波动。通过协调管理中心，供需双方共享需求信息，提高了供应链运作的稳定性。

2. 联合库存管理的缺点

联合库存管理的建立和协调成本较高，在实际过程中双方很难建立一个协调中心，即使建立了也很难运作。

二、供应商管理库存

(一) 供应商管理库存的概念

供应商管理库存（Vendor-Managed Inventory，VMI）是一种以用户和供应商双方都获得最低成本为目的，在一个共同的协议下由供应商管理库存，并不断监督协议执行情况，修正协议内容，使库存管理得到持续改进的合作性策略。具体来说，该策略体现为由生产厂家等上游企业对零售商等下游企业的流通库存进行管理和控制，生产厂家根据零售商的信息如销售情况等，判断零售商的库存是否需要补充。如果需要补充，则自动向本企业的物流中心发出发货指令，补充零售商的库存。在采用供应商管理库存的情况下，虽然零售商商品库存决策的主导权由供应商把握，但是，在店铺空间安排、商品货架布置等管理决策方面，仍然由零售商主导。供应商管理库存的理念与零售商自己管理库存（Retailer Managed Inventory，RMI）的传统库存管理模式完全相反。作为一种全新的库存管理思想，供应商管理库存在分销链中的作用尤为重要，正受到越来越多的重视。

供应商管理库存在电子数据交换/互联网、ID代码、条码、条码应用标识符以及连续补货程序的支持下，将零售商向供应商发出订单的传统订货方法变为供应商根据用户库存和销售信息决定商品补给数量。为了快速响应用户降低库存的要求，供应商通过与用户（分销商、批发商或零销商）建立合作伙伴关系，主动提高向用户交货的频率，使供应商从过去单纯地执行用户的采购订单变为主动为用户分担补充库存的责任，不仅加快了供应商响应用户需求的速度，也使用户减少了库存水平。供应商管理库存是增加销售量、提高服务水平、减少成本、保持竞争力和加强与客户联系的战略性措施。

(二) 供应商管理库存的基本思想

实施供应商管理库存策略，首先要改变订单的处理方式，建立基于标准的托付订单处理模式。供应商与用户一起确定供应商在订单业务处理过程中所需要的信息和库存控制参数，然后建立一种订单的处理标准模式，如EDI标准报文，最后把订货、交货和票据处理各个业务功能集成在供应商这边。

供应商管理库存的主要思想是供应商在用户的允许下设立库存，确定库存水平和补给策略，行使对库存的控制权。精心设计与开发的供应商管理库存系统，不仅可以降低供应链的库存水平，而且可以使用户获得高水平的服务，改进资金流，与供应商共享需求变化的透明性，获得更好的用户信任。供应商管理库存最直接的效益是整合制造和配送流程，即在将预测与补货纳入商品供应策略后,交易伙伴可以共同决定如何适时、适量地将商品送达客户手中。例如,可以由制造工厂直接配送至客户的配送中心,或由工厂直接配送至零售点,或经由工厂配送至行销中心等。

供应商管理库存的基本思想体现了如下原则:

(1) 合作性原则。相互信任与信息透明是很重要的,供应商和用户都要有较好的合作精神,才能够保持较好的合作。

(2) 互惠原则。供应商管理库存不仅是关于成本如何分配或谁来支付的问题,而且是关于减少成本的问题,该策略使双方的成本都获得减少。

(3) 目标一致原则。双方明确自己的责任,在观念上达成一致的目标,并具体体现在框架协议上。

(4) 持续改进原则。该策略使供需双方能共享利益和消除浪费。

(三) 供应商管理库存的实施方法

供应商管理库存不同于以往任何库存优化模型与方法。以往的库存控制理论与方法都是站在使用者的角度,而供应商管理库存是把库存控制的决策权交给了供应商。因此,供应商管理库存对供需双方都是一个挑战。分销商和供应商共同建立供应商管理库存执行协议框架与运作规程,建立起对双方都有利的库存控制系统。双方都明白各自的责任,在观念上达成一致的目标。

1. 供应商管理库存实施的前提

(1) 正确选择合作伙伴。这是最关键的一步:一方面,一些企业对供应商管理库存的流程不了解,怀疑它的运作能力;另一方面,企业之间理念的差异较大,这时选择合作伙伴是最关键的。只有双方对供应商管理库存都感兴趣,并且对管理,尤其是对生产和库存管理的认识基本一致,才能就建立供应商管理库存的控制策略和方式达成一致。同时,在实施该策略时,相互信任与信息透明是很重要的,供应商和用户(零售商)都要有较好的合作精神,才能相互保持较好的合作。

(2) 关于成本与风险的分担。成本直接关系到各自的利润,供应商管理库存不是关于成本如何分配或由谁来支付的问题,而是通过该策略的实施减少整个供应链的库存成本,使双方都能获益。

(3) 流程的管理和质量保证。流程管理和质量保证是关系供应商管理库存成败的重要因素。流程的管理由供应商和用户共同负责,包括确定流程的标准化管理、需求计划、补货规则、配送规则等。质量保证则应由供应商来完成,确保原材料在出厂之前已被检验合格。

(4) 信息平台的持续改进。信息共享是合作的前提,需要电子数据交换或互联网,同时需要一个决策支持系统(DSS),具备自动发送订单、下达计划的功能,双方共同完成需要的信息和库存控制参数等。用有效信息代替无效库存,要求信息技术的持续改进和支持。

2. 供应商管理库存的实施步骤

(1) 建立顾客情报信息系统。要有效地管理销售库存,供应商必须能够获得顾客的有关信息。通过建立顾客的信息库,供应商能够掌握需求变化的有关情况,把由批发商(分销商)进行的需求预测与分析功能集成到供应商的系统中来。

(2) 建立销售网络管理系统。供应商要很好地管理库存,必须建立起完善的销售网络管理系统,保证自己的产品需求信息和物流畅通。为此,必须保证自己产品条码的可读性和唯一性,解决产品分类、编码的标准化问题,解决商品存储运输过程中的识别问题。

(3) 建立供应商与分销商(批发商)的合作框架协议。供应商和分销商(批发商)一起通过协商,确定处理订单的业务流程以及控制库存的有关参数(如再订货点、最低库存水平等)、库存信息的传递方式(如电子数据交换或互联网)等。

(4) 组织机构的变革。这一点也很重要,因为供应商管理库存技术改变了供应商的组织模式。过去一般由会计经理处理与用户有关的事情,引入供应商管理库存技术后,订货部门有了一个新的职能,即负责用户库存控制、库存补给服务。

3. 实施供应商管理库存应注意的问题

供应商管理库存的实施改变了一般管理模式,它要求新软件支持。库存信息的管理在供应商管理库存中具有重要意义,仅靠传统的人工管理方式已无法适应其要求,必须依靠先进的信息技术,建立起先进的供应商管理库存运行平台。实施供应商管理库存还需要考虑以下问题:

(1) 处于供应链下游的企业的仓储人员可能认为供应商管理库存对其在企业中的地位是一种威胁,所以应做好他们的工作以保证有效地实施供应商管理库存。

(2) 拟订一份粗略的库存品种和补充库存计划,如供应商管理库存包含哪些库存品种、开始应该管理多少产品、何时增加新产品。

(3) 在哪里建立仓库,其仓储面积能否保证产品的进出和不断增长的产品需求,供应商使用什么样的工具交货等。

(4) 谁将代表供应商管理库存,其管理能力、声誉、业务范围、经验、财务状况、人力资源等需要达到什么标准。

（5）供应商将如何满足所有参与者的送货时间、送货地点，库存怎样送达工厂，怎样保证库存安全。

（6）使用什么样的信息系统和网络平台才能满足供需双方信息集成和共享的要求。

（7）适用于评价供应商管理库存绩效的评估体系。

（8）参与实施供应商管理库存的供应商资格认定标准、潜在的符合条件的供应商选择、供应商培训和退出计划。

（9）退货条款的拟定，包括退货的提前期、退货的运费支付等。

（10）例外条款的拟定，包括什么样的意外事件需要报告、报告的渠道、时间间隔等。

（11）付款条款的拟定，包括付款方式、有关文件准备等。

（12）罚款条款的拟定，例如，供应商装重了货或装了空箱，将承担哪些额外的费用；如果用户提供了不充分或令人误解的信息导致供应商出错，有关损失费用如何分摊；如果用户取消了订购产品但因信息渠道或其他原因供应商已经送货，谁将对这批库存负责；等等。

（四）支持供应商管理库存实施的主要因素

1. 企业对供应商管理库存的战略支持

随着供应商管理库存的实施，供需双方建立起了一种长期稳定的供应链合作伙伴关系。这种双方之间关系的改变，直接影响了双方的战略定位，同时双方的战略也会对这种互惠互利关系能否长久维持有很大的影响，因此双方进行企业战略层面的调整是十分必要的。

（1）企业领导的全力支持与共同参与。企业的高层管理者是企业战略的制定者，其对实施供应商管理库存的态度直接影响到企业战略的调整。没有企业最高领导层对供应商管理库存的支持，战略就很难被改变。然而，目前国内很多企业还没有意识到供应链整合的重要性，或者只对供应链的概念有一点了解而没有实施的动力或能力，这是影响我国企业特别是国有大中型企业实施供应商管理库存的主要障碍。

（2）培育适应供应商管理库存模式的企业文化。供应链管理库存的实施不仅牵涉采购、仓储、运输等物流作业部门，而且会影响企业各个部门的作业活动，需要企业所有员工的支持和认同。因此，培育适合的企业新文化是十分必要的。企业文化的功能是能够加强员工的凝聚力，帮助员工了解公司的政策，帮助他们认同企业的价值观和目标。与供应商管理库存相一致的新的企业文化必须强调与供应商或买方的协同合作是企业生存和发展的基础，供应链本身是提高竞争力的工具；也必须帮助员工认识到消费者掌握着生杀予夺的大权，供应链上各个企业的合作是为了更好地服务消费者。

（3）实施组织结构重组和业务流程再造。为了实施供应商管理库存，必须从优化整个供应链组织的角度出发，打破采购、运输、仓储、生产、分销等部门的职能限制，重构企业流程，建立跨职能、跨企业的供应链运作团队。同时，供应链的负责人必须被赋予较大的权力和较高的优先权，以保证供应链运作的顺利进行。供应商企业内必须设置一位客户供应专员，供应专员的责任就是控制买方的库存水平，处理与库存、补货批量和顾客服务水平有关的具体事务，并负责为本企业的产品生产过程提供详细的市场需求信息，特别是在买方进行促销活动或生产新产品前提供相关资料，使本企业提前做好生产准备。实施供应商管理库存后，客户经理的主要工作不再是与买方的采购经理协商双方的交易，而是与买方的产品经理共同关注如何提高供应链的绩效，定期讨论双方面临的潜在风险和是否应该增加供货主等问题。物流主管的工作内容也会有所变化，供应商和买方的物流主管必须经常保持联系，共同讨论货物运输、搬运等问题。

2. 供应商管理库存的权责分配

在实施供应商管理库存的过程中，双方必须制定详细规范的实施细则，明确各自的权利和义务。没有明确的权责分配，双方的合作和信任就失去了存在的基础。在制定供应商管理库存的权责分配细则时，应该从库存费用的支付、原材料的储存、运营配送中心的管理、运输管理、库存控制和管理、需求预测、信息系统的设计和实施等各个方面做出明确的安排。在确定各个方面的实施细则时，要遵循一条基本准则：每个细则的确定必须有助于降低整条供应链的成本，提高整条供应链的服务水平。具体来说，权责分配应考虑以下细则：

（1）需求预测的实施。负责需求预测的一方应该比另一方拥有更完全的信息。一般来说，由于买方处于供应链的下游，更接近市场，更了解消费者的需求，因此买方更适合负责需求的预测工作。但如果供需双方关于消费者的信息能完全共享，则拥有更好的预测工具和经验丰富的预测人员的一方应负责需求预测。

（2）库存所有权的转移。如果买方适合拥有库存，则原材料一生产出来就应把所有权转移给买方。如果供应商适合拥有库存，则当买方需要使用原材料时才把库存所有权转移给买方。

（3）库存费用的支付。支付库存费用的一方不一定是放置库存的一方，但支付库存费用的一方应该有较低的融资费率和较适合的资产回报率。在实际操作过程中，实施双方为了简化程序，往往先由供应商支付库存费用，之后由买方给予供应商一定的补偿。

（4）库存的储存地点。库存不一定要储存在买方或供应商处，也可以使用第三方物流服务提供商的仓储场地。库存的储存地点应有助于缩短供应链的生产周期和减少安全库存。储存地点的仓储费用应较低，它的投资回报率必须在拥有库存的一方所认可的范围内。储存地点必须拥有高效的配送系统。

（5）货物的运输和运输费用的支付。货物的运输工作可以由买方、供应商和第三方物流服务提供商中的任何一方来完成，这取决于哪一方的效率最高、成本最低。支付运输费用的一方不一定是承担运输工作的一方，一般来说，有较低融资费用的一方比较适合支付移送库存过程中的运输费用。

（6）信息系统的开发。在设计系统时，买方、供应商和第三方物流服务提供商必须共同参与，以更好地整合相关的流程。在实施时，有经验的一方应负责管理信息系统的开发，具体的开发工作可外包给专业的信息技术公司或购买软件成品。

（7）补货决策和订单的下达。首先，供需双方必须就再订货点、订货批量、补货时间、库存水平、服务水平等变量如何确定达成协议，也可以将其建为一个支持补货决策的系统。供应商的生产计划系统根据决策系统的结果产生补货请求，生成订单，补货请求作为供应商的需求被直接输入供应商的生产计划和配送系统。其次，企业内的相关流程应该进行相应的整合，以尽可能消除人为干预。

（五）供应商管理库存的优缺点

供应商管理库存是一种供应链库存管理方案，是以掌握零售商销售资料和库存量作为市场需求预测与库存补货的解决方法。根据销售资料及消费需求信息，供应商可以更有效、更快速地针对市场变化和消费者需求制订计划。因此，供应商管理库存可以降低库存量，改善库存周转，从而保持库存水平的最优化，而且由于供应商与用户分享重要信息，所以双方都可以改善需求预测、补货计划、促销管理和装运计划等。

供应商管理库存在应用供应链的能力管理库存、集成供应与需求、规划整个供应链的库存配置的过程中，实现了对供应链的有效运作和管理，以及对市场变化的科学预测和快速反应，从整体意义上优化了供应链管理思维。这主要表现在以下几个方面：第一，以双赢的态度看待合作伙伴和供应链的相互作用；第二，为供应链成功运作提供持续保证并共同承担责任；第三，以信息取代库存；第四，实现跨企业、面向团队的供应链。供应商管理库存是供应链管理的一个新模式，它为企业带来了较低的成本、高效的供货速度、灵敏的市场反应能力，提高了整个供应链流程管理的有效性，是流程管理的新理念。

供应商管理库存对处于供应链下游企业的好处是显而易见的。它使下游企业克服了自身技术和信息系统的局限。随着供应链各个环节的企业核心业务的迅猛发展，供应链上游对下游的后勤管理（包括库存管理）也提出了更高的要求。实施供应商管理库存之后，一方面，库存由供应链上游企业管理，下游企业可以放开手脚进行核心业务的开发；另一方面，与下游企业自己管理库存相比，供应商在产品管理方面更有经验、更专业化，同时还可以提供软件、专业知识、后勤设备和人员培训等一系列服务。因此，供应链中企业的服务水平会因为供应商管理库存而提高，库存管理成本会降低，下游企业的库存投资也会大幅度减少。

与此同时，供应商管理库存本身追求的就是双赢的结局，它也给作为供应链上游企业的供应商带来了许多利益。供应商管理库存允许供应商获得下游企业的必要经营数据，直接接触真正的需求信息（通过电子数据交换来传送）。这些信息帮助供应商消除预期之外的短期产品需求所导致的额外成本；同时，使企业对安全库存的需求大大降低。另外，供应商管理库存可以大大缩短供需双方的交易时间，使上游企业更好地控制其生产经营活动，提高整个供应链的柔性。

综合而言，供应商管理库存可以带来以下利益：降低库存；加快项目实施进程；通过集体采购降低采购单价；减少供应商的数目；通过改进供应商之间、供应商与用户之间的流程节约采购时间；提高供应链的持续改进能力；加强供应商与用户的伙伴关系；降低库存过期的风险；用户与供应商可以合作改进产品性能，提高产品质量；通过用户对供应商的授权，促进供应商与用户之间的交流；降低采购订单、发票、付款、运输和收货等交易成本；等等。

当然，实施供应商管理库存对企业也会有一些不利的影响：由于采购的职能转移给供应商，供应商的某些管理费用会上升，甚至会抵消节约的库存成本和管理费用；订货次数的增加为数量折扣的使用设置了一定的障碍；买方会丧失一定的控制权和灵活度；长期稳定的合作伙伴关系也可能使双方企业失去创新变革的动力。另外，在实施供应商管理库存的最初阶段，会由于人员的不熟悉和系统的调整而影响工作效率或造成差错。但总而言之，只要经过细致周密的安排，实施供应商管理库存能优化双方企业的运营，提高竞争力。

第三节 协同式供应链库存管理（CPFR 模式）

一、协同式供应链库存管理的概念

随着供应链管理思想在实践中得到越来越多的运用以及企业信息化水平的不断提高，有些企业已经不再满足于单纯的库存管理合作联盟模式，而是要求更广泛层次的合作。为了实现对供应链的有效运作和管理，以及对市场变化的科学预测和快速反应，一种比供应商管理库存更为先进的面向供应链的运营策略——协同式供应链库存管理（Collaborative Planning Forecasting and Replenishment，CPFR）应运而生，逐渐成为供应链管理中一个热门的研究课题。

CPFR 是一种哲理，它应用一系列的处理技术和模型，提供覆盖整个供应链的合作过程，通过共同管理业务过程和共享信息来改善零售商与供应商的伙伴关系，提高预测的准确度，最终达到提高供应链效率、减少库存和提高消费者满意度的目标。在 CPFR 之前，关于供应链伙伴的合作模式主要有集合预测与补给、联合库存管理和供应商管理库存等。CPFR 建立在联合库存管理和供应商管理库存的基础上，同时摒弃了供应商管理库存的弱点。供应商管理库存从原则上说是一种买方拉动的库存管理模式，虽然从表面上看，供应商承担了管理库存的工作，但是供应商是按照买方的生产计划和销售计划进行库存管理。买方仍然是单独地制订生产计划和销售计划，供应商则根据买方的计划相应地调整自身的计划以配合买方的运营。由于买方是单独地制订计划，在制订计划的过程中应该考虑到供应上的种种可变因素，因此单独地制订计划可能无法使企业运营达到最优。供应商更接近供应链的上游，比买方更了解原材料市场供给和价格波动的情况，更清楚本身的生产能力和运营情况，这可以使买方在计划过程中得到更准确、更详尽的原材料市场信息和供应商生产运营信息。因此，买方与供应商合作有助于制定更为有效的运营方案。

CPFR 就是这样一种基于双向决策沟通的供应链合作模式，通过合作进行计划、预测和补货，进一步提高供应链的效率和竞争实力。

CPFR 建立在联合库存管理和供应商管理库存的实践基础上，同时抛弃了二者的主要缺点。同传统的供应链运营模式相比，CPFR 在改善供应链合作关系、提高消费者满意度和供应链整体运作效率方面，无疑是一个重大的进步，具有重要的理论和应用价值。但是，它也存在一定的局限：以消费者为中心的思想未能完全实现；CPFR 始于需求预测，终于订单产生，因此合作过程不是十分完善。

CPFR 的形成始于沃尔玛所推动的合作预测与响应（Collaborative Forecast and Replenishment，CFAR），CFAR 是利用互联网，通过零售企业与生产企业的合作，共同做出商品预测，并在此基础上实行连续补货的系统。后来，在沃尔玛的不断推动之下，基于信息共享的 CFAR 系统向 CPFR 发展，CPFR 是在 CFAR 共同预测和补货的基础上，进一步推动共同计划的制订，即不仅合作企业实行共同预测和补货，同时原来属于各企业内部事务的计划工作（如生产计划、库存计划、配送计划、销售规划等）也由供应链各企业共同参与。

1995 年，沃尔玛与其供应商 Warner-Lambert、管理信息系统供应商 SAP、供应链软件商 Manugistics、美国咨询公司 Benchmarking Partners 五家公司联合成立了工作小组，进行 CPFR 的研究和探索。1998 年，美国召开零售系统大会时，对 CPFR 加以倡导，目前实验的零售企业有沃尔玛、凯马特和威克曼斯，生产企业有 P&G、金佰利、HP 等七家企业，可以说，这是目前供应链管理在信息共享方面的最新发展。从 CPFR 实施后的绩效看，Warner-Lambert 公司零售商品的满足率从 87%提高到 98%，新增销售收入 800 万美元。在 CPFR 取得初步成功后，组成了由零售商、制造商和方案提供商等 30 多个实体参加的 CPFR 委员会，与 VICS（Voluntary Interindustry Commerce Standards）协会一起致力于 CPFR 的研究、标准制定、软件开发和推广应用工作。美国商业部资料表明，1997 年美国零售商品供应链中的库存约 1 万亿美元。CPFR 理事会估计，通过全面成功实施 CPFR 可以减少这些库存的 15%~25%，即 1500 亿~2500 亿美元。由于 CPFR 巨大的潜在效益和市场前景，一些著名的企业软件商如 SAP、Manugistics、i2 等正在开发 CPFR 软件系统和从事相关服务。

二、CPFR 出现的背景

随着经济环境的变迁、信息技术的进一步发展以及供应链管理逐渐为全球所认同和推广，供应链管理开始更进一步地向无缝连接转化，促使供应链的整合程度进一步提高。

高度供应链整合的项目就是沃尔玛所推动的 CFAR 和 CPFR，这种新型系统不仅是对企业本身或合作企业的经营管理情况给予指导和监控，更是通过信息共享实现联动的经营管理决策。

CFAR 是利用互联网，通过零售企业与生产企业的合作，共同做出商品预测,并在此基础上实行连续补货的系统。CPFR 是在 CFAR 共同预测和补货的基础上,进一步推动共同计划的制订,即不仅合作企业实行共同预测和补货,同时原来属于各企业内部事务的计划工作(如生产计划、库存计划、配送计划、销售规划等)也由供应链各企业共同参与。

三、CPFR 的特点

具体来讲,CPFR 的本质特点表现为:

1. 协同

从 CPFR 的基本思想看,供应链上下游企业只有确立起共同的目标,才能使双方的绩效都得到提升,取得综合性的效益。CPFR 这种新型的合作关系要求双方长期承诺公开沟通、信息分享,从而确立其协同性的经营战略。尽管这种战略的实施必须建立在信任和承诺的基础上,但是这是买卖双方取得长远发展和良好绩效的唯一途径。正因为如此,协同的第一步就是保密协议的签署、纠纷机制的建立、供应链计分卡的确立以及共同激励目标的形成(例如,不仅包括销量,而且要确立双方的盈利率)。应当注意的是,在确立这种协同性目标时,不仅要建立起双方的效益目标,更要确立协同的盈利驱动性目标,只有这样,才能使协同性体现在流程控制和价值创造的基础之上。

2. 规划

1995 年沃尔玛与 Warner-Lambert 的 CFAR 为消费品行业推动双赢的供应链管理奠定了基础,此后当 VICS 定义项目公共标准时,认为需要在已有的结构上增加"P",即合作规划(品类、品牌、分类、关键品种等)以及合作财务(销量、订单满足率、定价、库存、安全库存、毛利等)。此外,为了实现共同的目标,还需要双方协同制订促销计划、库存政策变化计划、产品导入和中止计划以及仓储分类计划。

3. 预测

任何一个企业或双方都能做出预测,但是 CPFR 强调买卖双方必须做出最终的协同预测,像季节因素和趋势管理信息等,无论是对服装或相关品类的供应方还是销售方都是十分重要的,基于这类信息的共同预测能大大减少整个价值链体系的低效率、死库存,促进更好的产品销售,节约整个供应链的资源。与此同时,最终实现协同促销计划是预测精度提高的关键。CPFR 所推动的协同预测还有一个特点是,它不仅关注供应链双方共同做出最终预测,同时也强调双方都应参与预测反馈信息的处理及预测模型的制定和修正,特别是如何处理预测数据的波动等问题。只有把数据集成、预测和处理的所有方面都考虑清楚，才有可能真正实现共同的目标，使协同预测落在实处。

4. 补货

销售预测必须利用时间序列预测和需求规划系统转化为订单预测，并且供应方约束条件，如订单处理周期、前置时间、订单最小量、商品单元以及零售方长期形成的购买习惯等都需要供应链双方加以协商解决。根据 VICS 的 CPFR 指导原则，协同运输计划也被认为是补货的主要因素。此外，例外状况的出现也需要转化为存货的百分比、预测精度、安全库存水准、订单实现的比例、前置时间以及订单批准的比例，所有这些都需要在双方公认的计分卡基础上定期协同审核。潜在的分歧，如基本供应量、过度承诺等，双方事先应及时加以解决。

四、CPFR 供应链的实施

（一）CPFR 买卖双方关键角色架构（Key CPFR Scenario Lead Roles）

对于买卖双方，提供四组角色扮演的架构，依供应链成员的权力结构与专长，来选择最适合彼此合作的一套架构，作为彼此权责划分与互动的依据。对于供应链的协同合作与决策，可以分为协同规划、协同预测以及协同补货三个阶段，买卖双方在进行协同合作之前，应先商讨好角色架构，在前述三项决策中决定谁是决策者以及双方所扮演的角色。在图 10-1 中，销售预测时以买方决策为主导，订单预测时以卖方决策为主导，下单预测则由双方共同进行。综上所述，CPFR 买卖双方关键角色架构的特点为：

（1）基于不同系统的特性，买卖双方应选择不同的 CPFR 架构作为双方供应链决策中定位的参考。

（2）买卖双方皆参与需求规划和预测的过程，但应注意决策权的单一化，以及预测时参与成员们使用资料的唯一性。

表 10-1　CPFR 关键角色架构

状况	销售预测	订单预测	下单预测
状况 A	买方	买方	买方
状况 B	买方	卖方	卖方
状况 C	买方	买方	卖方
状况 D	卖方	卖方	卖方

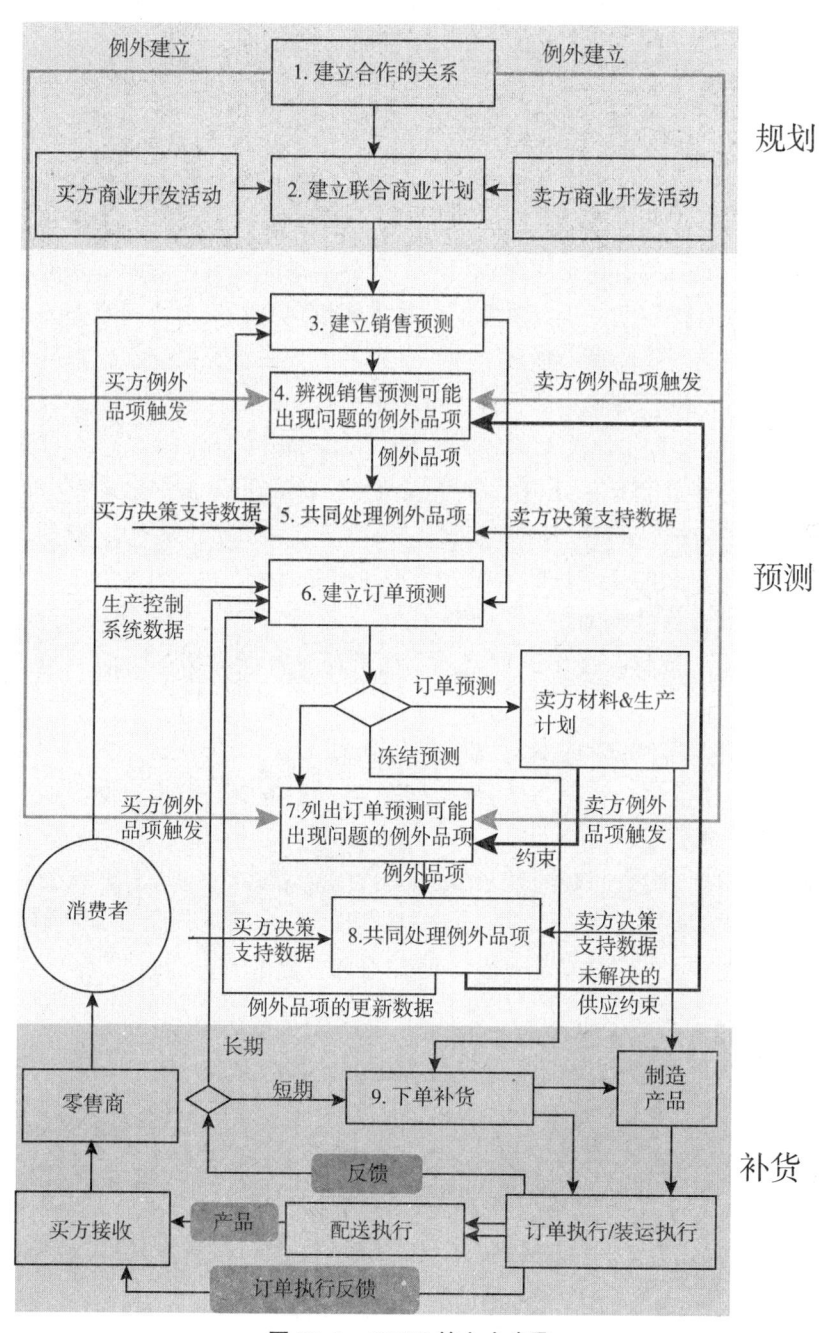

第十章 供给与需求的匹配（CPFR 模式）

图 10-1 CPFR 的九大步骤

资料来源：cpfr.org。

（二）协同规划预测补货的九大步骤（Nine-Step Process Model）

CPFR 九大步骤的特点为辅助上下游成员协同规划销售、订单预测以及例外（异常）预测状况的处理。如前所述，其内容可分成协同规划、协同预测以及协同补货三个阶段，九大步骤中步骤 1 与步骤 2 属于协同规划，步骤 3 至步骤 8 属于协同预测，步骤 9 则为协同补货，各阶段的内容概述如下。

1. 协同规划

协同规划的目的是让供应链成员间的规划活动能取得一致的基本假设，以利于后续各项合作活动的进行。共同的基本假设包括：确定协同商务关系的基本参数，如协同合作的商品项目、共享的资料、异常状况的定义，以及确定协同的商业流程范围，如合作的目标、冻结执行订单的时窗等。

步骤 1：建立合作的关系（Establish Collaborative Relationship）。首先，买卖双方应共同建立合作的正式商业协议（Confidentiality Arrangements），此仅在协同活动之初一次拟定，其内容应为：

（1）明确定义的合作目标与相关绩效的衡量指标。

（2）协同合作的范围。

（3）共享的资料，合作计划可动用的资源，包括人员、资信系统、专业能力。

（4）例外状况判定的法则，如何解决分歧。

（5）CPFR 的推动蓝图，如商业流程、互动的方式与技术、终极检验的时程与机制。

步骤 2：建立联合商业计划（Create Joint Business Plan）。依纳入合作的产品项，分别制定清晰的合作策略，包括：

（1）买卖双方交流营运计划以发展出合作产品的营运计划。

（2）共同定义品项角色、品项销售目标、达成目标的战术。

（3）拟定品项订单的最小值（出货的最小订单量）、品项出货的前置时间、订单的冻结期间、安全存量。

2. 协同预测

协同预测可细分成销售预测与订单预测两个阶段，前者单纯考虑市场需求，后者则以销售预测的结果，考虑产能现实状况，预测可能的订单。

步骤 3：建立销售预测（Create Sales Forecast）。使用最终消费者的消费资料（Consumption Data），预测品项特定期间的销售，消费资料包括 POS 资料、仓储的出货资料、制造商的消费资料、因果资讯分析（销售相关影响因素分析）、加上季节、天气、计划性事件（包括：广告、促销、新品、改型、新店开张等资料来分析产品在未来各时程下的销售量)。本阶段的细部事项包括：

(1) 拟定预测的时间范围，如第9~11周。

(2) 拟定预测的时间单位，如月、周、日。

(3) 拟定预测品质的单位基础，如单店的销售量、区域物流中心的总量。

(4) 在方法上，使用历史资料配合相关回归分析模式、时间序列分析来进行预测。

(5) 预测结果应区分为基本的需求（Base Demand）与促销的需求（Promotion Demand）两类。

步骤4：辨别销售预测可能出现问题的例外品项（Identify Exceptions for Sales Forecast）。列出销售预测可能出现问题的例外品项，如爆仓销售产品。对于异常的销售情形，要时时监控，以调整策略。

步骤5：共同处理例外品项（Resolve/Collaborate on Exception Items）。当异常发生时，上下游应设定一些做法来增加或减少销售，以降低对库存的冲击。

步骤6：建立订单预测（Create Order Forecast）。订单预测一般由供应商物流中心主导，基于销售预测或实际销售的结果，考量制造、仓储、运输产能等制约因素，拟定未来各时程的订单，其作业内容包括：

(1) 结合销售预测、因果资讯与存货政策，产生未来特定时间、特定地点品项的订单预测。

(2) 基于订单预测的结果，供应商可进行产能需求规划。

步骤7：列出订单预测可能出现问题的例外品项（Identify Exceptions for Order Forecast）。此步骤类似于步骤4的过程，特别要注意产品的销售/订单百分比，若比值高于1，代表将会有库存发生，比值越高意味着库存越多，比值高低与其合理性视各品项而定，借由比值的监视与控制可以掌握订单异常状况的处理。

步骤8：共同处理例外品项（Resolve/Collaborate on Exception Items）。此步骤类似于步骤5。

3. 协同补货

步骤9：下单补货（Generate Order）。经过协同规划、预测阶段后，协同补货决策的困难度将大幅降低。根据事先议定的冻结期间订单的预测结果产生订单，冻结期间的长短通常与制造、配送的前置时间相关。对供应商而言，冻结期间的数量将视为已确认的需求量，零售商实际的订单传来后，供应商应去除此部分产能。另外，供应商也可能采取供应商管理库存方式自动补充零售商的存货，并以冻结阶段总量作为补货的规范。

（三）CPFR 导入规范（Roadmap of CPFR）

CPFR 导入流程（Roadmap）有五个步骤，前三个步骤为准备工作，第四个步骤为执行导入专案，第五个步骤为导入专案的绩效评估。

步骤 1：评估供应链的现状（Evaluate the Current Conditions）

(1) 合作的企业文化。

(2) 对于 IT 运用的优先级。

(3) 实务方案的采用状况。

(4) CPFR 推动的远景，包括想达到的目标、双方所牵涉的企业部门、涵盖哪些品项、如何评估专案是否成功。

(5) 交易伙伴参与能力的评估。

步骤 2：定义专案的范围和目标（Define Scope and Objectives）

(1) 参与者责任设定：预测方面、订单方面、科技方面。

(2) 阶段性专案范围设定合作的品项、店、物流中心。

(3) 绩效评估可量化指标。

步骤 3：准备协同合作的相关事宜（Prepare for Collaboration）

(1) 合作所需的资源：人员、资讯科技。

(2) 企业流程。

(3) 异常事项处理原则的细部规划。

(4) 教育训练。

步骤 4：执行协同规划、预测、补货九大步骤（Execute）

(1) 执行合作的程序项目。

(2) 资讯科技的部署。

(3) 检讨汇报。

步骤 5：评估专案绩效及下阶段的规划与活动（Assess Performance and Identify Next Steps）

(1) 合作关系。

(2) 营运流程。

(3) 支援合作的资讯科技之绩效评估。

(4) 下一阶段的计划。

对于 CPFR 计划的后续扩展方式，可分为下列几种形式：

(1) 扩展至其他 CPFR 的后续活动（Expand to Other CPFR Processes），如扩展目前的协同规划至协同销售预测。

（2）增加合作的品项（Adding SKU's）。

（3）增加资讯的明细度（Increase Level of Detail）。

（4）加入新伙伴（Add Trading Partners）。

（5）自动化协同合作流程（Automate the Process）。

（6）协同合作议定的结果在上下游企业内部进行流程的整合（Integrate the Results）。对于扩展现有合作至其他成员，在 N-Tier CPFR 文件中提供了以下两种形式的说明，但 CPFR 尚未针对此部分提出标准的程序模型。

① 双层至多层。

② 三个或更多组织在供应链中的战略联盟。

（四）CPFR 计划的绩效评估指标（Metrics, Key Performance Indicators）

在评估协同合作绩效前，买卖双方需同意下列事项：

（1）指标所使用的资料来源。

（2）指标的定义与计算方式。

（3）执行评估的频率。

（4）设定执行评量的负责单位的评估指标，如：

① 服务水准（Service Level）。

② 准时提交数量、承诺量的百分比、促销需求满足率。

③ 库存水准（Inventory）。

④ 预测的正确性及承诺值的准确度（Forecast Accuracy）。

⑤ 衡量共识预测值与实际销售额的差距、实际需求与实际订单的差距、促销需求预测的准确度。

⑥ 前置时间的绩效（Lead-time）。

⑦ 未预期的变动时间的多寡（Unplanned Changeover）。

⑧ 存货过时的问题（Obsoletes）。

⑨ 配销（Distribution）。

⑩ 规划（Planning）。

⑪ 资料的一致性（Data Synchronization）。

第十一章　供应链协调

供应链（Supply Chain，SC）的概念是在 20 世纪 80 年代末提出的。近年来，随着全球制造（Global Manufacturing）的出现，供应链在制造业管理中得到了普遍应用，成为一种范围更广的企业结构模式。有人预言，21 世纪的市场竞争将不再是企业与企业之间的竞争，而是供应链与供应链之间的竞争，任何一个企业只有与别的企业结成供应链，才有可能取得竞争的主动权。

第一节　供应链失调

一、供应链失调的原因

供应链是典型的动态的、需要协调的系统。任何导致供应链内不同阶段成员只注重自身利益的最大化或者信息扭曲和变动性增加的因素，都可能导致供应链失调。

1. 供应链不同阶段成员的目标可能发生冲突，即双重边际化效应

双重边际化效应是指供应链中的每个成员在决策时只考虑各自的边际效益，而不考虑供应链中其他成员的边际效益。只要供应链利益在不同成员之间分配时单方决策影响到市场需求，进而导致每一方获利减少，就可以把这种现象称为双重边际化，这是供应链成员不合作的结果。

2. 信息的不对称造成信息在不同阶段传递时出现扭曲，即牛鞭效应

在以顾客为中心的供应链管理中，每个成员在决策时都在利用来自下游企业的信息进行预测和向上游企业订货。供应链中的牛鞭效应是下游企业的需求信息在向上游企业传递时发生的放大现象，这种现象对于离终端顾客最远的企业影响最大。牛鞭效应形成的本质是企业之间存在一定程度的对抗性，不能保

二、供应链失调的几种表现形式

1. 供应链中的需求变异放大现象

当供应链的各节点企业只根据其相邻的下级企业的需求信息进行生产或供应决策时，需求信息的不真实性会沿着供应链逆流而上，使订货量产生逐级放大的现象，即牛鞭效应。

牛鞭效应的量化表述：向供应商订货量的需求波动（方差）要大于向最终消费者销售量的波动（方差），并且这种波动沿着供应链向上游不断扩大（见图11-1、图11-2和表11-1）。

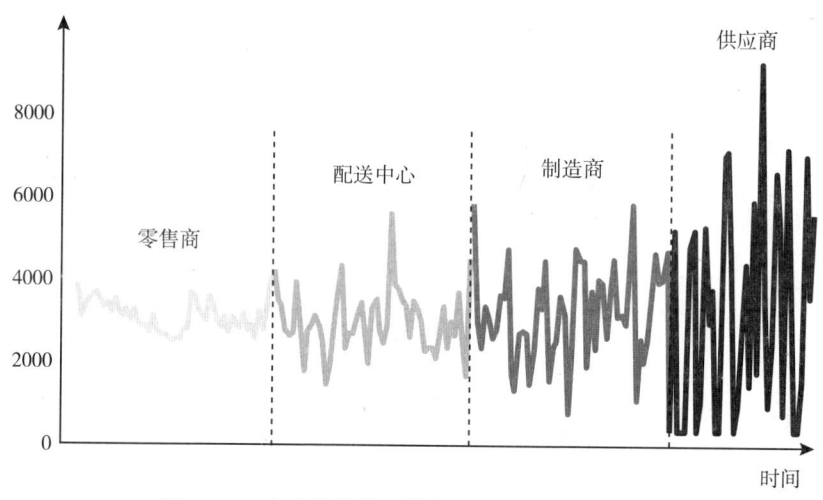

图11-1 宝洁公司尿布供应链上的牛鞭效应（1）

需求变异放大现象产生的原因如下：

（1）需求预测修正。当供应链的成员采用其直接的下游订货数据作为市场需求信号时，即产生需求放大现象。

（2）产品定价销售策略导致订单规模变动性增强。批量折扣会扩大供应链内订单的批量规模，引起供应链上各阶段库存尤其是安全库存的增加；批发、预购、促销等因素引起的价格波动，使库存成本小于由于价格折扣所获得的利益。

（3）大批量订购。由于订单处理成本及运输的固定成本很高，以及供应商提供的批量折扣的优惠，下游企业可能大批量订购产品，从而导致订购量大大超出需求扩张量。

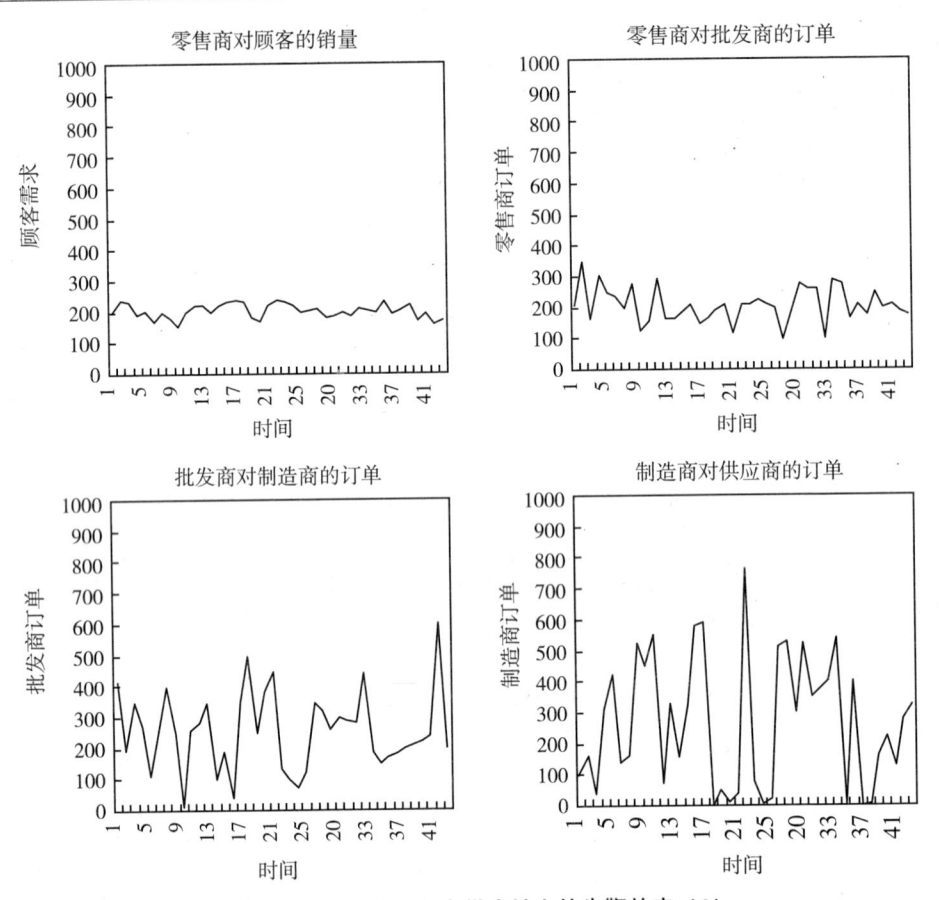

图 11-2 宝洁公司尿布供应链上的牛鞭效应（2）

表 11-1 牛鞭效应对经营业绩的影响

业绩衡量指标	牛鞭效应的影响
生产成本	增加
库存成本	增加
补给供货期	增加
运输成本	增加
送货进货成本	增加
产品供给水平	降低
赢利能力	降低

2. 曲棍球棒现象

在某一个固定的周期（月、季度或年），前期销量很低，到期末销量会有一个突发性的增长，而且在连续的周期中，这种现象会周而复始，其需求曲线的形状类似于曲棍球棒，所以被形象地称为曲棍球棒（Hockey-Stick）现象。

曲棍球棒现象对公司的生产和物流运作都非常不利，在期初生产和物流能力被闲置，但是在期末又会形成能力的紧张甚至短缺。

曲棍球棒现象产生的原因：公司对销售人员的周期性考评及激励政策；公司为了促使经销商长期更多地购买，普遍采用总量折扣（Volume Discounts）政策。

曲棍球棒现象对公司运营的影响：公司的库存费用比需求均衡时高很多；公司大量的订单处理、物流作业人员和相关设施、车辆在期初闲置，而在期末拼命加班也处理不完；加班和物流费用增加，工作人员差错率增加；断货导致终端客户流失。

3. 双重边际效应

双重边际效应（Double Marginalization）是供应链上、下游企业为了谋求各自收益最大化，在独立决策的过程中确定的产品价格高于其生产边际成本的现象。实现供应链的协调是解决双重边际效应的关键。

产生的根本原因：企业个体利益最大化的目标与整体利益最大化的目标不一致。

供应链的协调要以实现双赢或多赢为目标；应设计供应契约（Supply Contract）实现供应链协调。

4. 物料齐套比率差的现象

基于分布式的供应商供应模式是零部件的供应商分别根据制造商的要求，各自将原材料和零部件送往制造商的生产线或装配线的供货模式；供应商们在地理上坐落在不同的区域，彼此之间没有联系。

基于分布式的供应商供应模式存在的问题：供应商投资巨大；后期管理成本高；导致供应方和需求方之间紧张的矛盾关系；供应商各自为政而导致严重缺料的现象。

三、供应链协调

（一）供应链协调的定义

目前，理论界未对供应链协调进行统一的定义，综合前人的研究成果，本章认为，它是指为使供应链的信息流、物流和资金流能无缝地、顺畅地在供应链中传递，减少因信息不对称造成的生产、供应和销售等环节的不确定性，以及消除因供应链的各成员目标不同而造成的利益冲突，提高供应链的整体绩效而采取的各种行动。如果供应链的所有阶段都采取能促进整个供应链的利益提升的行为，显然供应链的协调性就会得到改善。供应链的协调要求供应链的每个阶段都考虑自身的行为对其他阶段的影响。

（二）提高供应链协调性的方法

1. 缓解需求变异放大效应的方法

提高供应链企业对需求信息的共享性；科学确定定价策略；提高营运管理水平，缩短提前期；提高供应能力的透明度。

2. 缓解曲棍球棒现象的方法

天天低价；采用总量折扣和对部分产品降价相结合的方式；对不同的经销商采用不同的统计和考核周期；与经销商共享需求信息和改进预测方法；公司能够根据每期经销商的实际销量提供折扣方案。

3. 缓解物料齐套比率差的方法

基于集配中心的运作模式：集配中心负责对制造装配厂商所需原材料等物料进行集中统一采购、运输并中转入库；集配中心负责把小批量的转运聚集成大批量的整合运输（拆箱、拼箱业务）；集配中心负责将集中采购入库的原材料、零部件等根据制造装配厂商的需求计划进行拣选、组装，并准时配送到生产线的各个工位。

基于集配中心的供应链协同运作模式如图11-3所示。

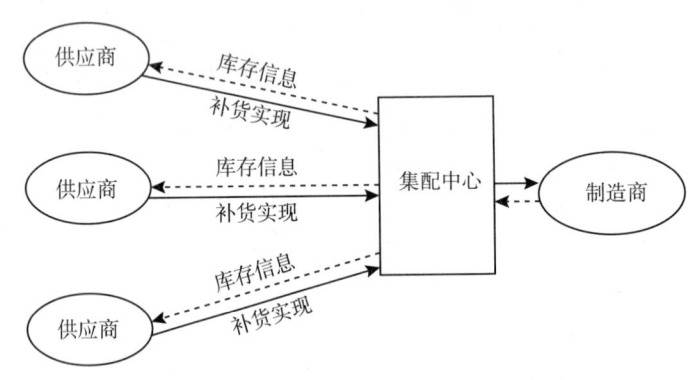

图11-3 基于集配中心的供应链协同运作模式

第二节 供应链的激励机制

一、供应链激励问题的提出

传统供应链合作机制存在的问题如图11-4所示，零售商的订货策略并未使供应链整体利益最大化。

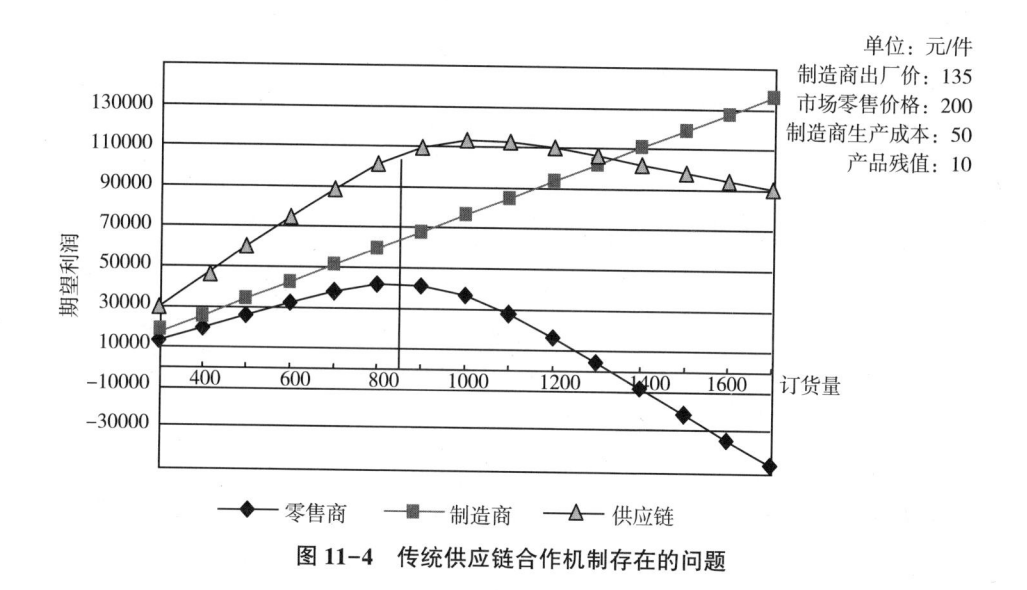

单位：元/件
制造商出厂价：135
市场零售价格：200
制造商生产成本：50
产品残值：10

图11-4 传统供应链合作机制存在的问题

二、供应契约

供应契约是指通过合理设计契约，减少合作双方的机会主义行为，促进企业之间的紧密合作，提高整条供应链的绩效。判断契约是否有效，除了分析是否拥有良好的协调条款和利润分配条款，能否提高供应链的利润之外，还需要分析该契约是否易于管理和操作。基于供应契约的激励模式如图11-5所示。

（人民币元）

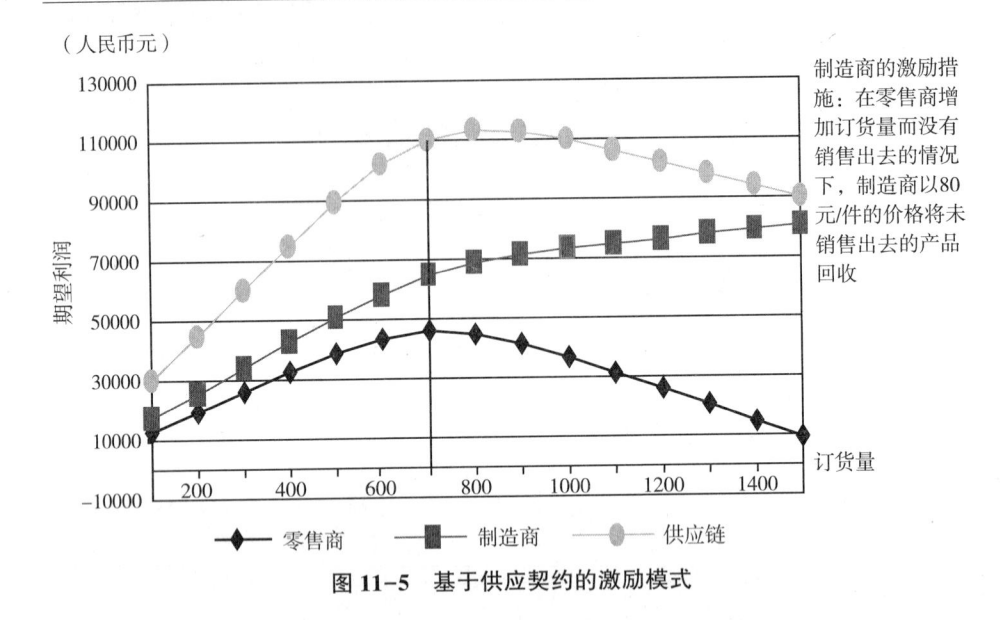

制造商的激励措施：在零售商增加订货量而没有销售出去的情况下，制造商以80元/件的价格将未销售出去的产品回收

图 11-5　基于供应契约的激励模式

（一）供应契约的参数

通过设置不同的参数，可以构建出多种不同的供应契约模型。契约参数的具体设定会影响到供应契约的作用，供应契约的参数设定必须对供应链节点企业起到激励和约束作用。

（二）供应契约参数的类型

1. 决策权的确定

在供应契约模式下，合作双方要进行风险的共担以及利润的共享，因此供应契约的决策权发挥着很重要的作用。

2. 价格

价格是契约双方最关心的内容之一，合理的价格使双方都能获利。

3. 订货承诺

买方一般根据卖方生产能力和自身的需求量提出数量承诺。订货承诺大体有两种方式，一种是最小数量承诺，另一种是分期承诺。

4. 订货柔性

柔性包括价格、数量以及期权等量化指标。卖方在完成初始承诺后，可以提供（或不提供）柔性所决定的服务补偿。当市场变动影响其销售时，买方可以使用柔性机制来避免更大的损失；柔性提供了强有力的约束，使合作双方在契约执行过程中更多地考虑到自身利益，使买卖双方从长期的角度收益。

5. 利益分配原则

包括按什么原则进行分配，分配的形式是怎么样的，以及如何设计利润分配的模型等。供应链利润的分配原则主要体现为利益共享和风险共担。

6. 退货方式

实施退货政策能有效激励买方增加订货，从而扩大销售额，增加双方收入。

7. 提前期

有效地缩短提前期，可以降低安全库存水平，节约库存投资，提高客户服务水平，很好地满足供应链时间竞争的要求，还可以减少牛鞭效应的影响。

8. 质量控制

质量控制的条款应明确质量职责，并激励供应商提高其质量控制水平。买方要在契约的设计中针对质量条款采取某些激励措施。

9. 激励方式

包括价格激励、订单激励、商誉激励、信息激励、淘汰激励。

10. 信息共享机制

供应链企业之间任何有意隐瞒信息的行为都是有害的，充分的信息交流是供应链采购管理良好运作的保证。

三、供应契约的分类

1. 按合作程度划分

（1）单方决策型供应契约：买卖双方之一处于主导地位，某一方在进行决策时可以不考虑或者较少考虑另一方的利益。

（2）联合决策型供应契约：某一方在进行决策的同时需考虑另一方的利益，强调提高供应链合作伙伴的整体运作绩效。

2. 按需求特点划分

分为需求确定型供应契约、需求不确定型供应契约。

3. 按契约参数划分

分为削价契约、收入共享契约、数量折扣契约、最小购买数量契约、数量柔性契约、带有期权的数量柔性契约、回购契约、备货契约、质量担保契约。

四、供应契约的作用

1. 降低牛鞭效应的影响

供应契约的签订降低了供应链中的库存；供应链企业之间在确定合作关系

之后签订契约，使各节点企业明确了各自的职责；供应契约可以提高供应链上的信息共享程度。

2. 实现供应链系统的协调，消除双重边际效应

供应契约通过调整供应链的成员关系，使分散决策下供应链的整体利润与集中系统下的利润尽可能相等。

3. 增强了供应链成员的合作关系

由于供应链整体及各成员期望利润的上升，供应链成员之间的合作关系将进一步加强，实现共赢。

五、几种常见的供应契约

（一）回购契约

1. 回购契约的基本过程

供应商公布批发价格 w 和回购价格 b；零售商决定订购量 q；制造商生产或采购 q 单位产品（边际成本为 CS）运送给零售商；制造商以回购价格 b 回购零售商未能销售的产品。

回购政策通常用于配送时令性较强的商品，如配送书、杂志、报纸等。

2. 回购契约的主要问题

（1）如果零售商处理剩余库存的残值高于供应商处理剩余库存的残值，则回购的效率会降低。

（2）返回货物将产生运输成本。

（3）非理性的零售商会过度购买，增加了供应链的不确定性。

（4）使零售商推销商品的积极性下降。

（5）如果制造商有生产能力限制，会引起零售商的短缺博弈，从而导致牛鞭效应。

（二）收益共享契约

1. 收益共享契约的参数

θ 表示零售商所保留的收益份额；$w \geqslant 0$，表示制造商出售商品的批发价。

2. 收益共享契约的流程

由制造商决定收益共享契约；零售商购买 q 单位的商品，付款 wq；制造商生产和运送 q 单位的商品；零售商获得 $\prod R(q)$ 的收益后，把 $(1-\theta) \cdot \prod R(q)$ 给制造商。

3. 最低购买数量契约和最低购买价值契约

最低购买数量契约：厂商在期初时做出承诺，它将在一段时期内至少向供

应商购买一定数量的产品，供应商根据购买数量考虑给予一定的价格折扣，购买产品的单位价格随数量的增加而降低。

带柔性的最低购买数量契约：供应商对厂商以折扣价购买的数量上限加以限制，通常表现为最低购买数量契约的一个百分比。

最低购买价值契约：最低购买数量契约主要用于单个产品的购买，而最低购买价值契约适用于多种产品的购买。

（三）柔性分期购买契约

买方对契约期限内各时间段的购买量都有承诺，即承诺一个购买量基数并有上下浮动柔性。承诺可以是静态的，也可以是动态的；柔性可以是无限的，也可以是有限的。柔性需要买方付出额外的成本，即以更高的价格获得额外的数量。

例如：滚动水平柔性

在 t 期承诺未来第 $t+i$ 期的购买量满足：

$(1 - \underline{\alpha}_{t,\ t+i})Q_{t-1,\ t+i} \leq Q_{t,\ t+i} \leq (1 + \overline{\alpha}_{t,\ t+i})Q_{t-1,\ t+i}$

而到了 t 期，实际购买量满足：

$(1 - \underline{\alpha}_{t,\ t})Q_{t-1,\ t} \leq Q_{t,\ t} \leq (1 + \overline{\alpha}_{t,\ t})Q_{t-1,\ t}$

柔性分期购买契约模型的计算相当复杂，在实际中应用的难度很大。柔性分期购买契约模型使购买方在各期期初给出了下期的预期承诺，供应方的风险有所降低，同时也迫使购买方加强市场决策，加强与供应商的信息交流，从而使供应链的效率得到提高。

（四）带期权的分期承诺契约

厂商承诺在未来各期购买一定数量的产品，而且它还向供应商购买一个单位期权价格，这个期权允许它在认为必要的时候按规定的价格购买一定额外的产品。

买方必须提前对未来各期购买做出承诺，从而向卖方提供有价值的、相对准确的需求信息；同时通过期权，厂商获得了按锁定价格调整未来订单的权利，但需付出一定的成本。

（五）其他供应契约

质量担保（Quality Contract）。质量问题构成了采购商和供应商的谈判矛盾。供应商知道自己的生产质量，拥有信息优势，而采购商却处于信息劣势。由于信息不对称，为了保证采购商和供应商自身利益不受侵犯，并保证供应链绩效最优，契约谈判双方必须运用合作机制（一定程度上的信息共享），设计契约惩罚（供应商提供不合格产品的惩罚）。

最低购买数量（Minimum Purchasing）。在最低购买数量契约下，采购商在初期做出承诺，将在一段时期内至少向供应商购买一定数量的产品。通常供应商根据这个数量给予一定的价格折扣，购买产品的单位价格将随数量的增加而降低。这种契约在电子产品行业较为普遍。

备货契约（Backup Contract）。零售商和供应商通过谈判规定契约：供应商为零售商提供一定的采购柔性，零售商承诺在销售旺季采购一定数量的产品，供应商按其承诺数量以一定比例为采购商保留存货，并在销售旺季到来之前发出其余所有的产品。零售商可以按原始的采购成本采购供应商保留的商品并及时得到货物，但要为未采购的部分支付罚金。

提前期（lead time）。在契约中记入提前期条款，以提高收益，减少不确定性。

对协调供应链来说，不同的契约具有不同的目的和作用，也各有其不足。同一个功能也可以由不同的契约来实现。

思考与讨论题

（1）供应链协调的定义。
（2）供应链协调的意义。
（3）供应链协调的实现机制。
（4）供应链协调理论的发展及现状。

第十二章 电商与新零售时代的供应链管理

供应链管理（Supply Chain Management，SCM）是当前管理领域中十分流行的技术，所谓供应链，就是原材料供应商、零部件供应商、生产商、分销商、零售商、运输商等一系列企业组成的价值增值链。原材料零部件依次通过链中的每个企业，逐步变成产品，交到最终用户手中，这一系列的活动就构成了一个完整供应链（从供应商的供应商到客户的客户）的全部活动。供应链的管理是电子商务能否顺利开展的基础条件，能够良好地维护客户之间的管理和沟通，促进电子商务核心业务的发展，有利于企业拓宽销售渠道，获得更多的经济收益，同时积累更多的人脉资源，为今后的发展打下良好的基础。电子商务对供应链有着非常大的影响，包括电子商务为供应链创造了一个崭新的平台，通过全面运用计算机网络技术实现了企业和客户之间的买卖合作，在产品支付销售环节减少了销售成本，同时安全性也有了很大程度的保障。

在电子商务时代，供应链管理有着一些核心任务，如动态联盟的系统化管理、不确定需求的信息共享管理、生产两端的资源优化管理和生产的敏捷化管理。动态联盟的系统化管理是指企业之间加强合作，在形成竞争关系的同时保持自身的独立性和合作性，在日常经营生产活动中加强信息交流。信息互换的作用是拓宽企业的销售渠道，剔除无效信息，使生产销售能够利益最大化，从而增强自身的竞争力。动态联盟强调一种平等的企业关系，双方资源互换、优势互补、相互信任、彼此独立，合作的共同目的是促进自身发展达到共赢，并且促进现代市场的和谐发展。因此，在电子商务时代，供应链管理的首要任务就是对生存在价值创造矩阵上组成动态联盟的企业群体进行系统化管理。

第一节　电子商务时代供应链管理的任务

供应链管理是多层次、多目标的系统工程，随着供应链赖以生存的市场环境的不断发展，供应链管理的核心任务也在不断变化。在迅猛发展的电子商务时代，供应链管理的核心任务可以归纳为：动态联盟的系统化管理、生产两端的资源优化管理、不确定性需求的信息共享管理、生产的敏捷化管理。

电子商务（Electronic Commerce，EC）有微观和宏观两个层次。微观层次是指以网络为平台的商品买卖活动。而宏观层次的外延则要宽得多，它不仅包括直接带来利润的商品买卖活动，而且包括所有借助网络技术和信息技术进行的支持利润产生的其他活动，如产品产生、需求服务、销售支持、用户服务、业务协调等。电子商务的兴起是一场由技术手段飞速发展而引发的商业运作模式的革命，传统经济活动的生存基础、运作方式和管理机制均发生了彻底改变，传统的市场理念也面临着巨大的冲击。以下将具体讨论电子商务时代供应链管理的核心任务。

一、动态联盟的系统化管理

在电子商务时代，企业的生存空间由物理的市场地域转变为虚拟的市场空间。虚拟市场空间以信息为基础，为信息所控制，虚拟市场空间的出现改变了消费者必须通过市场地域使用或享受产品/服务的状况，同时弱化了生产者必须通过市场地域获得资源、进行生产的限制。通过信息交互，各种生产、交易活动从依赖物理地域转变为依靠市场虚拟空间。伴随着这种转变，供应链中任何一个企业赖以生存的物理价值链也虚拟化、信息化。企业可以凭借聚合、组织、选择、综合、发布等信息处理手段，寻求新的价值创造点。图12-1描述了价值创造链向价值创造矩阵的转化，矩阵中任何一个交点都可以成为企业的价值创造点。相对于传统的位于物理价值链上的战略环节而言，电子商务时代的企业生存在由更多的微战略环节构成的价值创造矩阵上。战略环节的这种二次分解强化了企业的横向解式，这种强化一方面为企业创造出更大的生存空间，但另一方面也增加了企业与供应链中其他成员发生合作和冲突的可能性。同时，微战略环节的出现进一步强调了企业对动态联盟的依赖性。所以，供应链管理在电子商务时代的首要任务就是对生存在价值创造矩阵上组成动态联盟的企业群体进行系统化管理。

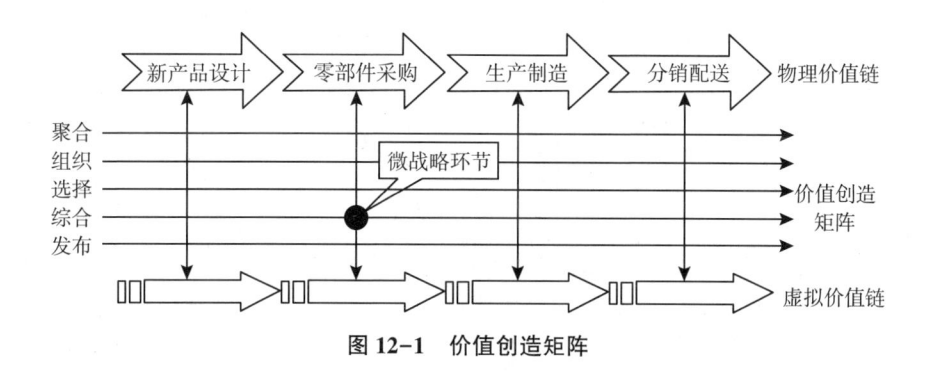

图 12-1 价值创造矩阵

二、生产两端的资源优化管理

在电子商务时代，市场呈现出前所未有的趋同性，即不同产品在功能方面联合统一的趋势。市场趋同性与电子商务具有不可分割的内在联系。一方面，推动电子商务迅猛发展的信息技术逐步渗透到各个独立的行业中，不同工业（如通信、办公设备、消费者电子产品、媒介、计算机等）之间的界限逐渐强化；另一方面，趋同性促进了生产者与生产者、生产者与消费者、消费者与消费者在市场空间中的交互，这反过来促进了电子商务的发展。市场趋同性促使生存于不同生产领域、不同生产环节的企业在各自的微战略环节上努力保持个体与企业群体的一致，这种努力使企业之间信息流与物流的交互变得更加频繁和复杂。众所周知，由于长期以来企业在生产制造环节上引进了各种科学管理方法，如 TQC、JIT、MRP Ⅱ，企业内部生产已经变得精益起来；而位于生产两端的各种活动，如零部件的供应管理和产成品的流通配送，则成为供应链上的非精益环节。所以，如何通过对生产两端进行资源优化管理，使这些非精益环节消肿减肥，比以往任何时候都更有意义。

三、不确定性需求的信息共享管理

在电子商务时代，生产者与消费者的关系发生了彻底变化，这种变化可以归因于市场空间的出现。在超越传统物理时空的电子时空下，消费者的差异化需求得到了更大程度的满足，进而发展出更加复杂多变的需求。同时，由于各种生产资源在电子商务平台上虚拟化，生产者在更大程度上具备了满足这种日益多变的需求的生产能力。结果是：生产者与消费者的关系由生产者依靠 4Ps

(Product、Price、Place、Promotion)将产品推（Push）给消费者，逐步转变为消费者拉动（Pull）生产者以保证 4Cs（Consumer、Cost、Convinience、Communication）。

图 12-2 反映了这种变化。从供应链管理的角度看，伴随着生产资源虚拟化程度的提高和消费者拉动力的增强，为供应链上物流和信息流的流动提供动力的动力源从生产者转移到了消费者。也就是说，在传统模式下，供应链管理的焦点在于如何利用生产者在生产技术和管理方法上的优势创造价值；而在电子商务时代，供应链管理的焦点在于如何保证消费者的动力源地位，如何通过对不确定需求的分析获取知识，如何通过保证知识在整个供应链上的共享来创造价值。

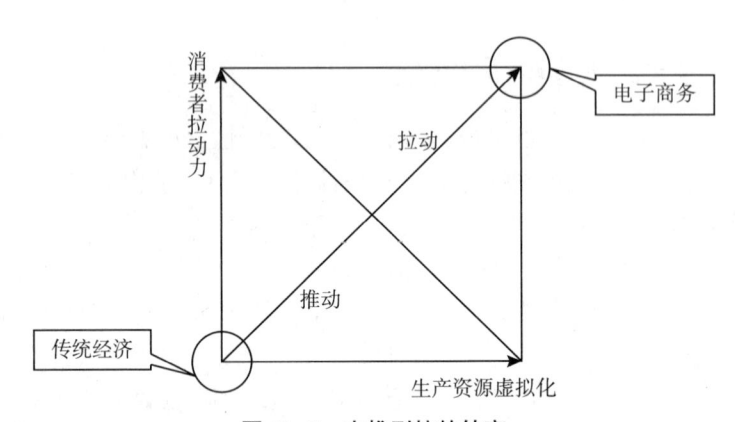

图 12-2 由推到拉的转变

四、生产的敏捷化管理

电子商务时代的市场竞争表现为竞争互动（Competitiveness Dynamics）。在链与链的竞争中，一方遭遇攻击的时间在产品生命周期上大大提前；同时，它本身进攻另一方的能力也在增强。这主要是因为：市场趋同性弱化了任一链依靠独特的产品或服务占有市场的能力。电子商务的发展促进了各种世界性标准的建立，这些标准正在逐渐打破或降低市场进入障碍。作为动力源的消费者的各种信息在互联网上几乎是共享信息，任一链已经无法依靠信息独占而维持自己独特的消费群体。

市场空间的出现为更多的企业创造了参与竞争的条件。结果是，更频繁地遭遇攻击和主动攻击（即竞争互动）逐渐取代了传统的竞争活动。面对竞争互动,供应链中任一企业的产品战略都应该是自灭自新(Cannibalization),即通过主动创造新产品、淘汰自己的旧产品来创造优势,而不是单纯保持优势。在电子商务时代,供应链管理必须依靠持续获取短暂的竞争优势来创造持续的竞争优势。在这种竞争战略指导下,缩短产品的上市周期成为在日趋激烈的市场竞争中获胜的关键,而上市周期的缩短则要求供应链管理必须注重从产品研发周期、采购供应周期、加工制造周期直至流通配送周期全过程的缩短。

第二节 电子商务时代供应链管理的方法与途径

供应链管理是多层次、多目标的集成化管理,随着电子商务时代市场经济的深刻变化,供应链管理的管理容量和复杂程度都大大增加,这要求我们更加应该从系统工程的角度看待供应链管理。供应链管理不是依靠单一的科学管理方法或纯粹的技术手段就能够实现的,只有将系统管理技术(System Management Technology,SMT)、运筹学(OR)、管理科学(MS)、决策支持系统(DSS)、信息技术(IT)有机地结合起来,并贯穿应用于供应链管理的各个环节,才能实现供应链的科学管理。

一、系统管理技术是进行供应链集成管理的科学方法

如上所述,电子商务时代的供应链是由生存在市场空间中的企业群体形成的动态联盟,而系统管理技术为这种动态联盟的系统化管理提供了科学方法。所谓系统管理技术,是指用于设计、管理、控制、评价、改善制造企业从市场研究、产品设计、加工制作、质量控制、物流直至销售与用户服务等一系列活动的管理思想、方法和技术的总和。对市场空间中的动态联盟进行管理是一项复杂而系统的任务,它既需要先进的技术手段,又需要科学的管理方法。对于单个企业来说,如何选择合作伙伴、寻求和评估机遇、进行企业流程重组(BPR)、完成内部条件与外部环境的有机结合、对市场变化做出迅捷反应,都是非常关键的决策,而系统管理技术提供了对这种决策的方法支持。

系统管理技术从管理信息系统、决策支持系统、信息接口技术、计算机辅助设计与制造等多方面为企业提供了开发、利用信息资源和智力资源的方法与手段,从而为供应链上资源的总体优化配置和全产品生命周期(包括产品设计周期和生产周期)的缩短提供了技术和方法上的支持,而整体资源的优化

配置和全产品生命周期的缩短是电子商务时代供应链管理亟待解决的问题。

二、运筹学成为比以往更为有力的优化技术

运筹学作为定义问题、分析问题和解决问题的一种集成化方法，是在模型、数据和算法的基础上对企业的计划和运作进行优化的一种有效途径。供应链管理的方方面面，从内部生产的计划、原材料采购的平衡到分销地点的选择，都存在可以运用运筹学技术解决的问题。而且，在电子商务时代，运筹学得到了更加有效的应用。

首先，在电子商务平台上，运筹学优化结果的可信性大大提高了。众所周知，数据是运筹学的基础。在传统模式下，收集数据往往需要耗费大量资源或占用较长时间，对于采集成本较高的数据，传统处理方法是假设其遵循某种标准函数，或者干脆在模型中忽略掉，这种人为放大可行域的做法严重影响了优化结果的可信性。电子商务提供了物流向信息流转换的实时转换平台，而且数据的收集十分廉价，复制成本几乎为零。以往因数据缺乏而被忽略掉的细节可以反映在模型中，因而供应链上的物流可以得到更加准确的描述，优化结果的真实性和可信性显著提高。

其次，市场空间的基础是信息，并为信息所控，供应链上所有的企业都可以通过对信息的管理创造价值，由此产生了一个重要应用——数据挖掘（Data Mining）。数据挖掘综合应用高级运筹学、统计分析和人工智能，从大量数据中发现隐藏的形式、趋势和关系。在电子商务时代，信息的生产是廉价的，企业群体之间也有更加频繁的数据和信息交互，这为数据挖掘提供了必要基础，使数据挖掘的范围从企业内部扩大到企业外部和整个链，并利用可获得的数据提高供应链管理的决策质量，进而确立竞争优势。

最后，由于电子商务平台上的信息延迟几乎降低为零，所以实时运筹模型可以对供应链进行实时优化。例如，在电信和航空这种具有连续生产过程的行业中，实时运筹模型可以通过实时电子数据收集，快速优化现有资源配置，从而提高系统的运行效率，降低顾客的不满意度，最大限度地提高整条服务链的竞争能力。

三、决策支持系统是辅助不确定性需求管理和群体决策的有效手段

在电子商务时代，供应链上信息流和物流得以顺畅流动的动力源是最终用户，所以对最终用户不确定性需求的管理变得十分重要，决策支持系统为解决不确定因素下的供应链管理提供了方法和途径。在供应链的需求端，可以采用

一系列决策步骤对基于不确定性需求的决策提供支持。这种决策支持过程可以用图 12-3 加以描述。流程中最重要的是确立恰当的决策规则，如风险—偏好测度（Pessimism-optimism Index）。

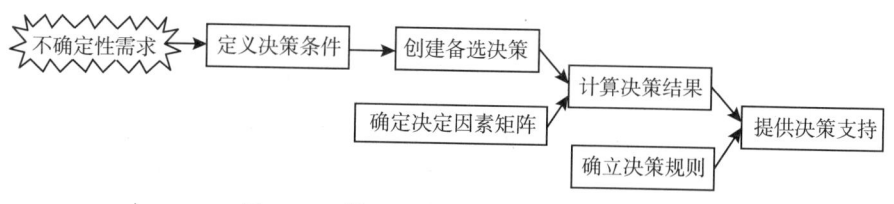

图 12-3 基于不确定性需求的决策支持

为了对市场空间中的企业群体进行集成化管理，决策支持系统演变为虚拟组织的群体决策支持系统（Virtual Organizations Group Decision Support Systems，VO-GDSS）。电子商务改变了供应链以中间企业为节点、向两侧树状伸展的传统结构，取而代之的是复杂的网状结构。供应链管理的复杂程度和面对的非结构化问题剧增，加之动态联盟无法避免群体决策问题，群体决策支持系统成为必要的管理辅助手段。虚拟组织的群体决策支持系统和分布式人工智能（Distributed Artificial Intelligence，DAI）相结合，再综合利用电子商务提供的电子会议、电子数据交换等技术手段，可以对动态联盟的群体决策提供强有力的支持。

四、信息技术为电子商务时代的供应链管理提供技术支持

IT 的迅猛发展促成了电子商务的兴起，同时为供应链管理提供了强有力的技术支持。在电子商务时代，IT 已经成为供应链管理不可或缺的重要组成部分，它为系统管理技术、管理科学、运筹学、决策支持系统等方法、技术提供了集成化的应用平台。例如，利用 IT 可以在核心生产商和零部件供应商之间建立虚拟的设计平台（见图 12-4），核心生产商通过数据转换接口将设计方案标准化，然后发布于虚拟设计平台，然后，当需求变化导致设计方案发生变化时，在平台上进行设计方案更新。零部件供应商因获得了免费和确切的设计方案而节省了设计成本；对核心生产商而言，发布电子设计方案减少了供应商进行磋商而产生的非生产成本。更重要的是，核心生产商和零部件供应商可以共同对产品进行在线设计（On-line Design）。如图 12-4 所示，所有企业可以通过数据转换接口将已有的应用单元系统（如 CAD、CAM、ERP 等）连接到

共有的设计平台上，从而同时对外部需求的变化做出反应，这极大地提高了整条链的敏捷性。

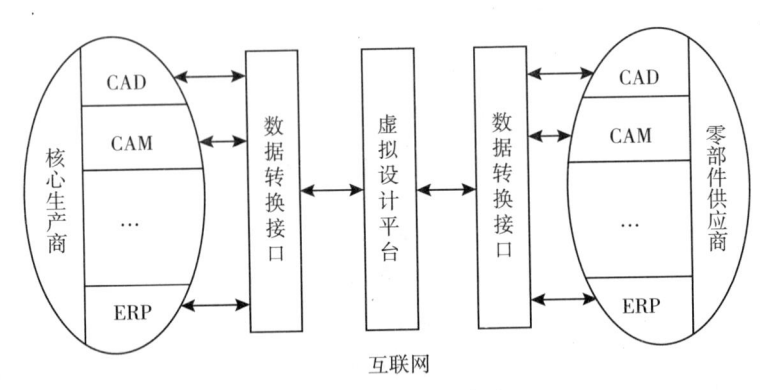

图 12-4 虚拟设计平台

第三节 新零售时代的供应链管理

我们知道，企业运营一般有三个重点：产品、营销、供应链。我们发现在新零售时代，供应链变得越来越重要。很多顶尖的企业一定是供应链做得非常好的，相反它不怎么做营销，如ZARA、宜家这样的零售商。

一、零售业态冰火两重天

最近这两年，零售业发生了很大的变化，这其实是一个重构的过程，零售业态可以说是冰火两重天了。但是每年社会消费品零售总额还在持续增长，这说明什么问题？市场是在持续增长的，只不过在里面出现了一些结构的调整，如我们会看到现在下滑最严重的是专业店的业态，包括各类专门店、专营店、专卖店，很多传统的零售商、品牌商在持续地关闭店铺，如百丽、美邦等。

但实际上，这里面不能光看数字，因为会有误导，如我们也看到很多店铺在持续增长，如迪卡侬、宜家，现在又冒出很多新的专营店，如名创优品、小米之家。其实在这背后不是说这个业态不行，而是这个业态经营者的商业模式不行。例如，你会发现下滑最多的是代理、加盟这些模式，而自营、直营、专营店模式还在增长。

另外一个是百货,也是最近两年普遍下滑的业态,特别是一些区域性的单体百货。一些上市的百货集团,其新的规划都在向购物中心转型。但也不能讲百货就不行,如河北一家地区百货店信誉楼这两年还在持续扩张,为什么呢?因为它的商业模式98%都是自营,柜台主任都是买手,依靠供应链不断优化供需匹配。所以,我们不能简单地说某种商业业态不行,而是要思考它们背后的商业逻辑是什么。这两年,我们看到大型超市增长疲软,营业利润下滑比较厉害,但是这里面也有分化,如这两年食品超市就是一个热点,包括永辉超市、盒马鲜生。超市里还有一个细分的业态即便利店,便利店现在成了一个投资风口。根据普华永道的调研,整个便利店毛利率是最高的,超市大概只有17%,百货也只有17%~18%,但便利店可以达到20%以上。另外,便利店的评效也是最高的,特别是小型50~100平方米的便利店。所以,便利店成为投资的一个热点。同时,我们也看到便利店是高频消费,是天然的流量入口。

当然增长最快的还是购物中心,全球新建的购物中心几乎一半都在中国。不过,中国购物中心已经出现了地产过剩的趋势。所以在一线城市,整个购物中心的竞争非常激烈,如何做到差异化竞争、特色化竞争是一个很重要的话题。

二、零售业是如何赚钱的

总体上,最近这几年整个零售业态还在持续分化,下面,我们来看零售业是如何赚钱的。我们把零售业态大致分为两类:一类是自营型零售,如各类专业店、超市;另一类是零售的基础设施型业态,如购物中心、联营的百货。例如,购物中心在日本不被看作是一种零售业态,它其实是一个商业的基础设施,是一个多业态的集合体,一般会有一个中心店,如百货或大型超市,再配以专业店、餐饮、娱乐等。而自营型的零售业态,其基本的逻辑是"低毛利+高周转"。高毛利当然很好,但是高毛利是很难做到的,你凭什么比别人定更高的价格?例如,美国有一家食品超市——全食超市,全部售卖天然、有机食品,价格是普通超市的一倍以上。但是这两年下滑得也很多,因为有新的竞争对手进来。所以,零售业定高价是一件很难的事情,等于是给竞争对手机会。在普遍意义上,零售业靠的是高速周转赚钱。

但在中国,库存周转的天数一般是非常高的,如超市普遍在52天以上,还有40%的超市在60~90天,但在国外大多是30天。由于中国零售业周转速度慢,所以普遍由供应商来提供资金,就是账期。此外,还有后台毛利等各种隐形规则。所以，我们认为未来整个零售会回归正常，这是我们的基本判断。对于新零售，有很多可以探讨的东西，业界也有很多的实践，但还是应从结果来检验新零售。如果你采用新的技术，适应新的消费需求，获得超过行业平均绩效水平的经营结果，那么你就是新零售。然而，这些都需要时间的检验，五年后我们才能看清楚谁是真正的新零售。

三、新零售的特征与内核

（一）新零售至少有一些新的特征

我们认为，新零售重构了人、货、场这三个商业要素。

1. 人

过去的"人"是不可见的、认知模糊的，而我们现在有技术实现对人可识别、可到达、可交互。我们可以搞清楚一个客户进来后逛了哪些楼层，进了哪些店铺，停留了多长时间，拿取了哪些商品。我们知道这些数据是有价值的。

2. 货

过去我们的货品管理比较粗放，特别是联营的百货，其实是不管理库存的，库存不可见，单品不可管理。新零售要求对货品进行精准的管理，因为货是对需求的满足，要做到对需求的精准匹配。只有进行数据化的基于单品的管理，才可以做到很精准。

3. 场

过去是各自割裂的实体卖场，而现在是线上线下融合打通，多个场景相互融合。过去是以地理位置为中心的商业，现在是场景化的、以人为中心的商业。

（二）新零售的内核是商业模式的转变

新零售从 B2C 的商业模式转向 C2B 的商业模式。C2B 是阿里巴巴提出的互联网时代新的商业模式，但是很多人把它理解得比较狭窄，局限在定制和零售上。其实，它还有更广阔的商业场景。我们对 C2B 有一个架构方面的解释，把它分成四个要素：与客户共创价值、个性化营销、拉动式配销和柔性化生产。这四个要素配合起来构成了 C2B 完整的闭环。

1. 与客户共创价值

过去，我们很多企业是火箭发射式的企业。企业内有专业的研发部门，有很多聪明的头脑，经过秘密研发突然宣布其推出了新的产品。而在新零售时代，我们需要在企业与消费者之间构建一个新的消费者社区，通过与客户的高效互动来共创产品。这个产品具备什么功能，怎么定价，多少数量，都是通过与客户一起商量来制定的。例如，海尔定制平台构建了一个母婴社区，有几万的粉丝与海尔一起，通过超过 10 万次的创意交互，开展了全流程共创，海尔从中发现粉丝喜欢什么样的洗衣设备，共同开发了 Sunny 壁挂干衣机这样的产品，非常受欢迎。

2. 个性化营销

在产品越来越个性化、产品种类越来越多的情况下，传统单向的、广播式的、灌输式的营销方式失效了。我们必须依靠精准营销的方式，通过大数据洞察，通过 SNS 传播方式，把碎片化的需求聚集起来，形成商业上的可能性。其中，SNS 方式，包括网红的社群化方式，本身就是一种好的方式，因为它实现了产销合一。大数据营销还是 B 与 C 的割裂，但社群化营销是产销合一的方式，这是营销的一种高级形态，是品牌的互联网化。

3. 拉动式配销

我们根据市场需求的真实反馈，来决定给客户提供什么产品、什么时候提供、提供多少数量，这在供应链管理体系里已经是非常成熟的做法了。

4. 柔性化生产

中国零售业发展到现在，缺少一个环节，就是制造业零售。在日本，全渠道和 O2O 之前都经历了这样一个制造业零售的阶段，但中国没有，所以我们发现全渠道非常难做，因为缺乏拥有自主品牌的产品。所以，我们认为，做零售一定要关注工业思想，关注智能制造和工业 4.0。如果你不关注制造业，做不到快速产品迭代更新，做不到小批量对市场做出快速反应，永远基于现货做分销、做零售，则是无法永久的。因为消费需求变化太快了，未来零售业拼的是拥有自主品牌的商品。

四、零售业供应链的发展现状及趋势

下面我们谈一下零售业供应链的发展现状及趋势。

（一）未来供应链是网状协同的价值网络

当我们在谈供应链的时候，其还是一个线性的、链式的结构，笔者认为这是整个工业时代的思考。当产品的需求是确定的，信息是少量的、结构性的时候，供应链是链式结构。而未来，当海量个性化需求出现，数据也是海量的、非结构化的时候，则链性的供应结构是很难满足市场需求的。这时候，我们需要一个网状的供应结构，因为网状最具有弹性，而且反应速度最快，每一个网络节点都可以单独或联合供给。我们现在看到一些企业在做一些探索，如一些品牌的设计、生产、仓配等环节，这些企业直接服务客户，听取客户的反馈和评价，而不是像过去那样由品牌商来管控。

滴滴和 Uber 就完全是一个网状的结构。一个剧场散场之后，可能同时产生 5000 人的用车需求，而且是完全个性化的需求，这些需求依靠社会化的供应网络在短期内可以被满足，而依靠一个组织是很难做到的。在供应链和协同网络价值之间，还有一个过渡商业模式，就是 S2b。以前我们讲行业的 B2B 是一个风口，但是 S2b 这个概念可能更为准确。赋能型供应平台提供所有 b 需要的基本能力，包括技术能力、货品服务、金融服务、信用保障、售后服务等。这是商业上很重要的一个趋势。

（二）供应链是端到端

过去虽然很多人谈供应链，但大家谈的东西不一样。如有些人谈的是仓储和物流，制造业专家谈的是生产制造，而我们认为供应链一定是端到端的。从消费端到分销领域，一直到品牌方、生产制造、原料采购，一定是端到端的服务。在整个过程中，我们发现价值链互联网化的程度是不一样的，我们非常真切地感受到这两年整个后端互联网的成熟度是非常高的，如营销端的互联网化。特别是在中国，营销端的互联网化、品牌的互联网化，应该比欧美领先十年以上，很多玩法已经非常极致了。而且，我们零售业的互联网化占比是非常高的，达到 13% 左右，欧美也只有英国可以达到这样的占比。但是在整个上游，包括分销端，生产制造和采购的互联网化才刚刚开始，笔者估计互联网化占比只有 5% 左右，甚至更低。而整个制造互联网化，就是现在方兴未艾的智能制造和工业 4.0，还仅仅是凤毛麟角，所以这方面的潜力非常大。

（三）供应链的起点是研发和设计环节

这是最重要的环节。在具体的运营过程中，我们能够体会到设计和研发已经决定供应链 80% 的成本，决定运营、生产和物流的成本。一个商品设计出来后，已经决定了它是否能滞销，是否会形成库存。它设计出来后，你就知道它的生产成本是多少，整个物流配送的成本是多少。所以在整个供应链的后端花很大精力做流程改善、成本节省，也只有 20% 的空间。因此，新品的研发变得非常关键。在这个环节，我们必须用新的技术，包括大数据、AI 等去提升整个研发过程的效率。

这一点非常好理解，在个性化时代，产品的批量越来越小，过去新品的研发成本可能是 1 万元，批量 10 万件，摊到每件产品上研发成本只有 1 毛钱；但现在我们的所有产品都是小批量，一个产品只能卖 300~500 件，如果研发成本还是 1 万元的话，那么研发成本分摊就会非常高。

（四）弹性、敏捷、智慧会成为供应链非常重要的特征

1. 弹性

弹性实际上就是我们讲的柔性供应链部分，是指生产线和供应链体系能够在个性化、小批量、大批量之间自由切换，同时交货期、成本变化不会很大。例如，现在国内一些企业，如青岛红领做西服定制，索菲亚做家具定制，生产一件和一万件的成本是差不多的。弹性的主要目的是实现供应链随需而动，实现供需和谐。

2. 敏捷

产品的生命周期越来越短，要快速出货供货以捕捉市场需求。所有的行业都能感受到"快"这个趋势。例如，服装行业过去提前6~9个月做设计，现在只能提前3~4个月，一些快时尚的企业，如像Zara也就2~3周的时间，从设计到摆上货架非常快。

3. 智慧化

我们最终要实现商业智能，这里有三个主要因素：①数据；②算法；③产品。首先我们要产生数据，实现初始化过程，这是成本很高的过程，但必须做。有了数据，通过算法，最后产品化，才能实现商务的智能化。

（五）人工智能在整个供应链领域的每个环节都具有非常关键的作用

我们现在已经有一些比较成熟的应用，如天猫超市的数据化选品，还有智能补货系统。当一个企业管理的SKU数非常巨大，如几万件的时候，就可以通过机器算法的工具去做。未来智慧门店里的陈列方式、装修风格，其实都可以通过数据化的方式指引。

另外，我们都知道MES系统是当下非常热门的产品。MES可以实现生产工序中每一个设备的在线化，在此基础上就可以实现自动排产。一个生产线可以生产多个品种，前提是必须知道哪个工位、哪个工序、哪台设备是空闲和冗余的。所以在整个流程上，人工智能还有很多应用的空间。

需要强调的是，我们做供应链的目标是帮助零售端更赚钱，而不是让自身效率更高，所以整个供应链最重要的目的就是产销协同。

我们把商业的本质概括为对需求的精准和快速满足。首先是精准地满足，市场需要什么，我就给它提供什么商品。其次是满足需求还要快，如果速度很慢，则是不赚钱的。商业的本质就是快速实现价值流动，如果流速很慢，一定会库存很高或者断货，增加运营成本。所以，供应链未来还有很大的潜力。

第四节　新零售时代下供应链的驱动要素

一、新零售时代下的供应链是数据和技术驱动的

沃尔玛成功的关键之一是通过发射自己的私人卫星，建立了仅次于美国中央情报局的民用中央数据处理系统，让其可以在一小时之内对全球4000多家门店各种商品的库存、销售、订单等情况盘点一遍，全程供应链从订单到商店的时间控制在3天之内。在亚马逊创立之初，创始人贝佐斯就没把亚马逊当作一家电商企业，而是一家碰巧在电商领域的技术公司，这家技术公司后来又在云计算、智能硬件、人工智能等领域大力拓展，并在其供应链管理中深入应用。

在新零售时代，物流必须要靠数据，未来的物流公司要成长，需要靠数据、靠技术、靠人才，高度投入技术研发。这些都明确了未来新零售时代下的供应链不再仅仅依靠人、流程、硬件设施等要素的简单堆砌和叠加，而是要实现供应链的数字化和技术化变革，让供应链变得更加智慧和全能，具体体现如下：

1. 供应链可视化

盒马鲜生作为目前新零售最典型的案例，在其运营中对商品广泛使用了电子标签，将线上线下数据同步，如库存量单位（SKU）同步、库存同步、价格同步、促销同步；实现线上下单，线下有货，后台统一促销和定格，这些都为供应链可视化的构建打下了基础。供应链可视化以后，未来对所有业务职能包括销售、市场、财务、研发、采购和物流等进行有机的集成与协同就有了可能，可以对消费者需求、门店或网上库存、销售趋势、物流信息、原产地信息等进行可视化展示，供应链敏捷和迅速的反应就有了基础。新零售时代下的供应链可视化未来将持续向消费者、SKU、店员延伸，并且由传统网络向云计算系统转变。通过可视化集成平台，战略计划与业务紧密连接，需求与供应的平衡、订单履行策略的实施、库存与服务水平的调整等具体策略将得到高效的执行。

2. 供应链人工智能化

在新零售业态中，大量零售运营数据在不同的应用场景中海量产生，结合

不同的业务场景和业务目标，如商品品类管理、销售预测、动态定价、促销安排、自动补货、安全库存设定、仓店和店店之间的调拨、供应计划排程、物流计划制订等，再匹配上合适的算法即可对这些应用场景进行数字建模。简单来说，就是"获取数据—分析数据—建立模型—预测未来—支持决策"。本质上说，人工智能是一项预测科技，而预测的目的不是为预测而预测，而是用来指导人类的各项行为决策，以免人在决策时因为未知和不确定而焦虑。

就人工智能在新零售业态中的供应链应用而言，其有两大类核心模型：一是预测模型，二是决策模型。预测模型主要是通过回归、分类、时间序列等算法在大量历史数据的基础上建立统计模型，对未来的销售进行预测；而决策模型则通过启发算法、整数规划、解析求解等算法建立运筹模型，对以上具体业务场景应用进行决策。

3. 供应链指挥智慧化

新零售企业的运营指挥控制系统是企业的"大脑"和"中枢"，新零售企业应该建立起由不同业务应用模块所组成的运营指挥系统。这些应用模块各自管理一个领域的功能，显示实时的运营动态，如货龄、售罄率、缺货率、畅平滞销售占比、退货率、订单满足率、库存周转率、目标完成比率等，同时相互链接和协同，根据以上所建立的数学模型最终拟合形成通用运营决策建议，如智能选品、智能定价、自动预测、自动促销、自动补货和下单等。相信在未来的新零售中，可以做到各种决策自动化的 SKU 将超过 90%。在此基础之上，供应链管理人员所做的事情就是收集信息、判断需求、与客户沟通、协同各种资源、寻找创新机会等。

二、新零售时代下的供应链是消费者驱动的

阿里巴巴对于新零售库存的解读是朝着"企业库存降到零"的方向转变，这给供应链带来了更大的挑战，也要求供应链朝着精准服务的方向前行。精就是精细，个性化地服务于每一个消费者，同时还很准确，通过精准预测，捕捉到消费者需求，实现实时联动，从而达到既让消费者满意，又把库存降到最低。

据有关资料显示，退货处理仍是中国零售商需要倾注大量精力的领域，中国零售企业的利润最容易受到顾客退货的影响。消费者既然退货了，客户体验肯定不是很好。通过合理的商品品类结构、智能严选策略、提升计划制订和门店执行的效果与效率，将由商品本身所造成的退货降到最低，并将退货无缝地集成到销售流程，可有效增加零售企业的盈利能力，并且真正地给消费者带来

价值。

总之，在新零售时代下供应链的初心始终没有改变，只不过在真正以消费者为中心、真诚为消费者服务的要求下，供应链所面临的挑战更大了。构建新零售时代下的供应链就要朝着智慧化、数字化、可视化、集成化、技术化的方向发展，并且超出了传统供应链的范畴。这所有的一切都是以打造优秀的客户体验为始，并以打造更加优秀的客户体验为终。

三、新零售时代下的供应链是信息资源驱动的

电子商务时代使供应链管理更为快捷方便，终端客户只需要坐在电脑前，就可以随意挑选商品，制造商通过层层环节最终把货物送到终端客户的手上。在电子商务时代，供应链系统通过在线销售和在线客户服务等方式拓展了业务范围，并且为中小企业实现低成本、安全、高效地传递信息提供了一种开放的标准，使更多的企业能够加入供应链系统中来。

在电子商务供应链系统中，可以实现远程操作，电子会议成为可能，电子市场营销也成为了一种行之有效的营销手段，并且在未来还将进一步发展，甚至逐渐淘汰一些传统的上门推销等手段，为客户提供更多的信息，客户就可以做到足不出户进行网络采购，大大地提高了供应链的效率。电子商务与供应链管理都是从生产商到最终用户的价值增值过程，电子商务是在一个全新的平台上构建的供应链。电子商务的快速发展为供应链管理奠定了坚实的基础。

在电子商务时代，供应链具有源源不断的信息资源。在这种情况之下，企业间的协同合作更加容易，通过集成化、价值化、智能化和网络化的管理，通过信息技术的应用，实现了电子化的供应链管理。同时，企业也进一步向着电子化的方向发展，企业通过网络完成交易过程，可以对整个供应链系统进行整合，不断提升竞争力，并且通过将非核心业务外包来进一步形成自己的核心竞争力。

在电子商务的环境下，供应链管理会不断提高用户服务水平，并且持续降低交易成本，使供应链企业的收益最大化，使客户得到最优的服务。

思考与讨论题

（1）什么是供应链管理？供应链管理包括哪些内容？
（2）电子商务与新零售的发展对供应链管理有哪些影响？

(3) 电子商务系统的建设包含哪些阶段？各阶段的任务是什么？
(4) 在新零售时代，电子商务企业如何管理供应链？

案例分析

卓越亚马逊的供应链理论

一、背景分析

(一) 网购发展

随着互联网在中国的迅猛发展，网购已成为当下年轻人甚至中年人的一个主要消费方式。在这个庞大的消费市场中，淘宝、卓越亚马逊、当当以及新出现的一些团购网站风生水起。作为 B2C 网站模式代表的卓越亚马逊，与相同发展模式的当当相比，其发展速度大大领先于后者。在如今购物网站竞争激烈的时代，供应链成为卓越亚马逊战胜对手的一大法宝。下面我们就通过分析卓越亚马逊的供应链来了解其发展迅速的原因。

(二) 卓越亚马逊简介

卓越亚马逊是一家 B2C 电子商务网站，前身为卓越网，被亚马逊公司收购后，成为其子公司。主要经营图书、音像、软件、影视等。卓越网创立于 2000 年，为客户提供各类图书、音像、软件、玩具礼品、百货等商品。卓越亚马逊总部设在北京，并成立了上海和广州分公司，至今已经成为中国网上零售的领先者。2004 年 8 月，亚马逊全资收购卓越网，将卓越网收归为亚马逊中国全资子公司，使亚马逊全球领先的网上零售专长与卓越网深厚的中国市场经验相结合，进一步提升了客户体验，并促进了中国电子商务的成长。

二、供应链模型分析

(一) 模型图解析

供应链模型如图 12-5 所示。

(1) 该模型图是以卓越亚马逊为核心企业，上游连接出版社、新华书店、品牌公司、实体商家和贸易城的供应商，下游连接第三方物流、公司物流和邮政部门直至最终客户端的供应链模型。

(2) 在该模型中主要进行货品运输，因此在物流配置上十分重要，同时 IT 系统的技术支持为模型运行提供了强大的技术支持和信息流通保障。

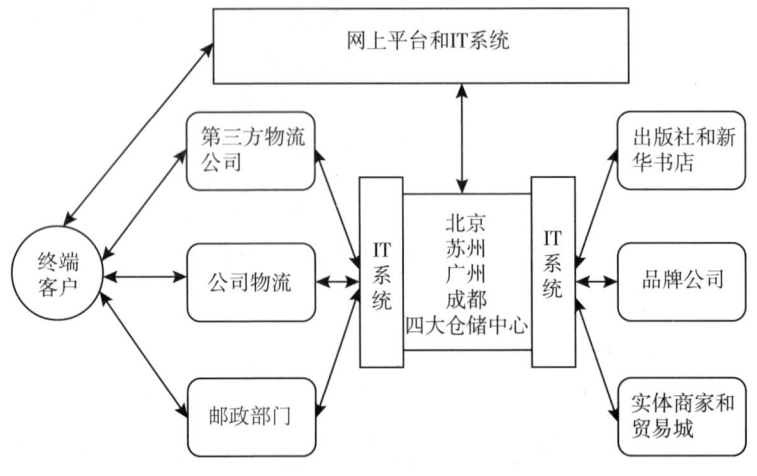

图 12-5　供应链模型

(3) 该模型主要是进行 B2C 销售，因此在供应商的选择上采取精品化策略，主要在商品贸易和物流集中地区设置仓储中心，这一方面有利于集中采购和仓储管理，另一方面可以辐射该区域的客户群。

(4) 该模型选择了多元化的物流方式，主要结合运输成本来选择物流形式，可以使物流更加低成本、高效率。

(5) 由于网上平台和 IT 技术系统的强大支持，终端客户可以及时了解货品情况。

(二) 供应链模型分析探讨

1. 优越性

虽然该模型是在电子商务和网络技术不断深入发展的背景下产生的网络购物供应链模型，但其本质还是以零售商为核心。在该模型中，起到主要作用的是卓越亚马逊强大的 IT 系统和多元化的物流形式。IT 系统可以保障供应链运行的信息流、商流、资金流与物流完美结合，可以实现供应链上每个企业的价值增值。同时该供应链也适应了市场发展，满足了客户对于货品多元化、送货效率化的要求，因此为企业带来了巨大的增值。

2. 缺陷

任何系统都会存在一定的局限性，卓越亚马逊的供应链也不例外。在其供应链上，由于精品选择供应商，因此存在供货风险，不利于货品多元化，也降低了采购的议价能力，增加了成本，同时由于库存的不断扩大，会给企业带来库存压力。另外，公司主要通过银行来进行结算，在一定程度上会影响公司的资金流。

(三) 改善建议

(1) 逐步拓展 C2C 业务，扩大企业的供货渠道，增加企业的供应商。这样不仅可以减少企业的供货风险，而且会提高企业效益，为企业长期可持续发展提供保障。

(2) 发展公司的支付业务，在供应链上形成以公司支付手段为主的资金流，如同淘宝的支付宝一样。

(3) 继续加大对 IT 技术的研发，使供应链更加透明化，让供应链企业共享其优势，保障信息流的畅通无阻，提高供货效率和送货速度。

(4) 建立客户反馈体制，在供应链上加入客户服务，保证客户利益，从而提高公司品牌价值和客户信任值。

三、物流分析

物流模式图（见图 12-6）解说如下：

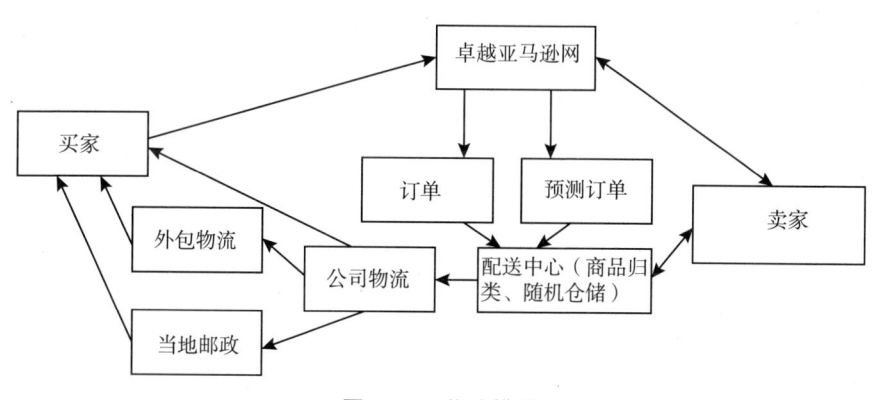

图 12-6 物流模式

(1) 从图 12-6 我们可以看出，卓越亚马逊在公司物流这一块主要采取了两种方式：第一种方式是通过公司自建的物流来为买家运送他们所订购的货物；第二种方式是通过将部分产品的运送权交给别的物流公司来掌管，也就是通过第三方物流来为客户提供货物。

(2) 对于卓越亚马逊来说，它在北京、苏州、广州和成都拥有自己的四大仓储中心，所以在选择顾客所定的货物该采取哪种方式运送时，会通过自己的 IT 系统来决定，以便让客户能够在最短的时间里拿到自己所订购的产品，同时降低公司在运输上的成本。

(3) 总的来说,卓越亚马逊主要是通过公司自己的物流体系以及第三方物流来实现货品运送的,这种方式使货物的运输时间和成本能够得到相对较好的协调。

四、卓越亚马逊、淘宝、当当供应链对比分析

虽然卓越亚马逊已经在网店方面比较成功了,但面对日趋发展的现代社会,一成不变的供应链管理模式只会被时代淘汰。特别是从21世纪以后,电子商务的发展十分迅速,卓越亚马逊所面临的竞争也越来越激烈。下面主要通过卓越亚马逊、当当以及淘宝的对比来对卓越亚马逊的供应链进行分析。主要从物流公司、库存、仓储以及技术等方面进行分析(见表12-1)。

表12-1 卓越亚马逊、淘宝、当当供应链对比分析

	物流公司	库存	仓储	技术
卓越亚马逊	2002年成立了世纪卓越快递公司以及第三方配送	借助信息系统,增加了内部通道的流畅性	自己配仓储,并在不断地扩大	实行B2C的电子商务模式,已实现与后台IT系统对接
淘宝	自身没有物流公司,依靠合作的物流中心来服务	实行零库存	实行零仓储	实行C2C的电子商务模式,有多家合作伙伴,开放了淘宝的技术后台
当当	大型城市建立了自己的物流配送,小型城市及偏远地区以邮政方式为主	将库存控制在最低水平,实行零库存	扩大仓储,扩大容量	实行B2C的电子商务模式,意欲进军C2C市场,着力于IT维护和升级IT系统

思考题

(1) 通过对亚马逊公司供应链管理的分析,能够得到哪些供应链设计方面的启示?

(2) 电子商务与新零售时代的到来给亚马逊公司带来了哪些影响?

第十三章 物流金融

　　物流金融是物流与金融相结合的产品，其不仅能提高第三方物流企业的服务能力、经营利润，而且可以协助企业拓展融资渠道，降低融资成本，提高资本的使用效率。物流金融服务将开国内物流业界之先河，是第三方物流服务的一次革命。在国内，由于中小型企业存在信用体系不健全的问题，所以融资渠道匮乏，生产运营的资金压力大。物流金融服务的提出，可以有效支持中小型企业的融资活动。另外，物流金融可以盘活企业暂时闲置的原材料和产成品的资金占用，优化企业资源。对于现代第三方物流企业而言，物流金融可以提高企业一体化服务水平，提高企业的竞争能力，扩大企业的业务规模，增加高附加值的服务功能，扩大企业的经营利润。对于供应链企业而言，物流金融可以降低企业的融资成本，拓宽企业的融资渠道；可以降低企业原材料、半成品和产品的资本占用率，提高企业资本利用率，实现资本优化配置；可以降低采购成本或扩大销售规模，提高企业的销售利润。对于金融机构而言，物流金融服务可以帮助金融机构扩大贷款规模，降低信贷风险，甚至可以协助金融机构处置部分不良资产。当前金融机构面临的竞争越来越激烈，为在竞争中获得优势，金融机构如银行，不断地进行业务创新，这就促使了物流金融的诞生。物流金融可以帮助银行吸引和稳定客户，扩大银行的经营规模，增强银行的竞争能力；可以协助银行解决质押贷款业务中银行面临的物流瓶颈——质押物仓储与监管；可以协助银行解决质押贷款业务中银行面临的质押物评估、资产处理等服务。

第一节 物流金融概述

一、物流金融的定义

物流金融是指面向物流业的运营过程，通过应用和开发各种金融产品，有效地组织和调剂物流领域中货币资金的运动。这些资金运动包括发生在物流过程中的各种存款、贷款、投资、信托、租赁、抵押、贴现、保险、有价证券发行与交易，以及金融机构所办理的各类涉及物流业的中间业务等。

物流金融是为物流产业提供资金融通、结算、保险等服务的金融业务，它伴随着物流产业的发展而产生。在物流金融中涉及三个主体：物流企业、客户和金融机构。物流企业与金融机构联合起来为资金需求方企业提供融资，这三方对物流金融的开展都有非常迫切的现实需要。物流和金融的紧密融合能有力支持社会商品的流通，促使流通体制改革顺利进行。物流金融正成为国内银行一项重要的金融业务，并逐步显现其作用。

二、物流金融的作用

（1）物流金融在宏观经济结构中的功能与作用表现为，它对于在国民经济核算体系中提高流通服务质量、降低物资积压与消耗、加快宏观货币回笼周转起着不可取代的杠杆作用。

（2）物流金融在微观经济结构中的功能突出表现为物流金融服务，特别是在供应链中第三方物流企业提供的一种金融与物流集成式的物流金融新服务，其主要服务内容包括：物流、流通加工、融资、评估、监管、资产处理、金融咨询等。物流金融不仅能为客户提供高质量、高附加值的物流与加工服务，还能为客户提供间接或直接的金融服务，以提高供应链整体绩效和客户的经营与资本运作效率等。物流金融也是供应链的金融服务创新产品，物流金融的提供商可以通过自身或自身与金融机构的紧密协作关系，为供应链的企业提供物流和金融的集成式服务。

（3）在第四方物流出现后，物流金融才真正进入"金融家族"的概念，在这里物流将被看成一种特殊的货币，伴随着物流的流转一起发生在金融交易活动之中。物流金融利用它特殊的身份将物流活动同时演化成一种金融交易的衍生活动，而物流金融这时变成一种特有的金融业务工具、一种特有的复合概念、一种特有的金融与物流的交叉学科。然后，从这个交叉学科中我们去追踪它的存在及发展的可行性、需求乃至对策。物流金融的起因之一就是这些不起眼的物流原始交易，在一个物流学、金融学尚不健全的发展中国家，来自实践中有价值的方法不能被抽象、有效地提升到学术层面，这是可以理解的。物流和金融业务的相互需求与作用，在交易过程中产生了互为前提、互为条件的物流金融圈。

（4）从供应链的角度看，厂商在发展的过程中面临的最大威胁是流动资金不足，而存货占用的大量资金使厂商可能处于流动资金不足的困境。开展物流金融服务是各方互利的选择，但是不可回避的是风险问题。实现风险管理的现代化，首先必须使物流金融业树立全面风险管理的理念。根据新巴塞尔资本协议，风险管理要覆盖信用风险、市场风险、操作风险三方面。在传统的物流金融活动中，物流金融组织被视为进行资金融通的组织和机构。而现代物流金融理论则强调，物流金融组织就是生产金融产品、提供金融服务、帮助客户分担风险同时能够有效管理自身风险以获利的机构，物流金融组织盈利的来源就是承担风险的风险溢价。所以，物流金融风险的内涵应从利益价值与风险价值的精算逻辑去挖掘，而且不能因惧怕风险而丢了市场。

三、物流金融的特点

（一）商业银行

第一，多家商业银行看好物流金融市场，并以物流融资为重点加大力度开拓或继续延伸对中小企业的金融服务，产生了较大的市场影响。第二，现在正推出各种"物流银行"的产品，如深发展的供应链金融、光大银行的金色链等，并将上述产品作为一种特色产品逐步在全行范围内推广。第三，各家商业银行参与的程度和已占有的市场份额差距很大，综合来看，股份制银行的积极性、灵活度、参与程度最高，国有银行其次，城市商业银行最低，市场份额与之同向发展。第四，商业银行大多选择了与物流公司进行战略合作，将监管货物等非核心业务外包，共同推广物流金融产品。第五，银行充分发挥了营业网点的优势，将地域优势和行业优势有机结合。第六，通过几年的实践，物流金融业务使银行的业务量增长迅速，利润收益可观，同时坏账率也控制在银行认可的范围内。

（二）物流公司

以中储、中外运、中远等为代表的大型物流企业积极涉足物流金融领域。

中小物流企业由于自身实力较弱，获得银行认可的程度较低，部分物流企业计划发挥各自优势，结成物流企业联盟与银行进行合作。物流金融业务更多利用了物流公司的仓储优势和运输及物流管理等业务优势。物流公司作为发展物流金融业务的主要合作者和配套服务商，为客户提供物流、资金流和信息流三者集成的创新服务。经过几年的发展，开展物流金融使物流公司扩大了企业规模，获得了丰厚的收益。

（三）核心企业

核心企业多为供应链中的绝对强势企业，主要集中在钢厂、煤厂等资源型行业，或电信、电力等垄断型行业。核心企业的加入增强了融资企业的信用，使其更易获得银行贷款；反之，融资企业获得贷款后，向核心企业缴纳更多的预付款，变相增加了核心企业的资金来源。一方面，核心企业希望扩大资金渠道；另一方面，核心企业也为融资企业额外承担了监管货物或回购等责任，使上下游在谈判中始终存在利益的博弈。核心企业只对合作期限长、信用记录良好的上下游企业提供服务，并通常有一套控制风险的制度。经过几年的尝试，物流金融业务的开展扩大了核心企业的生产规模，带来了一定的收益。

（四）担保公司

国内多家担保公司都在尝试开展库存、仓单、货权质押担保等物流金融业务，尤其是北京、上海、浙江、广东等现代物流业发达的地区。与银行相比较，担保公司由于实力差距较大，尚未形成自身的特色产品。为了避免与银行正面竞争，除银行认可的行业外，还向其他行业渗透。担保公司的反担保措施和风险控制措施更为灵活，但担保对风险防范和处置手段的研究仍有待加强。

四、物流金融的职能

现代物流作为一种先进的组织方式和管理技术，被广泛认为是企业除降低物资消耗、提高劳动生产率以外的重要利润源泉，因而人们把现代物流称作第三利润源泉。一方面，由于工业企业在可控的生产领域内降低成本的空间越来越小，所以第一利润源泉和第二利润源泉日益枯竭。另一方面，科技进步和管理思想的广泛运用，使生产领域以外的采购、运输、仓储、包装、配送等环节上的价值凸显。进入20世纪90年代后，具有战略眼光的企业家们开始把寻求成本优势和差别化优势的视角转向生产领域前后延伸的现代物流领域，并把它称为第三利润源泉。与物流相伴相生的还有资金流、信息流等，高效的物流离不开金融和信息技术的支持。金融机构通过提高资金流的效率促进物流企业周转，其服务职能主要体现在业务保障、市场扩张支持、促成供应链紧密结合三个方面。

1. 业务保障职能

现代物流要求货物配送快、货流畅通、企业零库存、与消费者或需货方零距离，因而时效性、个性化要求较高。金融机构通过不断创新各种结算方式，如 POS 信用卡、互联网结算等，提供电子货币和网络通信，使信息沟通更加便利。综合来看，金融对物流的业务保障职能表现在以下几个方面：①以资本市场的资金聚集力，加快建立庞大的现代物流体系；②运用金融工具，实现现代物流快速结算，保证业务的时效性；③金融渠道的畅通无阻，保障物流过程中产供销的不断循环；④金融网络安全，使客户在网上实现订货、结算、货品跟踪等多项功能，交易快捷、及时与透明，给客户带来很大的安全感。

2. 市场扩张支持职能

物流货品有不同批量、不同规格、不同地区，顾客来自全国乃至世界各地。金融机构利用其庞大而广泛的网络，提供结算及资金划转服务，降低了物流企业的成本，使更多大型物流企业对订单小、距离远、花样多的产品产生了兴趣，积极推出灵活性、多样化、个性化的服务，从而吸引了众多中小企业成为物流公司的客户，扩大了物流客户市场。

3. 促成供应链紧密结合职能

物流企业的特性决定了一笔融资往往牵涉数家关联方，如上下游客户或厂商、仓储公司等。彼此之间的单据关系、账款往来关系和担保关系使它们的信誉休戚相关，一损俱损，一荣俱荣，它们必须放弃以邻为壑的短视行为，转向重视相互合作以争取共赢，由此推进整个行业的进步与健康发展。由于物流企业的规模和形态存在较大差异，金融机构需要对物流企业进行大致分类，只有正确区分客户和市场，才有可能开发出满足需求的产品，提高金融服务的效率。

第二节　物流金融发展过程

一、国外物流金融的发展过程

物流金融发展最发达的地方在北美（美国和加拿大）以及菲律宾等地。国际上，不管是作为供应链核心企业的大型制造企业，还是承担供应链整体物流业务的大型物流企业、承担供应链资金流服务的金融企业，都积极参与了物流金融活动。在物流金融活动中，这些企业既强化了自身的竞争地位，又获得了巨大的利润。世界物流巨头如马士基、UPS 都是物流金融活动的主要参与者。物流金融已经成为这两个超大型公司最重要的利润来源之一。在金融服务领域，法国巴黎银行、荷兰万贝银行等对大宗商品提供融资、以销售收入支付采购贷款等服务。2004 年，DHL 开始为进出口企业提供关税融资。

以美国包裹运送公司 UPS 为例，1999 年 UPS 成立了专门的 UPS 金融公司，有效地融合物流、资金流与信息流，全方位地开展物流金融服务业务。2001 年 5 月，它收购美国银行创办 UPS CAPITAL，其物流金融已经走在了世界前列，业务范围扩展到整个运作流程之中。到 2008 年，UPS 已经成为全球领先的包裹递送和物流服务供应商，其营业额为 515 亿美元，员工达到 4153000 名，全球排名第九。

在国外，物流金融也被称为供应链融资，其发展已有一定的基础。现在许多外国银行及物流企业已将目标逐渐转向中国。如 UPS 的目标就是成为全球和中国国内包裹快递及物流服务的顶级供应商。2002~2008 年，UPS 在中国的总投资达到 6 亿美元，目前其服务已扩展到中国的 330 个城市，提供全球特快、运输和海陆空货运服务、物流配送、供应链金融解决方案。

随着经济全球化进程的加快、世界各国在供应链上的竞争日益加剧、中国经济的高速发展以及政策的逐步开放，物流金融不仅逐渐成为中国经济发展的必要，而且正在形成巨大的市场需求。

二、国内物流金融的发展过程

国内物流金融最初起源于银行金融业务的创新实践。推动创新的基本动力是广大中小企业迫切的融资需求。近年来，我国的物流金融进行了不断的尝试和发展。

深圳发展银行于 1999 年开始涉足、探索、尝试货押和票据业务；2001 年正式出台动产与货权质押授信业务管理办法；2002 年根据管理办法，进一步整合推出了 8 项创新产品，以"深发票据""深发货押"为主，奠定了供应链贸易融资业务的产品雏形；2003 年推出"1+N"供应链融资模式，既包括大型核心企业"1"，也包括上下游配套企业"N"，还包括"1+N"整体供应链；2004 年推出了"代理贴现"；2005 年"面向中小企业""面向贸易融资"实现战略转型，至此，其"金融物流"合作平台基本建成；2006 年开始整合全链条贸易融资产品和服务，在全国范围推出了"深发展供应链金融"品牌。

国内一些实力雄厚的物流企业，如中外运、中储、中远等通过与国内各大银行签订总对总的战略协议，下属物流企业与各地银行的下属分支机构，按照规范的合同范本进行业务操作，使物流金融业务迅速成为重要的利润增长点，并获得了更大的战略发展空间。

中国储运总公司在1992年就开始尝试仓单质押业务，并在1999年率先正式开展此项业务。2005年12月26日，中国物资储运总公司与中国建设银行股份有限公司签订协议，共同推进在物流金融领域的合作创新。2006年7月18日，中国工商银行与中国外运集团在北京签署了《物流金融战略框架协议》，正式启动双方在物流金融领域的全面合作。2007年11月28日，UPS与中国银行业上海发展银行、深圳发展银行合作推出UPS全球供应链金融方案，针对企业供应链中的各个环节，提供包括融资、风险管理以及应收账款在内的一系列供应链金融服务。1999年中储无锡仓库开始了第一单业务，当时一年质押贷款额也就是3000万元。2008年质押融资规模达160亿元，2009年达180亿元，旗下的中储股份2009年仓单质押规模接近150亿元，仓单质押收入近5000万元。这个发展速度是相当快的，每年以200%~300%的速度递增。

中国对外贸易运输（集团）总公司（以下简称中国外运集团）于2004年开始在其下属非上市和存续公司推动仓单质押业务。此前，仓单质押只是部分下属公司的零星业务，并没有纳入战略层面加以推动。通过与中国工商银行、深圳发展银行、中信银行、兴业银行、中国银行、浦发银行、广发银行、交通银行等建立战略合作关系，至2009年末，集团仓单质押业务的市场份额已占全国第一。2008年，中国外运集团（包括股份公司）仓单质押业务累计监管货物总值超过640亿元，监管业务相关的收入达1.3亿元；2009年累计监管货物总值890亿元，较2008年增长33%，监管业务收入达1.6亿元，协助银行实现授信400亿元，在18个地区协助2000多个企业获得银行融资。

从全国的情况看，质押监管市场还是一个新兴市场，存在巨大的发展空间。2007年，我国社会物流总额将达73.9万亿元，同比增长23.8%，明显高于同期GDP增幅。在上述增长中，80%的贡献来自中小型企业。随着《物权法》的颁布实施，国内巨大的信贷资源将逐步获得开发，煤炭、钢铁、五金、汽车、纺织、造纸等行业将成为物流金融业的重点开拓领域。可以预计，中国物流金融市场将进入群雄并起的战国时代，国外著名银行、跨国物流企业将陆续进入。

第三节　物流金融的运作模式

随着现代金融和现代物流的不断发展，物流金融的形式也越来越多，按照金融在现代物流中的业务内容，物流金融可分为物流质押金融模式、物流结算金融模式、物流仓单金融模式、物流授信金融模式和综合运作模式。

目前，我国物流金融运作模式的核心是质押融资。我国物流金融领域中开展的质押融资业务，实质上是提供资金的金融机构或银行委托第三方物流企业管理借方企业的质押物，并按照一定的比例向借方企业提供融资的业务。

一、物流质押金融模式

物流质押金融模式（核心模式）源自其产生的初始激励。第三方物流企业（3PL）通过传统的物流服务监管资金不足企业的流动资产，使银行愿意为资金不足的企业提供商业贷款服务，这类业务被称为物流金融的核心模式。可见，这种核心模式的主导角色往往是第三方物流企业。第三方物流企业利用自身的业务优势可以与银行结成联盟，协助银行监管企业的资产，激励银行为企业提供融资服务。于是第三方物流企业和银行的结盟体将为企业提供物流和金融集成的服务，这种服务不仅使第三方物流企业、银行、资金不足企业实现共赢，各取所需，而且会大大提高第三方物流企业的核心竞争能力。

1. 基于权利质押的物流金融模式

基于权利质押的物流金融模式在现实中也常常被称为仓单质押融资，是指借方企业以物流企业（中介方）开出的仓单作为质押物向银行申请贷款的信贷业务，是物流企业参与下的权利质押业务。

根据担保法的规定，可以质押的权利有四类：①汇票、支票、债券、存款单、仓单、提单；②依法可以转让的股份、股票；③依法可以转让的商标专用权、专利权、著作权中的财产权；④依法可以质押的其他权利。在我国，质押的权利主要指借款企业将货物存储于第三方物流企业后，物流企业为其开出的仓单。借款企业凭仓单向银行申请贷款，为此权利质押也被称作仓单质押。

仓单质押的业务流程是物流企业经认证机构进行认证，获得相关开具仓单资格后进行注册，保证其开出仓单的有效性，借款企业将货物存于第三方物流企业的仓库中，物流企业为其开出标准仓单，借款企业依据仓单向银行申请贷款，银行通过认证机构核实后根据仓单的价值按比例发放贷款（见图13-1）。

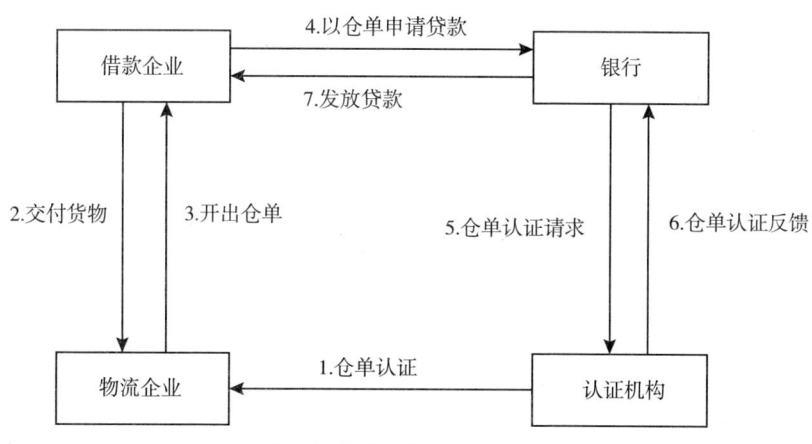

图13-1 基于仓单质押的物流金融模式业务流程

2. 基于动产质押的物流金融模式

基于动产质押的物流金融模式在现实中也被称为存货质押融资，指的是借款企业将该企业拥有的动产作为担保，向银行质押用以换取银行提供的贷款资金，与此同时，质押物要转交给具有合法保管动产资格的第三方物流企业进行监管，从而获得贷款的融资行为。当借款企业不履行债务时，银行有权根据担保法的相关规定，对该动产折价、拍卖或变卖等进行变现，用以优先偿债。

目前，我国物流金融业务中的质押融资业务大多是动产质押业务。在此业务模式中，借款企业将动产质押物存储于第三方物流企业的仓库中，物流企业对其货物进行评估后开出专用仓储凭证，借款企业以此凭证向银行申请贷款。银行向物流企业发出存储货物价值评估请求，经物流企业对其价值评估进行反馈，银行得到核实后，依据货物价值的一定比例向借款企业发放贷款。同时借款企业与银行签订《合作协议》和《账户监管协议》，物流企业对质押货物进行监管，三方签订《仓储协议》，物流企业与银行签订《不可撤销的协助行使质押权保证书》（见图13-2）。

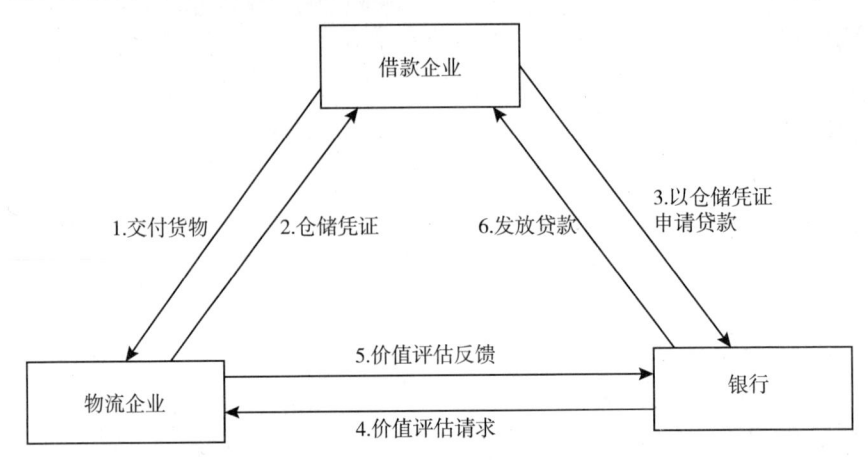

图 13-2　基于动产质押的物流金融模式业务流程

在目前的国内实践中，此类业务已经覆盖有色金属、钢材、建材、石油、家电等十几个行业。粮油、棉花、有色金属、钢材、纸浆、玻璃、汽车、橡胶、化肥、原油等因价值稳定以及市场流通性好而被纳入质押的范围。动产质押品种的选择在一定程度上已反映出商业银行对风险规避的考虑。另外，一些商业银行和物流企业在实践中逐步摸索出了"总量控制"和"不断追加部分保证金，赎出部分质押物"等操作方式，在确保信贷安全的前提下，增强了质押商品的流动性。

二、物流结算金融模式

物流结算金融模式是指利用各种结算方式为物流企业及客户融资的金融活动，主要有代收货款、垫付货款业务。

1. 代收货款业务

代收货款模式目前已经在很多中小型第三方物流企业和发达地区的邮政系统中广泛开展。在此模式中，发货方与第三方物流企业签订《委托配送和委托收款合同》，第三方物流企业每日为用户上门送货，同时根据合同代收货款，定期（一般为每周或者每月）与发货方结清货款（见图 13-3）。

图 13-3　代收货款业务流程

2. 垫付货款业务

该模式分为两种类型：一种的参与方为发货人、提货人和第三方物流企业，另一种则在此基础上加入了银行。

（1）垫付货款模式一。垫付货款模式一的业务流程（见图13-4）：发货方事先与提货人签订《购销合同》，第三方物流企业与发货方签订《物流服务合同》。发货方委托第三方物流企业为其送货，第三方物流企业收取物流费用的部分或者全部后向发货方垫付货款，而后第三方物流企业向提货方交货，同时根据《物流服务合同》向提货方收取发货方的应收账款，最终第三方物流企业与发货人结清货款。在此过程中，如果提货方未曾提货，发货方应无条件承担回购义务。

```
发货方  1.交付货物 →  第三方物流  3.交付货物 →  提货方
       ← 2.垫付货款              ← 4.代收货款
```

图13-4 垫付货款模式一的业务流程

这种模式有效地解决了发货方的资金积压问题，第三方物流企业预先垫付货款，增加了发货方的流动资金，发货方和提货方通过第三方物流企业进行交易，打消了双方的疑虑和担心，而第三方物流企业的利润也与客户的利润紧紧相连。

（2）垫付货款模式二。如果第三方物流企业没有雄厚的资金实力来为双方垫付货款，就需要采用模式二，引入银行为其提供资金，完成业务的运作。

垫付货款模式二的业务流程（见图13-5）：发货方委托第三方物流企业为其送货，在货物运送过程中，发货方把货权转移给银行，第三方物流企业为银行提供货物信息，银行根据实际情况按照一定的比例提供融资，向发货方垫付货款。提货方将货款付给银行后，银行为其开出提货单，并同时通知第三方物流企业发放货物，第三方物流企业则根据通知和提货单对货物进行放行。而在此过程中，如果提货方不能在规定的时间内向银行付清货款，银行则可以对其手中的货物进行拍卖变现或者要求发货方承担回购义务。

三、物流仓单金融模式

融通仓是一种集物流、信息流、资金流于一体的综合管理创新业务。它以质押物的价值评估、质押物的仓储管理与监管、公共仓储、物流配送及拍卖为

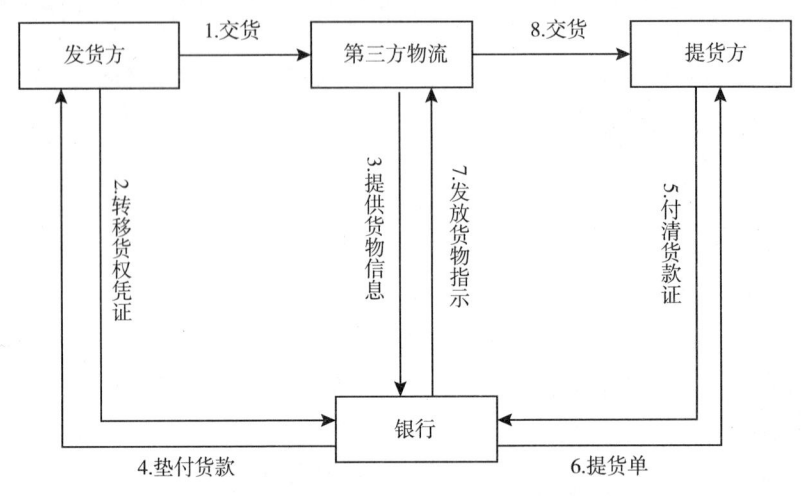

图 13-5 垫付货款模式二的业务流程

核心，内容包括物流服务、金融服务、中介服务、风险管理及这些服务间的组合和互动，它的核心思想就是在各种流的整合和互补互动关系中寻找机会与时机，其目的是提升顾客服务质量、提高经营效率、减少运营资本、拓宽服务内容、减少风险、优化资源使用、协调多方行为、提升供应链整体绩效和增加整个供应链的竞争力等。融通仓是综合性的第三方物流服务平台，它为银行和借款企业搭建了新的桥梁，成为融资企业尤其是中小企业重要的第三方物流服务的提供者。

融通仓业务包括仓单质押和保兑仓（买方信贷）两种操作模式，两者最大的区别是仓单质押业务先有货再有票，保兑仓业务先有票再有货。

1. 仓单质押业务

仓单质押业务共有三种模式，第一、第二种模式的区别在于质押方与银行签订的质押贷款合同及三方签订的仓储协议中约定质押物寄存的地点不同，第三种模式是对前两种模式的衍变和进化。

（1）仓单质押模式一。模式一中的质押物寄存在融通仓仓储中心，融通仓对其进行仓储管理和监管。融通仓借助良好的仓储、配送和商贸条件，吸引辐射区域内的中小企业，成为它们的第三方仓储中心，并且帮助这些企业凭借存放在融通仓中的物资获取银行的质押贷款。在实际操作中，这些中小企业将货物存放在融通仓中，融通仓为其开具仓单，中小企业凭借仓单向银行提出贷款申请，银行根据货物价值按照一定的比例对这些企业发放贷款，而借款企业可以分一次或者多次向银行进行还贷，银行则根据其还贷情况为它们开具提货单，融通仓根据银行的发货指令向中小企业交货（见图13-6）。

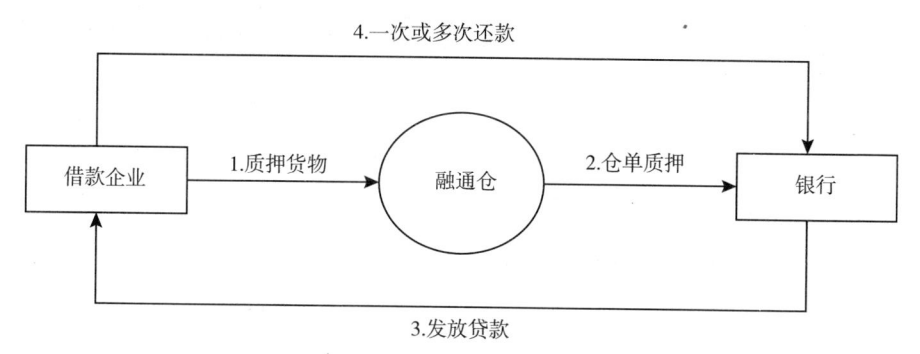

图13-6　仓单质押模式一的业务流程

（2）仓单质押模式二。模式二是在模式一的基础上对质押物的储存位置进行了拓展。第三方物流企业根据客户的不同，整合社会仓库资源，对质押物实行就近质押监管，降低了客户的质押成本。模式二中质押物存储在经金融机构确认的其他仓库中，融通仓对其进行监管，在必要时也对其提供仓储管理服务。仓库为其开具仓单，同模式一相似，借款企业可以凭借仓单进行贷款融资（见图13-7）。

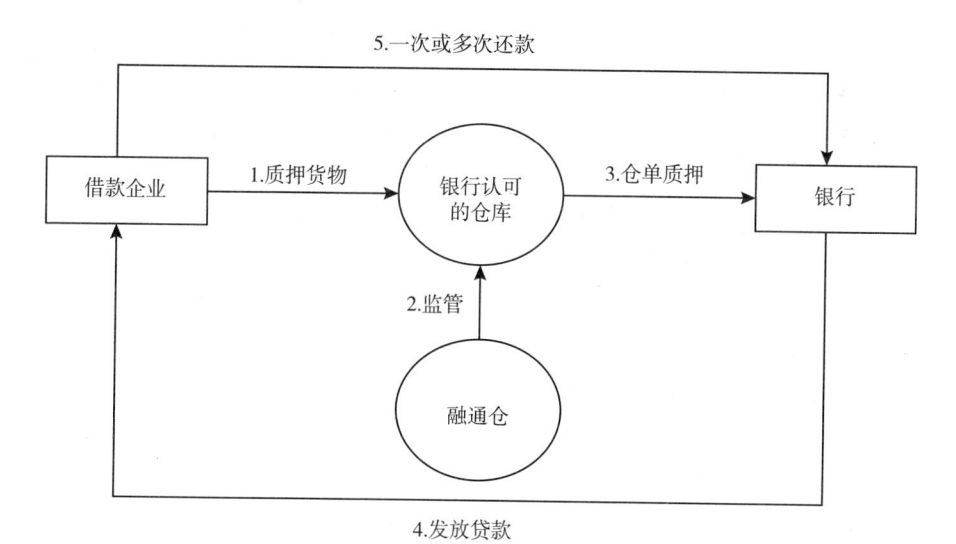

图13-7　仓单质押模式二的业务流程

(3) 仓单质押模式三。仓单质押模式三也称为统一授信模式，银行统一授信给融通仓，由融通仓对借款企业发放融资贷款，该模式简化了模式一、模式二的流程，提高了运作效率。银行根据融通仓仓储中心的规模、业绩、运营情况、资产负债比例及信用度，对其授予一定的信贷额度，融通仓则可以灵活运用这些贷款对借款企业进行质押贷款，银行基本上不参与该质押业务的具体运作，由融通仓对其进行质押物的价值评估、监管和放贷，最终借款企业对融通仓进行分期还贷（见图13-8）。

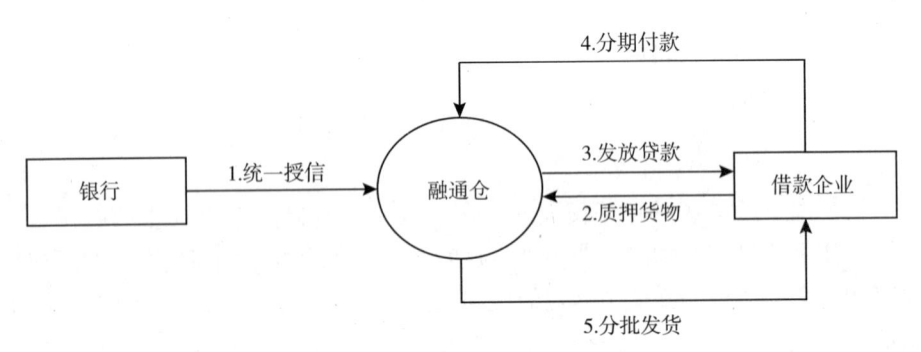

图 13-8　仓单质押模式三的业务流程

2. 保兑仓业务

该模式的基本思路是：银行为确保金融资金的安全，在发货方和提货方之间有基本的买卖合同关系以及发货方向银行做出相关承诺的前提下，提货方向银行申请以发货方为收款人的贷款制度，并由银行控制其提货权为条件的融资业务。

在保兑仓模式中，涉及四个参与主体，分别为发货方、提货方、第三方物流企业和银行。在具体操作中，四个主体共同签署保兑仓业务合作协议书，第三方物流企业对发货方存储在其仓库中的货物进行输出管理，银行的承兑汇票为最终的结算工具，并且以银行信用为载体，实现存货质押的融资。

保兑仓的业务流程：发货方与提货方签订《购销合同》，并依据此合同，提货方向银行缴纳一定比率的保证金，该保证金不得少于此次提货方计划向发货方提货的价款，然后提货方向银行申请开立银行承兑汇票，专项用于向发货方支付货款。银行根据所缴的保证金，签发等额的《提货通知单》，物流企业凭此通知单向提货方发货，提货方销货后再次向银行续存保证金，而银行再度签发《提货通知单》，如此循环，直到保证金账户余额达到银行承兑汇票金额,票据到期,银行保证兑付。在此过程中,第三方物流企业提供承兑担保(第三方物流企业根据货物的库存和销售情况按一定的比例决定承保金额),经销商又以货物对第三方物流企业进行反担保。银行为发货方开出承兑汇票后,发货方即可向保兑仓交货,这时保兑仓业务模式转化为仓单质押模式,发货方承担货物的回购义务。

在保兑仓业务中,银行设置了"最低(存货)警戒线",并且能够有效地实时监控参与物流金融的客户,从而有效地控制了风险。事实上,我国金融机构在保兑仓业务中很少出现亏损,现在这项业务已经在沿海的经济发达地区广泛开展起来。

思考与讨论题

(1) 物流金融的定义是什么?
(2) 物流金融的作用体现在哪些方面?
(3) 物流金融的常见运作模式有哪些?

第十四章 大数据与供应链管理

第一节 大数据与供应链管理概述

一、供应链管理简介

(一) 供应链管理的概念

供应链是由供应商、制造商、仓库、配送中心和渠道商等构成的物流网络。同一个企业可能构成这个网络的不同组成节点,但更多的情况下是由不同的企业构成这个网络中的不同节点。在某个供应链中,同一个企业可能既在制造商、仓库节点占有位置,又在配送中心节点等占有位置。在分工越细、专业要求越高的供应链中,不同的节点基本上由不同的企业组成。在供应链各成员单位间流动的原材料、在制品库存和产成品等,构成了供应链上的货物流。

供应链最早来源于彼得·德鲁克提出的"经济链",后经迈克尔·波特发展成为"价值链",最终演变为"供应链"。它的定义为:"围绕核心企业,通过对信息流、物流、资金流的控制,从采购原材料开始,然后制成中间产品以及最终产品,最后由销售网络把产品送到消费者手中。它是将供应商、制造商、分销商、零售商,直到最终用户连成一个整体的功能网链模式。"从中可以看到,供应链是一个范围更广的企业机构模式,它不仅是一条连接供应商到用户的物料链、信息链、资金链,更为重要的是,它也是一条增值链。因为物料在供应链上通过加工、包装、运输等过程而增加了其价值,从而给这条链上的相关企业带来了收益(见图 14-1)。

(二) 供应链管理的发展趋势

随着国际经济结构调整的深入,对企业节能减排的要求更加严格,企业应

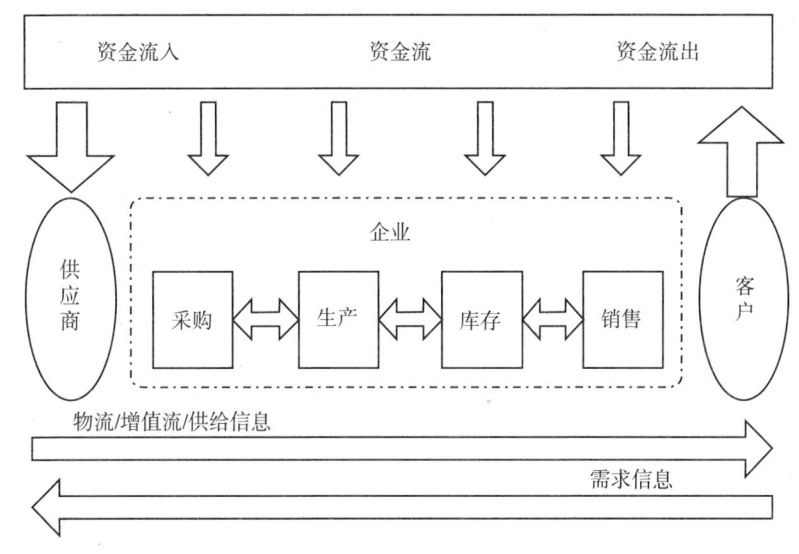

图 14-1 供应链管理

通过强化环境保护的自我约束机制，降低产品和生产过程中相关的环境污染所带来的生产经营风险。因此，绿色供应链将是企业发展的一个趋势，它能使整个供应链的资源消耗和环境负作用最小化，并能有效满足日益增长的绿色消费需求，从而提高供应链的竞争力。

在全球供应链管理服务市场上，包括企业内部运营、企业服务、供应链管理在内的全球业务流程外包市场规模在 2009 年达到了 1719 亿美元，其中，企业服务外包约占 42%，运营外包约占 23%，供应链和需求管理外包约占 35%。未来企业将专注于自己擅长的领域，通过贸易合作实现企业内部福利最大化。

供应链的发展离不开信息技术与数据科学，人工智能、大数据、深度学习、量子通信将会广泛地应用于供应链管理中，使管理的每一个节点规范化、精细化、可控制化。

二、大数据时代及其特征

（一）大数据的定义

大数据是需要新处理模式才能具有更强的决策能力、洞察发现能力和流程优化能力的海量、高增长率和多样化的信息资产。从技术上看，大数据与云计算的关系就像一枚硬币的正反面。大数据无法用单台计算机进行处理，必须依托云计算的分布式处理、分布式数据库和云存储、虚拟化技术。

大数据技术的战略意义不在于掌握庞大的数据信息，而在于对这些含有意义的数据进行专业化处理。换言之，如果把大数据比作一种产业，那么这种产业实现盈利的关键在于提高对数据的加工能力，通过加工实现数据的增值。

（二）大数据的特征

大数据是一个体量巨大、数据类别巨多的数据集，并且这样的数据集无法用传统数据库工具处理。对大数据的内容进行抓取、管理和处理，可以实时为企业撷取、管理、处理、整理有用数据，生成企业所需的数据资料。大数据在近几年之所以被越来越多的企业重视，是因为我们已经有较成熟的技术进行存储和有效的数据分析，其产生的洞察力可推动生产力发展。

大数据是具有"4V"特征的数据，分别为：

(1) 数据体量巨大（Volume），相当于宇宙天体数的3倍。

(2) 数据类型繁多（Variety），如视频、图片、文本信息、网络日志、地理位置信息等。

(3) 数据知识的聚合能够产生大量的价值（Value），虽然价值密度相对较低，但商业价值很高。

(4) 数据处理速度快（Velocity），遵循"1秒定律"，企业可以实时从各种类型的数据中快速获得高价值的信息资料，这与传统的数据挖掘技术有着本质的不同。

（三）大数据的用途

大数据的用途如表14-1所示。

表14-1 大数据的用途

需求方：商业用途	供给方：数据、技术、供应商
·公司商务智能和分析的本质正在改变 ☆越来越实时 ☆基于不同来源的数据，包括公共数据和私人数据 ☆访问不受地点、设备的限制 ☆杠杆式开发客户洞察能力和驱动策略 ☆视为即将货币化的资产 ·一旦一个工具在某特定产业实现应用（如金融服务、电信、零售），改进后的方法就会在大多数产业实现广泛的应用（如医疗保健、公用事业、资源产业） ·商业分析软件2009年的销售额为261亿美元	·更大的数据集（即PB级规模） ·更智能的算法（如预测模型、机器学习） ·技术创新（如位置/抽象的架构、并行处理、分布式访问、连续商务智能、联合分析业务流程） ·新的平台技术（不同于SQL、Map Reduced） ·分析的数据来源范围不同，从数据入口到数据库平台 ·新的基于云的交付方法

三、从传统供应链到大数据供应链

（一）大数据与传统数据

相比于传统的数据仓库应用，大数据分析具有数据量大、查询分析复杂等特点。《计算机学报》刊登的《架构大数据：挑战、现状与展望》一文列举了大数据分析平台需要具备的几个重要特性，对当前的主流实现平台——并行数据库、Map Reduce 及基于两者的混合架构进行了分析归纳，指出了各自的优势及不足，同时也对各个方向的研究现状及研究者在大数据分析方面的努力进行了介绍，对未来研究做了展望。

1. 在线

大数据必须是永远在线的，而且在线的还得是热备份的，不是冷备份的，不是放在磁带里的，是随时能调用的。不在线的数据不是大数据，因为你根本没时间把它导出来使用。只有在线的数据才能马上被计算、被使用。

2. 实时

大数据必须实时反应。例如，我们上淘宝输入一个商品名称，后台必须在十亿件商品中瞬间进行呈现。如果要等一个小时才呈现的话，相信没有人会上淘宝。十亿件商品、几百万个卖家、一亿的消费者，瞬间完成匹配呈现，这才叫大数据。

3. 全貌

大数据还有一个最大的特征，即它不再是样本思维，而是一个全体思维。以前一提到数据，人们的第一个反应是样本、抽样，但是大数据不再抽样，不再调用部分，而是所有可能的数据，它是一个全貌。所以，叫全数据比大数据更准确。

（二）从传统供应链到大数据供应链

大数据为供应链管理提供了一个转型的机遇，这一转型涉及供应链从货源到销售的所有部门。那么，企业应如何通过这一机遇创造竞争优势呢？

要创造竞争优势，必须将企业的行动集中统筹，按照一个"三步走"的路线图进行。所谓的"三步走"，就是分区（Subarea）、联合（Alliance）、评估（Measurement）（以下简称 SAM）。这一路线图能够帮助企业将零散的步骤进行整合，而不是保持单一部分的成功。

1. SAM 路线图的实施步骤

SAM 框架为企业发展提供了路线图，形成了下述三个步骤（见图 14-2）。

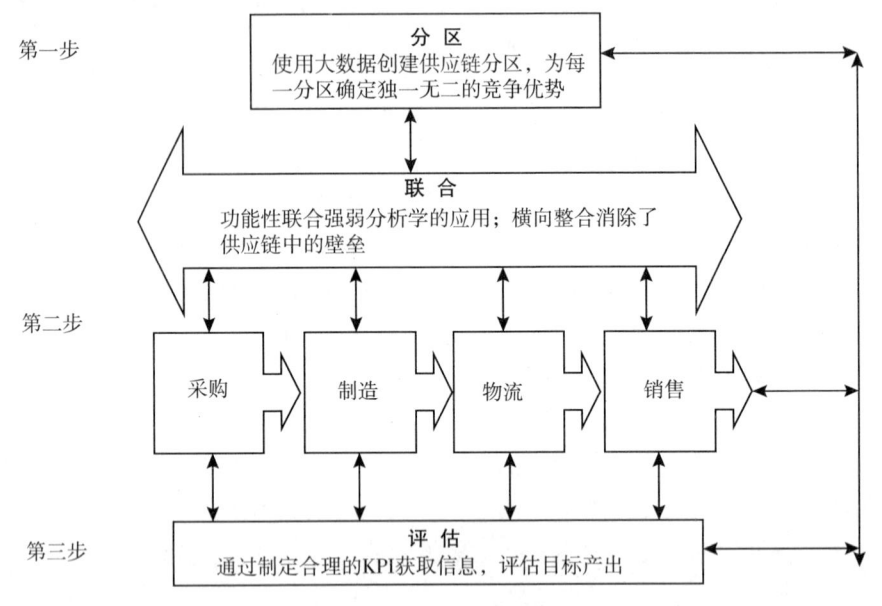

```
第一步 ┌─────────────────────────────┐
       │          分  区              │
       │ 使用大数据创建供应链分区，为每  │
       │  一分区确定独一无二的竞争优势   │
       └─────────────────────────────┘
       ┌─────────────────────────────┐
       │          联  合              │
       │ 功能性联合强弱分析学的应用；横向整合消除了 │
       │       供应链中的壁垒          │
       └─────────────────────────────┘
第二步   ┌───┐ ┌───┐ ┌───┐ ┌───┐
         │采购│ │制造│ │物流│ │销售│
         └───┘ └───┘ └───┘ └───┘
       ┌─────────────────────────────┐
       │          评  估              │
第三步   │ 通过制定合理的KPI获取信息，评估目标产出 │
       └─────────────────────────────┘
```

图 14-2　SAM 路线图

步骤一：根据明确的特点优化供应链分区。

　　SAM 路线图的第一步是在供应链中最重要的活动处集中应用数据分析。通过分析人口信息、消费者购物模型及购物行为特点，对顾客进行分区和分析，这种做法已经存在了几十年。分区将目标市场按照消费者的共同需求和优先产品进行划分，每个部分利用不同的供应渠道、不同的产品以及不同的供应链。大数据分析大大扩展了数据规模，颗粒化的数据可以按照无数种可能进行组合，为微分区的实现以及理解每一分区中的潮流与异化产品提供了可能。

　　建立分区的一个重要部分是定义每一分区中的竞争要项。明确每一分区及其特点能够帮助企业明确分区内优先发展的产品，这些产品决定了企业在该分区的主要竞争力，其中包括客户服务、成本、质量、时间、灵活度以及创新性等各种要素。每种要素对应着不同的运营要求，并产生了每一分区不同的供应链结构、供应商、交通运输、运营策略以及最低绩效水平。例如，成本导向的供应链分区与以创新、质量或者顾客服务为导向的分区相比会大相径庭。每一分区对应着不同的目标。分区的目的是在保证商业策略的同时，寻求最佳的供应链运作模式和政策，在规定的时间内为每位顾客服务。

　　步骤二：联合各方最大限度地发挥分区的特点。

　　企业与整个供应链的合作避免了分散行动。有策略地进行功能性联合能够驱动数据分析的应用,而不是分散行动,减弱竞争优势。如果没有联合,那我们收集的所有数据就不会形成竞争力。因此,联合的作用是避免分散行动。

联合意味着整合供应链中的各项步骤。优秀的企业利用预测分析消除客户关系管理、供应链销售环节与平衡供求的运作、步骤和物流之间的界限。在这一过程中,大数据功不可没,因为它能够帮助分析需求并驱动其他供应链决策。例如,福特汽车公司利用大数据分析进行供应链上的合作,在其应用程序 FordDirect 提供的平台上,消费者、交易商和生产者能够实时共享信息,了解交通信息、管理库存以及获得融资。这种信息共享实现了整个供应链上的整合与协调。

销售与运营计划程序对于企业级别的决策整合尤为适用,很多优秀的企业都使用了这一应用,其中包括保洁、默克公司等。这是一套商务管理程序,通过合作将供求双方联系起来,依靠数据与分析制定包括风险管理在内的跨职能供应链决策。整合也意味着在观测实时市场动态的基础上,将生产周期与消费者需求同步。如果没有将预测数据分析整合到销售与运营计划中,企业就可能面临供不应求或供过于求的状况。

步骤三:设计策略性的联合关键绩效指标,以评估市场分区的特点。

正如彼得·德鲁克所说:"如果你不能评估一件事物,你就不能管理它。"企业需要为其优化的对象寻找合适的算法。其实现可以通过应用供应链中成员普遍认同的策略性联合关键绩效指标,以及帮助企业不断完善的反馈机制。这些算法还应该对企业联合、整合以及企业间合作进行评估。同时,企业还应该利用数据分析寻找新的、更有意义的分析方法,这要以公司策略、核心竞争力和对商业价值观的理解为导向。大数据分析使新分析方法的发展成为可能,并为企业提供了更广阔的视野,就好比电影《点球成金》中人们将传统评估棒球选手的方法——"击球平均数"改为新型的、更有意义的"上垒百分比"一样。

2. SAM 路线图的实施方法

SAM 路线图将整个供应链中实施大数据分析的所有关键要素联系起来,并将公司发展策略与实际运行结合起来。

第一步:利用大数据建立更好的供应链分区。将消费者按照各种组合属性,如人口信息、购物模式、消费特点和行为等进行划分并分别分析,这一观点早已根深蒂固。然而,大数据分析将这一做法提升到了新的高度,其目标是建立能够满足顾客需求的分区,并对每一分区中供应链的要求进行优化。美国服装零售商鹰牌户外服装(Eagle Outfitters)公司利用大数据分析,根据消费者最喜欢的商品组合对其 750 余家门店进行了分类。公司发现,西佛罗里达州的消费者商品选择与得克萨斯州和加利福尼亚州的消费者相似。这一分区帮助鹰牌户外服装公司按照分区和地域特点设计产品组合,对每一分区的价格实施了更加有效的控制,将资源实时运送到更有潜力的市场分区。

大数据分析还能够为每一分区制定优先发展的竞争要项。竞争要项对应着不同的企业运作要求。例如,低边际利润的商品将重心放在成本上,而高边际利润的商品则注重顾客服务。这就产生了不同的供应链结构、供应商、交通运输、运营策略以及业绩标准。分析法则能够根据该分区内的竞争要项优化决策过程。例如,在优化顾客服务的同时将成本控制在边际范围内。数据分析能够随着实时的门店或网络销售变动而为分区内的竞争要项进行专门的库存和定价调整,制造商能够自动调整生产线,提高效率,减少浪费。

第二步:联合企业及所有业务职能,为竞争要项提供支持。大数据及其分析的应用应该支持每一分区中的竞争要项,而不是随机实施,从而使企业得以集中优势,避免大海捞针。要达到供需平衡,还应该进行企业间的整合,如销售与运营计划这类程序就非常适合引入大数据分析,因为其本身利用的就是数据驱动,并且打破了多重部门壁垒。

第三步:企业还应该运用战略型联合模型或关键绩效指标对绩效和产品进行评估。实现应用模型的"持续完善"在这一环节尤为重要,模型与分区和分区中的竞争要项之间应该存在一项为企业持续监控的反馈机制。模型用于完善分区过程,将其竞争要项进一步联合。通过"全面质量管理"和"持续完善",我们了解到最好、最持久的供应链优化是一个渐进的过程。大数据分析能够在很大限度上促进这一过程的实现。例如,自动跟踪模型的推进,对失误及时做出预警等。

第二节 大数据变革供应链管理的十个方面

计算机技术的发展改变了信息传递的方式,加强了企业间的合作交流。自20世纪60年代中期以来,出现了物料需求计划(MRP)、制造资源计划(MRPⅡ)、准时生产制(JIT)、精细生产(LP)、企业资源计划(ERP)等新的生产方式,进一步完善了供应链管理(SCP),使企业间信息和资源的集成成为可能。我们处在第三次科技革命时代,信息技术已经渗透进我们的生活,下一个时代将是大数据的时代,将是人工智能的时代。

大数据可以为供应商网络(Supplier Networks)提供更好的数据准确性

(Accuracy)、清晰度（Clarity）和洞察力（Insights），从而在共享的供应网络中实现更多的情境智能。

我们举例来说明大数据分析在准确性、速度和质量方面对供应链管理提升的作用：亚马逊（Amazon）利用大数据来监控、追踪、确保其15亿库存商品准确地存放于全球200个订单履行中心中。亚马逊利用预测分析技术可以实现"预期发货"的情景，即当客户打算购买一件商品的时候（注意是打算购买但尚未正式下单），亚马逊就将货物提前发运到离客户最近的仓储中心。这种对供应链管理的优化极大地提升了客户的体验。

如今的制造商都立足于在准确性（Accuracy）、速度（Speed）和质量（Quality）方面开展市场竞争，这一定位迫使企业的供应商网络必须具备一定程度的情景智能的能力，传统的ERP/SCM系统是无法帮助企业达成这一竞争目标的。然而，当今大多数企业还没有将大数据技术引入其供应链运营中。本节介绍的十大方面将成为企业未来供应链战略变革的重要催化剂。

一、情境智能

目前，由供应链产生的数据的规模（Scale）、广度（Scope）和深度（Depth）都在加速增长，为情景智能驱动的供应链提供了充足的数据基础。

图14-3收集了整个供应链中52种不同的数据源（包括结构化、半结构化、非结构化数据），并从大数据的三个维度（3Vs）进行了统计分析，即数据量（Volume）、数据速度（Velocity）和数据多样性（Variety）。其中，很明显，绝大部分数据是从企业外部产生的。有前瞻性的制造商已经开始将大数据作为更广泛供应链协作的催化剂。

值得注意的是，在核心交易系统范畴内，传统的ERP、SRM和CRM系统通常在企业内部的数据量是很高的，但是这些数据放在整个52种数据源框架下只占了很小的比例，这就是为什么图14-3中的"核心交易系统数据"处于纵向较低的位置。如果看右上角可以发现，高数据量和速度的非结构化数据大多是与客户交互的数据，如社交数据、在线调研等。

大数据分析技术在供应链管理领域的应用通常被称为供应链大数据分析技术，它可以被定义为一个流程，即将高级数据分析技术与供应链管理理论相结合，并应用于更大的数据集合中，这个数据集合的体量、速度和多样性需要借助大数据技术工具来分析；同时，需要借助供应链管理专业人士的技能、通过提供精准实时的商业洞察来持续感知和反馈解决与SCM相关的问题。

大数据驱动的供应链管理（Big Data Driven SCM）需要首先理解供应链中

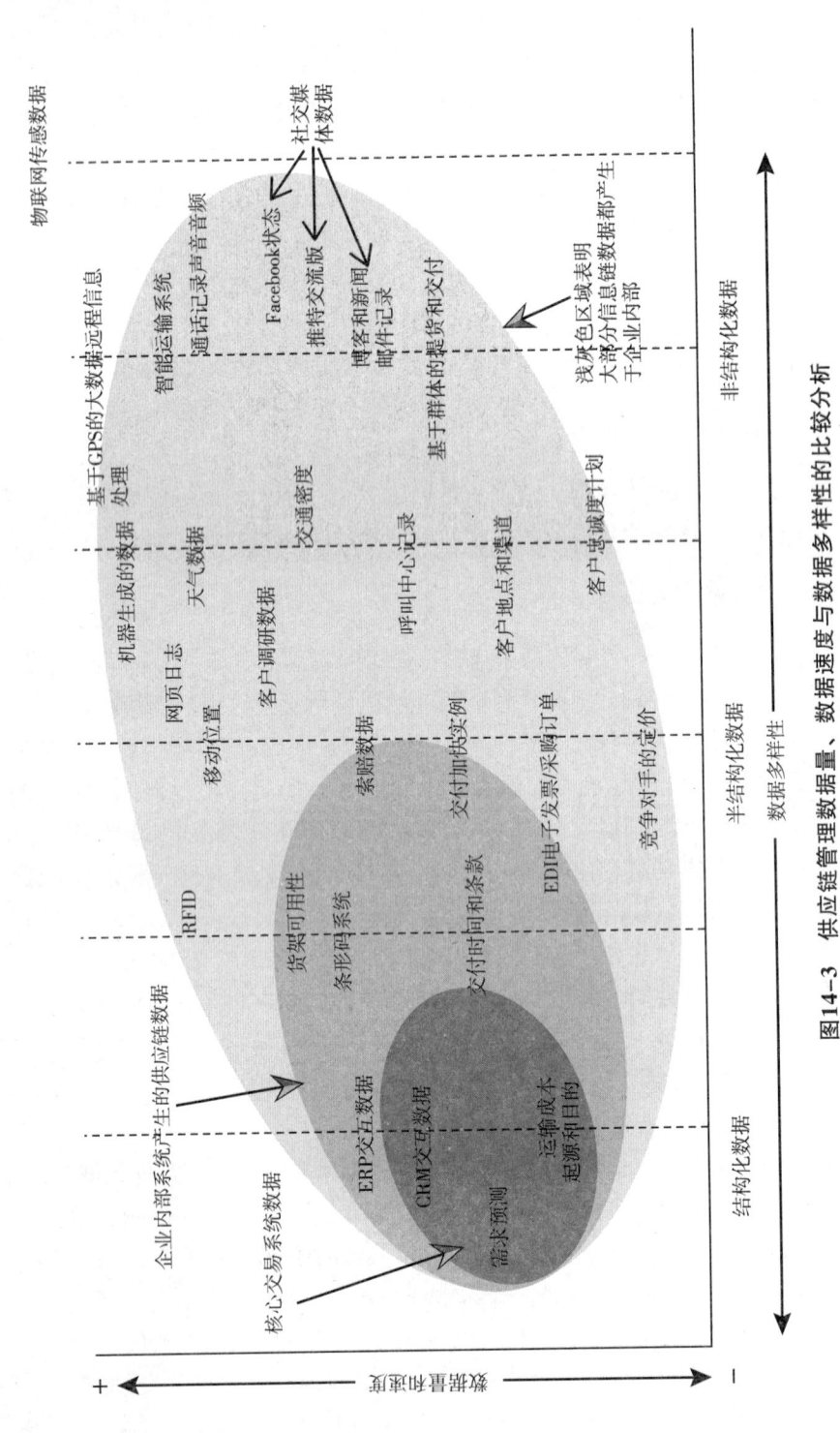

图14-3 供应链管理数据量、数据速度与数据多样性的比较分析

第十四章　大数据与供应链管理

的四种行为：买（Buy）、卖（Sell）、移动（Move）和存储（Store）。这四种行为对应四种SCM杠杆（SCM Levers）：采购（Procurement）、市场（Marketing）、运输（Transportation）和仓库（Warehouse）。根据52种SCM数据源与这四种行为杠杆的关系，可以绘制出如下关系网络图（见图14-4），从而帮助我们更好地理解不同数据源在整个供应链网络中的位置。

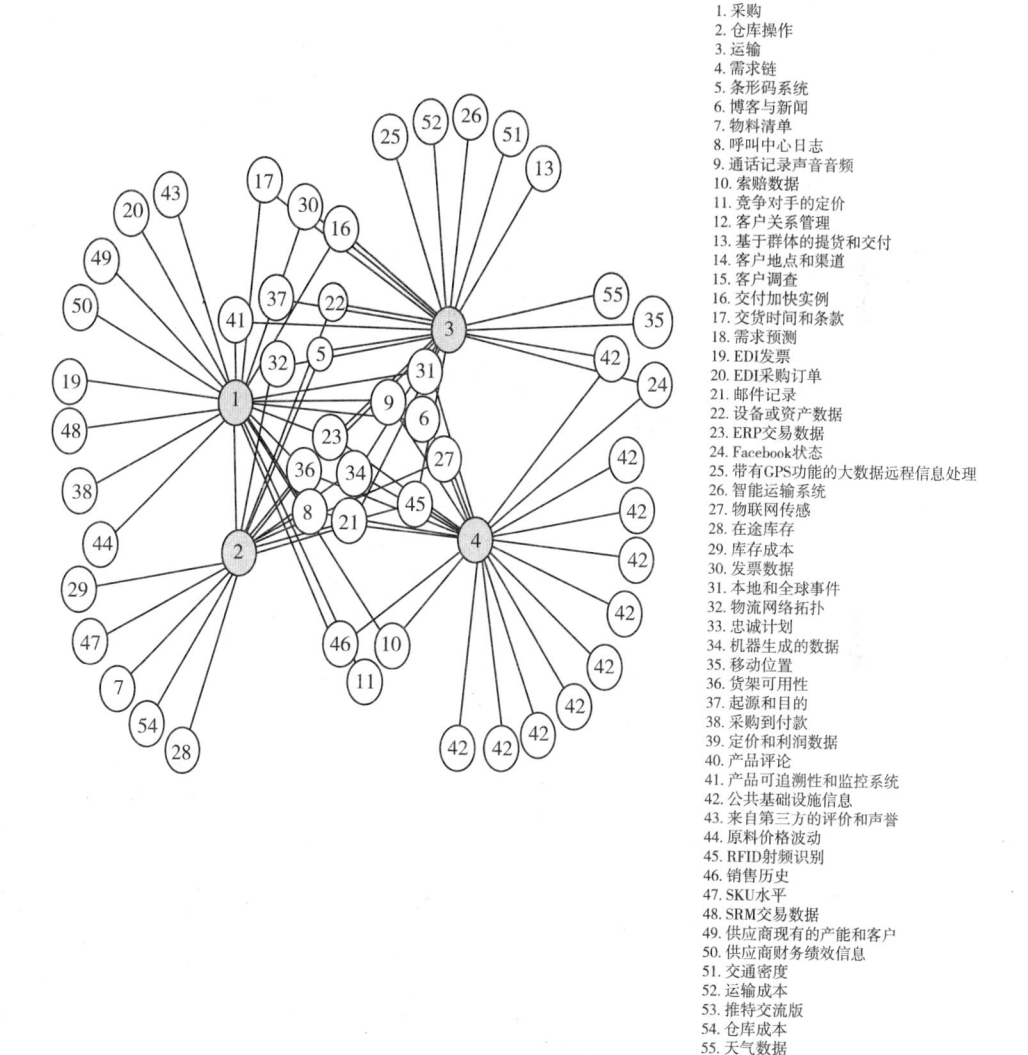

1. 采购
2. 仓库操作
3. 运输
4. 需求链
5. 条形码系统
6. 博客与新闻
7. 物料清单
8. 呼叫中心日志
9. 通话记录声音音频
10. 索赔数据
11. 竞争对手的定价
12. 客户关系管理
13. 基于群体的提货和交付
14. 客户地点和渠道
15. 客户调查
16. 交付加快实例
17. 交货时间和条款
18. 需求预测
19. EDI发票
20. EDI采购订单
21. 邮件清洗
22. 设备或资产数据
23. ERP交易数据
24. Facebook状态
25. 带有GPS功能的大数据远程信息处理
26. 智能运输系统
27. 物联网传感
28. 在途库存
29. 库存成本
30. 发票数据
31. 本地和全球事件
32. 物流网络拓扑
33. 忠诚计划
34. 机器生成的数据
35. 移动位置
36. 货架可用性
37. 起源和目的
38. 采购到付款
39. 定价和利润数据
40. 产品评论
41. 产品可追溯性和监控系统
42. 公共基础设施信息
43. 来自第三方的评价和声誉
44. 原料价格波动
45. RFID射频识别
46. 销售历史
47. SKU水平
48. SRM交易数据
49. 供应商现有的产能和客户
50. 供应商财务绩效信息
51. 交通密度
52. 运输成本
53. 推特交流版
54. 仓库成本
55. 天气数据
56. 网络日志

图14-4　供应链管理中数据源的关系网

注：Kamada-Kawai在供应链管理中发现了大数据源，只与一个SCM杠杆相关的数据源处于网络外源，而与整个供应链杠杆相关的数据源处于网络的核心。

· 389 ·

对于如此复杂的数据关系，如果不借助大数据分析技术是无法将其转化为企业供应链可利用的价值的。现在的企业往往收集大量的数据却不知道如何利用，所以企业必须将数据不再看成信息资产而是战略资产。也就是说，在所有企业都在努力收集这些供应链数据的大环境下，拥有大量数据已经不能成为企业绝对的竞争优势了。企业实施其独特的信息使用战略（大数据驱动的供应链管理），才是建立更有力的供应链竞争优势的途径。

二、进化为知识共享型供应链价值网络

驱动更为复杂的专注于知识分享和协作的供应商网络，从而让供应商网络不仅仅是完成交易，而是带来增值。

大数据正在变革供应商网络在新市场和成熟市场中形成、增长、扩张的方式。交易不再是唯一的目标，创建知识共享型的网络变得更为重要。从图14-5中可以看到，供应链价值网络正逐步向知识共享型进化。

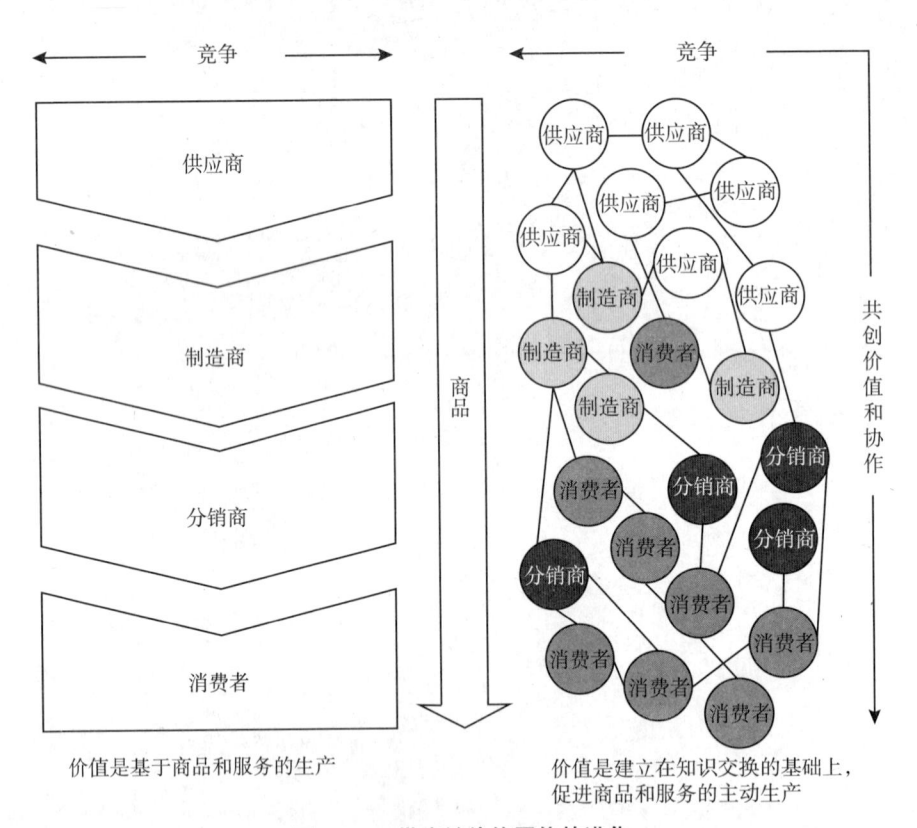

图14-5 供应链价值网络的进化

三、供应链能力的提升

大数据和高级分析技术正更快速地集成到供应链能力（Supply Chain Capabilities）中。

德勤的调研显示，当前使用最多的四种供应链能力为：优化工具、需求预测、集成业务预测、供应商协作和风险分析，如图14-6所示。

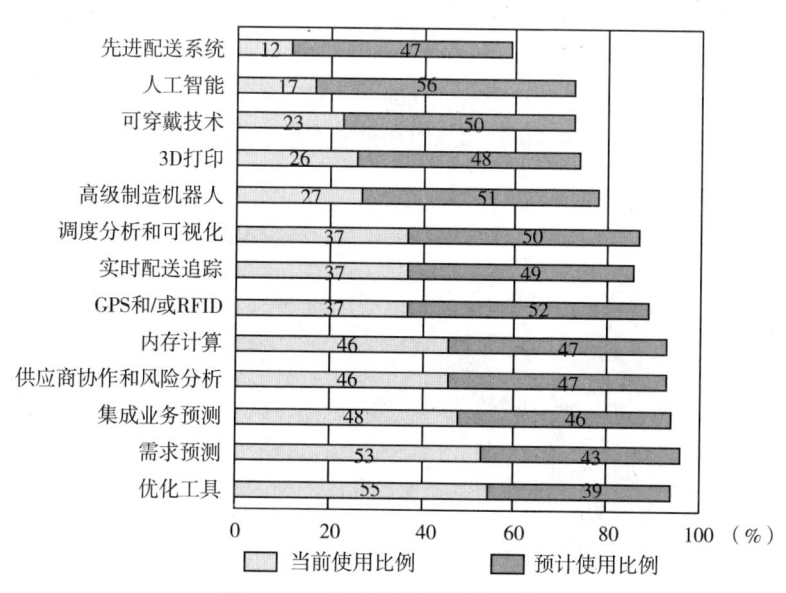

图 14-6 供应链能力的使用情况

四、供应链领域的颠覆性技术

64%的供应链高管将大数据分析看成是颠覆性的重要技术，这是企业长期变革管理的重要基础（见图14-7）。

五、优化整合供应链配送网络

即利用基于大数据的地理分析技术来整合优化供应链配送网络。波士顿咨询公司在《大数据如何在供应链管理中有效地应用》一文解释了大数据在供应链管理中的应用。其中，一个案例解释了如何利用地理分析技术规划两个供应链网络的优化和合并，如图14-8所示。通过结合地理分析技术和大数据技术，解决了这一领域中最大的服务问题，从而极大地减少了有线 TV 技术的等

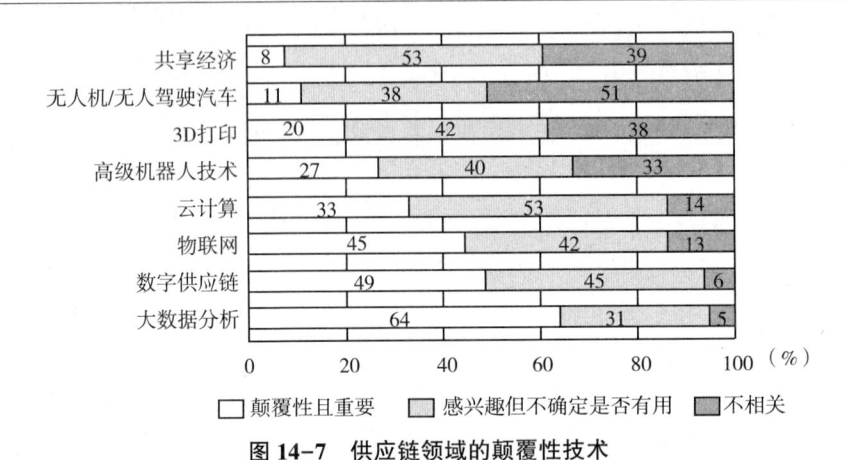

技术	颠覆性且重要	感兴趣但不确定是否有用	不相关
共享经济	8	53	39
无人机/无人驾驶汽车	11	38	51
3D打印	20	42	38
高级机器人技术	27	40	33
云计算	33	53	14
物联网	45	42	13
数字供应链	49	45	6
大数据分析	64	31	5

图 14-7 供应链领域的颠覆性技术

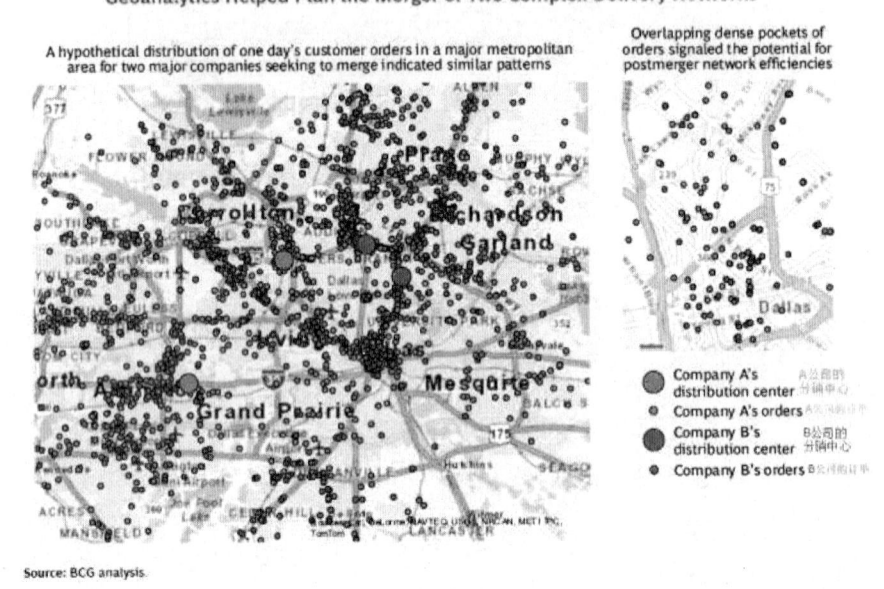

图 14-8 借助地理分析技术规划两个复杂分销网络的合并

待时间，提升了服务的精准性。

六、供应链问题的优化

大数据可以帮助企业将对供应链问题的反应时间提升 41%，将供应链效率提高 10% 甚至更高至 36%，将跨供应链的更大整合提升至 36%（见图 14-9）。

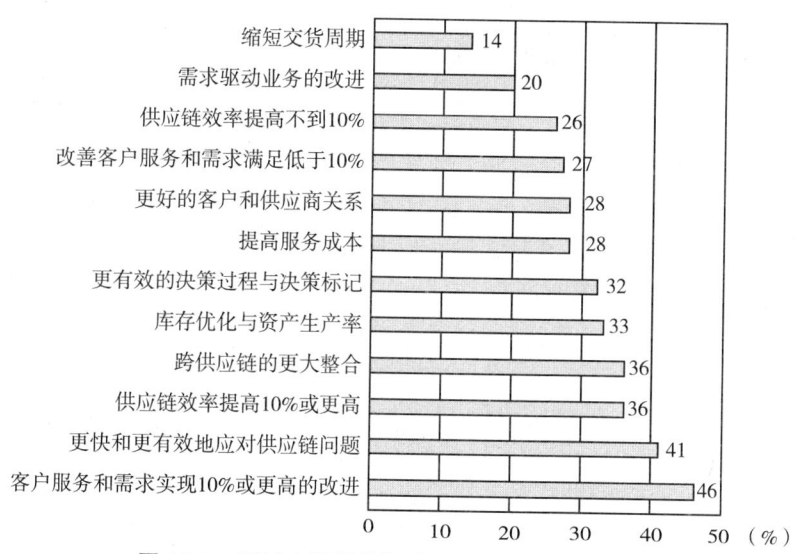

指标	百分比
缩短交货周期	14
需求驱动业务的改进	20
供应链效率提高不到10%	26
改善客户服务和需求满足低于10%	27
更好的客户和供应商关系	28
提高服务成本	28
更有效的决策过程与决策标记	32
库存优化与资产生产率	33
跨供应链的更大整合	36
供应链效率提高10%或更高	36
更快和更有效地应对供应链问题	41
客户服务和需求实现10%或更高的改进	46

图 14-9　通过大数据分析对供应链管理的提升结果

七、供应链运营的整合

将大数据分析集成到供应链运营中，可以将订单满足周期提升 4.25 倍，将供应链效率提升 2.6 倍（见图 14-10）。

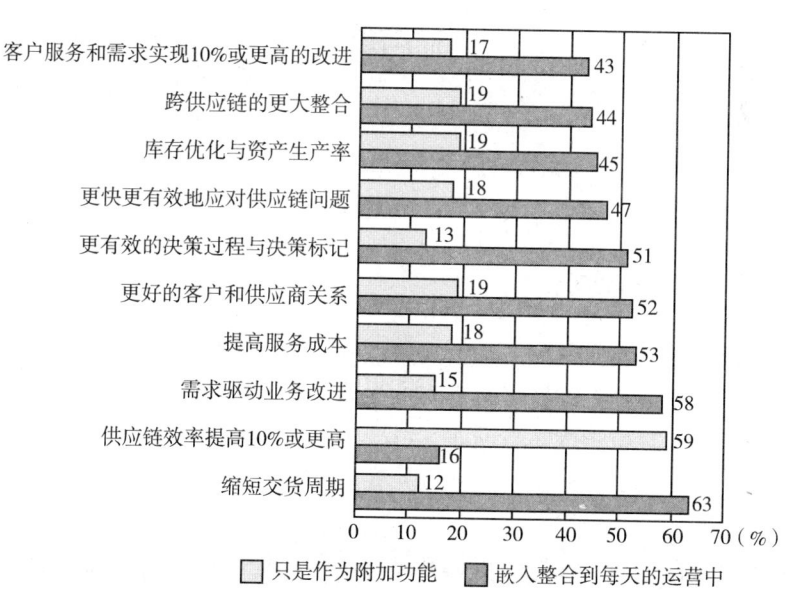

指标	只是作为附加功能	嵌入整合到每天的运营中
客户服务和需求实现10%或更高的改进	17	43
跨供应链的更大整合	19	44
库存优化与资产生产率	19	45
更快更有效地应对供应链问题	18	47
更有效的决策过程与决策标记	13	51
更好的客户和供应商关系	19	52
提高服务成本	18	53
需求驱动业务改进	15	58
供应链效率提高10%或更高	16	59
缩短交货周期	12	63

图 14-10　将大数据分析整合到供应链中产生的供应链收益

八、供应链财务指标的追踪

对供应链战略、战术、运营更深入的情境智能应用正在影响公司的财务指标。供应链可视化通常是指能够清晰地看到供应链网络中供应商的多层次结构。通过供应链决策的财务结果追踪回财务指标是可行的，而且通过将大数据应用与财务系统集成，对于提升行业快速的库存周转率是非常有效的（见图14-11）。

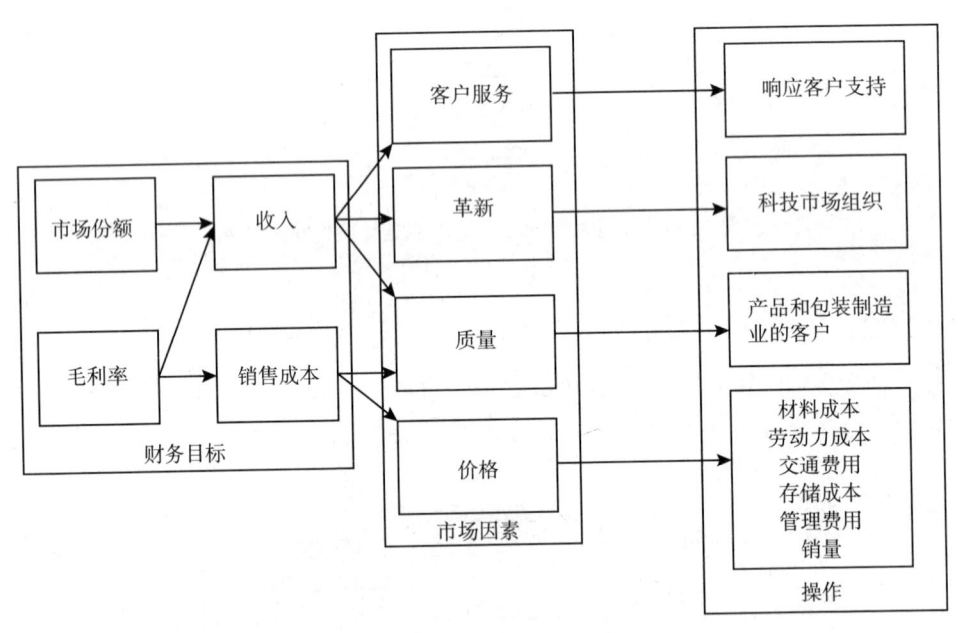

图 14-11 基于结果的指标和性能

九、产品质量追踪

产品追踪和召回在本质上都是数据密集型的，大数据在这方面的潜在贡献是显著的。大数据有可能提供改进的可跟踪性能，并通过尝试访问、集成和管理需要被召回或翻新的产品数据库，以减少数千小时的数据损失。

十、供应商质量提升

基于大数据的质量控制可以提升供应质量。从供应商审核到内部检查以及最终装配的整个过程均需提高供应商质量。IBM开发了一个优质的预警系统，它可以检测并定义一个优先级框架，相对于传统方法（包括统计过程控制）能更快地分离质量问题。预警系统部署在供应商上游，并扩展到现场产品。

第三节 大数据在供应链管理中的应用及价值

一、大数据在供应链管理中的应用

随着供应链变得越来越复杂，必须采用更好的工具来迅速高效地发挥数据的最大价值。供应链作为企业的核心网链，将彻底变革企业市场边界、业务组合、商业模式和运作模式等。第三产业供应链协同应用的市场进入空间较大，尤其是医疗、金融、电子商务等细分领域需求较高。第二产业供应链协同的市场成熟度逐步提高，尤其以物流、汽车、零售、公共事业为主要领域，供应链协同数据将起到市场升级的核心驱动作用。在这样的背景下，企业该如何应用大数据呢？

（1）预测：精确的需求预测。需求预测是整个供应链的源头，是整个市场需求波动的晴雨表，销售预测灵敏与否直接关系到库存策略、生产安排以及对终端客户的订单交付率，产品的缺货和脱销将给企业带来巨大损失。企业需要通过有效的定性和定量的预测分析手段与模型，并结合历史需求数据和安全库存水平，综合制订精确的需求预测计划。如汽车行业，在内部进行精准预测后，可以及时收集何时售出、何时故障及何时保修等一系列信息，由此从设计研发、生产制造、需求预测、售后市场及物流管理等环节进行优化，实现效率的提升，给客户带来更佳的体验。

（2）资源获取：敏捷、透明的寻源与采购。寻找新的合格供应商，满足生产需求；同时，通过供应商绩效评估和合同管理，使采购过程规范化、标准化、可视化、成本最优化。

（3）协同效率：建立良好的供应商关系，实现双方信息的交互。良好的供应商关系是消灭供应商与制造商之间不信任成本的关键。双方库存与需求信息的交互、VMI运作机制的建立，将降低由于缺货造成的生产损失。采购订单与生产订单通过各种渠道快速、准确的反应能力，在当前集团化、全球化、多组织运作的环境下尤为重要。订单处理的速度在某种程度上能反映出供应链的运作效率。

（4）供应链计划：与物料、订单同步的生产计划与排程。有效的供应链计划能系统集成企业所有的计划和决策业务，包括需求预测、库存计划、资源配置、设备管理、渠道优化、生产作业计划、物料需求与采购计划等。企业根据多工厂的产能情况编制生产计划与排程，保证生产过程的有序与匀速，其中包括物料供应的分解和生产订单的拆分。在这个环节中，企业需要综合平衡订单、产能、调度、库存和成本之间的关系，需要大量的数学模型、优化和模拟技术，以便为复杂的生产和供应问题找到优化解决方案。

（5）库存优化。成熟的补货和库存协调机制可以消除过量的库存，降低库存持有成本。通过从需求变动、安全库存水平、采购提前期、最大库存设置、采购订购批量、采购变动等方面综合考虑，进行优化的库存结构和库存水平设置。

（6）物流效率。建立高效的运输与配送中心，通过大数据分析开展运输管理、道路运力资源管理，正确选择与管理外包承运商和自有车队，提高企业对业务风险的管控力，改善企业运作和客户服务品质。

（7）网络设计与优化。对于投资和扩建，企业从供应链角度分析的成本、产能和变化更直观、更丰富，也更合理。企业需要应用足够多的情景分析和动态的成本优化模型，帮助企业完成配送整合和生产线设定决策。

（8）制造业各行业管理特点突出，在供应链管理上呈现出行业管理差异。如汽车行业重点关注准时上线和分销环节，食品饮料行业关注的重点在于冷链及配送环节，服装行业供应链管理的重点在于消灭链条上的高库存等。

（9）风险预警。在大数据与预测性分析中，有大量的供应链机会。例如，问题预测可以在问题出现之前就准备好解决方案，避免措手不及造成经营灾难。还可以应用质量风险控制，如上海宝钢，其生产线全部实现流水化作业，生产线上的传感器可获得大量实时数据，利用这些数据可以有效控制产品质量。通过采集生产线上的大量数据，还可以判断设备运营状况、健康状况、对设备发生故障的时间和概率进行预测。这样，企业可由此提前安排设备维护，保证生产安全。

大数据将应用于供应链从需求产生、产品设计，到采购、制造、订单、物流以及协同的各个环节，通过大数据的使用对其供应链进行翔实的掌控，更清晰地把握库存量、订单完成率、物料及产品配送情况等；可以通过预先进行数据分析来调节供求；可以利用新的策划来优化供应链战略和网络，推动供应链成为企业发展的核心竞争力。

二、大数据给供应链带来的价值

（1）库存优化。例如，SAS（STATISTICAL ANALYSIS SYSTEM，全球最大的软件公司之一）独有的功能强大的库存优化模型可以在保持很高的客户满意度的基础上，把供应成本降到最低，并提高供应链的反应速度。其库存成本第一年就可以下降15%~30%，预测未来的准确性会上升20%，由此带来的是整体营收会上升7%~10%。当然还有一些其他的潜在好处，如提升市场份额等。此外，运用SAS系统后，产品质量会得到显著提升，次品率也会减少10%~20%。

（2）创造经营效益。从供应链渠道以及生产现场的仪器或传感器网络可以收集大量数据，利用大数据对这些数据库进行更紧密的整合与分析后，可以帮助改善库存管理、销售与分销流程的效率，以及对设备的连续监控。制造业企业要想发展，必须了解大数据可以产生的成本效益。例如，对设备进行预测性维护，现在就具备采用大数据技术的条件。制造业将是大数据营业收入的主要来源。

（3）B2B电商供应链整合。强大的电商将引领上游生产计划与下游销售对接，这种对接趋势是上游制造业外包供应链管理，只专注于生产。物流外包上升到供应链外包是一个巨大的飞跃，体现了电商的强大竞争力和整合能力，使海量数据支持与跨平台、跨公司的对接成为可能。B2B供应链整合具有强大的市场空间，能够改善我国产业布局、优化产业链、优化产能分配、降低库存、降低供应链成本、提高供应链效率。

（4）物流平台规模发展。虽然B2C商业模式整合已经成为现实，但是物流执行平台的建设仍是瓶颈。多样产品的销售供应链的整合有很大的技术难题，如供货周期、库存周期、配送时效、物流操作要求等，这样的物流中心建设难度很大，而大数据平台建设将驱动整体销售供应链整合。中国还存在的现实问题是跨区域物流配送、城乡差异等，政府的管制是一大难点，而大数据平台有助于政府职能调整到位。

（5）产品协同设计。现在，在产品设计和开发过程中，相关人员相互协同，工厂与制造能力也在同步设计和开发中。当前的压力在于向市场交付更具竞争力、更高配置、更低价格、更高质量的产品，而同时满足所有这些要求，是制造和工程企业的下一个重大价值所在，这也正是大数据的用武之地。

三、企业如何部署大数据

要让数据发挥价值，首先要处理大数据，要能够共享、集成、存储和搜索来自众多源头的庞大数据。就供应链而言，这意味着要能够接受来自第三方系统的数据，并加快反馈速度。其整体影响是增强协同性，加快决策制定和提高透明度，这对所有相关人员都有帮助。传统供应链已经在使用大量的结构化数据，企业部署了先进的供应链管理系统，将资源数据、交易数据、供应商数据、质量数据等存储起来，用于跟踪供应链执行效率、成本，控制产品质量。

当前大数据的概念超出了传统数据产生、获取、转换、应用分析和存储的概念，出现了非结构化数据，数据内容也呈现多样化，大数据部署将面临新的挑战。当前，数据量呈爆炸式增长，而随着 M2M（机器对机器的通信）的应用，此趋势仍将持续下去。要解决部署大数据的挑战，核心在以下两个方面：

（1）解决数据的生成问题，即如何利用物联网技术获取实时过程数据，虚拟化供应链的流程。通过挖掘这些新数据集的潜力，并结合来源广泛的信息，就可能获得全新的洞见。如此，企业可以开发全新的流程，并与产品全生命周期的各个方面直接关联。与之集成的还有报告和分析功能，为流程提供反馈，从而创建一个良性的强化循环。

以 Siemens PLM Software 为骨干，并以 Teamcenter 这样的技术平台为核心，企业便可以设想出整个集成实施情景。在此情景下，由于客户、用户、设计和测试提出的所有需求与反馈都能被反馈至开发环节，因此实现安全管理的大数据便成为竞争优势的来源。由设计部门向仿真部门提出仿真要求，仿真部门将结果反馈给设计部门，然后再传至供应链、制造、包装和物流部门，从中我们看到了一个基于大数据的良性循环的诞生。

（2）解决数据应用的问题。如何让供应链各个价值转换过程产生的数据发生商业价值，是发挥数据部署的革命性生产力的根本。大数据在供应链的应用已经不是简单的交易状态可视，对于支撑决策库存水平，传统的 ERP 结构是无法承担的。因此，企业必须重新做好数据应用的顶层设计，建立强大、全面的大数据应用分析模型，从而使复杂海量的数据发挥价值。

大数据在供应链领域的应用刚刚起步，随着供应链的迅速发展，大数据分析、数据管理、大数据应用、大数据存储将发挥巨大的发展潜力。另外，大数据投资也只有与供应链相结合，才能形成可持续、规模化发展的产业。